Les jupes-culottes

FRANÇOISE DORIN | *ŒUVRES*

Françoise Dorin

Les jupes-culottes

Éditions J'ai Lu

1

Bonjour! Entrez! Je vous en prie, entrez dans ma vie! Je m'appelle Philippe Larcher. Oui, je sais que nous ne nous connaissons pas, mais entrez quand même! Je suis seul et j'ai envie de parler. J'ai besoin de parler. Je ne suis pas très gai depuis quelque temps. Exactement depuis que...

Ah! je suis désolé! Je croyais être capable de vous vider mon sac, comme ça, de but en blanc; mais j' t'en fiche! je suis encore coincé par ma satanée pudeur! Heureusement, j'ai l'habitude. Il y a moyen de s'arranger. Je vais prendre un chemin détourné : celui qui passe par mon divorce. Je vous résume l'histoire en quelques mots :

Ce que ma femme a toujours le mieux aimé en moi, c'est mon appartement.

Elle m'a quitté.

Elle l'a gardé.

Il y a quatre ans de cela.

Voilà!

J'y pense encore souvent. A l'appartement. Pas à ma femme. Oh non! Elle et moi, on s'était oubliés bien avant de se séparer, bien avant que nos deux enfants, en volant précocement de leurs propres ailes, aient permis à leur mère de retenir enfin sous les siennes un faisan argenté qu'elle couvait depuis longtemps.

Je ne me rappelle rien d'elle. Sinon ses yeux :

5

verts. Genre panthère, comme ceux de Diane et de Grégoire.

En revanche, l'appartement, je m'en souviens dans les moindres détails... jusqu'aux tracés des rainures dans les vieilles poutres du plafond; jusqu'à l'ébréchure dans le coin gauche de la fenêtre par où je regardais la Seine; jusqu'à la forme des chenets dans la haute cheminée du salon.

Je n'imagine pas que je pourrai un jour m'attacher à d'autres murs qu'à ceux du quai d'Anjou.

Mais j'imagine très bien que j'aimerai un jour une autre femme que celle qui fut la mienne. Je suis même étonné de ne pas être encore retombé amoureux.

Mais qu'est-ce que je raconte? C'est insensé! J'ai décidé de vous parler pour me défouler, pour me gratter toutes les scories du cœur et voilà qu'au bout de deux minutes je vous mens à vous, des inconnus, comme si vous étiez des familiers, comme à des gens dont je craindrais l'opinion. Excusez-moi. Je reprends :

C'est vrai que je ne suis pas retombé amoureux depuis mon divorce mais c'est faux que je m'en étonne. Enfin, disons que c'est euphémique.

La vérité est que ça m'inquiète.

Non! Je triche encore! La vérité est que :

Depuis un an, ça m'angoisse.

Depuis dix mois, je n'ai plus envie de faire l'amour.

Depuis six mois, je ne l'ai pas fait.

Ça y est! C'est sorti! Ça n'a pas été commode! C'est normal, mettez-vous à ma place. Non... pas vous, madame! Vous... monsieur! Vous savez ce que c'est, lorsque le moteur ne s'emballe pas, on a toujours un doute : on se demande si ça vient du conducteur ou si ça vient du carburant. Moi j'aurais eu des tendances à croire que ça venait du carburant. Des carburants. Non pas qu'ils manquaient de qualité, mais ils n'avaient pas celles qui convenaient à mon moteur. Pourtant j'ai eu l'occasion d'en essayer un nombre assez considérable. Oh! je ne m'en vante pas! Tous les hommes, dotés comme moi d'un cœur libre, d'un physique honnête et d'une situation convenable vous le diront, même les moins machos : les femmes, il n'y a qu'à se baisser pour en prendre!

Moi j'ajoute : et encore! Souvent il n'y a même pas à se baisser! A mon avis, c'est là le drame. En tout cas, mon drame. La libération des mœurs, paradoxalement, moi, ça m'a bloqué. Notez que je n'ai pas toujours réagi de la sorte. Quand je trompais ma femme – vers la fin de notre union –, j'étais très content de la rapidité et de la facilité avec lesquelles l'affaire était menée. Dans les premiers temps de mon divorce aussi. Grisé par ma nouvelle et totale liberté, je me suis beaucoup amusé à collectionner les aventures. J'herborisais les femmes comme d'autres les plantes. Dans un carnet, j'inscrivais sous leurs photos leurs prénoms, leurs particularités et je les classais par catégories. Il m'est même arrivé de rejeter telle ou telle sous le prétexte que ces spécimens-là, je les avais déjà. Et puis, un jour, je me suis aperçu que mon « féminier », pourtant abondant et apparemment diversifié, ne comptait en fait, quand on y regardait de près, que deux grandes espèces : les filles qui couchaient par hygiène ou par goût en n'y attachant pas plus d'importance que leur partenaire, autrement dit des « mecs »; et celles qui couchaient par intérêt, pour en tirer des profits variant selon leurs moyens du week-end à la campagne à la bague au doigt, autrement dit des « putes ».

Il ne s'agit que d'un malencontreux hasard mais le fait est là : en deux ans, de la jeune à la moins jeune, de la modeste à la nantie, de la primaire à l'intello, je n'ai rencontré que des « mecs » et des « putes ». Pour l'homme que j'étais alors, émoulu pas frais d'une piètre expérience conjugale, c'était parfait. Pour l'homme qui souhaitait repartir sur les bases d'un amour solide et partagé, il fallait autre chose. Je savais très bien quoi : il fallait que je conquière et non plus qu'on me prenne d'assaut. Il fallait que je lutte, que j'espère, que j'attende, qu'on me dise : « Peut-être... plus tard... » et non pas : « Oui. Tout de suite... » Il fallait que je trouve sur mon chemin l'Obstacle. Attention, hein! Pas l'insurmontable, pas le décourageant obstacle. Je ne suis pas maso. Non, le délicieux obstacle, celui dont on sait de toute éternité qu'on en viendra à bout, celui qui vous donnera la fierté de la victoire. Bref, il fallait qu'on me permît d'être ou de me croire le Héros. De cela, j'étais sûr. Et pour cause : depuis mon adolescence, je fantasme sur le western et Gary Cooper est mon modèle. Pourquoi Gary Cooper? Oh! simplement parce que, la nature m'ayant donné sa silhouette longiligne et son œil bleu, volontiers ironique, je peux m'identifier à lui sans trop de difficulté. Ça m'aide, surtout pendant mes insomnies... Quand je me tourne mes films personnels... Toujours les trois mêmes...

Avec trois partenaires différentes :

Il y a Virginia, la jeune fille à l'âme pure.

Laura, la veuve digne et méritante.

Dolly, la prostituée au cœur sensible.

Virginia est ravissamment blonde et pirouette, légère, dans des mousselines roses.

Laura est délicatement rousse et se déplace, discrète, dans des cotonnades grises.

Dolly est agressivement brune et pétille, provocante, dans des satins pourpres.

Selon que j'ai choisi de m'endormir avec l'une ou l'autre de ces trois créatures de rêve, les détails de mon scénario changent, mais le fond en reste identique : toutes les trois m'aiment et voudraient s'unir à moi mais – c'est là qu'intervient le délicieux obstacle – elles en sont empêchées : Virginia par des parents qui la poussent dans les bras d'un riche

8

vieillard; Laura par son petit garçon qui me hait et me rejette; Dolly par son amant jaloux, un ignoble truand qui menace de la trucider à la moindre incartade. Bien entendu, je dénoue avec maestria les situations inextricables dans lesquelles mes chéries se trouvent : je ruine le milliardaire de Virginia, je séduis le bambin de Laura et je tue carrément l'Othello de Dolly.

Après quoi, première version : j'épouse Virginia et consacre ma vie à lui apprendre le bonheur et l'honneur d'être une femme.

Deuxième version : j'épouse Laura pour le meilleur mais pas pour le pire puisque, tant que je serai à ses côtés, le pire n'existera pas.

Troisième version – subtile variante due à mon éducation bourgeoise : je demande Dolly en mariage mais, rivalisant de grandeur d'âme avec moi, elle me refuse sa main et m'octroie tout le reste à perpétuité en échange de ma rassurante épaule.

Dans les trois cas, c'est clair, je suis de ces dames le sauveur, le défenseur, le protecteur. En un mot, le Héros. Vous comprenez pourquoi maintenant je n'avais pas besoin d'un psychanalyste pour débroussailler mon problème. Je connaissais le but et pensais – ingénument – qu'il me suffisait pour l'atteindre d'être plus attentif à mes choix et surtout, surtout, de sortir de mon univers habituel.

Ma sœur était l'axe autour duquel tournait cet univers. Non seulement depuis quinze ans elle dirigeait avec moi le cabinet d'assureur-conseil hérité de notre père, mais encore, depuis mon divorce, j'habitais son appartement, plus exactement celui de notre enfance qu'elle n'avait jamais quitté : un cinq-pièces traditionnel du côté du Parc des Princes, qu'elle s'est empressée de transformer à la mort de nos parents en « roulotte vachement sympa ». A la même époque, j'ai transformé, moi, la maison de leurs vieux jours, dans le Vexin, en

« refuge campagnard pour Parisiens surmenés » et je l'ai baptisée : *L'Oublière*. Ma sœur n'aimait pas plus ma fermette que je n'aimais son gourbi.

Pourtant, elle passait presque tous ses week-ends sous mon toit de chaume... de sale bourgeois.

Pourtant, je ne songeais pas vraiment à quitter son désordre... de non-conformiste caricaturale.

Sans doute que nous nous aimions bien : une vieille habitude d'enfance.

Son véritable prénom est Jacqueline mais, depuis que nous cohabitons, je l'appelle Jacques, tant j'ai davantage l'impression de vivre avec mon grand frère qu'avec ma jeune sœur. Enfin jeune, tout est relatif : elle va bientôt franchir le cap de la quarantaine que j'ai dépassée depuis une demi-décennie. L'âge, ce n'est pas son problème. La coquetterie non plus. Du moins elle l'affirme dans ce langage de chambrée qu'elle emploie avec l'espoir inavoué de précisément se rajeunir : « Les rides, je m'en tape! Les kilos, je m'en cogne! Quand on a du chou, on peut se passer de son cul! » Et, question chou, elle n'a pas de problème non plus. D'ailleurs, elle n'a aucun problème personnel. Ça baigne! C'est le super-pied! En revanche, elle a tous les problèmes de tous les autres : les miens (alors que je n'en ai qu'un et que celui-là, elle l'ignore), ceux de mon fils, de ma fille, de ses amis, de ses copines, de ses potes, des deux secrétaires du bureau, de Rosita notre femme de ménage, des commerçants du quartier... et j'en oublie! Et que j' t'écoute tous les geignards, les déprimés, les paumés, les submergés, les épuisés, les torturés, les trop-aimés, les mal-payés, les pas-aimés. Et que j' te les remonte, que j' te les secoue ou que j' te les plains, que j' te les conseille, que j' te les prends en charge, que j' t'arrange leurs affaires et que j' te leur répète que ma porte est ouverte à n'importe quelle heure.

Ma sœur a sûrement, comme moi, l'instinct de

protection, mais plus étendu : elle, c'est carrément sur S.O.S. Secours qu'elle fantasme.

Dès que j'ai partagé son appartement, j'ai partagé également ses fréquentations. Je me suis laissé enrôler dans ses opérations de sauvetage et il m'est même arrivé d'y participer étroitement. C'est ainsi que plus d'une fois j'ai payé de ma personne pour rassurer des complexées, pour venger des abandonnées, pour consoler des inconsolables et pour apaiser des surexcitées. Mais depuis deux ans, pour les raisons que vous savez, j'ai cessé de voir les amies de ma sœur si ce n'est le temps d'une rencontre fortuite dans la roulotte. De la même façon, j'ai rompu toute relation avec mes amis. A l'exception d'un seul : Bertrand, un auteur feu follet, ignoré du public mais non des professionnels du spectacle, qui saute de la chanson au roman, du café-théâtre à la télévision. Bertrand aime à répéter cette formule de Boris Vian : « Si c'est en forgeant qu'on devient forgeron, c'est en écrivant qu'on devient écriveron. » Il se veut modestement écriveron, ne prend rien au sérieux, surtout pas lui, et fonce tête baissée dans des aventures impossibles, rien que pour le plaisir de pouvoir les raconter après. Dernièrement, lui, un phallocrate patenté, s'est amouraché d'une journaliste qui milite dans les rangs du MLF. De temps en temps il rédige les articles qu'elle signe dans la presse féministe, articles incendiaires où il vitupère contre les « affreux machos ». La plume posée, il s'amuse à se conduire comme le pire d'entre eux. Histoire, prétend-il, de favoriser son inspiration.

Bertrand donc, qui était l'unique confident de mon problème, en a d'abord beaucoup ri. Pas étonnant, il rit de tout. Néanmoins, il m'a aidé, comme je le souhaitais, à découvrir des horizons nouveaux. Grâce à lui j'ai connu d'autres filles, d'autres femmes, appartenant à un autre milieu.

Mais, au bout du compte, qu'ai-je trouvé? Des putes et des mecs!

Or les mecs... je n'en ai pas l'emploi, et les putes... merci, j'ai déjà donné!

J'ai encore accusé le hasard.

J'ai encore poursuivi mes recherches. Jusqu'à saturation.

Maintenant j'ai perdu l'espoir. J'ai perdu l'appétit d'aimer. Je suis atteint d'anorexie sentimentale et sexuelle. Je ne suis plus un homme à part entière. Je suis un moine qui a perdu la foi. Bertrand ne plaisante plus. Il me maintient tant bien que mal la tête hors de l'eau. Deux ou trois fois par semaine nous échangeons ce même dialogue :

– Patiente, Philippe! me dit-il.

– Je ne m'impatiente pas. Je n'attends rien, ni personne.

– Tu rigoles! Et Virginia? Et Laura? Et Dolly?

– Je ne les attends plus. Elles n'existent pas. Tu le sais aussi bien que moi!

– Attends quand même.

– Mais quoi, Bertrand? Attendre quoi?

– L'Imprévisible.

Et j'attends...

Et je vous parle... en attendant.

2

Vous êtes encore là? Ah! tant mieux! Je suis plein à craquer de mots, de pensées, de sentiments, de sensations... Il faut absolument que j'explose et Bertrand est parti en voyage. Tout compte fait, d'ailleurs, ce soir je suis ravi que vous le remplaciez, parce que vous au moins vous n'allez pas m'interrompre pour m'inciter au calme... ou pour vous payer ma tête. Si vous vous la payez, ce sera dans votre for intérieur et votre for intérieur... je vous le dis carrément, à la minute présente, je m'en fous. J'ai besoin d'un exutoire. Pas d'une approbation. Encore moins d'un conseil. Tout ce que je vous demande c'est de m'écouter. Ou de faire semblant. Point final.

Je vous parais peut-être un peu brusque, mais je suis dans un tel état d'excitation... Je me doute bien que vous avez deviné pourquoi, mais je vais vous le dire quand même, rien que pour entendre tout haut cette petite phrase que je me répète tout bas depuis une heure : « L'Imprévisible est arrivé! » Oui! A l'instant et à l'endroit où je l'attendais le moins, l'Imprévisible, l'obsédant, l'indéfinissable, l'impalpable Imprévisible a pris forme, a pris corps. Et quel corps! Grand Dieu, si vous saviez! Oh! tranquillisez-vous! Vous saurez, mais plus tard. Il y a un tel remue-ménage dans mon crâne que j'ai intérêt – et vous aussi – à suivre l'ordre chronologique des événements, sinon on ne va pas s'y reconnaître.

Le hasard s'est mis en marche ce matin, au petit déjeuner. A mon insu. Entre deux tartines, ma sœur m'apprend qu'elle a organisé pour le soir « une petite bouffe décontract' entre nanas – qui-n'en-ont-rien-à-foutre-des-mecs ». J'ai l'habitude. Je sais que, dans ce cas-là, le mâle – unique objet de leur ressentiment et néanmoins de leur conversation – n'a plus qu'à évacuer les lieux. En général j'en profite pour sortir avec Bertrand; mais aujourd'hui, le sachant absent et me sentant fatigué, j'ai décidé de me retirer dans mes appartements avant l'arrivée de ces dames, avec un sandwich, un bon livre... et des boules Quiès, car ma chambre jouxte leur « caquetoir ».

Au premier coup de sonnette, déjà dans mon lit, je dispose mon barrage auditif et me mets à lire. A dix heures trente, je ressens les premières attaques du sommeil. Je ne résiste pas. J'éteins ma lumière et, pour m'endormir, je commence à me raconter mon conte de fées quotidien. Ce soir, j'avais choisi Laura comme héroïne. Mais à peine venait-elle de poser sa douce tête sur mon épaule que des éclats de voix stridents traversèrent la cloison, puis mon oreille et m'arrachèrent à ma rêverie. Quel culot! J'ôte mes boules. Aussitôt j'ai l'impression d'entendre un débat radiophonique entre journalistes d'opinions différentes. On se coupe la parole. On ricane méchamment. On tranche dans le vif. Mais au bout d'un moment je m'aperçois que les participantes défendent toutes la même opinion, à savoir qu'un certain Gérard, le compagnon de l'une d'elles, est un fumier parce qu'il l'a trompée sous prétexte qu'elle le laissait trop souvent seul au foyer. C'est curieux, d'habitude les gens qui sont d'accord ne hurlent pas de la sorte. Subitement je me demande si l'alcool n'interviendrait pas dans cette agressivité inaccoutumée. J'essaie d'identifier les voix. J'y parviens facilement. Ce sont celles des « logues ». C'est ainsi que ma sœur appelle sa gynécologue, sa dermatologue, sa stomatologue : les trois amies de base dont, plus soucieuse de son physique qu'elle ne le prétend, elle aime à s'entourer. Ce sont des femmes qui travaillent beaucoup et boivent très peu. Ma sœur aussi. Pourtant, elles vocifèrent de plus belle.

Muriel, la gynéco, victime innocente de ce fumier de Gérard, fulmine :

– J'ai quand même le droit, après huit heures de consultation, de préférer une soirée de détente avec mes copines à une partie de jambes en l'air!

Clotilde, la dermato, approuve :

– L'égoïsme de ton mec, ce n'est pas croyable! Il n'y a vraiment que lui pour ne pas comprendre qu'après avoir vu des fesses toute la journée tu n'aies pas envie de voir les siennes!

Geneviève, la stomato, renchérit :

– Ou même sa tronche. Il y a des spectacles plus réjouissants. Mais ça, c'est toujours la vanité des mecs : il ne faut regarder qu'eux, n'écouter qu'eux, n'admirer qu'eux.

Ma sœur envenime encore les choses :

– C'est d'autant plus dégueulasse dans le cas de Gérard que lui, il ne se gêne pas pour mater toutes les minettes qui passent.

J'étais vraiment étonné. Non par ce concert de reproches – déjà cent fois entendu – mais par le ton exceptionnellement fougueux de ses exécutantes. D'où leur venait cette véhémence inaccoutumée ? Je le découvris bientôt : contrairement à ce que je croyais, il y avait une opposition et c'était contre elle que la majorité se déchaînait. Si l'on pouvait dire d'une voix qu'elle est souriante, je le dirais volontiers de celle de l'opposante. Souriante, fraîche, assurée. Elle imposa très vite le silence, ce qui me permit de ne pas perdre un seul des mots qu'elle prononçait et que je considérai, compte tenu de l'aréopage auquel ils s'adressaient, comme bigrement audacieux.

– Excusez-moi, dit la voix, de me remêler de ce qui ne me regarde pas, mais moi, je trouve plutôt gentil qu'un homme qui vit avec une femme depuis dix ans, comme Gérard avec Muriel, souhaite encore passer au lit ou ailleurs ses loisirs avec elle. Je ne vois là ni égoïsme ni vanité, mais amour. Par ailleurs, je trouve plutôt normal – n'en déplaise à notre hôtesse – que cet homme aille chercher autre part ce qu'on lui refuse chez lui. Je ne vois pas là trahison mais légitime dépit amoureux.

Je me souviens du tohu-bohu qui suivit cette déclaration tranquille, mais je serais incapable de vous répéter ce qui s'est dit : j'étais bien trop occupé à repérer l'opposante par le trou de ma serrure. Tout en baladant mon œil de l'une à l'autre de ces dames, je priais les dieux de l'Imprévisible : « Pourvu qu'elle ne soit pas laide ! »

Ce furent ses jambes que j'aperçus en premier. Je ne pouvais pas me tromper. Il n'y avait qu'elle en jupe. Je crois avoir éprouvé à cet instant une émotion comparable à celle de nos grands-pères découvrant un bout de chair au-dessus d'une bottine. La seule différence, c'est que mon panorama était plus vaste que le leur. Les deux échancrures latérales pratiquées dans le tissu étaient profondes et me permettaient largement d'admirer, au-dessus des pieds minces chaussés d'escarpins classiquement élégants, au-dessus des chevilles de pur-sang, au-dessus des mollets superbement galbés, au-dessus des genoux rares par leur perfection, deux cuisses qui n'en finissaient pas d'être prometteuses.

Je montai mon regard d'un cran : la taille était mince; puis d'un autre : la poitrine était fière. Ce corps, qui évoquait celui d'une jeune sportive avant que les exercices ne le musclent trop, était une véritable merveille d'harmonie. Et, comble de délices – pour moi –, une merveille entièrement revêtue, des chaussures au chemisier en passant par les bas, la jupe et la ceinture, de gris – comme Laura! C'était presque trop. Je m'attardai délibérément sur cette vision de rêve, pensant que, si le visage était aussi réussi que le corps, j'étais fichu : je n'aurais aucune chance de conquérir une telle femme. Je changeai donc ma prière : « Pourvu qu'elle ne soit pas trop jolie! »

Ouf! Elle ne l'était pas trop. Juste assez pour me plaire, mais me rester accessible. Quelqu'un d'indulgent vous affirmerait qu'elle a des cheveux dorés et vaporeux, des yeux couleur d'ambre foncé, un nez spirituel, une bouche gourmande. Mais quelqu'un de sévère vous affirmerait qu'elle a des cheveux roux et frisottés, des yeux du marron le plus banal, un nez haut et court du genre « où il pleut dedans » et un museau de lapin avec des lèvres qui ont du mal à se fermer sur des dents qui avancent. Moi, je vous dis ce que j'ai vu : des cheveux cuivrés – comme ceux de Laura – joyeusement indisciplinés, des yeux rieurs, un nez rigolo, une bouche marrante. Bref, un visage gai. Ajoutez à cette gaieté, si peu courante à notre époque, un teint hâlé sans maquillage, une peau éclatante de santé et vous comprendrez mieux peut-être le charme insolite qui émanait de ses traits, ô combien imparfaits. Dès que j'ai regardé ce visage, j'ai eu l'impression de me « rincer l'œil » – au sens propre du terme. D'en ôter toutes les morosités et les saletés du monde. Un peu plus tard, j'ai encore eu l'occasion de me rincer l'œil, mais au sens plus courant du terme. Quand elle s'est penchée en avant et que, par l'entrebâillement de son corsage, j'ai vu...

Attendez! Avant de vous dire ce que j'ai vu, il faut quand même vous préciser que je n'ai jamais été un de ces aficionados de la lingerie féminine qui piaffent devant des porte-jarretelles ou des guêpières froufroutantes. Dans ce domaine, mes goûts sont simples et sains. Tant pis donc si je déçois les amateurs de détails croustillants mais... dans l'entrebâillement de son corsage, je n'ai rien vu d'autre que le symbole d'une féminité en voie de disparition : un soutien-gorge... ravissamment honnête, manifestement inutile et de surcroît en soie grise. C'est ce dernier détail qui m'émut le plus. Je n'avais jamais rencontré – même pas dans mes rêves – de femmes qui poussent le raffinement jusqu'à porter des dessous assortis à leurs dessus. Curieusement j'en éprouvai sur-le-champ comme une frustration rétrospective. Je ne le savais pas, mais les dessous m'avaient manqué. Le plaisir que je prenais à contempler ceux de ma charmante « pas-belle » le prouvait. Et encore, je n'en découvrais que la partie nord! Et c'est alors que me vint, subite, inattendue, irrépressible, jaillissante, miraculeuse, l'envie d'en découvrir la partie sud! Parlons net : j'étais redevenu un homme et tout mon corps se posait cette question d'homme : « A-t-elle oui ou non une petite culotte en soie grise? » Pas de suspense inutile : à l'heure qu'il est, je l'ignore encore mais me le demande avec autant d'ardeur – ou presque. Je ferai tout ce qu'il faut pour avoir un jour la réponse sous les yeux – et sous les mains. J'ai déjà agi en conséquence. D'abord, je me suis rhabillé, bien décidé à imposer ma présence à ces dames sous n'importe quel prétexte. Ensuite, j'ai entrebâillé subrepticement ma porte et j'ai guetté par la fente le moment propice pour intervenir dans la conversation. Ma sœur s'en était retirée pour aller dans la cuisine préparer des jus d'orange. Je vis l'envoyée de l'Imprévisible se lever, prendre son sac sur le canapé et la veste de son tailleur sur le dossier d'une chaise. Elle s'apprêtait à partir. Je m'apprêtais à entrer quand Clotilde l'interpella :

– Que tu le veuilles ou non, les mecs ont toujours la bonne place.

– Plus maintenant, répliqua l'opposante obstinée. Aujourd'hui, avec les femmes, ils ne sont pas à la fête. Moi je les plains plutôt et je t'avoue sincèrement que, si j'étais un homme, je serais...

Soudain la lumière s'éteignit. Ma sœur hurla de la cuisine :

– Pas de panique! C'est le presse-agrumes qui a fait sauter les plombs.

Tant pis dans un sens car j'aurais bien voulu connaître la fin de la phrase de l'opposante. Tant mieux dans l'autre car cette panne allait me permettre une intrusion naturelle et brillante dans le salon puisque j'étais dans cette maison le seul détenteur de bougies et le seul bricoleur en électricité.

Un candélabre à sept branches dans la main droite, des fusibles dans la main gauche, des paroles rassurantes à la bouche, je pénétrai dans le gynécée et le traversai parmi des gloussements de satisfaction.

Quelques instants plus tard, j'y revenais précédé de peu par la lumière électrique, parmi des roucoulements reconnaissants. Très vite la voix de la « pas-belle » s'éleva au-dessus du brouhaha :

– Vous voyez, mesdames, c'est quelquefois utile, les hommes.

Cette phrase me désarçonna. Sans doute parce que j'étais prêt à être désarçonné mais aussi que c'était exactement celle que je m'apprêtais à prononcer. J'aurais voulu manifester ma surprise le plus spirituellement du monde et ne trouvai à dire le plus bêtement du monde que :

– Ça alors!

Par bonheur, ma sœur arriva à ce moment-là avec un plateau chargé de verres et de jus de fruits... en bouteilles. Ses « logues » se précipitèrent pour l'aider. La « pas-belle » resta près de moi et se présenta. Je n'entendis que son prénom et lui donnai sur-le-champ une nouvelle preuve de mon esprit en balbutiant pour la deuxième fois en vingt secondes :

– Ça alors!

J'ajoutai, comme si ça pouvait justifier mon hébétude :

– Vous vous appelez Laura!

– Non, répondit-elle, Lauranne.

Puis, devant mon regard vide, elle m'expliqua comme à un enfant :

– C'est la contraction de Laure-Anne.

Continuant à réagir très au-dessous de mes moyens intellectuels, je m'écriai :

– Lauranne... c'est quand même fantastique!

Elle ne me demanda pas pourquoi. Ce qui ne m'empêcha pas de lui dire, comme si elle me l'avait demandé :

– Vous ne pouvez pas comprendre.

Elle éclata de rire puis m'expliqua que les personnes qui se croient impénétrables et qui sont en vérité transparentes l'amusaient beaucoup; ainsi que toutes les personnes en général qui s'évertuaient à paraître ce qu'elles n'étaient pas. La comédie humaine la distrayait, mais elle n'y participait que le moins possible. Elle n'aimait pas à forcer sa bonne nature. La preuve? Elle avait envie de partir et elle allait partir. Elle n'était pas une couche-tard et ne se contraindrait pas à s'attarder par politesse.

Par chance, Clotilde qui l'avait amenée là pour la présenter à ma sœur refusa de s'en aller aussi tôt, et moi, émergeant de mes limbes, je pus proposer à Lauranne de la raccompagner chez elle. Elle accepta avec un empressement qui acheva de me doper. Malgré ma piètre performance de départ, j'avais toutes mes chances. C'était évident. Ce le fut encore plus dans les cinq minutes qui suivirent : quand, dans la rue, elle me prit le bras à la vue pourtant assez peu redoutable d'un ivrogne qui titubait à quelques pas de nous; quand, après lui avoir ouvert sa portière, elle me félicita de cette prévenance si rare à notre époque; quand, en montant dans la voiture, elle découvrit plus qu'il n'était nécessaire ses jambes ravissantes. Aucun doute : je plaisais. A peine m'en étais-je réjoui... que je m'en inquiétai et réactualisai ma prière : « Pourvu que je ne plaise pas trop! Pourvu que ça ne soit pas trop facile! » Je savais d'avance que si, mine de rien, Lauranne posait sa main sur ma cuisse, me gratouillait la nuque du bout de l'ongle ou, pire encore, tout à l'heure, quand on s'arrêterait devant chez elle, m'offrait d'y monter prendre un verre, ce serait terminé! Curieuse attitude mentale que la mienne : je crevais d'envie de voir une petite culotte grise et je crevais de peur qu'on me la montre – trop rapidement en tout cas.

Heureusement, mes craintes ont été vite apaisées : à mi-parcours, Lauranne s'est mise à bâiller. Elle ne s'est pratiquement pas arrêtée jusqu'à notre arrivée à destination. Elle me confia, entre deux bâillements, que comme les enfants elle ne pouvait résister ni à son sommeil ni à son appétit. Quelles que soient les circonstances, quand elle était fatiguée, il fallait qu'elle dorme; quand elle avait faim, il fallait qu'elle mange. Là, présentement, il fallait qu'elle dorme. C'était visible. D'autres s'en seraient formalisés. Moi pas. J'étais aux anges. Je n'avais rien à redouter de cette femme-là : ni invite intempestive, ni acceptation gentille, ni même la traditionnelle question concernant les lendemains. C'est donc moi, comme je l'avais tant souhaité, qui dus prendre l'initiative et lui demander quand nous pourrions nous revoir. La réponse m'arriva dans un bâillement :

– Jamais!

J'ai feint de croire que « jamais » voulait dire « demain ». Elle me précisa que « jamais » voulait dire « jamais ». J'eus la conviction que je m'étais trompé de prière et je la rectifiai sur-le-champ : « Pourvu que je ne lui déplaise pas trop! Pourvu que ça ne soit pas trop difficile! »

Maintenant, je le sais, ça le sera. Je rêvais d'un délicieux obstacle. L'obstacle, je l'ai. J'en ai même trois. Mais j'ai l'impression qu'ils ne vont pas être du tout délicieux : Lauranne a un mari, un beau-fils, un beau-père qui forment avec elle un tout indivisible. Ils ont tissé ensemble ce cocon familial. La texture en est serrée, impénétrable.

Impénétrable? Alors pourquoi ce bras soudain glissé sous le mien dans la rue? Pourquoi cet hommage rendu à ma galanterie? Pourquoi ces jambes abusivement découvertes?

Impénétrable? Pour quelqu'un qui n'aime pas les difficultés, pour quelqu'un qui n'a pas une raison essentielle, vitale, de s'entêter à chercher la faille, oui, peut-être... mais pas pour moi. Moi, je m'en vais te l'effriter, le cocon. Mais, auparavant, il fallait que je connaisse les éléments qui le composaient. Je comptais beaucoup sur ma sœur pour me renseigner.

A mon retour, je la trouvai seule et de fort

mauvaise humeur : cette Lauranne – a-t-on idée de porter un nom pareil! – avait gâché sa soirée de bout en bout. D'abord par sa présence; ensuite par son départ qui avait provoqué celui des trois « logues », après une discussion brève mais violente au sujet de l'absente : ma sœur l'attaquant, les autres – surtout Clotilde – la défendant.

Jacqueline me servit toute chaude sa colère : Lauranne était une bêcheuse. Ça se voyait à sa tenue : a-t-on idée de s'habiller pour une bouffe entre copines comme pour un dîner en ville? J'objectai timidement qu'une jupe de flanelle et un chemisier ne me paraissaient pas d'une sophistication exagérée. Mais il paraît que je me trompais : en dehors du jean et du pull, tout est sophistiqué. Je n'eus pas le loisir d'insister car ma sœur avait déjà relancé sa diatribe. Lauranne était une emmerdeuse : a-t-on idée de se coucher si tôt? Lauranne était également une imbécile qui ne comprenait rien aux problèmes de son temps : a-t-on idée, quand on est une femme, de prendre le parti des hommes? Lauranne était en outre une égoïste qui ne s'intéressait qu'à sa santé, à sa forme, à sa ligne. J'eus à l'évocation du corps de ma « pas-belle » un sourire béat qui éveilla les soupçons de ma sœur.

– Tu ne vas pas me dire, s'écria-t-elle, que cette fille te plaît?

Evidemment, je ne le lui dis pas. Je lui dis même le contraire. Et avec une telle conviction qu'elle en fut rassérénée et consentit enfin à satisfaire ma curiosité dans la mesure de ses possibilités – en l'occurrence hélas assez limitées. Enfin, j'ai quand même appris que la future femme de ma vie était la fondatrice et la directrice avisée des instituts L.L. Vous ne connaissez pas? Moi non plus. D'après ma sœur, notre ignorance est inconcevable : tout le monde connaît au moins de réputation ces deux établissements à la mode où l'on vend de la beauté sous forme de gymnastique, de sauna, de massages et de bronzette. Tout le monde a vu, il y a cinq ans, la publicité pour le lancement du premier – dans le quartier des Champs-Elysées – et tout le monde se souvient des affiches qui ont annoncé, il y a deux ans, la création du second – dans le quartier de la Bourse. Elles représentaient un conseil d'administration dont les membres avaient des ailes sur les épaules. Les ailes ont réveillé ma mémoire. Je me suis rappelé tout à coup avoir trouvé stupide le slogan qui les accompagnait : « Si vous allez au club L.L., vous aussi vous aurez des ailes. » Je m'étais même demandé à l'époque si les initiales n'avaient pas été choisies en fonction de cette accroche publicitaire. Interrogée à ce sujet, ma sœur m'a répondu que non, que les deux lettres étaient les premières du prénom et du nom de Lauranne; mais elle ignorait ce dernier, Clotilde lui ayant présenté son amie sous le pseudonyme de Mme L.L. Il me semblait après coup que c'était ainsi qu'elle s'était présentée à moi. Je regrettai moins de n'y avoir pas prêté plus d'attention. Je me suis hasardé à penser tout haut que, si le premier L appartenait forcément à Lauranne, le second devait appartenir à son époux.

Mais voilà que ma sœur ne la savait pas mariée, que Clotilde ne lui avait parlé que de sa vie professionnelle, de sa réussite, de sa volonté, de son dynamisme et surtout de leur récente association pour une affaire de produits de beauté fabriqués d'après les directives de Clotilde et diffusés par Lauranne. Je me réjouis de cette dernière nouvelle : ces dames travaillant ensemble, donc se fréquentant, je pourrais sûrement par l'une atteindre l'autre ou, pour le moins, obtenir par l'une les informations sur l'entourage de l'autre. Clotilde, il y a quelques années, m'a ouvert son lit, mais si fugitivement, si virilement que je peux me permettre sans goujaterie de lui ouvrir mon cœur et de solliciter son concours. Néanmoins, je m'efforcerai d'agir avec tact... et prudence.

Je vais me coucher en essayant de mettre au point le coup de téléphone que je lui donnerai à mon réveil. Mais j'ai des interférences sur ma ligne. La voix de Lauranne est dans mes oreilles. Son corps est devant mes yeux.

Pardon, Virginia! Pardon, Laura! Pardon, Dolly! Ce soir, je n'ai pas besoin de vous : je m'endors dans les bras de ma « pas-belle ».

3

– Allô! Clotilde! C'est Philippe.

– Philippe qui?

– Philippe Larcher.

– Ah! je ne reconnaissais pas ta voix. Tu ne claironnes pas autant d'habitude le matin.

– J'ai passé une très bonne nuit. Ça doit être pour ça.

– Avec Lauranne?

– Non! Tout seul!

– Ah! Ça m'aurait étonnée. Pas de toi. D'elle.

– Pourquoi? Ce n'est pas le genre facile?

– Je n'ai pas l'impression mais, à vrai dire, je n'en sais rien : c'est la femme la plus secrète que je connaisse.

– Vraiment?

– Ecoute, il y a plus d'un an que nous nous fréquentons et je ne connais ni son appartement, ni son numéro de téléphone personnel, ni la tête de son mari.

– Tu sais au moins qu'elle en a un.

– Ah ça oui! Un vrai tyran! Il ne veut pas qu'elle sorte sans lui.

– Ben... hier soir?

– Il était en voyage.

– Elle en est amoureuse?

– Ça m'en a tout l'air. Sinon elle n'accepterait pas d'être verrouillée comme ça.

– Qu'est-ce qu'il fait?

– Des affaires.

– Lesquelles?

– Je l'ignore comme le reste.

– Et comment s'appelle-t-il?

– Attends... je ne m'en souviens jamais!

– Ce n'est pas le même nom qu'elle?

– Si... mais c'est très compliqué... quelque chose comme Lambroccini. Ou Lambravicci. Une consonance italienne en tout cas. Mais, si tu veux la joindre, je te conseille plutôt de l'appeler à son boulot.

– Oui, bien sûr, mais je crois que je vais plutôt laisser tomber.

– Confidence pour confidence, je crois que tu aurais raison.

Pas encourageante, Clotilde.

Pas coopérative non plus.

Sincère? Pas sûr! Conclusion : je ne peux désormais compter que sur moi... et sur Bertrand quand il sera là pour débroussailler les accès de mon futur paradis. Je dis bien les accès car je m'en tiens toujours à mon idée qu'avant d'aborder directement Lauranne il me faut éliminer l'Obstacle qui m'en sépare, c'est-à-dire sa famille. Sinon vous pensez bien que, ce matin, je me serais déjà posté aux aurores devant son immeuble ou que j'aurais passé ma journée à l'attendre dans son club L.L. Hommes, les haltères à la main et couvert d'un ample survêtement (plus favorable aux vestiges de ma musculature que le maillot de corps ajusté).

Raisonnablement, je suis allé travailler. Rectification : je suis allé sur les lieux de mon travail, l'air affairé. Je me suis enfermé dans mon bureau après avoir pris ostensiblement devant ma sœur et les deux secrétaires admiratives le gros dossier d'un gros client grincheux et prié qu'on ne me dérange sous aucun prétexte. Enfin seul, je me suis plongé dans les annuaires du téléphone. D'abord dans celui des rues. Au numéro de l'immeuble où la veille au soir Lauranne s'était engouffrée il y avait cinq abonnés, mais aucun du nom de Lambraccini, ou Lambravicci. J'ai donc appelé le premier, un certain M. Castagnet. Je me suis présenté comme l'employé d'un fleuriste qui devait livrer des plantes vertes à Mme L.L. La chance voulut que mon correspondant, plus très jeune d'après la voix, cherchât à tuer le temps. Il me répondit complaisamment que je m'étais trompé, qu'il connaissait très bien la dame en question, qu'elle était charmante, qu'elle habitait le même immeuble que lui mais au cinquième étage, qu'il ignorait son numéro mais que je pouvais effectuer ma livraison sans m'annoncer car il y avait presque toujours quelqu'un chez cette dame; que même, si par hasard il n'y avait personne, la concierge qui était très serviable ou lui-même qui l'était aussi, et qui habitait le rez-de-chaussée droite, pourrait très bien recevoir provisoirement les plantes et les donner à leur destinataire dès qu'elle arriverait, c'est-à-dire à dix-neuf heures trente précises. Mme L.L. lui sert de pendule : quand elle part, il est huit heures trente, quand elle revient, il est dix-neuf heures trente.

J'ai remercié ce cher M. Castagnet qui, sans le vouloir, m'avait permis d'avancer un tant soit peu dans mon enquête. J'eus bien sûr la tentation d'aller lui rendre une petite visite, déguisé en livreur, afin de lui soutirer quelques autres informations, mais, certain qu'il se montrerait aussi indiscret avec Lauranne qu'avec moi, j'ai préféré m'abstenir et le garder en réserve pour Bertrand.

Pensant que j'étais dans un jour de chance, j'ai pris alors l'annuaire par liste alphabétique et l'ai ouvert à la lettre L, à la recherche d'un nom proche de ceux indiqués par Clotilde et suivi de l'adresse que je connaissais. Je n'irai pas jusqu'à prétendre que ça équivaut à trouver une aiguille dans une botte de foin, mais enfin c'est une tâche assez considérable. Jamais je n'aurais imaginé que le L était une initiale aussi courante : elle s'étale sur deux cent quarante-neuf pages! A raison de quatre colonnes par page et de cent lignes par colonne, ça représente grosso modo quatre-vingt-dix-neuf mille six cents noms à survoler! Vous vous rendez compte : quatre-vingt-dix-neuf mille six cents noms et pas celui de Lauranne. Si seulement elle s'était appelée Mme « Yamachin » ou Mme « Xatruc », j'aurais perdu moins de temps : les Y ne couvrent que vingt-trois pages et les X se limitent à deux colonnes! J'ai compté. J'ai compté aussi pour les autres lettres de l'alphabet, mais je vous épargnerai les résultats. Ça n'a pas grand intérêt. Ce qui, à la rigueur, peut en avoir pour vous, c'est de savoir qu'un homme comme moi, dans la force de l'âge, travailleur et aimant son métier, soit capable de passer une grande partie de sa journée à calculer le nombre d'abonnés par lettre dans le Bottin téléphonique. Pire, qu'il ne soit capable que de ça. J'ai essayé de m'atteler à des tâches plus intelligentes, plus urgentes, plus constructives. Impossible! Au bout de dix minutes, je crayonnais des ailes sur les avenants des A.G.F. et des cœurs sur les constats d'experts ou bien j'allais compulser la carte de la Grèce en prévision de notre futur voyage de noces!

Jamais je ne me suis montré aussi inefficace dans mon travail... sauf peut-être pendant la période de mes fiançailles avec Corinne. Mais j'avais à l'époque à peine vingt ans et je connaissais ma future femme depuis l'enfance. Tandis que là j'ai plus du double d'âge et l'objet de mon obsession est quasiment une inconnue. Disons les choses comme elles sont : je caracole avec la fougue d'un pur-sang à la poursuite d'un rêve. Un rêve qui a un corps de déesse, d'accord, mais un rêve quand même! J'ai collé d'autorité l'image de Mme L.L. sur mon vieux fantasme de Laura... et hop! j'ai piqué des deux. A l'aveuglette. C'est absurde. Rien ne me prouve que Lauranne possède les qualités auxquelles je suis sensible, ou qu'elle ne possède pas tous les défauts que j'exècre. Rien ne me prouve qu'elle n'est pas comme mes précédentes et fugitives compagnes, sotte, coléreuse, autoritaire, vénale ou bêtifiante. Rien ne me prouve qu'elle n'est pas de celles qui parlent haut et pensent bas. Qui disent : « Je te cause! » Qui disent : « Je m'en rappelle. » Qui disent : « J'ai mes menstrues. » Qui disent : « Qu'est-ce que tu m'offres si je suis gentille? » Rien ne me prouve qu'elle ne préfère pas le rock à Mozart, les B.D. à Baudelaire et le gros bleu au château-latour. Rien ne me prouve même qu'elle connaisse le château-latour, Baudelaire et Mozart.

Mais, comme rien ne me prouve le contraire... il n'est pas question que je renonce. Je suivrai mon instinct et non pas la raison. Jusqu'au bout. Tant pis s'il se trompe. Il vaudrait mieux pourtant que je le sache assez vite, parce que le coup des Bottin, je n'ai pas intérêt à le renouveler trop trouvent. Surtout en ce mois de mai fleuri de jours fériés où, les accidents et les cambriolages se multipliant, les affaires se bousculent entre les ponts.

Ma sœur était tellement débordée qu'elle ne s'est aperçue de mon inactivité qu'à cinq heures de l'après-midi quand elle est entrée en trombe dans mon bureau et qu'elle m'a surpris, moi qu'elle croyait immergé dans le gros dossier du gros client grincheux, à quatre pattes devant une carte déployée de la Grèce. Elle a été saisie. Moi aussi. J'ai bredouillé la première excuse qui me passait par la tête :

— Je t'expliquerai. C'est pour Diane.

— Ah bon, me répondit-elle, soulagée, c'est pour

ça qu'elle a téléphoné tout à l'heure. Elle va passer à la fermeture du bureau.

J'ai béni le ciel de m'avoir inspiré un mensonge crédible et, content de m'en être tiré à si bon compte, je me suis gardé de tout commentaire ironique ou malveillant quand ma sœur, un peu gênée, m'annonça en vrac que la dévouée Mme Vionnet, notre secrétaire numéro un, était partie chez Geneviève la stomato pour cause de déchaussement; que l'accorte Brigitte, notre secrétaire numéro deux, était partie, elle, chez Muriel la gynéco pour cause d'I.V.G. et qu'elle-même filait chez la vieille Mme Le Gahuzec pour cause avouée de réajustement d'assurance-bijoux et pour cause réelle d'idylle sous-jacente avec le fils de la dame en question. Rien de tel que de se sentir coupable pour supporter les fautes des autres. C'est d'ailleurs pourquoi je me méfie des gens indulgents : ils ont presque toujours quelque chose à se reprocher.

Pour une fois, la perspective de rencontrer Diane ne m'ennuyait pas. J'ai souvent entendu parler de la complicité, voire de l'attirance à base vaguement sexuelle qui existe entre père et fille. Personnellement je n'ai jamais rien éprouvé de la sorte. Elle non plus, je crois. Petite et déjà consciente de son pouvoir de séduction, elle m'agaçait par son assurance et sa coquetterie. Elle m'en voulait de ne pas succomber, comme les autres, à son charme. Passée brutalement de l'enfance à l'âge adulte, elle m'intimide. Un peu trop dure, un peu trop maigre, un peu trop sophistiquée à mon goût, elle est au goût unanime des autres : superbe, allurale, mystérieuse. Ce sont eux qui ont sûrement raison puisque, depuis sa dix-septième année, les photographes et les maisons de couture s'arrachent les services de ses yeux froids, de ses joues creuses, de sa silhouette androgyne.

Depuis longtemps déjà, elle gagne beaucoup plus d'argent que moi : je devrais, paraît-il, en être ravi.

Je ne le suis pas. Moi, ça me gêne quand, par exemple, elle m'offre pour Noël un cadeau somptueux alors que je ne lui ai acheté qu'une bricole convenable.

Elle mène une vie fort libre et apparemment joyeuse où des hommes parfois célèbres et toujours fortunés se succèdent. Je devrais, paraît-il, m'en réjouir. Je ne m'en réjouis pas. Ça me gêne de lire dans les journaux toutes les semaines ou tous les mois que ma fille a encore un nouveau fiancé.

Elle connaît plein de pays, plein de gens, plein de choses. Je devrais, paraît-il, en être fier. Je ne le suis pas. Ça me gêne, quand elle vient de me raconter sa dernière rencontre avec Patty Reagan ou sa dernière virée aux Seychelles, de n'avoir à lui répondre que par des nouvelles de Mme Vionnet et de Cléry-en-Vexin.

Tout cela me met mal à l'aise. Cela et les relents de revanche qui émanent de son attitude avec moi : elle n'a pas oublié qu'elle a quitté la maison avant sa majorité, avec pour tout viatique de ma part des malédictions du genre : « Malheur à ceux qui construisent l'avenir sur leurs fesses plutôt que sur leur tête ou sur leurs mains. » Alors, forcément, elle a du mal à me dissimuler un certain triomphalisme. C'est humain et je ne lui en veux pas. C'est plutôt à moi que j'en veux de ne pas accueillir sa réussite – car c'en est une – avec plus d'enthousiasme. Je pense que je l'accepterai mieux et même que je m'en enorgueillirai plus tard, dans une dizaine ou une quinzaine d'années, quand mon activité se sera ralentie. Pour le moment, je suis trop jeune, je me sens vis-à-vis d'elle plus homme que père.

En revanche avec Grégoire je suis totalement paternel. Je l'ai toujours été. Bien que je me sois efforcé de le cacher au maximum, il a toujours été mon préféré. Il était le premier, l'espéré, celui qui me permit d'épouser sa mère. Diane, venue par accident un an plus tard, de santé fragile, accapara ma femme et déclencha nos premières querelles.

Avec des traits quasiment identiques, le frère et la sœur arrivent à ne pas se ressembler. Ils ont les mêmes yeux, mais pas le même regard. Celui de Grégoire est doux, timide, presque fuyant. Ils ont la même bouche mais pas le même sourire. Celui de Grégoire est désarmé. Ils eurent les mêmes joues rebondies et un peu molles avant que des régimes draconiens creusent dans celles de Diane des méplats photogéniques.

En revanche, leurs caractères sont diamétralement opposés. Il est aussi faible qu'elle est volontaire, aussi affectueux qu'elle est distante, aussi sensible qu'elle est superficielle, aussi effacé qu'elle est tapageuse. Eh bien, pourtant, ces deux êtres si différents s'adorent depuis toujours, se soutiennent, s'épaulent et en toute circonstance demeurent, maintenant comme autrefois, solidaires.

Ensemble ils ont décidé d'abandonner leurs études, pour lesquelles d'ailleurs ils n'étaient pas plus doués l'un que l'autre, et d'entrer dans la vie active.

Ensemble ils ont organisé leur départ, mettant en commun leurs atouts : lui, son don incontestable et son goût pour la photographie; elle, sa beauté.

Ensemble ils sont allés proposer un peu partout des clichés d'elle, tirés par lui.

Ensemble ils ont décroché leur premier contrat : lui, dans une agence de presse; elle, dans une agence de mannequins.

Ensemble ils nous ont annoncé leur installation dans un deux-pièces à la porte Dorée. Un an plus tard, ensemble, ils ont déménagé pour aller habiter dans deux immeubles de la même rue, dans le Marais.

Il a grimpé moins haut et moins vite qu'elle. Il manque d'ambition, de combativité, de courage peut-être. Souvent sa sœur essaie de l'éperonner, de l'imposer, de l'entraîner dans son sillage. Mais il se montre réticent. A l'agitation, au monde, au bruit, il préfère la solitude, le silence, la campagne, les tête-à-tête avec sa sœur, ou avec moi, ou avec sa tante, avec aussi sans doute d'autres personnes, mais j'ignore lesquelles : sa vie privée est aussi mystérieuse que celle de Lauranne.

Tiens! Lauranne! Il y avait longtemps! A propos, c'est à cause d'elle que j'étais presque content de voir ma fille. Je pensais que dans son métier elle avait peut-être eu l'occasion de l'approcher ou d'entendre parler d'elle.

Je n'ai pas attendu trois minutes pour lui demander avec un maximum d'indifférence :

– Tu ne connaîtrais pas par hasard la directrice des instituts L.L.?

– Moi, non. Mais maman, sûrement si. Elle est cliente; mais elle a surtout affaire à ses filles.

– Elle a des filles?

– Oui, deux : Vanessa et Barbara.

– Mais quel âge ont-elles?

– La trentaine à peu près.

– C'est impossible! on ne parle pas de la même! La mienne a aussi une trentaine d'années.

– Comment s'appelle-t-elle?

– Lauranne... Lambro ou Labro et quelque chose en i.

– Eh bien oui. C'est ça! Lauranne! Mme L.L., quoi!

J'étais abasourdi. En admettant même que la gymnastique, les régimes, au besoin un lifting et des soins attentifs puissent à notre époque corriger les rigueurs de l'état civil, l'idée que Lauranne avait au minimum quarante-six ans et plus raisonnablement quarante-huit, cinquante ou cinquante-deux me paraissait complètement folle. Diane se trompait certainement.

– Il n'y a qu'à téléphoner à maman, tu verras.

– Ah non! Ne la mêle surtout pas à ça.

Ma fille m'adressa un de ces sourires protecteurs qu'ont facilement les enfants d'aujourd'hui pour des parents qu'ils jugent – pas toujours à tort – plus inexpérimentés et plus naïfs qu'eux.

– N'aie pas peur! Je ne suis pas idiote! Je ne lui parlerai pas de toi.

Deux minutes plus tard, elle m'apprenait que Lauranne s'apprêtait à fêter ses quarante ans – ça, d'accord! C'était à peu près normal – et par la même occasion que Vanessa et Barbara n'étaient que ses belles-filles. Allons bon! A peine, avec cette femme, élucidait-on un mystère qu'on retombait dans un autre! Pourquoi Lauranne m'avait-elle parlé de son beau-fils et pas de ses belles-filles? Je cachai tant bien que mal ma nouvelle surprise à Diane. Plus mal que bien, puisqu'elle me demanda :

– Si je peux encore t'être utile à quelque chose, ne te gêne pas.

Je lui affirmai que non.

– Dommage! dit-elle.

C'était la première fois que je sentais une certaine complicité entre Diane et moi, un certain attendrissement. Elle m'intimidait moins. Je m'enhardis jusqu'à lui dire :

– Au cas où ta tante te poserait des questions sur la Grèce, tu serais gentille de lui répondre que tu as l'intention de t'y rendre et que tu étais venue me demander des renseignements.

– D'accord! Mais pourquoi toutes ces cachotteries? Tu es libre.

– Simplement, je n'ai rien à raconter.

– Vraiment rien?

– Vraiment... pour le moment... hélas!

Diane n'a pas insisté. Nous avons allumé chacun une cigarette : on ne sort pas de vingt ans de pudeur et de réserve sans quelque émotion. Soucieux de ne pas trop lui montrer la mienne, je l'ai interrogée sur le véritable motif de sa visite. Diane prétendit que c'était tout simple... et pas tellement urgent... ni tellement grave... encore que ça risquait de le devenir... à moins que, bien sûr... tout dépendait de moi... Enfin bref : Grégoire, son frère, n'assumait pas son homosexualité !

Normalement, ce dernier mot n'ayant jamais été prononcé auparavant à propos de mon fils ni par moi ni par quiconque de mon entourage, j'aurais dû m'étonner, me récrier, m'inscrire en faux ou émettre des doutes. Or je n'eus aucune de ces réactions. C'est seulement à ce moment-là que j'ai compris que je savais. Je refusais de savoir, mais je savais. D'abord, il n'était pas venu à l'idée de Diane que je ne sache pas, sinon elle aurait abordé le sujet avec un peu plus de ménagements. Elle n'était pas venue pour m'apprendre « ça », mais pour discuter des conséquences de « ça ».

Je lui ai tout de suite expliqué que je n'en avais aucune envie et que je souhaitais comme par le passé ne pas me mêler de la vie privée de Grégoire. Il préférait les garçons aux filles : c'était son affaire. Pas la mienne.

Diane en jugeait autrement. Pour elle j'étais le grand responsable des problèmes de son frère : à cause de moi, de ma désapprobation potentielle, il n'acceptait pas sa marginalité. A cause de moi il s'en cachait, s'en défendait, en éprouvait honte et remords. A cause de moi il n'osait pas se lancer dans une aventure au grand jour. Or il était tombé amoureux d'un jeune danseur d'origine eurasienne – comme son prénom de Romain ne l'indiquait pas du tout – qui menaçait de le quitter s'il ne se décidait pas à partager totalement sa vie. Grégoire se sentait tout aussi incapable de renoncer à son danseur que d'affronter mon hostilité, même silencieuse. En somme, il suffisait, pour que mon fils soit heureux, que je donne mon consentement à son union. Diane s'était chargée, à son insu, de l'obtenir.

Ici, j'ai placé une petite anecdote qui permit à ma fille de mieux apprécier l'évolution des mœurs et les facéties de l'existence. Elle se situe vingt-cinq ans plus tôt. Je viens d'atteindre ma majorité. Je suis passionnément épris de Corinne et profondément attaché à mes parents. Ils détestent celle que je souhaite épouser et s'opposent à notre mariage. Il n'est pas plus question pour moi de rompre avec eux qu'avec ma fiancée. J'en suis désespéré. Ma sœur, oui, ma sœur, comme aujourd'hui celle de mon fils, vient plaider ma cause auprès de mon père – le chef de famille – et tente de lui arracher son consentement. Amusant, non?

Me voilà confronté à vingt-cinq ans d'intervalle à la même situation que mon géniteur, à cette légère différence près que Corinne s'appelle Romain.

Diane a bien voulu sourire de cette similitude « approximative » et reconnaître que la vie était un perpétuel recommencement. Pourtant, elle n'a pas semblé apprécier que je lui réponde comme jadis mon père à ma sœur :

– Tu diras à ton frère qu'il est en âge de prendre ses responsabilités; qu'il est libre d'aimer qui il veut; de vivre avec qui il veut; mais qu'en vertu d'un principe pour moi évident : « Ta liberté finit où la mienne commence », je m'estime libre, moi, de ne pas applaudir à son choix, de ne pas rencontrer la personne de ses rêves, non conformes aux miens, de ne pas en entendre parler. Tu lui diras aussi que bien entendu cela ne change en rien mes sentiments et que, je l'espère, cela ne changera en rien nos relations.

Avant que Diane ne me traite de rétrograde, de rigoriste et de réactionnaire, j'ai tenu à la prévenir qu'elle ne parviendrait pas à me culpabiliser. D'abord parce que, même parmi les plus évolués, je ne connais pas un père qui n'eût préféré comme belle-fille une danseuse à un danseur. Ensuite parce que, ayant finalement approuvé mon père d'adopter vis-à-vis de mes amours la politique de l'autruche, je trouvais que Grégoire (dont le cas est quand même plus délicat que n'était le mien) aurait mauvaise grâce à ne pas m'approuver également. Enfin parce que, depuis le temps qu'on essaie un peu partout de me rendre responsable de tous les malheurs, de tous les crimes et de toutes les misères du monde, je sature sur la culpabilisation et que j'ai décidé de ne plus battre ma coulpe au moindre pet de travers de l'humanité.

J'ai parfois, comme ça, de ces coups de colère qui surprennent d'autant plus mon entourage que je n'en suis pas coutumier et que rien ne les laisse prévoir. Ils trahissent un énervement latent qui soudain se libère. C'était le cas. Diane comprit qu'il n'y avait plus rien à attendre de moi et prétexta un rendez-vous urgent pour prendre congé.

Dès qu'elle a été partie, j'ai ouvert la fenêtre de mon bureau tout embrumé des fumées de nos cigarettes. Devant la porte de l'immeuble, en double file, j'ai vu une Mercedes blanche, énorme. Un chauffeur en astiquait les chromes étincelants. Tout d'un coup, il a tourné la tête en direction de notre porte cochère qui venait sans doute de s'ouvrir; il a rangé précipitamment sa peau de chamois, enlevé sa casquette et ouvert la portière. Diane s'est engouffrée dans la voiture après avoir remonté sa jupe étroite. Je n'ai pas pu m'empêcher de penser que je préférais les jambes de Lauranne. Pendant que le chauffeur regagnait sa place, ma fille a baissé la vitre et levé les yeux vers le balcon où j'étais accoudé. Nos regards se sont croisés. Dans le sien, une certaine gêne. Dans le mien, une tristesse certaine. Le bolide blanc a démarré à l'allure d'un landau et j'ai eu tout le temps de voir que la plaque minéralogique était celle d'un pays arabe.

Une grande lassitude prit la relève de mon grand agacement. Dans ce genre de circonstances, mon sang de héros de western ne fait qu'un tour, je me secoue, je me morigène, j'enfile moralement mes bottes de cow-boy et je m'en vais arpenter la ville de mon pas de conquérant.

J'étais donc sur le point de sortir quand Mme Broux, la concierge, débarqua comme tous les soirs à la même heure pour donner, selon son expression, un petit coup de propreté. Cette brave femme est une lectrice assidue et passionnée du *Journal des rois et des princes* et, chaque semaine, plumeau à la main, s'extasie sur les festivités et cérémonies auxquelles participe la Jet Society. Un jour, sur une photo, elle avait reconnu Diane, signalée comme l'ambassadrice de l'élégance française. Depuis, elle considère ma fille comme un personnage mythique et la salue, à chacune de ses visites, comme une apparition.

– Je l'ai vue, m'annonça-t-elle triomphalement. C'est vraiment une reine! Et pourtant elle est restée simple. Elle m'a demandé des nouvelles de mon dos. Elle a gratté le cou de ma vieille minette, comme quand elle était petite. Vous vous rendez compte... avec les gens qu'elle fréquente... la voiture qu'elle a... les toilettes qu'elle porte...

Pas une once d'aigreur. Rien que de la fierté et du respect. Ces sentiments, si loin des miens pour un être si proche de moi, m'embarrassèrent. Devant mes bredouillages, elle diagnostiqua que j'étais trop modeste et se mit à parler de Grégoire. Elle avait vu aussi son nom dans un magazine, chez le dentiste, sous le portrait d'une vedette. Elle avait arraché la page pour me la montrer. J'y lus que mon fils préparait une exposition de photographies consacrées à la danse et qu'il avait toutes les chances de devenir « le Degas de la pellicule ». Mme Broux avait subodoré que ce Degas devait être quelqu'un de bien. Elle en avait eu la confirmation par la dame du sixième – celle qui était allée jusqu'aux quarts de finale des *Chiffres et des Lettres*.

Grégoire sur les traces d'un peintre célèbre!

Diane accrochée à la roue de la fortune! On pouvait dire – et Mme Broux ne s'en priva pas – que j'avais vraiment de la chance avec mes enfants.

Pour mieux m'en persuader, elle me cita tous les parents de drogués, d'alcooliques, de voyous, de fainéants, de bons à rien qu'elle connaissait dans le quartier et dans l'immeuble pourtant assez bien fréquenté. Bien sûr, je n'ignorais pas que notre époque engendre de véritables drames familiaux, mais vous savez ce que c'est : quand on a un malheureux rhume, il n'est pas inutile que quelqu'un vous rappelle que des gens se meurent d'un cancer du poumon. Ça ne vous débouche pas le nez, mais ça remet quand même vos éternuements à leur place. Mme Broux remit mes déceptions paternelles à la leur. Je la quittai convaincu qu'il était indécent de geindre sur mes enfants et me donnai pour consigne d'ignorer à l'avenir la partie – relativement cachée – de leur iceberg.

Relativement... c'est là que le moteur ronflant des belles résolutions commença à gripper. A cause de Lauranne, bien sûr, dont l'image s'est imposée entre mes enfants et moi. Son refus franc et massif devant mes timides avances me la laissait prévoir respectueuse de la morale traditionnelle et donc peu indulgente pour ceux qui s'en écartaient. La partie de l'iceberg familial qu'elle connaîtrait forcément – si elle ne la connaissait déjà – risquait de dresser entre nous un nouvel obstacle. Démoralisé par cette pensée, je n'ai trouvé d'apaisement que dans une nouvelle prière païenne :

« Pourvu que Lauranne ne soit pas trop rigoriste!... Pourvu qu'elle n'ait pas une aversion rédhibitoire pour les filles trop légères et pour les garçons... pas assez virils! Oh oui! Surtout ça! Faites qu'elle supporte les homosexuels et qu'elle accepte, comme moi, une fois pour toutes, de fixer son regard sur la ligne bleue des apparences...

« Amen. »

Bertrand a bien ri! Pas de ma prière. Non! Il est
habitué maintenant aux relations un peu particuliè-
res que j'entretiens avec l'au-delà et il a renoncé
depuis longtemps à se moquer des invocations que
je lance à celui qu'il appelle « mon voisin du
dessus », pour les causes les plus saugrenues et
parfois les plus impies. Bien sûr, mes craintes de
rebuter Lauranne avec les turpitudes de mes
enfants lui ont semblé aussi prématurées qu'exces-
sives, mais, dans le fond, ça l'a plutôt attendri;
comme tout ce que je lui ai raconté sur ma rencontre avec ma « pas-belle », ma résurrection physique, ma lucide inconscience et mon impatience à le
voir revenir pour lui confier l'enquête sur l'entourage de la mystérieuse Mme L.L.

C'est précisément le souvenir de son attendrissement... et du mien qui l'a si fort amusé pendant les
heures où il joua les détectives privés, puis pendant
que je lisais le surprenant rapport qu'il avait pris la
peine de rédiger. Il paraît qu'au cours de cette
lecture j'ai « atteint au plus haut comique ». Malheureusement je ne peux vous offrir ce joyeux
spectacle, mais je pense que vous l'imaginerez sans
difficulté en prenant connaissance du compte
rendu de ce cher Bertrand. Le voici donc in ex-
tenso :

« 12 mai. Huit heures quinze. Je suis sur ma
bicyclette, en face de l'immeuble de Mme L.L., en
train de guetter sa sortie, annoncée par M. Castagnet à huit heures trente. A l'heure dite, elle apparaît. Bien que je ne l'aie jamais vue – même en
photo –, je ne peux douter que ce soit elle, tant elle
correspond à la description qui m'en a été faite et

tant son charme singulier justifie les réactions qu'elle a provoquées. Elle est chaussée de baskets, vêtue d'une tenue de jogging beige et elle est coiffée comme souvent les danseuses avec les cheveux ramassés dans un petit chignon sur le sommet du crâne.

« Un jeune homme – vingt-deux, vingt-trois ans –, a priori son beau-fils, l'accompagne. Il porte également une tenue de jogging, mais bleu ciel. A part une certaine lourdeur dans la région fessière et une légère mollesse dans le bas du visage, il n'y a rien à signaler sur ce garçon de type méridional, de taille moyenne et aux traits désespérément réguliers.

« M. Castagnet, sosie de Paul Léautaud, ouvre les volets de sa fenêtre juste au moment où le jeune homme et Mme L.L. passent dessous. Lui ne le salue pas. Elle adresse au vieux monsieur quelques mots – aimables si j'en juge par le sourire dont il la gratifie.

« Les deux coureurs à pied démarrent au petit trot. Ils descendent la rue des Martyrs. Je les suis sur ma bicyclette au péril de ma vie, cette artère étant en sens interdit. Arrivés à l'église Notre-Dame-de-Lorette, le jeune homme veut prendre à droite la rue Bourdaloue, mais Mme L.L. le tire par la manche et l'oblige à prendre à gauche la rue Fléchier. Je note cet incident, d'autant moins important que ces deux rues sont courtes, parallèles et aboutissent au même endroit à quelques mètres près, parce qu'il a eu l'air de les amuser. Pour être juste, il faut dire que tout a l'air de les amuser : un feu rouge qui passe au vert au moment où ils allaient s'arrêter; la dégaine d'une passante; les injures de deux automobilistes; un agent sportif qui les encourage. Leur attitude trahit une bonne humeur et une entente incontestables.

« A huit heures quarante-cinq, à l'angle de la rue Laffitte et du boulevard Haussmann, ils se quittent, avec un petit salut amical. Mais à peine se sont-ils séparés qu'elle se retourne et le rappelle en criant son nom : Olivier. Il se retourne à son tour. Elle met ses deux mains au-dessus de sa tête et imite le geste de quelqu'un qui se lave les cheveux. La signification de cette mimique m'échappe mais semble claire au garçon qui acquiesce, puis reprend sa route en direction de l'Opéra, pendant qu'elle s'éloigne dans la direction opposée, celle de son institut.

« Sachant où elle va, c'est lui que je suis. Opération rendue facile par le double fait qu'il a nettement ralenti son allure depuis qu'il est seul et que les grands boulevards sont pour moi dans le bon sens.

« A la Madeleine, il entre dans un café où il a sûrement ses habitudes, car on lui sert d'office un chocolat et deux croissants qu'il enfourne avec l'avidité d'un affamé. A cet instant, il me revient en mémoire que la rue Bourdaloue vers laquelle le jeune homme voulait se diriger tout à l'heure recèle une pâtisserie réputée. Il avait sans doute l'intention d'y apaiser sa faim ou sa gourmandise. On peut donc interpréter le fait que Mme L.L. l'en ait empêché comme une marque d'intérêt maternel pour sa santé.

« A huit heures cinquante-huit, le prénommé Olivier repart, trottine sur le trottoir de la rue Royale, tourne à droite dans le Faubourg-Saint-Honoré et se met à galoper jusqu'à un certain immeuble devant lequel il rencontre un barbu à peu près du même âge que lui. Les deux jeunes gens s'embrassent, échangent quelques mots, pouffent de rire et s'engouffrent dans l'immeuble qui n'est autre – je m'en rends compte quand j'y pénètre à mon tour – que celui du coiffeur Carita. J'ai juste le temps de les voir franchir, au bout du hall d'entrée, la double porte vitrée du salon pour dames. Comme il y a juste à côté un salon réservé aux hommes, j'en déduis qu'Olivier et son ami travaillent chez les dames... ou alors qu'ils se sont trompés de porte. Dans le doute, je décide d'attendre. Au bout de cinq minutes, Olivier, tout de blanc vêtu, ciseaux et peignes émergeant de la poche-poitrine de sa veste ajustée, sort du salon pour se rendre dans la parfumerie de la maison située à quelques pas dans le hall. N'écoutant que mon courage, j'y entre derrière lui. Il commande une grande bouteille de shampooing et ajoute textuellement :

« – Tu me donneras aussi un bain de plantes. C'est pour ma Bichette. Ça lui gainera un peu le cheveu. Elle l'a tellement fin qu'on ne peut pas en venir à bout. Je prendrai le tout ce soir. Au revoir, ma Foufoune.

« Il est possible que ces quelques phrases, transcrites à plat sur une feuille de papier, ne suscitent pas chez celui qui les lit la même impression qu'à celui qui les a entendues, accompagnées de gestes gracieux et prononcées d'une voix haut perchée où se mêlent curieusement à l'accent toulousain les inflexions d'une mondaine. C'est pourquoi je crois utile de préciser, pour être bien clair, qu'au moment même où il parlait j'eus l'intime conviction qu'Olivier était une folle tordue. Mais comme on m'a appris à ne pas me fier aux apparences (encore qu'à ce sujet il y aurait beaucoup à dire), je téléphone à une amie, cliente de la maison depuis longtemps. Elle m'affirme que mon intuition ne m'a pas trompé et s'étonne même que j'aie pu en douter.

« Olivier, engagé il y a trois ans comme modeste assistant, était petit à petit monté en grade et avait gagné depuis quelques mois ses galons de coiffeur à part entière. Il ne cache pas ses goûts et même à l'occasion les bénit. En effet, c'est pour que son vertueux et bien-aimé père – notaire de son état – ne les découvre pas qu'il a quitté Hossegor, où une vie ennuyeuse à périr l'attendait dans l'étude paternelle, pour s'installer à Paris où il mène une vie qui l'amuse.

« Nous voilà donc avec deux renseignements intéressants : primo, le présumé beau-fils de Mme L.L. est homosexuel; secundo, le présumé mari de Mme L.L. n'est pas le véritable père d'Olivier, puisque celui-ci habite toujours à Hossegor. Alors, une question s'impose : quels sont les liens de parenté entre le présumé mari et le présumé beau-fils? J'ose espérer encore que le premier n'est que l'oncle du second, mais un doute m'assaille. Je vais tenter de m'en débarrasser. Je retourne donc à l'adresse de Mme L.L. après une courte halte chez un fleuriste où j'ai acheté un joli pot d'azalée rose auquel j'ai épinglé une enveloppe vide au nom de sa destinataire.

« Il est un peu moins de dix heures quand j'entre dans l'immeuble de la rue de La Tour-d'Auvergne. La liste de ses occupants est accrochée à la porte de la concierge. Elle comporte six lignes dont la première est réservée à M. Castagnet (rez-de-chaussée). Les quatre lignes suivantes (premier, deuxième, troisième et quatrième étages) mentionnent des noms qui ne ressemblent ni de près ni de loin à Lambrovi... quelque chose en i... et dont aucun ne commence par un L. En revanche, à la cinquième ligne, je lis : Léon Lefebvre Margot Lemaire. Cette Margot Lemaire me laisse perplexe : quel rapport peut-elle avoir avec Mme L.L.? Qu'importe! Avec Léon Lefebvre je tiens mes deux L et vraisemblablement le nom du présumé mari. Je monte au cinquième (avec l'ascenseur, encore heureux!). Belle porte laquée bleu marine. Sonnette douce. Voix d'homme encore plus douce derrière la porte :

« – J'y vais, mon Doudou, ne te dérange pas. Ça doit être la plombière pour ma baignoire!

« Cette voix me fait penser à quelqu'un mais je n'ai pas le temps de chercher à qui. La porte

43

s'ouvre. Une grande bouffée de jasmin me saute aux narines... et aussi à la mémoire. Elle émane d'un homme assez grand, aux cheveux argentés, aux traits fins, à l'œil noir pétillant, suprêmement élégant dans une veste d'intérieur grenat à brandebourgs dans l'encolure de laquelle est glissée une écharpe en soie blanche. La voix et l'odeur viennent s'accrocher à cette image. Je n'ai pas une seconde d'hésitation : j'ai devant moi un ancien sociétaire de la Comédie-Française – parmi les plus brillants –, aussi connu pour son talent que pour son esprit, homosexuel notoire quoique fort discret. Eh oui! Lui aussi! Est-il le beau-père de Mme L.L.? En tout cas il habite là. Et elle aussi. Je m'en suis assuré tout de suite. S'il est le beau-père, cela sous-entend qu'il a un fils. Et ça... ça me semble impossible. Je pense donc que j'ai été abusé par une ressemblance et lui demande :

« – Vous n'êtes pas Louis de Margot par hasard?

« – Si! me répond-il. Mais comment diable me connaissez-vous?

« Je ne peux m'empêcher d'éclater de rire et lui en explique aussitôt la raison :

« – Quand j'ai lu l'écriteau de la concierge, j'ai cru que Margot Lemaire était une seule et même personne, du sexe féminin bien entendu.

« – Ça aurait pu, mais enfin, si on n'entre pas dans les détails, ce sont deux messieurs : moi, Margot, et un autre, Lemaire.

« À ce moment, une espèce de bébé Cadum attardé – entre la quarantaine et la cinquantaine – passe par l'entrebâillement de la porte, d'abord son visage rose et joufflu, puis son corps court et potelé. Il a un grand panier en osier dans la main gauche et un porte-monnaie dans la main droite : une vraie petite ménagère! D'ailleurs il en a les soucis. Après avoir constaté que je n'étais pas le plombier et jeté un coup d'œil sur mon azalée, il me les confie :

44

« – J'ai un rhododendron qui s'étiole... C'est la première fois que ça m'arrive. D'habitude, j'ai la main verte. J'adore les plantes et elles me le rendent bien. Mais là, avec ce rhodo, je ne sais pas ce qui se passe; je le soigne comme les autres, je lui parle, je l'arrose, je lui lave ses petites feuilles, je lui mets de l'engrais et rien! Rien! Rien! Il continue à dépérir.

« Je lui affirme que j'ai à mon magasin une poudre extraordinaire spécialement conçue pour les rhododendrons qui se languissent et que je me ferai un plaisir de lui en envoyer un flacon dès cet après-midi. Cela, bien sûr, à seule fin d'obtenir son nom. Il me le dit sans la moindre suspicion mais avec un papillotement de cils :

« – Lefebvre. Avec un B, comme la maréchale!

« Il est évident que le troisième membre de la famille de Mme L.L. n'est pas plus viril que les deux autres mais, comme il est censé être le mari, je m'efforce de penser qu'il adopte peut-être ces gestes et ce vocabulaire efféminés en manière de plaisanterie ou par esprit d'imitation.

« C'est alors que, m'ayant remercié chaleureusement pour le modeste colis que je me proposais de lui adresser, il annonce qu'il va faire son petit marché. Louis de Margot lui recommande de ne rien prévoir pour lui car, le soir, il va dîner chez une certaine Paulette, qui m'a tout l'air d'être un certain Paul. Le commissionnaire est désolé :

« – Oh, flûte! Olivier et moi nous devons aller ce soir à Pantin, à la première de la Charlotte (qui m'a tout l'air d'être un Charles!). On lui a promis. Tu le connais, si on n'y va pas, il va piquer sa crise.

« – Eh bien! qu'est-ce qui vous en empêche?

« – Lauranne va être toute seule.

« – Pour une fois, je suis sûr que ça ne l'ennuiera pas. Au contraire, elle va pouvoir se coucher tôt.

« – Oui, tu as raison. Je vais lui préparer un

plateau avec des babioles froides. Comme ça, elle n'aura rien à réchauffer et pourra manger au lit. Elle adore!

« J'ouvre une parenthèse : l'honnêteté m'oblige à reconnaître que cet homme, qui jusqu'à présent ne me paraissait pas avoir les qualités conjugales normalement requises, s'est révélé à cet instant un mari tendre et attentionné que n'importe quelle femme pourrait envier. Je ferme la parenthèse et je rattrape M. Lefebvre au moment où il s'apprête à sortir. Je veux le suivre, mais Louis de Margot me retient :

« – Avec tout ça, me dit-il, vous ne m'avez toujours pas expliqué par quel miracle vous m'avez reconnu, vous qui n'êtes pas un dinosaure.

« Je satisfais sa curiosité :

« – Mon père était un passionné de théâtre. A chacun de mes anniversaires, depuis celui de mes dix ans, il m'offrait un abonnement à la Comédie-Française. J'ai vu tous les classiques. J'aimais par-dessus tout Beaumarchais et Marivaux. Vous étiez mon idole. Le jour où vous avez joué Figaro pour la dernière fois, il y a vingt-sept ans, j'en avais quatorze. Je suis allé tout tremblant dans votre loge. Elle embaumait le jasmin. Je vous ai demandé un autographe sur mon programme. Je l'ai encore.

« L'ex-sociétaire de la Comédie-Française est si ému par la fidélité de ma mémoire que je passe sous silence les différents rôles qu'il a joués après son départ de la Maison de Molière, sur les scènes privées, ou en tournée, ou encore à la télévision, et dont il ne doit pas être très fier. C'est lui qui les évoque avec un humour sans amertume :

« – Grandeur et décadence! conclut-il. C'est le destin de l'Artiste quand il n'a pas la chance de mourir en pleine gloire.

« J'essaie d'entraîner la conversation en dehors des chemins professionnels, mais en vain : si l'acteur accepte les hommages d'un admirateur, il ne

46

condescend pas à bavarder avec un livreur. Il me le fait comprendre en me glissant un pourboire princier dans la main et en ouvrant la porte.

« A dix heures trente-cinq, au moment où je m'apprête à reprendre mon vélo, j'aperçois M. Castagnet qui regarde manger son chat sur le rebord de sa fenêtre. Il ne m'a pas remarqué. Pris d'une inspiration subite, je fonce dans sa direction puis, m'étant présenté comme un ami de Mme L.L., je lui demande si par hasard il n'aurait pas vu M. Lefebvre. Je note que le visage du vieux monsieur qui s'était éclairé au nom de Lauranne se rembrunit à celui de son mari. Il ne se départira pas d'une certaine maussaderie, teintée par moments de mépris, au cours de notre entretien assez bref pour que je le relate ici dans son intégralité :

« Lui : Je l'ai vu passer avec son panier à provisions. Il devait aller au marché.

« Moi (désolé) : Ah! c'est ennuyeux, j'avais un message à lui transmettre de la part de son fils.

« Lui : Il n'a pas de fils.

« Moi (finaud) : Enfin... son fils adoptif...

« Lui : (haussement d'épaules).

« Moi : Olivier, quoi.

« Lui : Si vous appelez ça un fils adoptif, ça vous regarde, mais moi j'appelle ça autrement. Et je ne suis pas le seul!

« Moi : Et son père, vous pensez qu'il est là?

« Lui : Le père de qui?

« Moi : Le père de M. Lefebvre.

« Lui : Il n'a pas de père non plus.

« Moi : Son père adoptif, je voulais dire : Louis de Margot.

« Lui : C'est lui qui vous a raconté ça?

« Moi : Oui.

« Lui : Et vous l'avez cru?

« Moi : Evidemment!

« Lui : Eh bien, tant mieux pour vous! C'est que vous avez l'âme pure!

« Bien que ces propos fussent déjà explicites, j'aurais bien insisté mais le bonhomme ne m'en a pas laissé le loisir. Il a pris son chat sous le bras et m'a refermé sa fenêtre au nez. Virilement. Par acquit de conscience, je suis allé d'un coup de pédale – si je puis dire – chez un copain journaliste dont le père, contemporain de Louis de Margot, avait été régisseur au Théâtre Français, du temps où celui-ci y triomphait. Interrogé par téléphone sur la présence éventuelle d'un fils – caché ou adopté – dans la vie de l'ex-sociétaire, le vieux monsieur s'est esclaffé, comme s'il s'agissait d'une énorme plaisanterie. Non seulement Margot se vantait de ne connaître le corps des femmes que par tableaux interposés, mais encore il détestait les enfants au point qu'un jeudi après-midi sur deux – pour les matinées scolaires – il se faisait remplacer sous prétexte d'un mal de gorge qu'il appelait sans vergogne son " enrouement marmaille ".

« A la suite de cette dernière démarche, estimant mon travail terminé, je suis rentré chez moi. J'y ai rédigé ce compte rendu dont j'espère qu'il te donnera toute satisfaction. »

J'ai été consterné. Bertrand aussi. Par ma consternation. Selon lui, j'avais toutes les raisons de me réjouir : j'avais imaginé que Lauranne était enfermée au sein d'une forteresse familiale hautement rigoriste et voilà qu'elle vivait dans une succursale de *La Cage aux folles*! C'était merveilleux! J'avais paniqué à la pensée d'avoir pour rival un mari odieusement jaloux, un beau-fils et un beau-père despotiques et je me retrouvais en face de trois pédés débonnaires, absolument inoffensifs. C'était inespéré! J'avais redouté que les frasques de mes enfants n'offusquent Lauranne et je lui découvrais des fréquentations qui laissaient pour le moins bien augurer de sa largeur d'esprit. C'était fantastique! La voie était libre!

48

Logiquement, Bertrand n'avait pas tort et j'aurais dû être ravi. Mais pratiquement je ne l'étais pas : ça ne m'amusait pas que Lauranne, ma Lauranne auréolée déjà de toutes les vertus, soit l'épouse d'un homosexuel, de surcroît prénommé Léon. Ça ne cadrait pas avec l'image de mes rêves. S'il ne s'agissait, comme me le suggérait Bertrand, que d'un mariage blanc, contracté pour des motifs financiers, j'estimais qu'elle aurait pu ne pas vivre avec lui et encore moins avec ses deux acolytes. Et pourquoi s'être inventé des liens familiaux et affectifs avec tout ce joli monde? A quoi rimait ce mensonge? Quelle vérité plus ou moins honorable recouvrait-il? Et ce nom italien que seules ma femme et Clotilde connaissaient, d'où sortait-il?

Bertrand me conseilla d'aller recueillir les réponses à la source : Lauranne était seule ce soir, je pouvais sans risque sonner à sa porte ou au besoin lui téléphoner. Il avait trouvé le numéro dans l'annuaire des artistes, sous la photo de Louis de Margot, et l'avait recopié à mon intention. J'ai à peine regardé ces sept chiffres que je m'étais escrimé à découvrir dans le Bottin téléphonique de mon cabinet, quatre jours plus tôt. Je n'avais plus envie d'appeler. Il fallait que je réfléchisse, que je digère toute cette histoire. Mon enthousiasme s'était refroidi.

Je me suis bien rendu compte que Bertrand était agacé par mon attitude, mais je ne supposais pas qu'il le fût au point de me lancer en pleine figure :

– J'en ai ras le bol de tes caprices de gonzesse! De tes états d'âme et de tes faux problèmes! Je ne perdrai pas une minute de plus à suivre les méandres tortueux de ton psychisme de taré. Salut!

Là-dessus il est parti sans attendre ma réponse. Entre nous, ça m'arrangeait car je n'aurais pas su quoi lui dire, sinon le fond de ma pensée : « Merci! Tu as bien fait de me secouer! » Mais ça... plutôt crever! Il ne faut pas trop exiger de l'amour-propre. J'estime déjà assez louable de ne m'être pas insurgé contre son coup de gueule et d'avoir à cause de lui composé le numéro de Lauranne. J'ai attendu cinq sonneries, puis j'ai raccroché. Au bout de deux minutes, j'ai rappelé. J'ai attendu huit sonneries et j'ai raccroché. J'ai renouvelé l'opération une demi-douzaine de fois en un quart d'heure avant de demander au service des réclamations de vérifier le bon fonctionnement de la ligne. La préposée a été formelle :

– Il n'y a aucun dérangement. Votre correspondant est sûrement absent.

J'ai pensé que Bertrand s'était trompé en relevant ou en recopiant le numéro et, après quelques hésitations, je l'ai appelé. Par chance, il n'était pas encore rentré et ce fut son « ovairocrate » qui me redonna le numéro de Louis de Margot : celui que j'avais déjà et que je recomposai sur-le-champ. J'attendis, montre en main, cinq minutes. A la sixième, je me rendis à cette double évidence que, contrairement aux prévisions de son entourage, Mme L.L. avait déserté son domicile et... que j'en étais fort contrarié! Eh oui! Moi qui une demi-heure plus tôt ne m'étais résigné à téléphoner à Lauranne que piqué au vif par Bertrand, voilà que maintenant je ne me résignais pas à ce qu'elle fût absente. Pire! Au bout du dixième appel infructueux, sur le coup de vingt-deux heures trente, mon enthousiasme, prétendument refroidi, se réchauffa soudain au point de m'inspirer des inquiétudes d'amoureux transi : Que faisait-elle? Avait-elle été victime d'un accident? D'un malaise? D'une agression? Ou, plus simplement, cette femme si sage avait-elle profité de cette soirée de liberté pour s'offrir une aventure sans lendemain? Ou encore se ruer dans les bras de son amant attitré?

Cette dernière question peu à peu prit le pas sur les autres et, à vingt-trois heures quinze, vers le vingtième appel, trouva sa réponse dans mon esprit bouillonnant : Lauranne avait un amant. C'était lumineux : cela expliquait à la fois pourquoi elle s'accommodait si bien d'un époux homosexuel et pourquoi elle avait si catégoriquement repoussé mes avances. L'obstacle, ce n'était pas, comme elle me l'avait dit par souci d'honorabilité, sa famille, mais un homme avec lequel elle s'envoyait en l'air et peut-être même qu'elle aimait. Je me mis à longer dangereusement la frontière qui sépare l'énervement de la jalousie. Heureusement, l'arrivée de ma sœur m'épargna le ridicule de la franchir. Je savais qu'en sortant du bureau elle devait aller chez les Le Gahuzec et de là se rendre avec le fils, Yves, dans leur propriété de la vallée de Chevreuse, toujours en vue d'une nouvelle assurance. Elle attendait beaucoup de cette escapade champêtre, au point même qu'elle avait troqué son jean et son pull habituels contre un tailleur en gabardine beige assez élégant. A sa tête je compris tout de suite qu'elle en avait attendu trop. Mais elle ne s'avoua ni déçue – elle avait passé une soirée très agréable – ni découragée – il lui avait demandé de la revoir –, simplement perplexe...

– Enfin, Philippe, qu'est-ce que tu penses, toi, d'un homme qui pendant trois mois multiplie les occasions de te rencontrer, les témoignages de sympathie, les compliments, les intentions aimables, qui se décide enfin sous un fallacieux prétexte à t'inviter dans un endroit de rêve à un dîner aux chandelles, qui se montre, de l'apéritif au dessert inclus, charmant, disert, confiant, qui te parle de son enfance, de son adolescence, de sa vie, qui t'interroge sur les tiennes et qui subitement, la dernière goutte de café bue, à dix heures quinze, déclare qu'il est grand temps de partir, que sa maman va s'inquiéter et qu'en plus il doit se lever très tôt le lendemain?

– Je pense que c'est un timide ou bien un homme

un peu démodé qui trouverait inconvenant de réclamer les faveurs d'une femme sans un brin de cour préalable, ou encore un concurrent au mariage qui respecte sa future épousée.

Jacqueline n'a pas du tout été convaincue par mes hypothèses. La sienne lui paraissait beaucoup plus vraisemblable :

‹ – Moi, dit-elle, je pense que c'est un pédé!

J'ai failli dire : « Encore! » mais ma sœur m'en a empêché en ajoutant aussitôt :

– D'ailleurs, c'est aussi l'avis de Clotilde.

– Elle est au courant?

– Oui, j'ai demandé à Yves de me déposer chez elle. J'avais envie de me défouler et je te croyais en vadrouille avec Bertrand. Je ne le regrette pas : mon histoire a bien amusé Clotilde et elle en avait rudement besoin.

– Ah bon! Pourquoi?

– Son mec est jaloux de sa copine Lauranne.

Malgré moi, j'ai sursauté : Lauranne lesbienne, ça tournait au vaudeville! Mais Jacqueline m'a rassuré : l'amant de Clotilde n'était jaloux que du temps que sa maîtresse consacrait aux futurs produits de beauté L.L.

– Ah! m'écriai-je, soulagé, ça ce n'est pas grave.

– Si! Parce qu'il a exigé qu'elle renonce à cette affaire; et, si dans deux jours elle n'y a pas renoncé, il se tire.

– Et qu'est-ce qu'elle a décidé?

– Rien encore. Elle a passé la soirée avec Lauranne pour essayer de trouver une solution.

Inutile de vous dire que je n'ai pas écouté un mot de ce qui a suivi. Je me fichais royalement autant des affres de Clotilde que des complexités sexuelles du fils Le Gahuzec. Une seule chose m'importait : Lauranne, ce soir, ne m'avait pas trompé. Entendez par là qu'elle n'avait pas trahi l'idée que je me faisais d'elle.

Mon oreille ne s'est rouverte que pour entendre Jacqueline me dire :

– Lauranne m'a paru plus sympathique que la première fois.

– Tu l'as vue?

– Elle partait quand j'arrivais. Elle m'a invitée à visiter son institut.

– Et tu vas y aller?

– Peut-être. Quand tu la regardes, tu as tout de suite envie de te cultiver le muscle : elle a vraiment un corps de déesse.

– Je n'ai pas remarqué.

– Eh bien, je te jure que, si tu l'avais vue ce soir moulée dans une combinaison de métallo – modèle luxe –, ça ne t'aurait pas échappé.

Mon oreille se ferma à nouveau. Cette fois, Jacqueline s'en aperçut et très vite préféra son lit à mon silence. Seul dans ma chambre, je suis redevenu bavard. J'ai entrepris de raconter à mon oreiller ma prochaine rencontre avec Lauranne. J'en ai imaginé deux versions. Dans la première, tout était raté. Je ne m'y suis pas attardé. Dans la deuxième, tout était réussi, dans les moindres détails. Elle fut si longue que je m'endormis avant la fin.

5

Evidemment, la vie qui n'en fait qu'à sa tête et ne s'occupe pas des divagations de la mienne m'a offert une troisième version qui n'a rien de commun avec les deux que j'avais imaginées. Ni meilleure ni pire. Elle me laisse tous les espoirs et toutes les craintes.

L'action commence à huit heures trente du matin. Je suis boulevard Haussmann, non loin de la rue

Laffitte d'où, selon les indications fournies par Bertrand, Lauranne devrait déboucher dans cinq minutes.

A huit heures quarante-cinq, je la vois de loin dire au revoir à un charmant agnelet brun que j'identifie comme étant Olivier, puis se diriger, comme prévu, dans ma direction. Quelques secondes plus tard, je me plante devant elle. Elle sursaute, lève le nez, déjà prête à l'insulte, me reconnaît... et s'illumine d'un sourire dont certains plus prétentieux que moi n'hésiteraient pas à se flatter. Elle s'amuse du hasard qui, après l'avoir mise sur la route de ma sœur la veille au soir, la met sur la mienne ce matin. J'avance, sans originalité mais avec beaucoup de conviction, que le hasard n'existe pas, que les rencontres qu'on lui impute sont en vérité voulues par le destin et que la nôtre signifie certainement quelque chose...

Elle n'enchaîne pas. Je bifurque alors sur les ennuis qu'elle a avec Clotilde. Elle redémarre, m'avoue que la défection éventuelle de son associée la préoccupe beaucoup. Je lui propose mes services : peut-être pourrais-je influencer Clotilde dans le sens qu'elle souhaite ou intervenir auprès de son compagnon pour qu'il se montre moins intransigeant... mais bien sûr, pour cela, il faudrait qu'elle m'explique les tenants et les aboutissants de cette affaire... plus longuement... quand elle le veut... je suis à sa disposition...

Elle n'enchaîne pas. Je saute in petto du particulier au général et enfourche gaillardement le dada tout terrain du travail de la Femme : ses avantages, ses inconvénients, les difficultés qu'il entraîne dans la vie du couple.

Ouf! Elle enchaîne. Mieux! Elle s'anime : ce sujet lui tient à cœur. Elle prend comme l'autre soir devant ma sœur et ses « logues » la défense de mes congénères. Sur sa lancée, elle va même jusqu'à déclarer :

54

– Il n'existe que deux catégories d'hommes capables de supporter sans dommage des compagnes laborieuses : ceux qui les aiment passionnément ou ceux qui ne les aiment pas du tout.

Une question monte à mes lèvres et malheureusement en descend aussi vite :

– Dans quelle catégorie rangez-vous votre mari?

Elle n'enchaîne pas. Moi non plus. Alors, elle finit par bredouiller :

– Aaaah... mon mari... c'est différent!

Tout à coup, elle regarde sa montre, se prétend en retard et s'élance sur le trottoir, tel un coureur de fond à la détonation du starter. Vingt minutes plus tard, j'entre dans une cabine téléphonique sous les invectives d'une minette qui s'apprêtait elle-même à y pénétrer. J'appelle l'institut de Lauranne. Je décline mon identité. Elle me répond, en déguisant à peine sa voix, que Mme L.L. est absente pour la journée. Je raccroche et, au grand dam de la minette qui s'impatiente, je redécroche. Je me tourne avant de poser mon mouchoir sur la partie perforée de l'appareil afin de déformer ma voix. Opération fréquente au cinéma mais qu'il est fort gênant d'effectuer devant une gamine de seize ans qui est en droit de vous estimer un peu âgé pour ce genre d'espièglerie. Je recompose le numéro et me présente cette fois sous le nom du Dr Tournon, confrère de Clotilde. Elle me répond, d'une voix enjouée, que Mme L.L., elle-même, est au bout du fil. J'ôte mon mouchoir et sur le ton le plus badin lui dis :

– Ce n'est pas beau de mentir!

Exactement sur le même ton, Lauranne me rétorque :

– Ce n'est pas beau, monsieur Larcher, de piéger les femmes honnêtes.

Bien que ce soit elle la première fautive, c'est moi qui prends l'initiative des excuses. Magnanime, elle les accepte mais m'adjure de ne pas recommencer.

– D'accord, à la seule condition que vous m'accordiez un rendez-vous.

– Je crois vous avoir signifié clairement, l'autre soir, qu'il ne saurait en être question.

– Oui, mais depuis l'autre soir il y a eu un fait nouveau.

– Vraiment?

– Je vous le jure sur la tête de mes enfants : j'ai quelque chose de très important à vous dire.

– Eh bien, dites! Je vous écoute.

– Non, pas par téléphone. C'est trop délicat et trop grave.

– Alors, tant pis pour ma curiosité.

– Vous avez tort : je crois que je vous rendrais un grand service.

– N'insistez pas ou – je vous préviens – je vais être très désagréable!

– Eh bien, soyez-le. Mais – je vous préviens – ce sera en pure perte.

– Je ne tiens pas à vous revoir, monsieur Larcher.

– Vous me reverrez quand même, Lauranne.

Cette phrase, empruntée au répertoire du héros sûr de soi et maître de l'avenir, je l'ai prononcée pour ne pas perdre la face et sans me douter un instant que onze heures plus tard elle prendrait des allures de prophétie.

Dans l'après-midi, Bertrand, oublieux de notre querelle de la veille, m'avait proposé de l'accompagner le soir même à la première d'un spectacle de ballets. J'avais failli refuser car je savais ne pas avoir le temps de repasser chez moi en sortant du bureau pour échanger mon col roulé et mon blouson contre une tenue que je juge, moi – en dépit de la mode actuelle –, plus appropriée à une salle de théâtre, surtout un soir de première. Mais, pour m'épargner les sarcasmes de Bertrand – fervent adepte du négligé –, j'avais tu mon souci vestimentaire et accepté son invitation.

J'arrive donc à l'heure convenue devant le contrôle où nous nous étions donné rendez-vous. Je constate tout de suite avec agacement qu'exceptionnellement le public – en grande partie composé d'étrangers attirés par la réputation internationale du ballet – est assez élégant. Assez en tout cas pour que ne passe pas inaperçue une créature recouverte en haut d'une espèce de sac jaune, en bas de chausses moyenâgeuses, et au centre de trente centimètres de cuir bleu. Horreur! C'est Chloé, la MLF de Bertrand. Elle agite ses bras dans ma direction, me rejoint en bousculant au passage quelques personnes avec l'énorme besace en toile de bâche qui pend à son côté. L'horreur continue : elle me saute au cou et m'apprend que Bertrand, retenu par la répétition d'une de ses pièces dans un lieu périphérique, l'a priée de le remplacer auprès de moi. J'ai l'impression d'être le point de mire et pénètre dans la salle, les yeux obstinément baissés sur mes chaussures à semelles crêpe. L'ouvreuse met le comble à ma gêne en nous indiquant deux fauteuils en plein milieu de l'orchestre, en plein milieu d'un rang. Ses occupants – bien que je me confonde en excuses devant chacun d'eux – nous jettent des regards réprobateurs et un peu méprisants. Au fur et à mesure que je m'enfonce dans la travée, je sens, de plus en plus précise, une odeur de jasmin. Chloé la sent aussi et, au moment où enfin nous nous asseyons, elle me la signale avec cette distinction qui lui est propre :

– Qu'est-ce que ça cocotte!

Le couple qui est devant nous, visé par cette réflexion, se retourne. Lui est un septuagénaire éminemment distingué, avec une écharpe en soie blanche. Elle, c'est Lauranne, avec un maquillage savamment discret, avec une épaule nue, l'autre drapée de gris, avec un chignon torsadé, avec un grand éclat de rire, avec une voix craquante d'ironie :

– Monsieur Larcher! Quelle surprise! Permettez que je vous présente à mon beau-père, Louis de Margot.

Il a dit : « Enchanté. » Apparemment, il l'était.

J'ai répondu : « Très heureux. » Visiblement, je ne l'étais pas.

Je le suis encore moins quand, la seconde d'après, Chloé, dans le cadre de sa croisade contre le conformisme, tapote de sa main aux ongles douteux le bras de Lauranne et s'annonce elle-même :

– Moi, je suis Chloé, la gaffeuse de service.

Et ça recommence : « Enchantée », « Très heureux », disent successivement Mme L.L. et son chevalier servant.

– Moi aussi, réplique Chloé, mais le plus marrant c'est que moi c'est vrai... Je ne suis pas du genre bien élevé comme vous.

Il m'a semblé que Louis de Margot répondait : « Pas possible? » mais je n'en suis pas sûr. J'étais en train d'implorer mon « voisin du dessus » : « Mon Dieu, faites qu'elle se taise! » Et, miracle! elle se tait. Les lumières s'éteignent. La salle éclate en applaudissements. Le chef d'orchestre vient d'arriver à son pupitre. Ah! le brave homme! Je serais bien incapable d'émettre le moindre jugement sur la façon dont il dirige et sur la qualité de la musique; pas plus d'ailleurs que sur celle de la chorégraphie et le talent des danseurs. Mais sur les épaules et la nuque de Lauranne j'ai une opinion très précise : c'est la perfection. En tout cas pour moi qui ne prise pas davantage, question décolletés bien sûr, les opulentes de Rubens que les maigrichonnes de Modigliani. Ici, les formes sont à la fois rondes et fines, fermes et moelleuses. Quant à la peau... un miel doré où affleure, à peine perceptible, un nuage – mieux, une voie lactée – de taches de rousseur. On en mangerait... même sans faim! Alors, vous pensez, moi qui ai une de ces fringales... je m'efforce de détourner mon regard et mon attention vers la scène. Mon regard, j'y arrive. Mon attention, pas du tout. Et pour cause : un couple de danseurs – en collants chair – s'y évertue à reproduire la gestuelle de l'amour : elle se vautre sur lui, se glisse le long de son corps, remonte, redescend, re-re-monte, se redresse, se cambre, retombe. Ils coulent, se relèvent et recommencent à faire debout ce qu'ils viennent de faire couchés, avec en plus leurs mains, leurs mains partout. J'ai des impatiences au bout des miennes. Lauranne peut-être en a aussi car, soudain, elle soulève son bras et ses doigts viennent tortiller dans sa nuque un petit frison. Eh oui, j'ai oublié de vous dire : elle a des petits frisons dans la nuque... et le petit frison, c'est un de mes fantasmes que jusqu'à ce soir d'ailleurs je n'avais jamais espéré assouvir. Et voilà qu'à moins d'un mètre de moi Lauranne tirebouchonne sa mèche de cheveux autour de son index et voilà que ce geste m'inspire un désir analogue à celui de Félix du *Lys dans la vallée*, découvrant dans un bal la nuque de la comtesse de Mortsauf. C'est incroyable! Moi qui ai toujours trouvé ridicule ce bouillant jeune homme, incapable de maîtriser ses sens en public, je me retiens pour ne pas, comme lui, me précipiter goulûment sur l'épaule convoitée.

Avec l'entracte, cette tension s'apaise, mais presque aussitôt mes nerfs sont à nouveau mobilisés par cette phrase de Chloé :

– C'est vachement bandant leur truc! Tu viens? On va aller s'en fumer une pour se détendre.

Après un coup d'œil à Lauranne qui ne semble pas avoir l'intention de quitter sa place, je fais comprendre à Chloé, du geste et du regard, que je préfère rester dans la salle. Et seul. Elle n'insiste pas – ce qui est très gentil – puis s'éloigne en me lançant – ce qui n'était pas indispensable :

– A t't à l'heure, mon Pipo!

Pipo! Condensé de l'expression pipi-popo que je prononçais dans ma petite enfance avec, paraît-il, une grâce sans pareille, et qui est devenue, d'abord pour ma famille extasiée, ensuite pour mes amis amusés, mon diminutif habituel. A cause de son origine peu glorieuse, cette appellation me met mal à l'aise, comme si ceux qui l'entendaient me voyaient soudain en couche-culotte. Impression fort déplaisante on en conviendra pour un homme de mon âge, soucieux de séduire une femme, peu soucieuse, elle, de l'être.

Lauranne poursuit avec son compagnon une conversation si serrée qu'il m'est impossible de m'y introduire. Je guette le moindre silence et, au moment où il se produit, elle se lève en même temps que Louis de Margot en direction du bar. Je les y retrouve, en compagnie de Chloé qui en un temps record me traite de girouette, me signale que je vire au rouge tomate, soupçonne l'érotisme du spectacle d'être responsable de mon état congestif, m'avoue elle aussi être « toute remuée », suppose allégrement que ces messieurs-dames, malgré leur air comme il faut, doivent l'être aussi, et suggère que quelques glaçons arrosés de whisky nous rafraîchiraient à tous opportunément les idées.

Les « messieurs-dames », tout sourire dehors, se déclarent désolés de ne pas avoir soif. Moi, toute grimace dedans, je les imite. Chloé n'en renonce pas pour autant à son idée de « se taper un godet » et me réclame « des sous, vu qu'elle est sans un ».

Je fouille dans mon portefeuille, puis dans mes poches : pas un billet, pas une pièce.

Louis de Margot, aussi précieux qu'un marquis de Marivaux, vient alors à mon secours :

– Me permettez-vous, madame, dit-il à Chloé, de vous offrir mon bras pour aller jusques au lieu où l'on aura l'honneur de vous offrir le breuvage que vous souhaitez?

Contre toute attente, la MLF pétrifiée par cette

langue, pour elle étrangère, acquiesce en silence et pose docilement sa main sur le poignet que lui tend l'ex-sociétaire de la Comédie-Française. Les gens s'écartent sur le passage de ce couple insolite : elle, déjà un pied dans le XXIe siècle; lui, les deux dans le XVIIIe.

Je me sens une immense sympathie pour cet homme. Non seulement parce qu'il m'a débarrassé de Chloé, mais aussi parce que, à une époque où tant d'autres se laissent pousser contre leurs goûts par tous les vents de la mode, lui, il ose être hors du temps.

– Votre beau-père est étonnant.

– Votre amie aussi.

– Chloé n'est pas mon amie, pas plus que M. de Margot n'est votre beau-père.

– Mais...

– Ne prenez pas la peine de nier. Je sais.

– Comment le savez-vous?

– Je vous le dirai. Ça et beaucoup d'autres choses, quand nous nous reverrons plus longuement et plus commodément qu'ici.

Le sourire des yeux de Lauranne dément la moue de sa bouche. Je retrouve la même perplexité dans le ton de sa voix, à la fois suppliant et agacé :

– Ah non! Vous n'allez pas recommencer.

– Si! Je suis désolé, mais c'est vital pour moi. Il faut que vous acceptiez de me rencontrer ne serait-ce qu'une fois. Que risquez-vous? Un peu de temps perdu. Rien de plus. Je ne suis ni fou, ni obsédé sexuel, ni même – quoi que vous en pensiez – mal élevé. Acceptez! Je vous en prie! Une fois. Une seule.

– Et après, vous me laisserez tranquille?

– Si vous le désirez encore, oui.

Victoire : elle cède! En soupirant, mais elle cède! Moralement, je l'embrasse. Pratiquement, je me contente de la remercier.

– Vous avez tort, dit-elle, j'ai très peur que vous ne regrettiez.

– Impossible!

Lauranne sourit, dubitative, comme une femme coquette, puis sort son carnet comme un P.-D.G. affairé. Elle me propose un rendez-vous pour le samedi suivant, à dix heures précises, dans son bureau du club L.L. Hommes. J'aurais préféré un jour moins lointain, une heure plus proche de celle du déjeuner ou du dîner et un lieu plus intime, mais je n'ai pas le temps de négocier; on vient d'annoncer la fin de l'entracte et nos deux compagnons ont déjà quitté le bar pour nous rejoindre.

Le marquis et la MLF, saisissant exemple de l'attirance des extrêmes, s'entendent comme larrons en foire, chacun épaté sans doute de l'intérêt qu'il suscite chez l'autre. Arrivés à notre hauteur, ils nous expriment leur désir de rester ensemble pour la seconde partie, puis, l'un après l'autre, nous en jettent l'explication en forme d'excuse. Lui d'abord :

– J'ai pris en main l'éducation de cette petite.

Elle ensuite :

– Je l'décoince, le mec!

Sans se soucier davantage de notre surprise, ils reprennent leur marche et le cours de leur conversation animée. Lauranne oriente immédiatement la nôtre sur Chloé. Celle-ci l'intrigue, beaucoup plus à mon avis qu'elle ne le mérite. Je lui raconte succinctement qui elle est, ce qu'elle fait, pourquoi elle est là, quelle gêne me procurent son accoutrement et son comportement, ainsi que le peu d'affinités que j'ai avec elle. Lauranne s'étonne de ma sévérité :

– Moi je la trouve charmante, très pittoresque et tellement naturelle, et en plus de ça ravissante.

Ah! la merveilleuse indulgence des femmes pour celles dont elles n'ont rien à craindre! Ah! comme elles leur plaisent, celles qui ne nous plaisent pas! Ah! comme elle m'enchante, cette Lauranne redevenue si délicieusement féminine et qui ne cesse de l'être pendant le reste de la soirée, tout en ayant l'air de ne pas en avoir l'air. Du grand art! Dieu, qu'elle joue bien sa partition! Sans me vanter, je ne joue pas mal la mienne non plus. En prélude, elle commence par laisser tomber son programme. Je plonge. Elle aussi. Nos mains se frôlent dans le noir. Nous nous excusons mutuellement, puis nous passons à l'exercice suivant : le coup de l'accoudoir. Nos bras se rapprochent imperceptiblement et finissent par se toucher. A nouveau nous nous excusons, nous nous écartons et nous repartons pour un tour... puis pour un autre. Au troisième, nos bras restent l'un contre l'autre. Ce point acquis, nous effectuons le même exercice au niveau inférieur, avec le même succès : au bout de cinq minutes, mon pantalon beige se colle sur son bas gris. Lauranne ne bronche pas. Pensez-vous! Elle est bien trop absorbée par le spectacle! Si absorbée qu'elle n'entend pas la banalité que, penché vers elle, je viens de lui dire et qu'elle colle son oreille contre ma bouche pour saisir mon propos.

Elle frissonne et, quelques instants plus tard, profite d'une baisse d'éclairage pour excursionner à son tour du côté de mon lobe, sous un prétexte aussi fallacieux que le mien.

Toujours sous couvert d'échanger des réflexions d'ordre purement artistique, nous renouvelons à plusieurs reprises ces frôlements d'ordre purement sensuel qui, à chaque fois, granulent bien plaisamment le bras nu de ma « pas-belle », mais lui laissent le visage lisse d'une Vierge à l'Enfant : Mme L.L. est une fieffée mâtine!

Que c'est drôle ce mot, mâtine, si joli, si évocateur, et que personne n'emploie plus. Forcément : les femmes ne sont plus mâtines... à part Lauranne. Elles ne s'amusent plus à ignorer les émois qu'elles provoquent. Tiens! Emoi, encore un mot tombé dans les oubliettes par manque d'emploi : les hommes n'ont plus d'émoi. A part moi. Mais oui.

Je viens d'avoir de l'émoi
Pour une mâtine
Qui en avait pour moi
Si j'en crois
La chair de poule sur sa poitrine.

J'ai l'humeur au madrigal. (Encore un mot répudié.) Il y a bien longtemps que ça ne m'est arrivé. Bien longtemps, il est vrai, que, faute de partenaire, je n'ai pas fleureté (fleureter : quel délice!), joué comme en cet instant au jeu de la fausse innocence.

J'avais oublié à quel point il était excitant d'attendre un regard, un souffle, un contact, d'apprendre une odeur, un geste, une voix, un corps.

J'avais oublié le charme subtil des « avant », des découvertes, des promesses, des impatiences.

J'avais oublié, à force de rouler à tombeau ouvert sur les autoroutes du sexe, la douceur de flâner sur les sentiers de la galanterie. Ah! les champions de la coucherie éclair entre deux portes et entre deux montres ne savent pas de quoi ils se privent! Moi, je le sais et je suis aux anges, au sixième ciel, avec une vue fantastique et tout à fait prenable sur le septième.

Mais il me faut redescendre sur terre. Provisoirement. Juste le temps de raccompagner Chloé et de rentrer à la roulotte. Là je remonte sur mon nuage.

Je ne l'ai presque pas quitté pendant deux jours. Mais, ce matin, chute libre : parmi le courrier du bureau, cette lettre de Lauranne :

« Cher Philippe,

« Je viens annuler notre rendez-vous. Je pourrais alléguer un contretemps ou un ennui de santé mais je pense que vous méritez mieux que ces excuses banales. La vérité est que notre rencontre m'est apparue à la réflexion inutile, puisque sans lende-main. En effet, ma vie actuelle est parfaitement organisée, parfaitement sereine, parfaitement har-monieuse et je n'ai pas envie d'y changer quoi que ce soit, pour qui que ce soit. En outre, elle est si remplie que je ne puis rien y introduire, même pas une amitié, même pas une camaraderie.

« Soyez gentil de ne plus insister. De ne pas me répondre. De ne pas me téléphoner. De ne plus chercher à me revoir : vous perdriez votre temps et ma sympathie à laquelle en dépit de cette lettre – ou plutôt à cause d'elle – je vous prie très sincère-ment de croire.

« Lauranne. »

Je suis partagé entre la tristesse, la colère et le découragement. Tout au long de la journée, je saute comme une puce d'un sentiment à un autre, d'une question à une autre : Pourquoi cette femme, il y a deux jours si réceptive, si complice, a-t-elle brusque-ment fait volte-face? A cause de qui ou de quoi la souriante mâtine s'est-elle transformée en sérieuse intraitable? Quel besoin de m'assurer de sa sympa-thie alors qu'elle m'en interdit l'usage? Comment sa lettre pourrait-elle en constituer une preuve? Sa décision est-elle vraiment irrévocable? S'agit-il d'un nouveau jeu pour m'éperonner? Ou d'une nouvelle manœuvre pour tester ma constance?

Je quitte mon bureau, épuisé, et vais directement porter mes points d'interrogation chez Bertrand. Chloé est là. Pour une fois, sa présence ne m'ennuie pas. Son œil de femme a enregistré, l'autre soir, le petit manège de l'accoudoir, les chuchotements dans l'oreille, les frémissements de Lauranne et ses regards qu'elle n'a pas hésité à qualifier de « super-cochons ». Elle peut donc témoigner devant Ber-trand que je ne me monte pas la tête et que j'ai toutes les raisons d'être déconcerté par ce revire-ment épistolaire. Elle le fait de bonne grâce et trouve cette formule adéquate pour fustiger l'attitude de Lauranne sans pour cela trahir la cause féministe :

– Elle est tellement dégueulasse qu'elle mériterait d'être un homme!

Ainsi libérée de tout scrupule vis-à-vis de son sexe, Chloé s'engage sous la bannière masculine avec efficacité et réalisme :

– Avant tout, me demande-t-elle, est-ce que tu laisses tomber ou est-ce que tu continues?

Je m'aperçois seulement à cet instant que pas une seconde l'idée de renoncer à Lauranne ne m'a traversé l'esprit.

Chloé ne me le reproche pas plus que Bertrand et je passe avec eux une assez joyeuse soirée à chercher par quelle ruse je vais forcer la récalcitrante Mme L.L. à me voir et à m'écouter. Finalement, nous convenons de ceci : dans quelques jours, Bertrand téléphonera à Lauranne, se présentera à elle comme un journaliste désireux d'écrire un important article sur ses instituts et prendra le prétexte d'une jambe plâtrée pour lui donner rendez-vous chez lui. Il lui ouvrira la porte. La refermera à double tour. Disparaîtra. J'apparaîtrai. Et après... on verra.

Mon inquiétude me reprit dès le lendemain matin, me poursuivit pendant tout le week-end, dans mon refuge du Vexin, jusque dans mes travaux de jardinage que j'adore, jusque dans mes parties de gin-rummy que je gagnais désespérément, jusque dans mes conversations avec Yves Le Gahuzec, invité de ma sœur et qui, au grand agacement de celle-ci, ne me décolla pas.

Le calme ne m'est revenu que le lundi matin, quand Chloé m'a annoncé au téléphone :

– Tout est O.K. Lauranne sera vendredi à dix-huit heures trente chez Bertrand.

Encore cinq jours à attendre...

Cinq jours qui auraient réjoui Lamartine.

Cinq jours où ce cochon de temps a suspendu son vol.

6

J'envie les esprits forts qui sont imperméables aux présages, aux superstitions, aux influences astrales et météorologiques. Moi, je suis perméable à tout ça : chaque matin, je consulte mes pythies personnelles afin de connaître les tendances de ma journée. Par exemple, si le réveil sonne alors que je viens de me rendormir; si je ne trouve pas mes chaussons en me levant; si je me coupe en me rasant; si la pâte dentifrice me gicle à la figure; si une grève des P.T.T. me prive de mon journal quotidien; si ma sœur m'a piqué mon transistor; si le café est froid; si le beurre est dur; si ma voiture est coincée entre deux autres; si elle a été éraflée pendant la nuit; si je suis obligé de la garer à plus de cent mètres du bureau (je compte); si je croise un enterrement sur mon chemin; pire, si le catafalque porte l'initiale de mon nom; si j'arrive au bureau après Mme Vionnet, la journée sera détestable. Si au contraire tous ces petits désagréments me sont épargnés, la journée sera bonne. Comme cette perspective heureuse me donne confiance et énergie, en général elle l'est. Ce qui aggrave ma croyance dans l'infaillibilité de mes pythies.

Après cela, vous ne vous étonnerez pas qu'en ce jour crucial de mon rendez-vous avec Lauranne j'aie passé le plus clair de mon temps à les interroger. J'étais prêt à tricher, à trouver le café exquis, même s'il était exécrable, à ne point remarquer une éventuelle éraflure sur ma carrosserie et à chausser des bottes de sept lieues pour parcourir la distance entre ma place de stationnement et le bureau; mais, par chance, je n'ai pas eu besoin d'employer ces subterfuges : mes oracles m'ont tous orienté vers la voie de l'optimisme.

Je suis donc au mieux de ma forme et presque détendu quand j'arrive à dix-huit heures au studio-atelier de Bertrand, tout près du Sacré-Cœur. Là aussi, tout va bien : attentionnée, Chloé n'a laissé du désordre habituel que ce qu'il faut pour conserver au lieu son charme un peu bohème. Astucieuse, elle a rempli le réfrigérateur de denrées extrêmement variées, susceptibles de satisfaire soit « un petit creux », soit une grande fringale. Enfin, prévoyante, elle a même mis, à tout hasard, des draps propres au lit heureusement invisible dans la loggia, et préparé un assortiment de disques d'ambiance douce près de la chaîne stéréo.

Bertrand achève de me détendre en m'apprenant que Lauranne a téléphoné avant mon arrivée pour lui demander l'étage de son appartement. Elle va donc bien venir.

Histoire de penser à autre chose, je monte dans la loggia et vais explorer les rayonnages de la bibliothèque croulant de livres. J'en sors un dictionnaire des citations. Elles y sont classées par mots, dans l'ordre alphabétique. J'évite : « Amour. » « Attente. » « Bonheur. » « Idéal. » « Impatience. » « Incertitude. » Je m'arrête à « Infini ». Je lis ceci : « J'ai mis l'infini dans des minutes qui n'étaient rien pour toi. » Pour un peu, le livre m'en tomberait des mains : c'est une phrase d'André Maurois qu'à vingt ans je m'étais appropriée et que j'avais glissée à bon escient dans l'oreille – à l'époque attendrie – de Corinne. Par la suite, celle-ci me l'a ressortie chaque fois que mes retards l'inquiétaient... jusqu'à ce qu'elle l'oublie, comme moi, avec le reste.

Je suis frappé que cette phrase, liée au souvenir de la première femme de ma vie, resurgisse juste au moment où j'attends celle que je considère, jusqu'à preuve du contraire, comme la seconde. Je ne doute pas que cette coïncidence soit encore un encouragement de mes pythies. Ce sera le dernier. Lauranne sonne. Bertrand lève la tête vers moi, m'adresse – comme aux comédiens qui s'apprêtent à entrer en scène – le traditionnel mot de Cambronne, puis se dirige vers la porte. Je me recule de façon à voir sans être vu. Lauranne entre. Sous une jupe étroite en lin beige, elle porte le maillot noir classique des danseuses, leur double peau. Devant sa fière absence de soutien-gorge, deux pensées me viennent, si toutefois on ose appeler « pensées » ces deux exhalaisons d'un esprit surchauffé. La première : « Vingt dieux la belle église! » La seconde : « Ce n'est certainement pas aujourd'hui que je percerai le mystère de la petite culotte en soie grise! » De toute façon, on n'en est pas là.

Pour le moment, Lauranne installe la veste – également en lin beige – qu'elle tenait à la main sur le dossier d'une chaise, puis pose son sac au pied du canapé que Bertrand lui a indiqué, face à la loggia, et s'assied. Il sort. A une seconde d'intervalle, elle entend la clef tourner dans la serrure et mon pas dans l'escalier. Elle m'aperçoit. Elle n'a aucun mouvement de surprise. Elle dit simplement :

– Si je comprends bien, je ne suis pas chez un journaliste.

– Non. Vous êtes chez un de mes amis qui m'a offert l'hospitalité.

– Et qui s'appelle Bertrand Rivet?

– Oui.

– Et qui est l'amant de Chloé?

– Oui.

Cette femme a l'esprit vif.

J'ai descendu peu à peu l'escalier. Je suis maintenant sur la dernière marche, cramponné à la rampe, les épaules contractées, prêt à essuyer une giboulée de reproches. Et qu'est-ce que je reçois? Des félicitations :

– Chapeau! Dans le genre guet-apens, c'est tout à fait réussi!

J'ai beau ne déceler aucune trace de colère ou d'agacement ou même de contrariété dans la voix et sur le visage de Lauranne, je reste prudent :

– Vous ne m'en voulez pas trop?

– Vous me prenez pour ma grand-mère! De nos jours, les hommes qui se donnent autant de mal que vous pour piéger une femme sont trop rares pour qu'on puisse s'offrir le luxe de leur en vouloir.

Il me pousse des ailes! Je lâche mon point d'appui et vole aux côtés de Lauranne sur le canapé.

– Alors, en somme, vous êtes plutôt contente?

– En tout cas, flattée.

– Mais pas contente?

– Oui et non. Oui parce que vous m'amusez, parce que c'est mon premier guet-apens, et que la situation est imprévue. Et non parce que je connais à présent votre incroyable entêtement et que je sais que vous allez tenter de m'entraîner dans un engrenage où je suis bien décidée à ne pas mettre le bout du doigt.

– Soyons clairs : vous passeriez un moment agréable avec moi si vous étiez sûre qu'il n'aura pas de suite.

– Voilà!

Je bois du lait mais feins d'y trouver un goût amer :

– Autrement dit, je suis assez bon pour une soirée mais, au-delà de deux ou trois heures, vous pensez que je ne tiens pas le choc.

La chérie! Elle tombe dans le panneau! Elle se récrie : elle n'a pas voulu être désobligeante; elle est désolée que j'aie mal interprété sa pensée et, comme je persiste dans mon attitude, elle va jusqu'à m'expliquer, avec une franchise désarmante, qu'au contraire elle est persuadée que je tiendrai le choc, même sur une longue distance, et que c'est pour cela précisément qu'elle me redoute et veut me fuir.

Sa conclusion est encore plus explicite que le reste :

— Si vous ne me plaisiez pas, il n'y aurait aucun problème.

Ma conclusion à moi ne s'embarrasse pas davantage d'ambiguïté :

— Il n'y a plus aucun problème puisque j'ai le bonheur de vous plaire. Rien, vous m'entendez, rien ne m'empêchera de vous aimer, de vous épouser et de vous rendre heureuse.

C'était une phrase qui, adressée à la Laura de mes fantasmes, m'avait toujours donné grande satisfaction. En l'entendant, l'égérie de mes nuits, subjuguée par ma mâle assurance, tournait alors vers moi un regard embué de larmes reconnaissantes qui me troublait au plus haut point. Extraite de son contexte nocturne, cette phrase me paraît tout à coup passablement ridicule et je crains qu'elle ne produise pas sur une femme bien vivante le même effet que sur une créature de rêve. Je ne me trompe pas. Lauranne éclate de rire.

— Vous êtes insensé! Je vous avoue avec loyauté que vous ne m'êtes pas foncièrement antipathique et, la seconde d'après, je me retrouve avec la bague au doigt! C'est beaucoup, non?

— Beaucoup, oui, mais pas trop. C'est l'expression exacte de ma pensée : le seul obstacle devant lequel – par force – je me serais incliné aurait été que vous n'éprouviez pour moi aucune attirance. J'avais déjà cru remarquer que ce n'était pas le cas. Vous avez eu la gentillesse de me le confirmer. A partir de là, tous les autres obstacles, quels qu'ils soient, n'ont plus aucune importance.

— Vous ne les connaissez pas.

— Vous préférez me les dire tout de suite ou boire quelque chose avant?

— Je prendrais bien un grand verre d'eau fraîche.

Elle me suit dans la cuisine, sort le bac à glaçons

du réfrigérateur pendant que je cherche le placard où Bertrand range ses verres. C'est celui qui se trouve au-dessus de l'évier où Lauranne s'escrime avec le bac. Je vais donc derrière elle, me penche en avant pour accéder au placard. Dans ce mouvement, pas vraiment innocent, mon buste effleure son dos et ma bouche ses cheveux. Immédiatement, comme l'autre soir au théâtre, des frissons parcourent ses épaules, mais en plus ses reins se cambrent, se courbent, comme sous l'effet d'une décharge électrique. N'exagérons rien : une mini-décharge pour une mini-cambrure. Mais, quand même, c'est assez éloquent pour que je me permette de multiplier nos points d'impact. Les résultats obtenus sont des plus encourageants. Le jeu se poursuit ainsi encore quelques secondes puis subitement Lauranne se retourne, se plaque contre moi et m'enserre dans ses bras de toutes ses forces. Alors, le jeu s'arrête, car vraiment ce serait offenser les dieux de l'amour que d'appeler encore jeu cette espèce de frénésie incontrôlable qui nous colle l'un à l'autre, qui s'empare de nos mains pour les lancer dans une sarabande désordonnée autour de nos corps, qui balaie de nos têtes toute raison, toute pensée, toute pudeur, qui nous laisse insensibles à l'inconfort des lieux, qui nous propulse vers l'inéluctable, qui rameute nos instincts de possession, qui nous déchaîne et enfin nous emporte dans un ultime vertige.

Le plus difficile reste à faire. La redescente sur la terre est toujours une opération délicate, mais elle l'est encore plus dans le cas présent où il s'agit de passer du sublime à une réalité on ne peut moins poétique... Dois-je prendre le chemin de la franchise : J'ai quarante-cinq ans et jamais je n'ai vécu ce que je viens de vivre! Ou le chemin de la reconnaissance : Je viens de contracter envers toi une dette telle que mon existence entière ne suffira pas pour l'acquitter. Ou le chemin prudent de l'humour : Alors, heureuse? Ou le chemin de la passion : Je t'aime parce que tu as donné raison à ma folie.

Le temps que je me perde dans mes hésitations, Lauranne émerge avec cette réflexion inattendue :

– Les glaçons doivent être fondus!

Cette femme est réaliste : elle a quitté la conversation sur le démoulage des glaçons. Elle la reprend sur la fonte des glaçons.

– Je vais m'en occuper, dit-elle. Pendant ce temps-là, vous devriez aller dans la salle de bains. D'accord? Dans cinq minutes, je vous rejoins dans l'atelier.

Ce vouvoiement, ce ton gentil mais sans tendresse, cet esprit clair et en prise directe sur le détail matériel m'étonnent un peu chez une femme qui à l'instant conjuguait le verbe « se donner » avec une ardeur peu commune et avec laquelle le mot « abandon » a reconquis, haut le corps, son sens plein et ses lettres de noblesse. Mais je ne lui en tiens pas rigueur : chacun réagit selon sa nature. Moi, en dépit de la douche, je reste tout imprégné d'elle. Peut-être a-t-elle la peau plus oublieuse que la mienne? Peut-être aussi est-elle plus habituée que moi à ce genre de débordement et de fulgurance et, de ce fait, y attache-t-elle moins d'importance que moi? Cette idée me démange désagréablement. Je sais que je vais finir par gratter. Autant le faire tout de suite. Je retrouve Lauranne assise à « sa » place sur le canapé, sans l'ombre d'un désordre dans son chignon, dans sa tenue ou sur ses traits. Elle est en train de boire un grand verre d'eau – *on the rocks* – avec volupté. En me voyant, elle s'interrompt pour me communiquer sa satisfaction :

– Ah! que c'est bon! Vous devriez en prendre.

Et elle replonge dans son verre. Moi, je replonge dans mon idée et je demande :

– Ça vous arrive souvent?

– D'avoir soif?

Il n'y a pas un quart d'heure, nous étions soudés comme deux siamois. Nous voilà maintenant aussi éloignés que les deux pôles. Je ressens quelque chose qui ressemble à de la peine et qui se traduit dans ma voix par de la mauvaise humeur :

– Non, je voulais savoir si ça vous arrive souvent de... de... enfin... ce qui s'est passé tout à l'heure dans la cuisine...

– Ah, vous vouliez parler de... de... ça?

Je constate avec plaisir qu'elle n'est pas plus à l'aise et que la métaphore va devoir reprendre du service.

– Non, m'avoue-t-elle. En général, dans ce domaine, j'aime bien le moelleux. Je n'ai que deux expériences d'inconfort à mon actif : l'une dans une voiture, l'autre dans un ascenseur. Elles ont été toutes les deux catastrophiques et remontent à mes vingt ans.

– Mais le reste?

– Quel reste?

– Cette... spontanéité... cette fougue... vous sont-elles familières?

Elle entrouvre les lèvres, mais aucun son ne sort, juste un soupir. Elle me regarde : toute gaieté a disparu de ses yeux, mais toute froideur aussi. Elle tire avec son pouce et son index sur son museau de lapin. Je jurerais que c'est un réflexe quand elle est embarrassée. Je m'efforce de l'aider :

– Vous savez, quelle que soit votre réponse, ça ne changera rien à mes sentiments. C'est trop tard maintenant.

Ma phrase, au lieu de l'apaiser, la tourmente encore davantage. Elle vient s'affaler sur mon épaule, presse ma main entre les siennes, en murmurant au bord des larmes :

– Oh... Philippe... je n'ai pas le courage.

– Le courage de quoi?

Elle s'échappe de mes bras et se penche en avant pour éviter mon regard.

– Je voulais vous répondre... j'aurais dû vous répondre que oui, j'avais l'habitude de me jeter sur tous les hommes que je rencontre, que j'étais une nympho, que je démarrais au quart de tour et que notre petit intermède de la cuisine n'avait pour moi rien d'exceptionnel, mais ce n'est pas vrai et je n'ai pas pu...

Mon attendrissement, pourtant bien tenté de s'exprimer, laisse néanmoins la parole à ma curiosité :

– Mais pourquoi, Lauranne, auriez-vous pu me dire cela?

– Parce que ça vous aurait refroidi et sans doute définitivement découragé.

– Vous croyez ça?

– Oui, j'en suis sûre, je le sais.

– Comment le savez-vous?

– Par Clotilde.

– Vous l'avez questionnée à mon sujet?

– Oui!

Cette femme n'est pas reposante. On passe avec elle de la glace au feu en un temps record. Je fonds littéralement de bonheur. Vous imaginez! Pendant que je me renseignais sur son compte, elle se renseignait sur le mien!

– Vous vous intéressiez donc à moi?

– Evidemment! Dès que je vous ai vu – comme dans les romans de Delly –, j'ai pressenti le danger et, le lendemain matin, à la première heure, j'ai téléphoné à Clotilde pour lui demander, au cas où vous chercheriez à lui soutirer des informations sur moi, de ne vous en fournir aucune.

– Elle vous a obéi, rassurez-vous.

– Oui, mais malheureusement je lui en ai soutiré sur vous.

– Pourquoi malheureusement?

– Parce que ça m'a bien plu, tout ce qu'elle m'a dit.

– Quoi, entre autres?

– Que vous étiez misogyne, égoïste, pudibond, hypocrite, que vous vous conduisiez comme un dégueulasse avec les femmes et qu'enfin au lit vous n'étiez pas une affaire.

– Je comprends que ce joli portrait vous ait séduite.

– Oui! J'ai toujours été attirée par les causes difficiles.

– Vous avez peut-être aussi pensé que c'était faux?

– Non!

– Même pas pour le lit?

– Non! Mais je savais que ce qui était vrai pour elle ne le serait pas pour moi. Je l'ai su – toujours dès le premier regard – et puis notre soirée au ballet me l'a confirmé. C'est pourquoi j'ai voulu couper court à nos relations.

– En somme, plus vous étiez convaincue de nos atomes crochus, plus vous cherchiez à me fuir.

– Forcément : plus vous représentiez un danger.

– Mais enfin, Lauranne, vous ne pouviez pas douter de mon... de mon intérêt pour vous.

– Non.

– Alors, de quoi aviez-vous peur?

– Je vous l'ai expliqué dans ma lettre. Je suis très heureuse et...

– Non. Excusez-moi, je connais votre lettre par cœur. Vous y parlez de vie harmonieuse, organisée, sereine; pas de vie heureuse.

– C'est une vie qui me convient.

– Disons que vous vous en contentez, faute de mieux, mais que vous n'êtes pas heureuse.

Allons bon! La température se rafraîchit à nouveau. Nous retombons dans le froid, le froid sec. Lauranne se lève brusquement et explose :

– Alors là, s'il y a une chose qui m'agace, c'est bien celle-là : que des gens qui ne savent rien de moi et de ma vie décrètent péremptoirement que je ne suis pas heureuse.

La colère me prend à mon tour et me pousse à expulser abruptement ce que j'ai sur le cœur depuis plus de quinze jours et que j'avais prévu de lui présenter avec un maximum de ménagements. Là, elle n'a même pas le droit au minimum :

– Vous n'allez quand même pas me dire que vous êtes heureuse, à votre âge, de vivre avec un mari pédé!

Si elle n'était pas au courant, elle aurait dû sursauter, les yeux exorbités par cette révélation. Si elle l'était, elle aurait dû se troubler ou s'insurger contre mon indélicatesse. Eh bien, rien de tout cela. Elle lève un sourcil surpris et demande avec un calme olympien :

– Quel mari?

Mon humeur est moins fluctuante que la sienne et c'est encore fort énervé que j'articule le nom de son conjoint, comme si je m'adressais à une sourde :

– M. Léon Lefebvre.

Une fois de plus, sa réaction est inattendue : elle pouffe de rire silencieusement dans sa main en même temps qu'elle me regarde avec une immense commisération. Enfin, elle consent à s'expliquer :

– D'abord, ce n'est pas mon mari.

– Qui est-ce?

– Un ami. Ensuite, il ne s'appelle pas Léon mais Edouard.

– Alors, qui s'appelle Léon?

– C'est moi.

Immédiatement, des images sortent de ma mémoire : celles plus que troublantes d'une émission de télévision sur les transsexuels, et plus précisément celles d'une femme blonde et ravissante dont on ne pouvait soupçonner que jusqu'à trente-cinq ans, avant de subir plusieurs opérations, elle avait été un homme. A ces images se superposent celles de Lauranne dans la cuisine. Dieu de Dieu! Est-il possible que j'aie fait l'amour avec un ancien militaire? Je crois me souvenir que la transsexuelle de la télé avait dit que la mutation l'avait condamnée à la virginité définitive, mais peut-être que depuis l'émission la chirurgie avait accompli des progrès et qu'elle permettait maintenant de... Bien sûr ces idées défilent à toute vitesse mais ont quand même le temps d'inscrire sur mon visage les marques de la stupéfaction douloureuse. Lauranne s'y montre sensible à sa manière, c'est-à-dire qu'elle rit! Mais elle rit... au point que ça finit par me rassurer : il s'agit sûrement d'une blague. Je suis un imbécile. Renseignements pris, ce n'est qu'à moitié vrai. Il ne s'agit pas d'une blague : elle s'appelle vraiment Léon; mais je suis un imbécile : Léon c'est son nom de jeune fille. Et maintenant c'est moi qui ris! La mystérieuse Mme L.L. ne cachait que l'innocente Mlle Lauranne Léon! Tout est simple et clair... Ah non! pas tout à fait :

– Qui s'appelle Lambroviccini?

– Mon mari.

– Ah! parce que vous êtes tout de même mariée?

– Non. Je suis divorcée. Depuis douze ans.

– Alors, pourquoi mon ex-femme, cliente de votre institut, ne vous connaît-elle que sous ce nom?

– Parce que, avec l'autorisation de mon ex-mari, je l'ai gardé. Il avait l'avantage de justifier le sigle L.L. auquel je tenais, sans avoir l'inconvénient d'être ridicule pour une femme, comme Léon.

– Moi je trouve que ça vous va bien. Ce n'est pas ridicule, c'est rigolo... comme vous.

– Doudou pense la même chose que vous.

– Doudou? Qui est-ce encore, celui-là?

– Edouard Lefebvre.

– Ah! Le...

– Oui... Mais, à propos, comment le connaissez-vous?

Je n'ai pas plutôt entamé le récit de l'enquête menée par Bertrand sur son entourage que Lauranne me coupe net :

– Je sens que ça va être long. Il vaudrait mieux que je mange, sinon je ne vais pas tenir le coup.

Je ne lui ai pas plutôt signalé qu'il y avait tout ce qu'il fallait dans le réfrigérateur qu'elle est déjà dans la cuisine. Je ne l'y ai pas plutôt rejointe qu'elle a déjà composé son menu : jambon, tomate, gruyère et fruit. Je ne lui ai pas plutôt suggéré qu'un certain foie gras, en provenance directe du Périgord, conviendrait peut-être mieux à la circonstance qu'elle est déjà au-dessus de l'évier en train de mordre dans une pêche dégoulinante de jus. Cette femme a de la décision et de l'appétit.

Elle m'explique, la bouche pleine, qu'elle a des papillons dans les yeux et des fourmis dans les membres aussitôt qu'elle a faim. Je trouve quand même assez curieux qu'elle n'ait pas pris le temps de dresser une table coquette, de s'enquérir de mes goûts personnels et de veiller avec moi aux préparatifs de ce tête-à-tête. J'espère qu'au bout de la deuxième pêche ses papillons et ses fourmis vont disparaître, mais sans doute n'en est-il rien puisqu'elle s'attable devant le couvert que j'ai mis et commence son repas avec l'avidité d'une sous-développée. Je lui propose un verre de brouilly, plus adapté à son brouet que le champagne préalablement envisagé. Sans lever le nez de son assiette, du geste, elle le refuse. Mais, libérale, au moment où j'attaque avec résignation ma première tranche de jambon, elle pose sa fourchette pour me dire :

– Surtout ne vous gênez pas pour moi. Buvez et mangez ce dont vous avez envie.

Simple formule de politesse dont elle n'attend même pas que j'y réponde pour reprendre le fil de la conversation, rompu par sa fringale.

– Alors, cette enquête de votre ami Bertrand?

Elle m'écoute, parfois amusée, parfois attendrie par la stupeur, les indignations, les craintes qu'a soulevées en moi la découverte de sa très spéciale « famille ». A la fin de mon récit, qui correspond à la fin de son fromage, elle s'empare de la bouteille de vin rouge et s'apprête à s'en verser un verre. Je veux intervenir pour m'acquitter de cette tâche typiquement masculine, mais elle m'en empêche :

– J'aime mieux me servir moi-même.

– On voit bien que vous n'avez pas l'habitude de vivre avec de vrais hommes. Avec moi, ça va changer.

Cette remarque, anodine à mon sens, assombrit le visage de Lauranne :

– C'est justement là qu'est le problème, dit-elle.

– Quel problème?

– Celui qui va nous séparer. Obligatoirement.

– Je vous jure bien que non.

Elle se lève, vient derrière moi, se penche, croise ses bras sur ma poitrine, appuie sa tête contre la mienne et me souffle dans l'oreille :

– Je t'aime!

C'est vraiment le moment : pas vingt secondes après m'avoir annoncé notre rupture irrémédiable!

Cette femme est déroutante.

7

Nous regagnons l'atelier de Bertrand, avec la nuit tombant sur les toits de Paris, avec le ciel étoilé au-dessus de la verrière, avec les éclairages tamisés aux sources invisibles... Je nous verrais très bien allongés sur le lit aux draps parfumés de lavande, les mains confiantes et désintéressées, le cœur à portée des lèvres, l'oreille bercée par les échos lointains de *The Man I Love* ou de *I am in the Mood for Love*. Enfin, quelque chose où il s'agirait de love. Bref, je nous verrais très bien en train de barboter dans un grand bain de romantisme. Pas Lauranne qui me le fait comprendre tout de suite en fonçant sur la chaise rigide située derrière le bureau de Bertrand et en m'invitant à m'asseoir de l'autre côté, entre les bras peu accueillants d'un fauteuil Louis XIII.

– Il faut qu'on se parle, dit-elle.

J'objecte que je n'en ressens pas personnellement l'urgente nécessité. Tout ce que j'obtiens, c'est cette rectification :

– Il faut que je vous parle.

– Alors, j'écoute.

Je dois avouer que les propos de Lauranne captent très vite mon attention. Elle me raconte comment et pourquoi elle, traditionaliste d'éducation et dans une certaine mesure de goût, a été amenée à s'organiser une vie en dehors des normes habituelles. A la suite de circonstances, paraît-il, sans importance pour la compréhension de son histoire, elle se retrouve aux abords de la trentaine à la fois propriétaire de l'appartement de la rue de La Tour-d'Auvergne, où elle·a passé le plus clair de son enfance avec ses parents et ses deux sœurs aînées, et P.-D.G. de la société L.L. montée avec l'aide d'un ami banquier toujours présent dans l'affaire. Elle est divorcée, mais reste très attachée aux deux filles de son mari qu'elle a partiellement élevées. La plus jeune, Vanessa, vient l'épauler dès l'ouverture de son premier institut; l'autre, Barbara, après une carrière cinématographique avortée, tiendra les mêmes offices dans le second. Les deux adolescentes se partagent toute son affection, puisque son père, le meilleur d'elle-même, est mort et qu'elle n'entretient avec sa mère et ses deux sœurs que des relations de politesse, et encore très sporadiques.

En fait, Lauranne est seule et, en dépit de son activité, de sa gaieté et de son dynamisme naturel, ne parvient pas toujours à combler le vide de son existence. Elle prend les vacances et les dimanches en grippe. Les soirées aussi. Elle y tourne en rond dans cet appartement bien trop vaste pour elle mais qu'elle tient à garder à cause de son originalité et de sa situation exceptionnelle. A cause aussi des joies familiales qu'elle y a connues. Un de ces soirs de morosité, elle entraîne Barbara dans un bistro de son quartier, fréquenté surtout par des comédiens. Le patron est une espèce de Ragueneau, moitié poète, moitié cuisinier, totalement bon, aussi gourmand de navarin aux pommes que du sonnet d'Arvers, qui a des yeux de cocker, une truffe de boxer et un sourire d'ange, qui appelle tous ses clients « mon chou », les tutoie tous, les aime tous : c'est Doudou.

Il accueille Lauranne et sa belle-fille par ces mots :

– Oh! deux dames! Ce sont les premières de la saison : il faut faire un vœu!

A la fin du dîner, il fait celui que Lauranne revienne très vite chez lui.

Elle y revient dès le lendemain, cette fois avec Vanessa. Peu à peu elle prend l'habitude d'y venir presque tous les soirs. Elle ne reste pas longtemps seule à sa table : les familiers de la maison, auxquels Doudou l'a présentée comme sa « fiancée », s'y installent pour l'abreuver de potins et de confidences. Ils sont drôles, gentils, chaleureux.

Parmi eux, il en est un qui a sa préférence. Beaucoup plus âgé que les autres, il est le prototype du vieil aristocrate racé, susceptible de provoquer, selon que l'on a l'esprit révolutionnaire ou pas, haine ou admiration. Il répartit les êtres humains en deux grandes catégories : ceux qui sont de la « graine de quelqu'un » et ceux qui sont de la « graine de quelconque ». Les premiers ont droit à son amitié, à sa considération, à son indulgence. Les seconds, il les ignore. « Graine de quelconque » est dans sa bouche une insulte bien plus grave que « gibier de potence ».

A la finesse des traits de son visage, à peine griffé par les ans, et à l'acuité de son regard, on imagine à quel point il a dû être beau.

Au pommeau en argent ciselé de sa canne, à ses boutons de manchettes en saphir, à sa montre-gousset en émaux du XVIIIᵉ siècle, on imagine qu'il a dû être riche.

A son absence totale de timidité, à son incroyable autorité, on imagine qu'il a eu l'habitude d'être écouté, fêté, respecté; qu'il a été célèbre.

Et on a raison de l'imaginer ainsi : cet homme, qui porte maintenant son âge, sa pauvreté, son anonymat avec une dignité et une classe incomparables, a connu toutes les joies de la Fortune, de l'Amour et de la Gloire : c'est Louis de Margot.

– Louis comme le roi. Margot comme la reine. De comme mon père.

C'est ainsi qu'il se présente un soir à Lauranne après l'avoir longuement observée. En vérité – il le lui avouera plus tard – la particule est usurpée. Pour l'état civil, il est simplement Louis Margot, fils d'Etienne et de Rosalie Margot, respectivement jardinier et cuisinière chez le comte et la comtesse de Brissandre et habitant dans la maison de gardiens, sise au bout de l'allée de peupliers qui mène au château. Pour lui, il ne fait aucun doute que son père véritable est le châtelain. Vrai ou faux? On ne le saura sans doute jamais. En revanche, il est sûr que, très jeune, Louis a été impressionné, voire fasciné par la personnalité du comte de Brissandre et qu'il a souhaité s'identifier à lui. Sûr aussi qu'adolescent il a été dépité et même honteux de ne pas partager le goût de son modèle pour les femmes et qu'il est parti pour Paris à seule fin d'éviter son opprobre.

Ce dernier point le rapproche du jeune garçon qu'un jour Lauranne amène chez Doudou. Il a débarqué une heure plus tôt à son institut. Elle a eu du mal à reconnaître dans ce solide gaillard aux yeux de biche affolée le filleul de son ex-mari, un gamin chétif qui, sur la plage d'Hossegor, préférait à ses billes et à ses bolides miniature les poupées de Vanessa et de Barbara. Sur ce plan-là il n'a pas changé. Il a essayé mais il n'a pas pu. Alors, avant que son père, veuf irréprochable et catholique convaincu, n'apprenne ses goûts particuliers, il s'est inventé une crise de mysticisme et un besoin urgent d'aller à la rencontre de Dieu sur les routes de France et de Navarre, son bâton de pèlerin à la main. Pour accréditer son mensonge, il n'a emporté qu'un minimum de vêtements et d'argent. Sans ressources, il est allé demander aide à Lauranne : c'est Olivier Lemaire.

Doudou, attendri par l'histoire du jeune homme autant que par son physique, l'engage sur-le-champ comme assistant. Effectivement, il l'assiste d'abord à la cuisine, à la caisse, chez les commerçants, dans la salle de restaurant, puis, au bout d'un mois, dans son appartement. Celui-ci se situe au sixième étage d'un immeuble voisin. Il a été laissé un peu à l'abandon par Doudou, accaparé par son commerce. Olivier s'emploie avec efficacité à lui rendre charme et vie. Il en fait une bonbonnière douillette et y organise le dimanche, jour de fermeture du restaurant, des dîners intimes dont Louis de Margot et Lauranne sont les invités permanents. Soirées amicales, joyeuses, détendues, dont on s'arrache à regret.

C'est au cours de l'une d'elles que Lauranne rencontre Gilles. Il appartient à cette catégorie de comédiens estimés de leurs pairs, salués régulièrement par les journalistes comme « les plus grands espoirs de leur génération », sollicités autant par le théâtre, le cinéma et la télévision, et dont personne

ne comprend qu'ils ne brillent pas encore au firma-
ment des vedettes.

Lauranne, qui l'a vu dans des rôles très différents
et a été enthousiasmée tantôt par son humour en
demi-teinte, tantôt par l'intensité dramatique de son
jeu, en tombe, m'avoue-t-elle, « bêtement amoureuse ». Pour la première fois depuis qu'elle parle,
je l'interromps :

– Pourquoi bêtement?

– Parce que c'est toujours un peu bête d'aimer
quelqu'un qui vous rend malheureux.

– Il ne vous aimait pas?

– Moins que son métier.

Gilles ne vit que pour et par sa carrière. Quand
celle-ci lui apporte des satisfactions, il se montre le
plus délicieux des hommes. Dans le cas contraire, le
plus odieux. La diversité de ses dons, que Lauranne
a tant appréciée sur scène ou à l'écran, correspond
à une diversité d'humeurs qu'elle apprécie beaucoup moins dans la vie privée. Excessif comme la
plupart des comédiens, il passe de l'exubérance la
plus folle à la dépression la plus noire.

Tant bien que mal, Lauranne le suit dans ses
montagnes russes, essayant selon les jours ou de le
freiner, ou de l'encourager, ou de le calmer, ou de
lui remonter le moral. En remerciement de sa
patience et de son dévouement, après quatre ans
d'une liaison tumultueuse, il la quitte pour un film
américain qu'il ne tournera jamais et pour la pro-
ductrice de celui-ci qu'il épousera quelques mois
plus tard.

Tant mieux! Je suis bien content d'en être débarrassé de celui-là! Il ne me plaisait pas du tout.
D'après ce que je comprends, il ne plaisait pas non
plus aux autres, à Doudou, à Olivier, à Louis, pour
l'unique raison qu'il avait brisé leur petit ménage à
quatre.

Dès que Gilles fut parti, ils en recollèrent sans
difficulté les morceaux. Mais, si les trois hommes

retrouvèrent rapidement leurs habitudes auprès de Lauranne, elle mit beaucoup plus de temps, elle, à retrouver sa joie de vivre et son équilibre. Encore fallut-il pour cela toute une série de mauvais hasards. Oui, mauvais. Lauranne l'affirme maintenant avec un sourire désarmant :

– J'ai été la gagnante d'un concours de circonstances malheureuses.

D'abord, au cours d'un de leurs fameux dîners dominicaux, Louis de Margot leur annonce, sur le ton le plus badin, qu'ils vont être privés de sa chère présence pendant quelques semaines, son médecin ayant jugé utile de lui ôter « quelques bricoles endommagées par les ans ». Respectant sa pudeur, ils n'insistent pas et s'inquiètent uniquement de la date et du lieu de l'intervention. Louis prétend que rien n'est encore fixé et qu'il les préviendra en temps voulu. Comme il est aussi brillant et léger qu'à l'accoutumée, ils ne s'alarment pas et se contentent de lever un verre à sa santé. Puis un autre. Puis des autres. Les adieux particulièrement tardifs sont particulièrement bruyants.

Quelques heures plus tard, Lauranne est réveillée par un coup de téléphone d'Olivier : Edouard vient d'être pris d'un malaise. Il se plaint de douleurs de chaque côté du thorax. Lauranne arrive chez Edouard peu après le médecin de police-secours qu'elle a appelé. Celui-ci diagnostique un infarctus et ordonne l'hospitalisation immédiate. L'électro-cardiogramme confirme – en l'aggravant – le diagnostic. L'issue est incertaine. Olivier et Lauranne, soucieux chacun de ne pas affoler l'autre, se jouent la comédie de l'optimisme : ce n'est qu'un accident, une alerte, tout va s'arranger, il ne faut surtout rien changer. Olivier ouvre le restaurant, Lauranne retourne à son travail. Elle le matin, lui l'après-midi vont prendre des nouvelles d'Edouard dont l'état reste désespérément stationnaire. Le troisième jour, ils s'aperçoivent qu'au milieu de leurs ennuis ils ont complètement oublié de prévenir ce pauvre Louis. Ils l'appellent, chacun de son côté, plusieurs fois, mais sans résultat. Le soir Lauranne passe chez Margot. La concierge, d'abord réticente, finit par lui révéler que Louis est à l'hôpital Foch. Lauranne y court et apprend qu'il vient de subir l'ablation d'un rein. Une bricole, comme il disait. Finie l'élégance! Fini l'humour! Finis le trompe-l'œil et le trompe-cœur! Il n'est plus qu'un vieil homme qui souffre, et qui souffre de souffrir. En apercevant Lauranne, il a un regard navré mais un sourire reconnaissant.

Pendant deux semaines, Olivier et Lauranne se relaient au chevet de Louis et d'Edouard et échangent le soir des nouvelles de leurs malades.

Enfin vient le jour où ils sont tous deux hors d'affaire, puis le jour où l'on peut enfin envisager leur convalescence. Lauranne propose de les réunir dans son appartement. Solution qui facilitera la vie de tout le monde : celle des deux éclopés qui pourront se tenir compagnie, s'épauler, et celle des deux bien-portants, qui n'auront pas besoin de courir d'un bout à l'autre de Paris pour voir et surveiller leurs amis. Bien entendu, la présence d'Olivier étant indispensable au bon moral d'Edouard, il s'installera lui aussi rue de La Tour-d'Auvergne.

Tout cela ne devait être que provisoire, mais au bout d'un mois le cardiologue prévient Doudou qu'il devra dorénavant mener une vie calme et régulière, ne plus porter la moindre charge, ne plus rester debout trop longtemps, ne plus monter ses six étages, bref changer de métier et de domicile.

Lauranne, déjà au courant depuis un certain temps de la fragilité d'Edouard, ne laisse pas le désarroi s'implanter. Au cours du mois qu'ils viennent de vivre ensemble, dans la plus parfaite harmonie, elle a beaucoup réfléchi à la nature de leurs relations quand même assez spéciales et a germé dans sa tête une idée qu'elle va exposer et défendre devant les trois autres réunis. Pour elle, c'est l'évidence, ils ne forment pas à eux quatre une communauté d'amis; ils sont une famille dans la pure tradition du début du siècle, mais où l'évolution des mœurs a quelque peu bouleversé l'ordre des emplois. Il y a toujours le couple de base : l'homme et la femme. Seulement l'homme, c'est Lauranne. Lauranne qui détient l'autorité, qui prend les responsabilités, qui travaille à l'extérieur, qui a horreur de s'occuper de la maison, mais qui adore y rentrer le soir pour se mettre les pieds sous la table, pour y être fêtée, pour trouver des fleurs dans les vases et ses chaussons à leur place.

La femme, l'âme du foyer, c'est Doudou. Doudou qui veille au bien-être de chacun, qui prépare des petits plats, qui connaît les fournisseurs les meilleurs et les moins chers, qui sait recevoir, qui gère le budget et qui s'ingénie par mille attentions à entretenir une ambiance calme et chaleureuse.

Il y a aussi l'aïeul, trop souvent absent des familles modernes : c'est Louis. Louis qui raconte si bien les histoires, qui est le témoin du passé, qui fait bénéficier chacun de son expérience, de sa sagesse, qui sert de confident à l'enfant.

Car il y a l'enfant : c'est Olivier. Olivier qui apporte l'air frais, son insouciance, sa turbulence, les idées modernes et le vocabulaire nouveau, qui a tant besoin d'affection, qui donne bien des satisfactions à ses parents, et bien des soucis pour son avenir.

Voilà! la famille est au complet. Famille où chacun a son rôle, ses attributions, son activité; famille comme on n'en fait plus – et comme on n'en fait pas encore –, si étroitement unie qu'on ne peut en exclure un membre sans déséquilibrer tous les autres.

Consultés, Doudou, Louis et Olivier sont d'accord sur la façon dont Lauranne considère leur association et sont même étonnés que leur parenté ne leur soit pas apparue avant.

Alors, pourquoi démanteler sans aucune nécessité une famille déjà constituée et aussi heureuse, une famille dont tous les composants occupent les fonctions correspondant à leurs possibilités, leurs caractères et leurs aspirations?

Pourquoi Lauranne s'ennuierait-elle encore avec des tâches ménagères qu'elle abomine alors que Doudou les adore?

Pourquoi Doudou risquerait-il une nouvelle crise cardiaque en retravaillant comme un fou, alors qu'il serait une maîtresse de maison irremplaçable et paisible?

Pourquoi Louis retournerait-il à sa solitude, alors que sa présence peut enrichir trois êtres?

Pourquoi Olivier continuerait-il à se morfondre dans un restaurant, alors qu'il pourrait s'épanouir dans un salon de coiffure?

Les trois hommes soulèvent les deux mêmes objections. La première est d'ordre matériel : certes ils sont assez évolués pour admettre qu'une femme soit le chef de famille, mais pas assez quand même pour accepter qu'elle les entretienne. Lauranne apaise leurs scrupules : Doudou vendra son commerce et lui confiera le prix de cette vente. Ce sera en quelque sorte sa dot, qu'elle s'efforcera de ne pas dilapider, comme les méchants époux de jadis. Louis, avec sa retraite et ses modestes rentes, a plus qu'il ne faut pour subvenir à ses besoins et participer aux frais communs. Quant à Olivier, comme tous les enfants, il sera pris en charge par la famille jusqu'à ce qu'il soit en mesure, lui aussi, de verser sa quote-part.

Reste la seconde objection, plus délicate : Lauranne est encore jeune. Bien sûr, échaudée par son aventure avec Gilles, elle craint pour le moment l'eau tiède et se sent complètement rassurée par l'eau froide des homosexuels. Mais il risque fort de n'en être pas toujours ainsi. Elle peut très bien rencontrer un homme – ils le lui souhaitent d'ailleurs, avec un brin de mauvaise foi –, un vrai homme avec qui elle aura envie de s'embarquer pour une vraie vie de femme; et alors, de deux choses l'une : ou elle s'en ira – à regret – mais elle s'en ira et ils ne s'en consoleront pas, ou elle restera – à regret aussi – mais elle restera et c'est elle qui ne s'en consolera pas.

Lauranne a déjà pensé à cette éventualité. Forte de ses huit ans de conjungo et ses quatre ans de concubinage, consciente du temps et de l'énergie absorbés par son métier, éclairée à présent sur sa véritable personnalité, elle peut en son âme et conscience les rassurer : elle aura sûrement des coups de reins, peut-être des coups de cœur, mais jamais plus de coups de tête. A l'instar des maris à l'ancienne, elle s'offrira des évasions, des incartades, mais n'abandonnera pas sa famille. Afin de décourager les prétendants et par la même occasion les curieux, elle se fera passer désormais pour une femme dûment mariée vivant avec son beau-père et son beau-fils.

Louis, Edouard et Olivier finissent par se laisser convaincre par Lauranne. A la fin de la réunion, tous quatre adhèrent à une espèce de pacte moral aux termes duquel ils se déclarent unis pour le meilleur et pour le pire. Et pendant cinq ans ils n'ont connu que le meilleur.

Libérée de tout souci domestique et entourée d'affection, Lauranne dispose du temps et de la disponibilité d'esprit nécessaires à la bonne marche de ses affaires.

En découvrant ce qu'était un foyer, Louis a retrouvé une nouvelle jeunesse. Il excelle dans son rôle de grand-père maladroit, passéiste, plein d'humour, et prétend avoir créé un personnage encore inédit au théâtre : l'indispensable inutile.

Doudou, dont le cœur est toujours en liberté

surveillée, remplit ses devoirs de vestale avec autant de bonheur que de conscience et, animé par ses deux passions, la poésie et la cuisine, invente des plats diététiques en composant des vers élégiaques.

Olivier, entré chez Carita sur la recommandation d'une cliente de Lauranne pour « coiffer les chauves », autrement dit pour ramasser les cheveux et les bigoudis, est devenu à présent le roi de la coupe et du brushing. Aussi content de sa réussite pour lui que pour les « siens », il leur rend par son affection et sa gentillesse toute la confiance qu'ils lui ont témoignée.

— Voilà, conclut Lauranne, vous savez tout. Pour employer le langage d'Olivier : on est « baba-cool »! Maintenant vous pouvez comprendre où est le problème.

Je comprends... jusqu'à un certain point. Je comprends que Lauranne soit attachée à sa pseudo-famille, à son mode de vie, à ses petites habitudes; mais enfin nous connaissons tous des gens très attachés aussi à leur foyer, très bien organisés, et qui se détachent, se désorganisent, pour pouvoir se re-attacher et se re-organiser ailleurs.

— C'est vrai, concède Lauranne, nous en connaissons; mais nous en connaissons aussi qui, en dépit de leur passion extra-familiale, n'ont pas envie de tout démolir pour tout reconstruire. Je suis de ceux-là.

— Manqueriez-vous de courage?

— Non! Tout au plus de folie. Si j'étais sûre d'être heureuse avec vous, je n'hésiterais pas; malheureusement je suis sûre du contraire.

— Pourquoi?

— Parce que je suis invivable pour un homme, étant donné que j'en suis un.

— C'est faux! Archifaux! Vous êtes la plus féminine des femmes.

— A mes moments de loisir – fort rares – peut-être. Dans le quotidien, croyez-moi, pas du tout! Vous ne supporteriez pas plus de quinze jours mon caractère, ma façon de vivre.

– Doudou les supporte bien, lui!

– Justement parce qu'il a une mentalité de femme.

– En somme, pour vous plaire, il faudrait que je me dévirilise.

– Surtout pas! Ce que j'accepte d'un ami, je ne l'accepterais pas d'un amant. J'aime les hommes tels qu'on les concevait autrefois : forts, protecteurs, dominateurs.

– Eh bien, c'est exactement ce que je rêve d'être, ce que je peux être.

– J'en suis certaine; mais pas avec moi qui suis, comme vous, forte, protectrice, dominatrice. Vous cherchez quelqu'un qui ait besoin de vous, qui compte sur vous, qui dépende de vous. Vous cherchez une vraie femme, et je vous le répète, je n'en suis pas une.

La fermeté du ton et la clarté de l'argumentation m'obligent à penser que ses propos ne sont pas improvisés mais au contraire qu'ils sont le fruit d'une mûre réflexion et de diverses expériences. Impossible de mettre en doute sa bonne foi et sa lucidité. Je suis accablé : me revoilà avec un mec! Un mec qui n'a pas besoin de moi et dont moi j'ai besoin, un mec avec un corps exquis qui fait exploser le mien, un mec armé de grâce et de sensualité jusqu'au bout des gestes et du sourire, un mec qui a le culot de venir me dire, de sa voix la plus douce :

– Je suis désolée, Philippe. Autant que vous. Mais, dans votre intérêt comme dans le mien, il vaut mieux en rester là. Définitivement.

Et, là-dessus, elle bâille; puis elle ajoute :

– J'ai sommeil. Je vais rentrer. Il est tard.

Fabuleux! Elle a sommeil! Elle vient de déposer dans mon crâne de quoi me tenir éveillé pendant des semaines et elle, elle a sommeil! Notre vie est en jeu et elle ose avoir sommeil! Ah non! Ça ne se passera pas comme ça. Tout mec qu'elle est, je vais lui montrer, moi, ce que c'est qu'un homme. Je me lève. J'agrippe ses poignets et je la plaque contre moi avec l'idée d'un de ces baisers à la hussarde auquel les partenaires de Gary Cooper n'ont jamais résisté. Eh bien, Lauranne, elle, résiste et, en moins de temps qu'il n'en faut pour vous l'expliquer, elle se dégage et me renvoie, d'un coup de genou dans le sternum, sur mon fauteuil.

Je suis mortifié. Et elle, vous savez ce qu'elle fait, elle? Elle rit! Sans aucune méchanceté, d'accord! Mais elle rit! Puis me présente une sorte d'excuse :

— J'aurais dû vous prévenir que j'avais pratiqué un peu le judo.

Je cherche une sortie honorable, une réplique qui ne sentirait pas trop le mâle outragé. Mais je ne la trouve pas : forcément, je suis à la minute présente un mâle outragé. Et triste. Tant pis! Faute de mieux, je ravale l'outrage et j'exhale la tristesse :

— Lauranne, je suis malheureux.

Elle cesse de rire : c'est toujours ça de gagné!

— Je le serai sûrement demain, me répond-elle; mais là je suis tellement fatiguée que je n'ai plus qu'une envie : dormir.

— Enfin, Lauranne, c'est important ce qui se passe entre nous. On ne peut pas se séparer comme ça. Moi aussi, j'ai des choses à vous dire.

— Je suis incapable de les entendre. Il ne faut pas m'en vouloir, je vous l'ai dit à notre première rencontre, j'ai un appétit et un sommeil aussi impératifs que ceux des enfants.

— Merci! Pour ce qui est de l'appétit, je m'en suis déjà aperçu tout à l'heure.

— Eh bien, voyez-vous, pour le sommeil, c'est pareil.

— Non! Pour le sommeil vous pouvez vous forcer!

De toute façon, j'ai la clef du verrou et vous ne pouvez pas sortir.

Coincée la faible femme! Il va falloir qu'elle se plie à la volonté de l'homme! On voit bien qu'elle n'en a pas l'habitude : elle est toute désemparée. Elle pose un bout de fesse sur un bout de bureau, les bras ballants, le corps amolli, les traits tombants. Elle rebâille. Elle ferme les yeux. Elle ne va pas quand même s'endormir sous les miens qui lancent des flammes! Non! Elle les rouvre – avec effort – pour prononcer d'une voix mal assurée la phrase de la reddition :

– Ecoutez, Philippe, si vraiment vous avez envie de me parler, venez déjeuner demain chez moi.

– Vous serez seule?

– Non. Toute ma petite famille sera là et ce sera un repas de fête : c'est mon anniversaire.

– J'aurais préféré une rencontre un peu plus intime.

– Soyez tranquille, nous pourrons nous isoler après les agapes. Finalement, ce sera très instructif pour vous de nous voir vivre ensemble.

J'accepte. Que pourrais-je faire d'autre? Je ne peux décemment pas lutter contre Morphée. J'ouvre donc la porte à Lauranne titubante, dodelinante, enfin fragile. Dans la rue, elle tire frileusement les revers de sa veste, comme si c'était un drap, jusqu'à son menton. Elle a du mal à tenir sa tête à la verticale et me demande timidement :

– Vous voulez bien me raccompagner dans ma voiture? Je n'ai pas le courage de conduire.

Bien sûr que je veux, même si pendant tout le trajet elle doit bâiller comme un moine repu. Mais je la sous-estime : elle ne bâille pas, elle dort carrément! Arrivés à destination, je la réveille, tel le prince charmant du conte, d'un baiser sur les lèvres. Elle sort de ce petit quart d'heure d'assoupissement comme d'un long et profond sommeil, éberluée, avec des mines, une voix et un vocabulaire d'enfant :

– Je vais aller faire dodo.

Ça, un mec? A d'autres, pas à moi! Moi qui suis obligé de l'extraire de son véhicule, de la soutenir sur le trottoir, de lui chercher ses clefs dans son sac et de pousser sa porte cochère. Bien sûr, ce n'est pas le moment de lui rappeler qu'il y a une heure elle prétendait ne pas avoir besoin de moi, mais quand même je voudrais bien qu'elle respire un peu l'air du mâle dans la plénitude de ses moyens. Alors, je lui envoie une grande bouffée d'ironie :

– Fais bien dodo... Léon!

En réponse, je reçois un petit filet d'air, un tantinet frisquet :

– A demain... Pipo!

Elle disparaît dans l'ascenseur avec un dernier bâillement.

Machinalement, je regarde ma montre : il n'est pas encore minuit!

8

Fraîche comme un gardon – frais –, Lauranne me téléphone à neuf heures le lendemain matin, à cent lieues d'imaginer qu'elle me réveille. Elle s'en rend compte en entendant ma voix pâteuse et mes bâillements irrépressibles. Mais, loin de l'émouvoir, ça l'amuse plutôt :

– Chacun son tour! claironne-t-elle.

Elle a néanmoins l'obligeance de ne pas abuser de la situation et de me résumer le triple objet de son coup de fil : me recommander d'arriver à midi trente précis car Doudou a horreur que sa cuisine attende; me conseiller, au cas où j'aurais l'intention délicate de lui offrir des fleurs, de les choisir blanches de préférence; enfin m'inviter – le temps est radieux – à l'accompagner à la piscine.

– Quand?

– Tout de suite! Après je joue au tennis.

– Non, merci. Je ne suis pas très en forme.

– Eh bien, tâchez de l'être tout à l'heure, paresseux!

Je reconnais que, d'une façon générale, je n'ai pas le réveil joyeux et triomphant. Mais aujourd'hui je bats mes records. Je me suis couché à quatre heures du matin, après avoir appelé Chloé et Bertrand à leur domicile et avoir vidé avec eux la bouteille de champagne que je n'avais pas eu l'occasion de déboucher pour Lauranne, puis la bouteille de brouilly aux trois quarts pleine, puis un grand verre d'armagnac pour faciliter la digestion du fameux foie gras que de confidence en confidence on avait fini par entamer et terminer.

Après cela, je n'ai trouvé le sommeil qu'à l'aube naissante, grâce à un somnifère sous l'empire duquel je devais être depuis trois heures quand la trompette de Lauranne a retenti. Ce qui vous explique pourquoi son idée d'aller piquer une tête dans l'eau m'a terrifié et que je lui ai préféré celle de me replonger dans mes draps. Je flotte doucement mais sûrement vers le sommeil quand, derechef, la sonnerie du téléphone m'arrache à mes limbes. Horreur! C'est ma sœur qui m'annonce que le temps est radieux – merci, je sais – et qu'Yves Le Gahuzec viendra me chercher pour aller à Cléry, non à onze heures comme prévu mais à dix, afin de profiter de cette belle journée. Je bredouille comme un demeuré :

– Le Gahuzec? A dix heures? Mais ce n'est pas possible...

Ma prononciation est si défectueuse que Jacqueline s'inquiète :

– Ça ne va pas?

Par miracle – compte tenu de l'état présent de

mes méninges — sa question m'inspire une pa-
rade :

    — Non, pas très bien. Je voulais te le cacher mais...
(Ici gémissement mal contenu.)

    — Qu'est-ce que tu as?

    — Je ne sais pas au juste. J'ai eu mal au cœur
toute la nuit... j'ai des vertiges aussitôt que je me
lève... et encore maintenant j'ai des nausées épou-
vantables... (Re-gémissement.) Je crois que je me
suis empoisonné avec du poisson.

    — Tu vas venir quand même?

    — Il n'en est pas question. Je ne veux pas t'affo-
ler... mais vraiment je ne tiens pas debout.

    — Bon! Alors je rentre!

    — Non! Non! Surtout pas! On est mieux tout seul
quand on est mal fichu.

    — Tu es sûr?

    — Absolument! Je n'ai besoin que de calme... et
d'eau fraîche.

    — Et Yves?

    — Je lui expliquerai. D'ailleurs il comprendra tout
de suite en me voyant.

    Je raccroche, épuisé, et n'attends plus que d'être
débarrassé de Le Gahuzec pour pouvoir enfin dormir, ne serait-ce qu'une heure. Ça commence mal :
Le Gahuzec arrive avec quinze minutes de retard.
Ça ne continue pas mieux : son retard est dû à une
panne de batterie; il est venu en taxi et pensait,
avant de constater mon piteux état, que nous pren-
drions ma voiture. Il refuse que je la lui prête sous
prétexte qu'il ne sait conduire que la sienne, une
CX qui a un changement de vitesses automatique et
une direction assistée. Il me faut m'habiller à la
hâte, descendre pour lui montrer le fonctionnement
de ma Mitsubishi dont le seul nom l'épouvante,
effectuer cinq tours du pâté de maisons, lui répéter
dix fois de suite où sont les lumières, les pneus de
secours, les essuie-glaces, le dégivreur (avec ce
temps radieux, quel besoin?) avant qu'il ne se

résigne, plus mort que vif, à se lancer... à l'allure d'un vélo sur la route du Vexin.

Il est certain que ce brave Le Gahuzec n'est pas un as du volant mais il me semble quand même qu'il était moins paniqué par mon embrayage que par la perspective de son tête-à-tête avec ma sœur et que, sans mon insistance, il serait volontiers resté à Paris... Oh! mon Dieu! Pourvu qu'il ne rebrousse pas chemin... Cette idée m'empêcherait de dormir si j'en avais la possibilité. Mais je ne l'ai pas. Il est onze heures passées et j'ai juste le temps de me doucher, de me préparer du café fort, d'en boire deux bols, de croquer une tablette de vitamine C, de chercher des fleurs blanches, d'en trouver des rouges, des bleues, des jaunes, d'acheter, en désespoir de cause, une plante verte aux blancheurs, paraît-il, automnales, de courir après un, deux, trois taxis, de sauter dans le quatrième et de sonner à la porte de mes hôtes à midi vingt-neuf minutes trente secondes.

Lauranne salue avec plaisir ma ponctualité et ma plante verte. Je salue de même sa tenue balnéaire composée exclusivement d'un paréo rose vif à ramages multicolores, noué sur l'épaule, et d'un gardénia, blanc évidemment, dans les cheveux.

– Je ne sais quel âge vous avez et ne veux pas le savoir, mais de toute façon vous ne le faites pas.

– Moi, j'ai quarante ans depuis cinq heures ce matin, mais j'ai une sœur jumelle qui a seize ans depuis hier soir... et qui m'agace au plus haut point!

– Comme c'est curieux! J'ai également un frère jumeau, beaucoup plus jeune que moi, et qui ces temps derniers ne me quitte pas d'une semelle.

Ça pourrait n'être qu'un badinage léger. Mais nos voix, nos yeux, nos mains jouent à l'unisson une musique d'accompagnement qui alourdit singulièrement le propos, une musique qui nous rapproche, nous émeut, nous électrise comme hier devant l'évier de la cuisine de Bertrand. Avec la même brusquerie, la même violence, le courant passe entre nous. Seulement aujourd'hui nous ne sommes pas seuls, aujourd'hui il y a les autres. Ah! ces diables d'autres, ils ne sauront jamais à cet instant quel paradis on leur sacrifie. Ma seule consolation est que le sacrifice a l'air d'être aussi pénible à Lauranne qu'à moi. Notre séparation nous arrache des soupirs communs et, à elle, cette constatation presque joyeuse :

– Ça ne s'arrange pas!

Moi, ça m'arrange bien! Ça me donne de l'assurance et j'en ai besoin. A l'idée de ce déjeuner, j'étais intimidé comme un prétendant qui va pour la première fois être présenté à sa future belle-famille. D'ailleurs, mis à part que ma belle-famille à moi est composée de trois homosexuels, c'est bien de cela qu'il s'agit : on va me juger, me jauger et émettre des avis favorables ou non qui influenceront « ma fiancée ». Il vaut toujours mieux affronter ce genre d'examen de passage avec un bon moral. Je l'ai et le garderai quoi qu'il m'advienne. Pour le moment, ce qu'il m'advient, c'est une agréable surprise en découvrant l'appartement de Lauranne. Je savais qu'elle l'appelait le « bateau » comme moi j'appelle celui de ma sœur la « roulotte » et pensais que ce surnom, comme le mien, évoquait d'une façon plus ou moins précise l'ambiance du lieu. Je ne me trompais pas, à cela près qu'en l'occurrence l'évocation est vraiment saisissante : j'ai l'impression d'être sur un petit paquebot. Toute la décoration est à base de cordage, de cuivre, de cuir et d'acajou.

A droite, une coursive en demi-cercle, trouée à espaces réguliers de six portes à hublots – les chambres et salles de bains de ces messieurs –, surplombe de quelques marches un salon aussi confortable et feutré que celui d'un club londonien.

A gauche, prolongeant le salon : le pont, une

immense terrasse en proue au-dessus de Paris, creusée en son centre d'un bassin en faïence bleue et en forme de violoncelle. Je ne saurais affirmer que l'ensemble est beau ou de bon goût. Ni le contraire d'ailleurs. C'est extravagant. Ça ne ressemble à rien de ce que j'ai pu voir. Je serais même incapable de dire si ça me plaît, mais je comprends que ça plaise. Et même que ça plaise à Lauranne, bien que je l'aie imaginée – je ne le lui cache pas – dans un décor différent.

– Un décor plus féminin? me demande-t-elle avec une pointe d'ironie.

– Oui... dans les bleus pastel.

Elle va alors ouvrir une porte, dans l'alignement de la baie qui sépare la terrasse du salon, et m'invite à la suivre dans la pièce qu'elle commande : sa chambre. Merveille! Elle est bleue et romantique au-delà de mes espérances. Ah! que ces plumetis et ces fanfreluches sont donc rassurants! Elle s'amuse de ma satisfaction :

– Vous préférez cet univers-là?

– Pas vous?

– Non. J'aime les deux. Autant.

– Tant pis!

D'une main tendre, elle efface l'ombre qui est passée sur mon visage, puis m'entraîne sur le pont du bateau où les autres se prélassent. Là, aucune surprise : Doudou, en maîtresse de maison accomplie, vient à ma rencontre, me souhaite la bienvenue à bord, me présente « le petit » et, après m'avoir confié aux bons soins de Louis de Margot, s'éclipse pour aller chercher quelques rafraîchissements.

Louis me conseille d'enlever ma cravate, mon veston, comme lui, et même ma chemise, comme Olivier. Celui-ci nous avance deux chaises longues, installe un parasol de façon qu'il ne protège que nos têtes et range avec d'infinies précautions les vêtements dont je me suis débarrassé un peu à la hâte sur un siège, ainsi que le paréo qui a glissé en même temps que mon regard le long du corps pratiquement nu de ma mâtine. Le « pratiquement » sous-entend un deux-pièces qui ne nuit en rien à l'harmonie du paysage. Lauranne, sûrement habituée à la sollicitude du jeune homme, en use sans vergogne : « Olivier, redresse mon chignon! Olivier, mets mon sac à l'ombre! Olivier, passe-moi ma crème bronzante! » Enfin à l'instant, presque avec un soupçon d'impatience :

– Olivier, j'ai soif. Va voir à la cuisine ce qu'Edouard fabrique.

Olivier part comme une flèche et revient presque aussitôt avec dans les bras un plateau chargé de tout ce qu'il faut pour satisfaire même ceux qui n'ont pas soif, contenu dans tout ce qu'il faut pour éblouir même ceux qui n'ont pas de goût. Edouard le suit en portant comme le saint sacrement dans un seau de cristal un magnum de champagne. Il me renseigne abondamment sur les secrets de sa fabrication ainsi que sur celle des boissons qui attendent carafes et flacons précieux, boissons toutes exceptionnelles et toutes introuvables dans le commerce, même de luxe. J'essaie de m'intéresser à l'histoire d'un hydromel concocté clandestinement par un apiculteur gréco-berrichon selon une recette des anciens, à celle d'un xérès qui... d'un ratafia que... d'une absinthe dont... mais mon attention est distraite par l'action qui se déroule entre Louis, Olivier et Lauranne, à l'insu de Doudou. Lauranne, puis Louis, par une série de gestes et de signes, passent leur commande à Olivier. Du champagne pour les deux mais avec beaucoup de jus de framboise pour elle et très peu pour lui. Olivier leur donne leurs verres, s'assure que le mélange est bien dosé, se sert à son tour, tous les trois échangent des commentaires muets sur leur breuvage et sur la prolixité d'Edouard. Ça me rappelle certaines complicités de ma jeunesse entre mon père, mon grand-père et moi, dont les bavardages futiles de ma mère faisaient les frais. Lauranne n'a pas menti : ils ont les mêmes rapports que dans une famille traditionnelle. On se moque en douce et sans aucune méchanceté de maman-Doudou, comme on se moquait chez moi de maman-Mathilde. Et maman-Doudou aussi indulgente que maman-Mathilde, quand elle finit par s'en apercevoir, ne s'en formalise nullement.

— Regardez-les, ces chenapans, me dit-il, ils sont en train de se payer ma tête.

« Le petit » prend un air faussement penaud. Papy Louis un air goguenard. Et papa-Lauranne assume ses responsabilités :

— C'est moi qui les ai entraînés. J'ai l'humeur joyeuse aujourd'hui et je te trouvais bien sérieux.

— Tu as raison, mon ange.

Il n'en faudrait pas beaucoup pour que ce « mon ange » m'agace. Heureusement que le sourire sirupeux de M. Lefebvre se fige tout à coup devant le verre de Lauranne, le verre du diable à l'entendre :

— Ah non ! Tu n'as quand même pas mis du jus de fruits dans ma cuvée spéciale !

— C'est ton jus de framboise à toi. Il est délicieux.

— Justement ! C'est un double gâchis ! Tu gâches le goût du champagne, qui est une pure merveille, et le goût de ma framboise, qui en est une autre.

— Mais pas du tout ! Ça se complète ! C'est bien connu : on te sert ça partout.

— Avec de la bibine ! Pas avec une cuvée spéciale !

— Ah ! arrête de vanter ta marchandise : on dirait un nouveau riche.

Louis et Olivier, qui doivent avoir l'habitude de ce genre d'altercation, rient sous cape et vident leur verre à toute vitesse pour échapper aux reproches d'Edouard. Moi, je suis gêné comme peut l'être un tiers qui assiste à une vraie scène d'un vrai ménage et je me sens obligé d'intervenir :

– Personnellement, je goûterais volontiers votre cuvée spéciale.

J'ai beau m'extasier à chaque gorgée, Doudou reste boudeur et saisit le premier prétexte pour ronchonner :

– Evidemment, dit-il à Lauranne, tes belles-filles sont encore en retard.

C'est ainsi que j'apprends qu'on a convoqué la famille au grand complet et que je vais avoir deux juges supplémentaires. Toujours dans un souci d'apaisement, je fais remarquer qu'il est à peine plus de une heure. Mais ça n'apaise rien du tout :

– On devrait être à table depuis cinq minutes!

Louis de Margot prend alors l'attitude, la mine consternée et le ton d'un tragédien qui vient d'apprendre l'hostilité des dieux :

– Seigneur! Quelque soufflé serait-il en péril?

Imperméable à cette belle envolée, Doudou se contente de hausser les épaules. Louis récidive dans l'alexandrin :

– Que réserves-tu donc à nos palais subtils?

Edouard récidive dans le mutisme agacé, Lauranne dans la raillerie, aidée à nouveau par le grand-père et le fiston. Ils essaient de deviner le plat mystérieux qui ne peut supporter cinq minutes d'attente. Au bout d'un certain nombre de suggestions, plus saugrenues les unes que les autres, le Vatel ulcéré cède :

– C'est une chiffonnade à la langouste.

Le trio s'esbaudit et, n'était mon devoir d'invité, j'en ferais bien autant : que peut-il bien craindre pour trois feuilles de laitue découpées en lamelles? Edouard nous l'explique le plus sérieusement du monde :

– C'est un mélange de primeurs extrêmement fragile. Ça ne tient que par la fraîcheur; si on attend, ça tombe.

Un tir serré de sarcasmes se déchaîne sur « la petite salade de Doudou qui va tomber » et finit par pulvériser sa mauvaise humeur. On scelle la paix avec une nouvelle tournée de cuvée spéciale sans aucune adjonction coupable et, quand peu après les demoiselles Lambroviccini arrivent, leurs excuses se fondent dans la gaieté générale.

L'une, Vanessa, l'aînée, est une fausse blonde, une fausse mince et l'on pourrait dire aussi une fausse jolie, compte tenu des artifices dont son physique bénéficie.

L'autre, Barbara, à première vue, est une vraie brune, une vraie ronde et semble avoir choisi la carte de la personnalité plutôt que celle du charme.

Lauranne me présente comme un ami et j'ai tout de suite l'impression que je suscite beaucoup plus de curiosité que de sympathie; impression fugitive, balayée par l'appel joyeux de Doudou qui a pris le parti de se moquer de lui-même et qui nous crie de la cuisine :

– Vite! Dépêchez-vous! Ma petite salade va tomber.

Lauranne remet son paréo, Louis range les verres, Olivier les flacons, je me charge du magnum. Sans comprendre les raisons de notre agitation, les deux sœurs y participent en nous aidant autant qu'elles le peuvent et répètent comme nous :

– Pourvu que la petite salade de Doudou ne tombe pas!

Nous nous ruons dans la salle à manger-cuisine; nous nous bousculons pour chercher nos places indiquées par un carton, puis nous nous installons autour de la table ronde, tout de rose vêtue, tout de blanc fleurie, tout de cristal et d'argent parée. Enfin, dans les assiettes de porcelaine fine, la chiffonnade nous est parachutée. C'est d'abord le soulagement : la petite salade de Doudou n'est pas tombée! Ensuite, l'émerveillement : cette petite salade est en réalité une composition très savante où se mêlent avec art toutes sortes de légumes émincés et de crustacés. Un régal pour l'œil et le palais. Je me réjouis comme les autres, mais je commence à trouver qu'il faudrait un peu s'occuper de l'oreille. Les joujoutes gastronomiques, j'aime bien, mais au bout d'un moment je fatigue. Lauranne a dû le sentir, car brusquement elle dévie le cours de la conversation :

– Louis, tu devrais raconter à Philippe l'origine du « bateau ».

J'acquiesce avec conviction. Depuis que je suis entré dans ce lieu extravagant, je me demande qui a bien pu le concevoir. J'aurais dû m'en douter : c'est un extravagant. Une espèce de Pierre Loti, officier de marine dans la première moitié de sa vie, romancier exploitant ses souvenirs de voyages dans l'autre, et homosexuel sur toute la longueur du parcours. Aux abords de la quarantaine, il tomba éperdument amoureux d'un jeune violoncelliste, quitta pour lui la marine mais, fidèle à la mer, se fit construire au dernier étage d'un immeuble de famille cet appartement-bateau, ainsi que la terrasse-proue creusée en son centre d'un bassin-violoncelle. Ainsi le musicien de son cœur pouvait exercer ses talents sur et dans son instrument au cours des fêtes somptueuses que l'ancien capitaine au long cours donnait en son honneur.

Ces folies, replacées dans leur époque, celle des années 30, me paraissent presque normales. En revanche, je m'étonne que des sagesses bourgeoises aient pu y succéder.

– Non seulement bourgeoises, me dit Lauranne, mais aussi provinciales. Ma famille est ancrée depuis plusieurs générations à Lisieux et nous y avons grandi, mes sœurs et moi, entre l'église, résidence secondaire de ma mère, et la boucherie paternelle, jusqu'en 1951.

D'une façon générale, je m'intéresse assez à la vie

des gens. J'aime bien savoir d'où ils viennent, où ils croyaient arriver et où ils sont. Mais, pour la vie de Lauranne, je me passionne carrément. A peine en ai-je découvert quelques éléments qu'il me prend une fringale de renseignements. J'ai envie de tout connaître dans les moindres détails. Alors, tant pis pour l'ex-sociétaire de la Comédie-Française qui a entrepris le récit de ses souvenirs glorieux, tant pis pour Vanessa, ma voisine de table, qui m'aurait volontiers tiré les vers du nez, tant pis pour Barbara qui me lorgne sans aménité, tant pis pour Doudou qui s'apprêtait à m'expliquer les subtilités de son saumon cuit à la vapeur de menthe, tant pis pour Olivier qui va devoir l'écouter pour la nième fois, tant pis pour la politesse, mais j'accapare Lauranne. Il faut que je me l'apprenne par cœur. Par cœur! Quelle juste expression pour une fois! Je veux même apprendre ses parents. Sa mère d'abord. Ça m'a bien plu qu'elle hante les églises, mais je déchante vite : Lauranne m'affirme qu'elle est une grenouille de bénitier et que l'argent est sa seule religion. D'ailleurs, à la manière normande, elle a l'habitude de négocier avec Dieu ou ses saints les faveurs qu'elle leur demande : si vous m'accordez ça, je vous donnerai ça. Les tarifs changent selon l'importance de la requête et les sommes ne sont versées qu'à l'exécution des souhaits formulés.

— Quand vous saurez, précise Lauranne, qu'elle a promis cent francs en 1930 à sainte Thérèse de Lisieux, au cas où mon père se résoudrait à l'épouser, vous imaginerez à quel point elle tenait à ce mariage.

Je vois là une belle preuve d'amour, mais je déchante encore : le père de Lauranne, Lucien Léon, possédait la plus importante boucherie de Lisieux et ses parents et grands-parents étaient à quelques kilomètres de là marchands de bestiaux. Il représentait pour la ravissante mais pauvre Mlle Delange (Anne de son prénom) un parti inespéré. Finalement, la jeune fille obtint satisfaction après avoir sacrifié sa vertu à son intérêt et annoncé qu'elle était enceinte. Ce qui n'empêcha pas la pécheresse d'attribuer son mariage à l'intervention de sainte Thérèse... et de lui porter son offrande!

Le couple, embarqué dans la vie conjugale sans amour, y navigua sans joie, mais aussi sans tristesse. Lucien, bon vivant, joyeux luron et sportif passionné, trouva très vite, dans les virées nocturnes et des aventures sans lendemain, un palliatif aux austérités compassées de son épouse. Anne, elle, ferma les yeux, ouvrit le tiroir-caisse, s'appliqua pour tous à être l'irréprochable Mme Léon, s'appropria l'auréole des martyrs et cicatrisa ses petites blessures d'amour-propre avec le baume de la considération générale.

Les deux fillettes qui naquirent à dix-huit mois d'intervalle ne contribuèrent pas à rapprocher Anne et Lucien. Au contraire. Leur mère les monopolisa. Elles furent ses enfants à elle. Pour bien marquer son emprise, elle adjoignit son prénom aux leurs. La première s'appela Anne-Marie, la seconde Anne-Claude. Quand, dix ans après l'aînée, la troisième naquit, sa mère voulut l'appeler Anne-Laure; mais Lucien, bien décidé à ce que cette enfant-là fût bien à lui, la déclara sous le seul prénom de Laure. Le baptême permit à Anne de rectifier « l'erreur » de son mari et Laure devint Laure-Anne, puis un peu plus tard Lauranne. Mais uniquement pour sa mère. Son père, lui, s'entêta par défi à l'appeler Laure et, quand ils étaient tous les deux, « ma Laurette » ou « ma Lau » ou encore « mon soleil ». Peu lui importait le nom, pourvu qu'il soit précédé de l'adjectif possessif. Cette fille, qui lui ressemblait physiquement et moralement autant que les aînées ressemblaient à leur mère, lui appartenait et il s'en occupa autant qu'il s'était désintéressé des deux autres.

Pendant qu'Anne-Marie et Anne-Claude allaient à

la messe, tricotaient pour l'ouvroir de monsieur le curé, enlevaient en classe toutes les premières places et faisaient admirer aux amies bien pensantes de leur mère leur profil de médaille, leurs révérences et leurs robes à smocks, Lauranne, elle, fréquentait les stades, les piscines, apprenait les règles du football et du rugby, récoltait les punitions à l'école, découvrait la campagne à bicyclette et, au retour de ses randonnées, faisait admirer aux copains de son père ses joues roses, ses éclats de rire et ses chemises de garçon.

Plus j'avance dans le puzzle de la vie de Lauranne, plus il me tarde de le compléter.

– Maintenant que je connais un peu votre famille, je comprends encore moins comment elle a pu échouer un jour dans cet appartement.

– A cause de ma sœur aînée. L'année de son bac, à Pâques, son école organisa un pèlerinage au Sacré-Cœur de Montmartre. Elle en revint enthousiasmée par Paris et – on le sut plus tard – par un étudiant en médecine. Elle demanda comme récompense, si elle réussissait son bac, d'être autorisée à poursuivre ses études dans la capitale.

Mme Léon aurait bien voulu accéder au désir de sa fille jusque-là si obéissante et si travailleuse, mais il n'était pas question qu'elle laissât seule l'adolescente dans cette ville de perdition et pas davantage qu'elle abandonnât son foyer pour lui servir de chaperon. Alors, comment faire ? Lucien, que la vie provinciale commençait à ennuyer, trouva la solution : transporter le foyer à Paris. Cette idée enchanta les deux aînées, enchanta aussi Lauranne pour la simple raison qu'elle enchantait son père et déplaisait fort à sa mère. Celle-ci, fidèle à son auréole de martyre, se sacrifia au bonheur de sa famille et accepta de s'exiler. Néanmoins, en manière de désapprobation, elle se désintéressa complètement de tout ce qui concernait cet exil. Ce qui arrangea plutôt Lucien. Il vendit son commerce et partit pour Paris avec Lauranne en quête d'un appartement qui, pour correspondre à leur rêve, devait être spacieux, clair, ensoleillé et pas trop éloigné d'une boucherie où il pourrait continuer à exercer son métier. Dès qu'ils virent « le bateau », ils eurent le coup de foudre. Comme il était nettement à l'abandon et que son originalité autant que ses proportions décourageaient les acheteurs, Lucien put l'acquérir bien au-dessous de sa valeur et commander ainsi les travaux qui redonneraient à la décoration son éclat initial.

Dans des conditions similaires, il acquit pour une bouchée de pain une boucherie située rue de La Tour-d'Auvergne, mais à l'autre extrémité. Cette chance insolente le galvanisa et le convainquit que la décision qu'il avait prise – un peu à la légère selon certains – de bouleverser son existence aurait pour lui des effets bénéfiques.

En vérité, ce bouleversement ne changea pas grand-chose : la famille Léon mena à Paris à peu près la même vie qu'à Lisieux. La mère remplaça sainte Thérèse par Notre-Dame de Lorette, régna sur son nouveau foyer avec autant de rigueur que sur l'ancien, continua à surveiller Anne-Claude et Anne-Marie et, par la suite, leurs « fréquentations » et imposa dans le quartier son personnage d'Irréprochable. Le père, lui, se partagea comme par le passé entre son commerce, ses vadrouilles – moins exaltantes qu'il ne l'avait espéré – et Lauranne. Un seul point vraiment positif : les loisirs. On avait dans la capitale l'embarras du choix pour les spectacles, et surtout les matches du Parc des Princes étaient beaucoup plus palpitants que ceux des stades régionaux.

En dépit de cet avantage, non négligeable, Lucien fut déçu de n'avoir pas trouvé à Paris le second souffle que sa cinquantaine un peu fatiguée était ingénument venue y chercher. Mais comme Paris, en revanche, émerveillait Lauranne, il ne regretta jamais de s'y être transplanté. Le bonheur de sa fille suffisait au sien. La médaille de ce bonheur, à l'effigie d'un seul être, avait cependant un revers : la peur de son départ. Cela le prit quand Anne-Marie, après de très longues fiançailles avec l'étudiant en médecine du Sacré-Cœur, se maria à vingt-six ans. Lauranne en avait seize et, pour le moment, elle semblait s'intéresser plus au sport qu'aux garçons, mais Lucien se doutait bien que ça ne durerait pas. Sa crainte se précisa l'année suivante quand à son tour Anne-Claude convola en justes noces et partit s'installer avec son mari, également médecin, dans la région de Bordeaux d'où il était originaire. L'idée qu'un pareil sort pourrait échoir à Lauranne; l'idée que non seulement il risquait de ne plus vivre avec elle, mais aussi de ne plus habiter dans la même ville qu'elle; l'idée des centaines, peut-être des milliers de kilomètres qui les sépareraient, oui, cette idée-là, commune à de nombreux parents, atteignit chez lui des proportions inhabituelles et tourna à l'obsession. Il vit arriver avec terreur le baccalauréat de Lauranne, sachant qu'elle attendait de l'avoir obtenu pour exprimer clairement son désir d'indépendance. Elle échoua. Vexée, elle décida de redoubler. Lucien jubila : il avait un an de sursis. Malheureusement, il n'en profita pas. Après s'être plaint tout l'été de douleurs abdominales, il se résigna en octobre à consulter. Radios. Examens. Analyses. Opération. Amaigrissement. Affaiblissement. Verdict du chirurgien obtenu à l'arraché : six mois. Courage de Lucien. Immense courage. Le 1er janvier, il écoute sans broncher tous les membres de sa famille, regroupée pour la circonstance, lui souhaiter une « bonne année » et attend le lendemain pour leur annoncer ses « petits ennuis de santé » et la décision qu'il a prise de leur partager ses biens : sa femme aura la propriété près de Lisieux qu'il a héritée de ses parents; Anne-Marie aura la ferme attenante, exploitée par un métayer;

Anne-Claude aura la boucherie de Paris et Lauranne aura « le bateau ». Libre à chacun de disposer de son héritage comme il l'entend.

Lucien passe ses derniers mois à régler toutes les affaires notariales, à souffrir, et à parler avec Lauranne. Son souci principal : il ne sera pas là pour la conseiller, pour la guider, pour sécher ses larmes – car elle en aura –, pour réparer ses bêtises – car elle en fera –, pour se réjouir de ses joies. Pas là... pour rien. Pas là, quoi! Sa consolation : il ne la verra pas partir. Son unique curiosité : que deviendra-t-elle? Il sait que sa femme, dès « qu'il aura le dos tourné », s'installera dans ses terres et y jouera avec délice les veuves irréprochables. Mais Lauranne? Il n'imagine pour elle que deux issues : aller vivre avec sa mère en attendant de se marier ou bien vendre le « bateau » et rester à Paris dans un appartement modeste pour apprendre un métier. Aucune de ces deux solutions ne le satisfait. Lauranne non plus. Pour rien au monde elle n'ira se morfondre en pleine campagne avec la grenouille de bénitier ni ne se séparera du « bateau ». Lucien la comprend mais il se tourmente. Alors, un jour, pour le rassurer, elle ment. Elle s'invente une idylle avec un homme d'affaires qu'elle aurait connu en jouant au tennis. Plus son père va mal, plus son histoire d'amour va bien. Quand il entre à l'hôpital, à demi moribond, elle est quasiment fiancée. Pendant ses derniers moments, entre deux piqûres de morphine, Lucien ne s'intéresse plus qu'à celui qui va prendre son « soleil » en charge et lui permettre de mourir en paix. Et, jusqu'au bout, Lauranne continue à mentir : son homme d'affaires – grand voyageur forcément – lui a télégraphié de Berlin pour lui demander de l'épouser. Ça y est! Elle va se marier. Ils vivront dans « le bateau ». Elle n'a plus de problème. Elle est heureuse... heureuse... heureuse... Ce sera le dernier mot que Lucien entendra.

Il ne pourra y répondre que par un sourire apaisé.

A ce souvenir, pourtant vieux de vingt-deux ans, les yeux de Lauranne s'embuent. Elle plonge dans son verre de champagne et en ressort avec un sourire faussement détendu et une voix faussement désinvolte :

– Le plus curieux, c'est que mon mensonge, en fin de compte, s'est révélé vrai.

– Vous avez rencontré un homme d'affaires ?

– Oui ! Et je l'ai épousé : c'était Lambroviccini.

Là, Lauranne va un peu trop vite à mon gré. Il me manque des chapitres. Mais il m'est difficile de prolonger davantage notre aparté. Doudou vient d'apporter le gâteau avec les bougies et réclame le silence pour réciter son compliment : une piécette en vers libres à la gloire de celle qui vient d'avoir deux fois vingt ans et qui comporte de nombreuses allusions à leur vie quotidienne que je suis le seul à ne pas comprendre et à ne pas souligner de gloussements joyeux. Tout à coup, je me sens l'étranger, l'intrus. Cette impression désagréable s'accentue quand je les vois, tous ensemble, quitter la table avec des airs mystérieux et y revenir quelques instants plus tard, alignés comme des girls de music-hall, chacun tenant au bout du même bolduc doré un paquet enveloppé du même papier glacé, marron. Lauranne découvre peu à peu qu'il s'agit d'une garniture de bureau qu'elle avait admirée un jour dans une vitrine et dont chacun des membres de sa famille lui offre un élément, assorti d'un commentaire :

– C'est Olivier qui a eu l'idée du cadeau.

– C'est Doudou qui a eu l'idée de nous grouper pour te l'offrir.

– C'est Vanessa qui a choisi la couleur.

– C'est Barbara qui a choisi la forme des initiales.

– C'est Louis qui a pensé à ajouter les pinces pour le courrier.

Et moi, Philippe Larcher, qu'est-ce que j'ai fait dans tout ça? Rien! Et en dehors de tout ça? J'ai acheté une plante verte comme n'importe quel indifférent poli. Je suis vexé et je plie la montagne de papier pour occuper mes mains vides. Je déteste leur cadeau qui m'exclut de leur clan, qui me met en face de leur connivence et qui en plus est un cadeau pour un homme! Les remerciements attendris de Lauranne n'arrangent rien :

– Vous ne pouviez pas tomber plus juste, dit-elle. D'abord, c'est superbe! Ensuite je suis sûre que ça va me porter bonheur dans mon travail. Tous ces objets qui me viennent des êtres que j'aime ne peuvent qu'être chargés d'ondes bénéfiques.

Pourquoi ne m'a-t-elle pas dit ça à moi? Pourquoi n'a-t-elle pas promu ma plante verte au rang de fétiche? Ne ferais-je pas partie des êtres qu'elle aime? J'ai fini de ranger leurs emballages et eux n'ont pas encore fini de se congratuler.

– On va tout de suite aller porter ça dans ma chambre. J'ai hâte de voir l'effet sur mon bureau.

Doudou reste pour découper son gâteau et confie son cadeau à Lauranne. Les autres partent avec chacun le sien. Moi je les suis, comme un imbécile, les mains vides. En traversant le salon j'aperçois ma plante verte posée par terre dans un coin sous sa cellophane dont personne n'a songé à la dépouiller. Comme elle, je me sens misérable et relégué. En plus, j'ai horriblement chaud et le somnifère dont j'ai dû combattre les effets tout à l'heure avec du café commence à se manifester. Je regagne la table avec les autres en titubant presque. Le gâteau meringué de Doudou et le champagne que j'absorbe pour parvenir à l'enfourner ont raison de mes dernières forces. Ma somnolence n'échappe pas à Lauranne en pleine forme, et plus mâtine que jamais :

– Vous avez l'air fatigué, Philippe. Vous devriez aller vous reposer un moment sur la terrasse.

J'y vais sans discuter. Je suis comme elle, la veille au soir, submergé par le sommeil. C'est la deuxième fois de la journée qu'elle me surprend en flagrant délit d'anéantissement, la deuxième fois que je pense qu'avec cette femme-là – encore plus qu'avec les autres – le héros n'a pas intérêt à être trop souvent fatigué.

Je suis réveillé par un bruit qui ressemble à celui des gouttes tombant sur une surface molle. Pour l'identifier avec plus de précision, j'ouvre les yeux : ciel! Ah oui! ciel... Il est aussi profondément gris qu'il était profondément bleu et déleste avec parcimonie son trop-plein d'eau sur la terrasse, tachetée comme une peau de léopard, et sur mon parasol transformé en parapluie. Est-il possible que ce temps radieux ait changé aussi vite? Renseignement pris à ma montre, le changement s'est effectué à une allure relativement normale : il est presque dix-neuf heures et j'ai dû m'endormir à seize! Les gouttes se resserrent. Je me lève avec autant de précipitation que me le permettent mes membres et ma tête en plomb. Je regagne l'intérieur du bateau où les autres se sont sans doute repliés devant la menace d'orage. Mais le salon est aussi désert que la terrasse. Je vais frapper à la chambre de Lauranne. Une voix me dit d'entrer : c'est celle de Louis de Margot. Assis sur une chauffeuse, les jambes recouvertes d'un grand tablier bleu de jardinier, à ses pieds une boîte de cirage et une pile de livres reliés. Il est en train d'en astiquer un avec un chiffon doux.

– Une fois l'an, m'explique-t-il, les cuirs ont besoin d'être entretenus et pour rien au monde je ne laisserais à quiconque cette tâche. J'adore manipuler les livres. Surtout ceux-là. Ce sont tous des éditions originales avec des reliures...

Sa phrase se termine par une caresse voluptueuse

de ses doigts de prélat sur un maroquin marron incrusté de filets d'or. Je voudrais bien ne pas l'arracher à son plaisir d'esthète mais je voudrais bien aussi en venir à l'objet de mes préoccupations immédiates. J'essaie de concilier les deux :

– Ces livres sont à Lauranne?

– Oui, c'est moi qui les ai choisis pour elle et avec elle.

– Ah!

– Vous vous intéressez à la bibliophilie, à ce que je vois.

Il voit très mal, mais je n'ose pas le détromper.

– Oui, lui dis-je, à mes moments perdus.

– Lauranne aussi. Je l'initie peu à peu. C'est plus compliqué qu'il n'y paraît : un détail, négligeable pour le profane, suffit à valoriser ou à dévaloriser un livre de façon considérable. Ainsi cet exemplaire de *Daphnis et Chloé* que rien a priori ne distingue d'un autre est exceptionnel. Savez-vous pourquoi?

Faute d'avoir le courage de lui répondre : « Non, mais je m'en fous royalement », il me faut subir un cours sur les secrets de l'édition aussi détaillé que celui d'Edouard tout à l'heure sur les secrets de l'hydromel. Si j'écoutais les explications de Louis, j'y prendrais sûrement un vif plaisir; mais je n'écoute pas. Mon oreille est tendue vers les bruits de la maison susceptibles de m'annoncer la venue de Lauranne et mon attention accaparée par son absence qui se prolonge indûment. Je n'attends que le premier silence de mon interlocuteur pour m'y glisser avec mon unique souci, mais ma patience finit par céder sous le flot intarissable de son éloquence :

– Excusez-moi de vous interrompre, mais l'heure tourne et il faudrait que je parle à Lauranne.

– Lauranne?

Visiblement il n'est pas « branché ». J'ai tout juste le temps de m'amuser intérieurement de ce terme qui lui convient si peu avant qu'il ne redes-

cende de son XVIII⁰ siècle et qu'enfin il me renseigne :

– Lauranne est partie.

– Partie ? Mais quand ?

– Une demi-heure avant que vous ne vous réveil-
liez. Vous dormiez si bien qu'elle n'a pas voulu vous
déranger.

– Et où est-elle ?

– Ça je l'ignore. Je sais seulement qu'elle avait
rendez-vous avec une « styliste du conditionnement ». J'ai cru comprendre qu'il s'agissait d'une
personne qui devait lui proposer différents modèles
de pots et flacons destinés à recevoir les onguents
qu'elle va lancer sur le marché. Mais sans doute
êtes-vous plus au courant que moi de ces choses...

Il ne me précise pas ce qu'il veut désigner par
« ces choses » : les activités de Lauranne ou celles
de la « styliste du conditionnement », ou les deux à
la fois. De toute façon, il est évident qu'il n'a guère
de considération pour « ces choses » et que le MLF
ne doit pas compter sur son soutien. Sur le mien
non plus d'ailleurs. Du moins pour l'instant où le
travail de Lauranne me prive de sa présence.

– Vous a-t-elle dit quand elle allait revenir ?

– Non, mais sûrement pas après minuit. Elle
n'aime pas se coucher tard.

– Pas avant ?

– J'ai peur que non ! Avec elle, ce genre de
rendez-vous s'éternise toujours. Les affaires, c'est sa
passion.

Inutile d'insister, monsieur de Margot, et de guetter ma réaction par-dessus vos lunettes, j'ai bien
reçu votre message. En langage clair, vous me
dites : « Attention, danger ! Vous êtes vaincu
d'avance. Fuyez pendant qu'il en est temps ! »

Je devrais trouver cela très gentil de votre part,
mais figurez-vous que je vous soupçonne un peu de
m'avoir envoyé cet avertissement parce que vous
craignez non pas pour mon avenir, mais bel et bien

pour le vôtre. Oui, je vous soupçonne. C'est pourquoi je me permets de vous répondre :

– Unique passion, vous exagérez. Lauranne en a
eu d'autres. Au moins une.

– Je n'en suis pas sûr.

– Comment? Elle n'a pas aimé Gilles?

– Moins qu'elle ne le prétend, moins qu'elle ne le
croit. Elle était en vérité aussi ambitieuse que lui et
donc aussi responsable que lui du naufrage de leur
couple. S'il était comédien avant d'être amant, elle,
elle était chef d'entreprise avant d'être femme. Et
elle ne changera pas... malheureusement.

– Malheureusement pour elle?

– Ah non! Puisque c'est son choix personnel, elle
n'a aucune raison d'en souffrir.

– Alors malheureusement pour qui?

Louis de Margot recommence à cirer son maroquin avec application.

– Pour celui qu'elle rencontrera peut-être un jour
et qui l'aimera.

– Vous ne lui accordez aucune chance à « celui-
là »?

– Il ne faut jurer de rien mais en tout cas très peu
de chances. Et croyez bien que je le regrette...

– Vraiment?

– Ah oui! Et je serais navré que « celui-là » en
doutât... et qu'il doutât aussi de mon aide éventuelle.

– Si, par hasard, j'avais l'occasion de le voir,
« celui-là », je ne manquerais pas de l'en avertir.

– Je vous en remercie.

Rien n'est dit. Tout est dit : sa connaissance de
mes sentiments, sa compréhension, sa sympathie, sa
complicité.

Qu'ajouter à cela? Que sa mise en garde ne
servira à rien? Il le sait. Que je suis heureux d'avoir
un allié tel que lui dans la place? Il le devine. Alors
mieux vaut tourner la page et ne pas risquer dé

détruire, en les soulignant maladroitement, les fili-
granes délicats que nous venons d'y inscrire.

Louis de Margot doit le penser aussi car, à
brûle-pourpoint, sans aucun souci d'enchaînement
logique, il ouvre le chapitre des autres.

– Vanessa est allée rejoindre son « mec », me
dit-il.

Le mot sort de sa bouche, entouré d'au moins
trois paires de guillemets. Les modernismes de
langage, si courants de nos jours qu'on ne les
remarque plus, deviennent avec lui aussi ridicules
qu'une pierre de pacotille qui serait sertie dans de
purs diamants. Conscient de l'effet comique qu'ils
produisent, il en use volontiers.

– Son mec, répète-t-il, à moins que ça ne soit son
« jules », je ne me souviens plus au juste. Enfin,
l'homme de sa vie hebdomadaire.

– Ah bon, parce que...

– Ah oui! Elle consomme beaucoup. Mal, mais
beaucoup.

– Beaucoup, parce que mal peut-être.

– Oui, peut-être...

Louis de Margot n'a pas le point de suspension
très indulgent et aggrave encore la sévérité de son
jugement silencieux par cette sentence :

– Nonobstant, c'est une gentille personne.

Entre le « nonobstant » et la « gentille personne », voilà Vanessa bien encadrée!

Au tour de Barbara maintenant. Elle n'est pas
mieux lotie. Elle, elle consomme pour le moment
des motocyclettes.

– Elle s'éclate sur des 500 cm³, me dit Louis, et
elle se shoote aux décibels. Et vous savez pourquoi?

– Non.

– Parce qu'une amie qui travaille dans une
gazette où l'on accommode Freud à la sauce tout-
le-monde lui a affirmé qu'elle avait perdu son
identité au contact de Lauranne... Conséquence :

cette petite écervelée, qui ignorait jusque-là qu'elle avait une identité, s'est mise à souffrir de sa perte comme de la disparition d'un être cher. Elle l'a cherchée successivement dans le parachutisme, dans l'écologie, dans le militantisme féminin, dans le yoga et maintenant dans les pétarades et trépidations des motos.

Je m'efforce de démêler dans les propos de Louis de Margot la part de vérité et la part d'exagération :

– Pourquoi Barbara n'aurait-elle pas vraiment une crise d'identité?

Louis lève sa main droite, celle qui tient le chiffon avec autant de grâce que si elle tenait une pochette en soie, et pointe sur moi un index de magister :

– Mon cher, c'est le mot qui crée la fonction et non le contraire. Avant qu'on ait inventé la « crise d'identité », les femmes n'en avaient pas. Avant qu'on leur ait rabâché qu'elles devaient « s'affirmer », elles n'en éprouvaient pas le besoin. Avant que des sirènes pernicieuses leur chantent l'hymne à la libération, elles n'avaient pas pensé qu'elles étaient prisonnières. Le mot, voilà l'ennemi! Et plus que jamais à notre époque où il est déversé à pleins tonneaux par la presse, la radio et la télévision, sur tous, sans discrimination. N'importe quel mot tombe dans n'importe quelle oreille et ressort par n'importe quelle bouche employé n'importe comment. C'est ainsi que la brave ménagère du coin qui, il y a une trentaine d'années, aurait été fort heureuse de son sort souffre maintenant de complexe ou de déprime; que son mari, de fort en gueule qu'il était, est devenu « caractériel », qu'il a des « psychoses », des « névroses », des « problèmes », et qu'ils sont tous les deux « traumatisés » parce qu'ils se demandent si oui ou non leur gamin qui a un poil dans la main a bien transgressé son œdipe!

Je n'ai pas envie d'entamer une polémique avec Louis de Margot sur ce sujet. Ni sur aucun autre d'ailleurs. C'est un homme qu'on accepte ou qu'on refuse, dont les excès amusent ou agacent, mais qu'il serait vain de contredire. Moi, il m'amuse et, si mon sourire est ironique, il n'a rien de réprobateur. Pourtant il le croit.

– Vous n'êtes pas d'accord?

– Si! Si! Bien sûr!

– Ah! tant mieux! Je ne discute jamais qu'avec les gens qui sont du même avis que moi. Contrairement à ce qu'on affirme, la lumière ne jaillit pas de la discussion. Quand chacun va dans un sens opposé, on ne peut pas avancer, c'est évident. Tandis que, lorsque chacun va dans le même sens, les arguments des uns s'ajoutent aux arguments des autres et là, oui, on arrive à quelque chose.

Voilà qui me confirme à quel point j'ai eu raison de ne pas me lancer dans la controverse. Rassuré par mon acquiescement, il en revient à son sujet :

– Autrefois, les gens simples avaient une personnalité. Ils parlaient de choses qu'ils connaissaient, avec leurs mots, leur tête et leur sensibilité à eux. On trouve encore de ces exemples dignes du plus grand intérêt dans les provinces et dans les campagnes. Mais dans les villes, maintenant, les gens parlent de ce qu'ils ne connaissent pas, avec des mots qui ne leur appartiennent pas, qu'ils ont saisis au vol « dans le poste » ou dans leur feuille de chou et qu'ils digèrent mal. Si vous pressez leur cervelle et leur cœur, il n'en sort plus que du « jus de médias ».

L'expression me frappe. C'est vrai que bon nombre de personnes n'ont plus d'idées que celles qu'elles ont lues ou entendues et qu'elles se conforment aveuglément aux évangiles de sainte Presse et de saint Audiovisuel, mais on peut aussi considérer que les médias moulinent des idées qui sont dans l'air du temps et que ce qui en sort n'est que du « jus de l'époque ». Alors, est-ce l'opinion publique qui suit les médias ou les médias qui suivent l'opinion publique? Je me garde bien d'exprimer ma perplexité à Louis de Margot qui, lui, patauge à plaisir dans ses certitudes :

– Les petites belles-filles de Lauranne sont des spécimens très remarquables de « jus de médias ». Elles attrapent toutes les idées et tous les mots à la mode aussi facilement que d'autres attrapent des rhumes. Vanessa est atteinte par le virus de la libération sexuelle. Barbara par celui de la crise d'identité. Le malheur, c'est qu'elles ne se savent pas contaminées.

– Il me semblait que Barbara avait plus de personnalité que sa sœur.

– Pareil! Mon cher, pareil...

– Elle est, elle aussi, une « gentille personne »?

– Evidemment! Elles ont l'une et l'autre des qualités, mais voyez-vous – si vous me permettez d'employer une expression particulièrement triviale mais particulièrement évocatrice...

– Je vous en prie.

– S'il y en a qui pètent au-dessus de leur cul, elles, elles pensent au-dessus de leur tête. Ou plus exactement à côté. C'est un mal très répandu de nos jours où tout le monde veut absolument penser – comme si c'était un privilège! – alors que très peu en sont capables. Il faut laisser cela à ceux qui sont conçus pour.

– Et elles ne sont pas conçues pour?

– Ah non! Mais attention, je ne veux pas dire qu'elles sont dépourvues d'intérêt. Je dis simplement qu'elles en auraient davantage si elles se contentaient d'être ce qu'elles sont. Vous comprenez?

– Parfaitement! Vous préférez que l'on soit, plutôt que de chercher à paraître.

– Exactement. C'est pourquoi j'aime beaucoup Edouard et Olivier : eux sont authentiques.

– Pas Lauranne?

– Bien sûr que si! Mais, comme elle a une plus

forte personnalité qu'eux, elle a moins de mérite à ne pas s'en fabriquer une autre.

Je m'apprête à poursuivre mon interrogatoire, mais l'idée me vient que Lauranne me téléphone peut-être chez moi, que peut-être elle s'est libérée de son rendez-vous, que peut-être elle veut passer la soirée avec moi... De peut-être en peut-être j'en arrive à la certitude qu'elle m'attend... Je ne tiens plus en place et invoque la fin de l'averse pour prendre congé.

Louis de Margot accepte sans difficulté mon piètre prétexte, se lève aussitôt, se hâte de me raccompagner jusque dans l'entrée, me dispense des politesses de la porte et me pousse presque sur le palier :

– Dépêchez-vous! me dit-il, vous allez être en retard à votre rendez-vous.

– Je n'ai pas de rendez-vous.

– Mais si! Voyons!

– Non...

– Avec votre téléphone!

Je m'incline. Louis jubile. Nous sourions.

– Bonne soirée! me dit-il en me serrant la main entre les deux siennes avec autant de chaleur que s'il me présentait ses condoléances.

Son geste est prématuré : c'est seulement vers une heure du matin que j'enterre mon espoir d'entendre le téléphone sonner.

9

Exquis tête-à-tête dominical!

Le cadre? Enchanteur : l'arrière-salle d'un café des Champs-Elysées.

L'heure? Poétique : celle où le soleil s'efface devant l'astre-néon.

Le menu? Divin : un quart Vittel pour Lauranne. Une bière pression pour moi.

Le dialogue? Epoustouflant :

– Ça n'a pas l'air d'aller?

– Si! Si! Ça va. C'est vous qui...

– Mais pas du tout. Ça va très bien.

– Ah bon!

J'ai attendu cet instant délicieux pendant huit heures! Dire qu'il a fallu en plus que je l'arrache de haute lutte, que je l'implore, que je promette de ne pas le prolonger inconsidérément! Je n'ai à m'en prendre qu'à moi! Ce matin, au téléphone, Lauranne m'a averti que j'avais tort d'insister. Elle m'a même très gentiment expliqué pourquoi notre rencontre de ce soir serait ratée : d'abord, elle allait passer la journée près de Sens, dans la maison de son fameux ami le banquier dont elle devait solliciter l'appui financier pour sa nouvelle affaire. Or, quand elle avait à affronter ce genre de discussion délicate, elle détestait être prisonnière d'un horaire fixe et l'idée de notre rendez-vous constituerait une contrainte qu'elle m'en voudrait de lui avoir imposée. Ensuite, après les parties de tennis qu'elle ne pourrait éviter, après le déjeuner copieux, après les batailles de chiffres, après les embouteillages du retour, elle serait inapte à tout effort physique ou intellectuel et n'aspirerait qu'au repos et à la diète, dans son cher bateau. En tout autre lieu, elle savait qu'elle serait tendue, maussade, grognon et commencerait à bâiller encore plus tôt que d'habitude. Et ce, en dépit de la joie qu'elle aurait à me voir. Cette dernière phrase oblitéra le reste de son discours : elle avait envie de me voir. Nous nous verrions. Coûte que coûte. Le héros intrépide l'attendrait le temps qu'il faudrait en bas de chez elle à partir de vingt et une heures. D'ici là, il aurait rassemblé tout un choix de propositions propres à l'enchanter.

En vérité, à l'heure matinale où j'affichais ce bel

optimisme, j'avais deux solutions en tête. La première : ramener Lauranne à la maison après avoir pris soin de vérifier que ma sœur n'y rentrerait pas avant le lendemain. La seconde : retourner sur les lieux de notre première rencontre, chez Bertrand. Les deux solutions tombèrent à l'eau : ma sœur flanquée de Le Gahuzec rentra en fin d'après-midi à la roulotte. Quant à Bertrand, il n'était nulle part où il aurait dû être. En désespoir de cause, j'ai pensé à mes enfants. Ça ne m'amusait guère d'avoir recours à eux pour abriter mes amours – fussent-elles non coupables – mais, comme ça m'amusait encore moins de n'avoir pas d'abri du tout, j'ai remisé mes scrupules. Inutilement, car j'appris par leurs répondeurs respectifs qu'ils étaient absents pour le week-end.

Le problème restait entier : où aller ? Curieusement, c'était la première fois que je me trouvais dans une telle situation. Jusque-là, j'étais tombé sur des partenaires ou qui me fournissaient le gîte contre le couvert, ou bien que la présence lointaine et discrète de ma sœur ne dérangeait pas plus que moi, ou encore qu'une chambre d'hôtel accueillante démoralisait moins que moi. Mais dans le cas présent – pour Lauranne autant que pour moi – il ne pouvait être question ni du bateau ni de la roulotte, avec les autres à portée d'oreille et de voix ; et encore moins d'une chambre d'hôtel.

Demain je me mettrai en quête d'un endroit bien à nous, d'un refuge, d'une île où personne ne nous atteindra, mais aujourd'hui nous devrons nous contenter d'échanger quelques tendresses dans le fond d'une voiture, d'un cinéma ou sur un banc public.

Je compris tout de suite, en voyant Lauranne sortir à vingt et une heures dix-sept non pas de son immeuble mais de sa voiture, que cette idée n'avait aucune chance de lui plaire. Comme prévu, elle s'était énervée sur la route du retour à rouler roue

dans roue; comme prévu, sa hantise d'être en retard
l'avait empêchée de bien défendre ses intérêts;
comme prévu, elle n'avait pas digéré et se sentait
incapable d'avaler quoi que ce soit; comme prévu,
elle était épuisée, maussade, grognon. Il ne manquait à son programme que les bâillements. Mais
patience! Dès que ses nerfs se relâcheraient, j'y
aurais droit. Dans ces conditions, vous pensez bien
qu'il eût été téméraire de lui vanter les charmes
subtils d'un banc public, d'une salle obscure ou
d'une banquette arrière. Je ne lui en ai donc soufflé
mot, quand elle monta dans ma voiture et me glissa
entre deux sourires coincés l'inévitable question :

– Qu'est-ce qu'on fait?

Je lui expliquai la situation, les moyens par lesquels j'avais tenté en vain d'y remédier et la résolution que j'avais prise de nous dénicher au plus
vite un « chez-nous ».

Elle m'écouta en silence, ne parut pas spécialement émue de mes diverses démarches de l'après-
midi, ni des échecs qui les avaient couronnées. Seul,
le « chez-nous » bénéficia d'une réaction : une
moue peu encourageante qui coupa court au commentaire romantique dont je comptais agrémenter
mon projet. Plus disposée à parler du présent
immédiat que de l'avenir – même proche –, elle
réitéra sa question, l'accompagnant cette fois d'un
léger tambourinage sur son genou :

– Alors, c'est pas tout ça, qu'est-ce qu'on fait?

Je lui répondis étourdiment :

– Ce que vous voulez!

Quelle imprudence! Ce qu'elle voulait? C'était
prendre un bain et se coucher. Rien d'autre!

Oh! pas la peine de me dire comment vous auriez
réagi à ma place. Je le sais : à ma place, vous vous
seriez rappelé que la lâcheté en amour n'est pas
payante; à ma place, vous auriez ouvert la portière à
cette grincheuse et vous l'auriez renvoyée dans ses
foyers avec quelque phrase bien sentie sur ses

humeurs de femelle; à ma place, vous auriez pensé : de deux choses l'une, ou elle tient à moi et la peur de me perdre va la jeter, repentante, dans mes bras, ou elle ne tient pas à moi et son amour-propre blessé va la jeter définitivement hors de ma vie. De toute façon, je serai ainsi fixé sur ses sentiments. J'en aurai le cœur net.

Eh oui, bien sûr, moi aussi, à votre place, j'aurais réagi comme cela. Seulement voilà, c'est moi qui étais à ma place. Et moi, j'étais paniqué par l'éventualité d'une rupture; moi, je préférais garder un cœur flou, chargé de doutes, plutôt que d'avoir un cœur net, vidé de tout espoir. Alors, j'ai rengainé mon amertume et me suis engagé, à voix de velours, sur le chemin de la désinvolture :

– Monsieur amoureux échangerait bouderie stérile contre une heure de conversation amicale.

Lauranne sourit et me passa à son tour sa petite annonce :

– Dame déshydratée échangerait voiture surchauffée contre terrasse avec boisson rafraîchissante.

J'ai cru à ce moment-là que l'incident était clos et j'ai démarré immédiatement, soucieux de satisfaire le désir de Lauranne. Cela se révéla plus compliqué que je ne l'imaginais. En ce dimanche soir, assez étouffant, les terrasses des rares cafés restés ouverts affichaient complet. Nous avons erré de l'une à l'autre, un peu plus agacés à chaque nouvelle déconvenue, et de guerre lasse nous nous sommes résignés à cette arrière-salle qui n'a vraiment d'autre intérêt que d'être assez calme. Ce n'est pas le rêve, j'en conviens : des miettes sur la moleskine, des ronds poisseux sur la table, de la nervosité dans le service, pas un souffle d'air, pas de glaçons et bien entendu le quart Vittel tiède... Mais quelle importance! Comme dit à peu près la chanson et comme je le dis à Lauranne :

– Venise est partout quand on s'aime.

126

Elle approuva avec beaucoup de bonne volonté, mais il était visible que son réalisme naturel l'empêchait de prendre notre banquette collante pour des coussins de gondole et le néon pour un clair de lune!

– Enfin, me dit-elle, si vous êtes content, c'est le principal!

J'ai explosé. Intérieurement, bien sûr. Extérieurement, Lauranne n'entendit qu'une toute petite détonation :

– Non! Le principal pour moi est que vous, vous soyez contente. Et vous ne l'êtes pas?

Mon point d'interrogation tomba sur un sourire odieusement gentil et disparut à tout jamais dans un regard adorablement navré. Ce qui constituait, à tout bien considérer, une réponse assez claire. Je n'avais pas encore fini de la ruminer, lorsque Lauranne s'inquiéta de mon silence et qu'il s'ensuivit le dialogue époustouflant que je vous ai relaté tout à l'heure. Un nouveau silence lui succéda dans lequel nous sommes encore enfermés. Mais voilà justement que Lauranne en sort avec une exclamation de joie :

– Ça y est! J'ai trouvé!

– Vous avez trouvé quoi?

– Un moyen d'arranger les choses.

Comme tirés par un élastique, tous mes traits remontent.

– Ah bon!

– Avec mon banquier! Je viens de comprendre ce qui clochait!

L'élastique craque : tous mes traits redescendent. Le flux et le reflux de mon visage glissent sur celui en marbre de Lauranne. Elle se lance dans une histoire compliquée dont mon oreille, assourdie par ce qu'elle ne me dit pas, ne saisit que quelques mots, pour moi incompréhensibles : participation aux bénéfices, taxe parafiscale, intérêt compensatoire... Je me contente d'opiner du chef entre deux phrases, mais je pourrais aussi bien m'en dispenser. C'est à elle qu'elle parle, pas à moi. Elle s'oppose des arguments, se les contrecarre, se soulève des difficultés, se les aplanit et finalement se vote des félicitations :

– Ah! je suis contente de moi! Je n'ai pas perdu mon temps.

– Eh bien, tant mieux, ça en fera au moins un sur les deux!

Cette fois, c'est parti. Et parti sec. Le bouchon a sauté : mon trop-plein de déception se déverse et rien – surtout pas ses grands yeux étonnés – ne peut l'arrêter. Je lui dresse une liste détaillée de tout ce que j'ai rêvé qu'elle fasse entre hier et aujourd'hui et qu'elle n'a pas fait; de tout ce que j'ai rêvé qu'elle dise et qu'elle n'a pas dit, de toutes mes espérances saccagées, de tous mes élans refoulés, bref de tout ce que j'étais en droit d'attendre d'une femme qui m'avait donné de si merveilleuses raisons de croire que je ne lui étais pas complètement indifférent. Enfin je conclus :

– Hier, en plaisantant, vous m'avez parlé de votre jeune sœur jumelle et je commence à penser qu'effectivement il y a deux Lauranne.

– Bien sûr! Il y a celle qui travaille et celle qui ne travaille pas. Malheureusement, la première, je vous l'ai déjà dit, est insupportable pour un homme, invivable; et je suis celle-là, presque à plein temps.

– N'exagérons pas! Vous avez des loisirs, comme tout le monde, des moments de détente.

– Très rares : une soirée par semaine que je passe dans ma famille; un week-end par-ci par-là; trois semaines de vacances l'été; une l'hiver. A part ça, je m'occupe de mes affaires de neuf heures du matin à sept heures du soir et presque tous les jours j'ai des dîners utilitaires.

– Vos instituts ne doivent plus maintenant avoir autant besoin de vous.

– C'est faux! De toute façon, j'ai besoin d'eux. L'activité est nécessaire à mon équilibre. C'est d'ailleurs pour ne pas risquer d'en manquer que je me suis lancée dans cette histoire de cosmétiques avec Clotilde.

– Et votre vie dans tout ça?

– Ma vie? Mais c'est tout ça. Et tout ça me rend pleinement heureuse.

– Je ne vous crois pas. Il y a sûrement des moments où vous rêvez d'autre chose, en plus.

– D'un homme, vous voulez dire?

– D'un amour partagé.

– C'est un rêve que je sais pour moi inaccessible.

– Pourquoi?

– Parce que l'amour – le vrai – réclame énormément de temps et une grande disponibilité d'esprit. Je n'ai ni l'un ni l'autre.

– Enfin, bon sang, ça existe, des femmes qui aiment et qui travaillent!

– Personnellement, j'en connais qui travaillent mal et qui aiment bien; d'autres qui travaillent bien et qui aiment mal. Mais les femmes qui font les deux avec autant de réussite, je n'en connais pas. Ou alors, au bout de six mois elles ont la santé qui craque et les nerfs qui lâchent.

– Les femmes sont largement aussi résistantes que les hommes, sinon plus, et eux ils se débrouillent bien pour concilier les deux.

– Pas du tout! Ils sont logés à la même enseigne : les bourreaux de travail ne sont pas au lit des foudres de guerre; et, à l'inverse, ceux qui comblent leur compagne ne comblent pas leur employeur. Et ce n'est pas vous qui pourriez le démentir.

– Pourquoi?

– Je sais par Clotilde, qui le sait par votre sœur, que depuis notre rencontre vous négligez sérieusement votre travail.

– C'est exact et je serais prêt à le négliger encore plus si vous me le demandiez.

Elle grimace comme si je venais de lui annoncer une nouvelle particulièrement désagréable.

– Vous êtes adorable, Philippe, je voudrais vous répondre la même chose; mais ce serait malhonnête. Je suis incapable de vous donner dans ma vie la place que vous méritez, la première. Dans ces conditions...

Je ne la laisse pas achever sa phrase. Je n'ai pas envie d'entendre que dans ces conditions... il vaudrait mieux que je renonce et que j'aille porter mes jolis sentiments à quelqu'un susceptible de les mieux apprécier. Alors, je dis :

– Quelle place puis-je espérer?

Elle secoue la tête sans répondre et c'est moi qui suis obligé de définir mes éventuelles attributions :

– Je serai quelque chose comme votre ministre du Temps libre, votre chevalier des heures creuses, votre repos de la guerrière, votre ombre fidèle... c'est ça?

– Hélas, oui! Et c'est un rôle qui n'est pas pour vous, que vous n'accepteriez pas longtemps, et dans lequel je ne suis même pas sûre, moi, de vous accepter. Je serais aussi gênée que d'engager un polytechnicien comme manutentionnaire : il y a la même disproportion entre vos qualités et l'usage que je pourrais en faire.

– Et si je préfère, moi, être manutentionnaire plutôt que d'avoir le cœur au chômage?

– Vous auriez tort, Philippe. Vous le regretteriez. Vous pouvez, vous devez prétendre à un meilleur emploi. Je vous supplie de me croire.

Sa conviction lézarde suffisamment la mienne pour que j'entende à présent une autre voix derrière celle de Lauranne. La voix de mon vieil ami le Héros, qui ne me mâche pas ses mots : « Tu es un vrai con, mon vieux, tu as la chance, dans ton malheur, de tomber sur une femme loyale, qui prend la peine de te crier : casse-cou, qui te met sous le nez une pancarte lumineuse : " Attention. Danger. Terrain miné. " Et toi, tu fonces dessus. Tu vas droit à la catastrophe et tu n'auras même pas la consolation de le lui reprocher ou de lui en vouloir. Ressaisis-toi! Un peu de fierté, que diable! Quand on a rêvé de jouer les protecteurs, les têtes d'affiche, on ne condescend pas à jouer les utilités – même pas indispensables. Oh! je sais bien où le bât te blesse : ce n'est pas elle que tu as peur de perdre mais ce qu'elle t'a redonné : ton appétit. Si tu étais certain de l'avoir retrouvé définitivement, tu serais rassuré et changerais ta façon de penser et d'agir. Alors, avant de te jeter dans la gueule du loup, tu ferais bien de vérifier si la faim te revient auprès d'autres bergères et si elles peuvent l'apaiser. Tu ne risques rien : en cas d'échec, tu pourras toujours retourner dans les bras entrouverts de ta " pas-belle " et, en cas de réussite, tu pourras y retourner aussi... mais avec plus de confiance en toi. Crois-moi, accorde-toi une semaine. De toute façon, c'est plus honorable que de capituler tout de suite sans condition. »

Je me range à cet avis raisonnable et je m'apprête à demander à Lauranne un petit délai de réflexion quand, chose curieuse, elle m'en propose un grand :

– Réfléchissez au moins avant de prendre une décision. Ne serait-ce qu'un mois.

Nous transigeons sur quinze jours.

Nous convenons que je l'appellerai le vendredi de la deuxième semaine. Si j'ai opté pour la rupture, nous ne nous reverrons plus. Dans le cas contraire, je sollicite l'autorisation de remplir aussitôt mes fonctions de ministre du Temps libre pendant tout le week-end qui suivra mon appel.

L'accord est conclu.

De vous à moi, je sais très bien quelle sera ma

décision. Vous pensez! Déjà, quelque part dans ma tête, se baguenaude cette image : le grand lit de *L'Oublière* et, dans le mitan, Lauranne nue, désarmée, soumise.

On peut rêver, quoi!

10

Quatre jours que j'ai informé Bertrand de ma résolution prise à contrecœur – pour ne pas dire à contre-corps – de tromper Lauranne, ou du moins d'essayer.

Quatre jours que je l'ai prié de stimuler ma volonté, éventuellement chancelante.

Quatre jours qu'érigé en « garde-lâcheté » il me demande quotidiennement : « Où en sommes-nous? » Pluriel révélateur de son désir de participation. Quatre jours que je lui réponds : « Bah... Pour le moment nulle part, mais demain sans faute... »

Quatre jours... Bertrand juge avec raison que ma faiblesse me dirige à vitesse grand V vers le point de non-aller. Mais pas de panique! Il l'avait prévu et a déjà sous la main de quoi rectifier ma position. En effet, il a rencontré une charmante Perpignanaise, prénommée Violette – n'est-ce pas délicieux? –, et sa cousine Rose – n'est-ce pas inespéré? Toutes deux esseulées et toutes deux peu disposées à le rester. Elles l'ont invité ce soir même à dîner dans leur studio et l'ont chargé de leur amener si possible un quatrième convive. Bertrand estime qu'entre Violette et Rose j'aurais vraiment mauvaise grâce à ne pas butiner et, tout joyeux, me fixe rendez-vous chez ces dames à vingt heures trente.

J'y arrive à vingt et une heures après m'être botté

le moral tout au long de la journée pour ne pas me décommander.

A vingt et une heures une minute, j'ai la débilitante impression de me l'être botté pour rien et que je ferais mieux de partir.

A vingt et une heures deux minutes, j'ai la certitude que je vais passer une soirée difficile.

Il faut vous dire que, pendant la première minute, j'ai appris par la sémillante Violette que je n'étais pas le quatrième convive, mais le seul – avec elle. Car Bertrand et Rose, pour des raisons différentes, étaient empêchés de venir. Pendant la seconde minute, j'ai constaté que Violette avait ce que mon père aurait appelé « du chien » : expression pour moi rédhibitoire qui m'évoque immanquablement une femme toutes dents dehors, toutes prunelles allumées, prête à vous sauter dessus comme un clebs affamé.

Le comportement de la Perpignanaise correspond tout à fait à cette définition : elle s'agrippe à mon bras, salue mon biceps – pourtant modeste – d'un clin d'œil flatteur et, collée à moi, m'introduit dans le studio. Une pièce minuscule, aux murs nus, meublée de quatre chaises coincées sous une table portant un plateau à apéritif et d'un lit recouvert de fourrure. Elle me le désigne d'un doigt impératif. Je vais m'y planter comme un piquet pendant qu'elle me prépare un cocktail de son invention dont elle se plaît à me vanter – toujours en demi-teinte – les effets aphrodisiaques. Si seulement c'était vrai, si seulement mes ardeurs anesthésiées pouvaient se réveiller, si seulement je pouvais crier victoire à Bertrand et le dispenser de toute autre initiative. Si seulement demain, libéré de mes complexes, je pouvais aborder avec sérénité le problème que me pose Lauranne...

Violette apporte nos verres et, dégoulinante de concupiscence, trinque à nos amours. Je vide le mien d'un trait comme si c'était une purge. Mon

hôtesse s'empresse d'interpréter ce geste de désespoir comme une preuve de mon impatience et se
croit autorisée à me manifester la sienne, cette fois
sans aucune demi-teinte. Il serait urgent que son
breuvage vienne à mon secours. Il y vient, de façon
inattendue, en m'incitant non pas à la bagatelle,
mais à la douce rigolade : je devrais m'attrister,
m'énerver, m'affoler, eh bien non! Je m'amuse! Elle,
en revanche, pas du tout! Elle se donne un mal, la
pauvre chérie! On sent qu'elle a planché ferme sur
le manuel de la parfaite allumeuse mais, bien sûr,
dans ce manuel-là, on n'a pas prévu le cas d'un
partenaire qui ricane comme un demeuré quand on
lui met sous les yeux des jambes gainées de soie
noire et sous les doigts une poitrine pulpeuse,
quand on multiplie les soupirs lascifs, quand on lui
griffouille la nuque, lui papouille l'oreille, lui
suçouille la commissure, quand on lui susurre qu'il
est le plus excitant des hommes, le plus dangereux.

Je ne cesse de ricaner que pour carrément éclater
de rire lorsque Violette tente une innocente investigation sous ma chemise et m'écrier en repoussant
sa main comme une vierge effarouchée :

– Ah non, pas ça! Je suis chatouilleux.

Soyons juste, une femme, même peu susceptible,
pourrait se vexer à moins. Violette, elle, très
confiante en ses charmes, se contente d'être décon-
certée. Elle se redresse soudain sur son coude,
parfaitement lucide, parfaitement maîtresse d'elle-
même. A la seconde, plus rien, ni sur son visage ni
dans son attitude, ne subsiste de la chatte miaulante
qui vient de me vampiriser :

– Tu es pédé ou quoi?

La chère enfant! Pour un peu je l'embrasserais!
Elle a décroché la meilleure solution, celle qui va
tout à la fois sauver mon honneur et me mettre à
l'abri de toute nouvelle attaque. Comment n'y ai-je
pas pensé plus tôt? Du coup, je suis complètement

dégrisé et lui avoue, avec une sincérité qui me surprend moi-même, mon vilain penchant ainsi que mon désir, sans doute un peu tardif, de le combattre.

A son tour, elle s'esclaffe. Déjà dans la peau de mon personnage, je suis choqué de son hilarité :

– Je ne vois pas ce qu'il y a de drôle.

Compatissante, elle m'explique aussitôt en quoi réside le comique :

– Je suis lesbienne, me dit-elle.

J'ai beau être accoutumé, comme tout un chacun à notre époque, à ce que l'on me présente l'envers des choses en lieu et place de leur endroit, je suis quand même étonné d'apprendre que la dévoreuse d'hommes qui à l'instant montait avec fougue à l'assaut de ma virilité ne rêvait en réalité que de reddition féminine. Et encore plus étonné quand Violette me précise que ce n'est ni la recherche du droit chemin ni celle de sensations nouvelles qui l'ont jetée dans mes bras.

– Quoi alors?

– Tout simplement Rose.

– Ta cousine?

– Elle n'est pas ma cousine, mais mon amie, mon « jules » si tu préfères. Nous vivons ensemble depuis cinq ans.

Je pense sur le moment que ces dames, un peu lassées par cinq ans de ménage, ont souhaité pimenter leurs jeux amoureux en y introduisant un homme. Mais la vérité est – dans un sens – plus innocente :

– Rose voulait absolument avoir un enfant et elle m'a chargée de le lui fabriquer.

– Pourquoi ne s'en est-elle pas chargée elle-même?

– Elle ne supporte pas les hommes.

– Et toi?

– Un peu plus, mais pas tellement.

– En somme, tu t'es sacrifiée?

– Il fallait bien!

– Toi aussi, tu étais tarabustée par le désir maternel?

– Moi, pas du tout.

– Alors, qu'est-ce qui t'obligeait?

– Le fric!

– Comment ça?

– Rose menaçait de me quitter si je ne lui faisais pas son enfant... et comme financièrement je dépends d'elle...

Me revoilà comme avec Doudou et Lauranne devant un couple à la fois éminemment moderne et incroyablement démodé. Décidément, du chiendent, ces sentiments humains! Impossible de s'en débarrasser! On les retrouve partout, toujours aussi vivaces, parmi la flore sauvage de la marginalité comme sur les pelouses bien entretenues de la tradition : l'amour, l'intérêt, la jalousie, l'instinct de reproduction... Violette, au fond, n'est rien d'autre qu'une épouse du début du siècle qui, faute de moyens, plie sous le joug marital et qui craint à présent les foudres de son conjoint. Que ce soit une conjointe ne change pas grand-chose à l'affaire. Pour un peu elle se sentirait coupable comme une femme stérile. Rose était si heureuse à l'idée de cet enfant – son enfant. Elle en parlait depuis si longtemps. Elle avait tenu à ce qu'il soit conçu en dehors de Perpignan pour s'assurer un maximum de discrétion. Elle avait loué ce meublé pour une semaine, persuadée qu'à Paris le choix d'un père idéal – grand, blond, aux yeux bleus, comme elle – ne lui réclamerait pas plus de temps. Mais les jours passèrent sans qu'elle découvre le Phénix digne d'engendrer son rejeton et hier, arrivée au terme de son voyage de prospection, elle était décidée à se montrer moins exigeante.

C'est pourquoi, lorsque Bertrand, venu les draguer dans le restaurant d'un café-théâtre où l'on jouait une de ses pièces, leur parla d'un ami en quête d'aventure – grand, blond, aux yeux bleus –, Rose lui affirma que cet ami correspondait justement au type d'homme qui plaisait à sa « cousine », elle aussi en quête d'aventure, et organisa avec lui le guet-apens de ce soir.

– Quand même! dit Violette, il s'est drôlement payé notre tête, ton copain Bertrand!

– Pourquoi?

– Ben... il doit bien savoir que t'es pédé!

Ah! c'est vrai, j'avais oublié ce détail qui fait passer Bertrand pour encore plus farceur qu'il ne l'est en réalité. Je m'emploie aussitôt à le disculper :

– En vérité, Bertrand me croit bisexuel et souhaiterait que je rallie totalement la cause de la normalité. Alors, il s'obstine à me caser chaque fois qu'il en a l'occasion.

Violette s'incline devant la logique de mon explication, s'amuse à nouveau de la bizarrerie de notre situation et des espoirs que nos amis respectifs ont si mal placés en nous :

– Quand ils vont savoir... soupire-t-elle.

De ces quelques mots, découle d'abord une question : pourquoi sauraient-ils? Et, tout de suite après, une décision : ils ne sauront pas.

Pour les uns et les autres cette solution ne comporte que des avantages : Rose et Bertrand se féliciteront de nous avoir ménagé cette rencontre salvatrice, Violette et moi échapperons à leurs reproches et à leur encombrante vigilance, au moins dans l'immédiat.

Nous scellons notre pacte du silence par une accolade fraternelle, puis quelques instants plus tard nous nous séparons, à regret, conscients d'avoir quand même conçu quelque chose ensemble : un petit embryon d'amitié qui ne demanderait qu'à vivre...

Le lendemain, je n'ai même pas besoin de mentir à Bertrand. Il a déjà reçu par téléphone les remerciements de Rose. A la chaleur de ses félicitations, je m'aperçois que Violette n'a pas lésiné sur les siennes! J'ai une pensée émue pour ma gentille Perpignanaise : grâce à elle, mon mentor est rassuré et je vais pouvoir me vautrer dans ma lâcheté sans craindre de sa part ni semonce, ni intervention intempestive; car, bien entendu, je n'ai pas la moindre intention de renouveler ce genre d'expérience. Celle-là me suffit pour être sûr – comme si je ne l'étais pas avant! – qu'en dehors de Lauranne, pour moi, il n'est point de salut. Réjouissons-nous! Il pourrait aussi ne pas y avoir de Lauranne et donc pas de salut du tout. La route sera rocailleuse, je le sais, mais au moins il y a une route.

J'en suis déjà, entre deux dossiers, à rêver de notre première étape quand ma sœur entre dans mon bureau. Elle a son regard de cheftaine qui vient de se shooter à la B.A., un regard pétillant de tristesse, en parfaite harmonie avec la voix, joyeusement compatissante, qui m'annonce :

– Clotilde déprime à cent pour cent!

J'ôte quatre-vingt-dix pour cent d'exagération et que me reste-t-il? Une Clotilde un peu tristounette d'avoir sacrifié, de son plein gré, l'homme de sa vie à son travail. Vraiment pas de quoi s'alarmer, sauf pour ma sœur qui se plaît, comme maintenant, à inventer de toutes pièces des malheurs à ses amis, rien que pour le plaisir de croire qu'elle les en sort.

Voilà donc l'énergique Clotilde avec l'auréole des paumés, ma brave Jacqueline avec sa panoplie de saint-bernard et moi avec une volonté bien déterminée de ne pas m'en mêler. Ça tombe mal! Ma sœur, elle, a précisément l'intention de me mêler à tout ça. Elle part ce soir avec Clotilde pour *L'Oublière* et estime que nous ne serons pas trop de deux pour remonter son moral défaillant. Je lui avoue ne pas être très disposé à jouer les boute-en-train et lui suggère que Le Gahuzec pourrait me remplacer avantageusement. Manque de chance! Le brave Yves, qui partage son temps entre Concarneau où il dirige avec ses frères une grande conserverie de sardines et Paris où il s'occupe de sa mère, est justement dans sa période concarnoise.

– Il ne pourra venir à Cléry, me précise ma sœur, que le week-end prochain.

– Je crains que ça ne soit pas possible.

– Pourquoi?

– J'ai besoin de la maison.

– Entière?

– Oui.

– Tu reçois beaucoup de monde ou une seule personne qui tient beaucoup de place?

Comme, de toute façon, les voisins ou les commerçants la renseigneront, autant satisfaire sa curiosité :

– Une seule personne.

– Ah! Je suis bien contente! J'allais justement t'en parler.

– De qui?

– De Mme L.L., évidemment.

Je suis à peine surpris. Je me doutais bien que Clotilde avait cancané et que tôt ou tard ma sœur poserait ses gros sabots sur les plates-bandes de mes jardins secrets. Mais j'aurais préféré que ce soit tard que tôt. Aujourd'hui je n'ai aucune envie de jeter mon cœur tourmenté en pâture à son incommensurable sollicitude et aucune raison de le lui cacher :

– Ecoute, Jacqueline, je ne t'ai jamais demandé de confidences. Rends-moi la pareille. Ta vie privée ne me regarde pas et la réciproque est vraie.

– Jusqu'à un certain point.

– C'est-à-dire?

– Je trouve, moi, que ta vie privée me regarde

dans la mesure où elle a la plus mauvaise influence sur une affaire que nous dirigeons en commun et qu'elle m'oblige à me taper le double de boulot.

– C'est juste. Je comptais d'ailleurs rattraper une partie de mon retard demain et dimanche.

– Tiens! Tu ne vois donc pas Mme L.L.?

– Non! Elle a son Concarneau elle aussi.

– Alors, rien ne t'empêche d'emporter tes dossiers à *L'Oublière*. Au moins tu pourras travailler en plein air... et te coucher de bonne heure... et ne pas manger n'importe quoi, n'importe quand...

Dieu, que ma sœur est gentille! Et, Dieu, qu'elle m'emmerde! Pour m'en débarrasser, je finis par lui promettre que j'irai à Cléry remplir mes devoirs d'ami, de frère et d'assureur-conseil.

Je m'y applique avec conscience au cours de notre première journée champêtre, mettant alternativement de l'ordre dans mes paperasses et de la gaieté dans l'air que respirent Clotilde et ma sœur. J'ai d'ailleurs eu l'impression qu'elles avaient beaucoup moins besoin de moi que mes clients et me suis demandé à plusieurs reprises pourquoi ma présence avait été tant souhaitée.

Je crains de le comprendre quand, vers dix heures du soir, Jacqueline, qui d'habitude est du genre increvable, déclare qu'elle tombe de sommeil et monte dans sa chambre en emportant ostensiblement des boules Quiès. Clotilde capte les soupçons que cette retraite prématurée a éveillés en moi et les endort aussitôt : ma sœur nous a laissés en tête à tête non pas pour nous permettre de trouver, par l'apaisement de nos corps, celui de nos âmes, mais tout bonnement pour que nous essayions de résoudre son problème. Pour la première fois, elle a confié à Clotilde qu'elle en avait un.

– Pourquoi ne m'en a-t-elle pas parlé directement?

– Elle n'a pas osé.

– C'est si grave que ça?

– C'est délicat.

– De quoi s'agit-il?

– Le Gahuzec est impuissant!

Tous les clignotants de mon cerveau se mettent au rouge pour m'indiquer les dangers :

Attention! ne pas se taper sur les cuisses en s'écriant : « Lui aussi! »

Ne pas se réjouir égoïstement en avouant : « Ouf! je me sens moins seul! »

Ne pas s'esbaudir sur les incroyables coïncidences de la vie.

Ne pas avoir l'air trop intéressé.

Ne pas avoir l'air non plus trop détaché.

Ne pas... Ne pas... Ne pas... Je suis tellement occupé à éviter les réactions interdites que je n'en ai aucune, et me contente de répéter, comme si je n'avais jamais entendu ce mot-là :

– Impuissant?

Par bonheur, cela suffit pour que Clotilde, pleine de son sujet, me fournisse sur l'affaire les détails dont, en toute logique, j'aurais dû m'inquiéter. J'apprends donc – avec une certaine satisfaction – que Le Gahuzec n'est pas né comme ça, qu'il l'est devenu progressivement, comme moi, et pour les mêmes raisons que moi.

Je vous épargnerai le récit de ses affres, de ses diverses tentatives, de ses constats d'échec, de ses complexes, de sa résignation : vous êtes au courant. Il a suivi à peu près le même chemin que moi. La seule différence – mais elle est de taille –, c'est que lui n'a pas encore rencontré sa Lauranne. Il a espéré que ma sœur le serait. Sensible d'abord à son physique de Walkyrie, débordante de vitalité, il le fut ensuite à sa gentillesse, à son inlassable serviabilité et à l'intérêt visible qu'elle lui témoignait. Peu à peu, il tomba amoureux, reprit confiance et, poussé par sa mère, envisagea le mariage. Mais, en homme honnête – ou prudent –, il décida de s'assurer qu'il était en mesure de garantir à sa future un emploi d'épouse à plein temps.

Après avoir reculé l'échéance jusqu'aux limites de la goujaterie, un jour, enfin, il résolut de s'exécuter. Cela se passa – ou plutôt ne se passa pas – le fameux samedi où mon déjeuner imprévu au « bateau » m'empêcha de l'accompagner à Cléry. Je comprends maintenant pourquoi ma défection, qui lui ôtait toute échappatoire, l'avait si fort contrarié.

Ma sœur fut très désappointée par la contre-performance de son prétendant, mais ne s'avoua pas vaincue. A force de patience, de tendresse, elle finit par redonner un peu d'espoir à Le Gahuzec, juste assez pour qu'il acceptât de ne pas rompre, pas complètement, pas tout de suite.

Ce point acquis, sur les conseils de Clotilde et sur sa recommandation, elle alla consulter un sexologue. Elle en ressortit pleine d'optimisme. En effet, le praticien lui avait affirmé que le cas de son fiancé courait actuellement les alcôves et que ce phénomène nouveau résultait de trois causes : le surmenage, la tension excessive de la vie moderne et – le principal selon lui – l'inadaptation des hommes à l'évolution sociale de la femme.

Le Gahuzec, qui ne débordait pas d'activités et qui tirait le plus clair de son charme d'un flegme tout britannique, ne pouvait être concerné par les deux premières. En revanche, élevé dans une famille où le beau sexe n'était respecté qu'en fonction de ses vertus procréatrices et veuf longtemps inconsolable d'une Bretonne méritante, morte au champ d'honneur des suites d'une septième fausse couche, involontaire bien sûr, il était tout désigné pour être, par impuissance interposée, une des victimes de la libération des mœurs et des femmes.

En conséquence, le professeur ès libido prescrivit à ma sœur les remèdes suivants :

142

Premièrement, la patience : ne jamais avoir l'air d'attendre quelque chose.

Deuxièmement, le tact : éviter toute allusion, même lointaine, au sujet.

Troisièmement, l'absence totale de provocation : à aucun prix ne remettre son ouvrage cent fois sur le métier.

Quatrièmement, la vie commune pour créer peu à peu une certaine intimité et établir un climat de détente et de confiance.

Le dernier point de cette thérapeutique m'étonne un peu : j'aurais cru que la cohabitation endormait la sexualité plus qu'elle ne la réveillait et que les pulsions amoureuses naissaient plus volontiers de l'imprévu que des habitudes. Mais je reconnais que le contraire est possible. De toute façon, il n'existe que des cas d'espèce et telle méthode qui réussira à celui-ci se révélera sans effet sur celui-là. Le seul moyen de savoir si celle préconisée par le sexologue est valable pour Le Gahuzec est de l'essayer.

– En somme, me demande Clotilde, tu n'es pas contre ?

– Moi, non. Mais il faudrait poser la question à Yves.

– Ta sœur voulait avoir ton accord avant de lui parler.

– Elle n'a pas besoin de moi pour prendre des décisions.

– Celle-là va quand même changer un peu ta vie !

– En quoi ?

– Tu vas devoir quitter la roulotte.

Cette idée ne m'avait pas encore effleuré, mais j'y adhère aussitôt : bien sûr que l'expérience du « vécu quotidien », pour avoir une chance de réussir, ne doit se dérouler qu'entre Yves et Jacqueline, exclusivement. Bien sûr que ni Mme Le Gahuzec ni moi-même ne devons être les témoins de leurs efforts, de leurs progrès ou de leurs échecs. Bien sûr qu'Yves ne peut demander à sa vieille maman d'évacuer son vieil appartement. Bien sûr que ma sœur n'a aucune raison de m'abandonner sa roulotte qu'elle adore. Je m'en irai donc. J'en ai souvent envisagé l'éventualité devant Jacqueline et je ne vois vraiment pas pourquoi elle s'est servie d'un intermédiaire pour me présenter sa requête. D'autant que rien ne la forçait à m'en révéler la véritable raison. Que de complications pour rien!

Pour rien? Je m'avance peut-être un peu. Clotilde n'a pas terminé sa mission :

– Quand comptes-tu déménager? me demande-t-elle.

– Quand Jacqueline le voudra. Demain s'il le faut. Je louerai un meublé en attendant de...

– C'est idiot! Pourquoi tu ne viendrais pas chez moi puisque j'y suis seule?

Par simple curiosité, pour explorer les dessous de ce tête-à-tête dont je recommence à douter de l'innocence, je ne la décourage pas et la laisse me vanter sa proposition :

– Chez moi, tu aurais, comme chez Jacqueline, tous les avantages du célibat sans en avoir les inconvénients.

– En somme, je changerais de sœur, mais pas de vie.

Enhardie par ce semblant de consentement, Clotilde va un peu plus loin :

– J'ai toujours rêvé d'avoir un grand frère comme toi... dont je serais la confidente, la complice... que je consolerais quand de vilaines femmes lui feraient du chagrin.

Ah! je suis sur la bonne voie. Encore un petit coup de pouce et je vais atteindre le but de mes investigations. Allons-y! Courage! Sortons nos violons :

– Un grand frère qui te consolerait quand de vilains messieurs t'auraient tourmentée, peut-être?

– Oh oui! Ce serait très agréable. Je mettrais ma

tête sur son épaule... je poserais ma main sur son poignet... puis sur sa poitrine... puis sur sa nuque...

Bien entendu, Clotilde a joint le geste à la parole et, comme je ne bronche pas, elle continue son manège. Sa bouche est maintenant à un doigt de la mienne et elle est, elle, à cent lieues d'imaginer ce qui va en sortir :

– Terminé! Finita la commedia!

En un éclair, je suis debout, accoté contre la cheminée, désinvolte de la pointe de ma botte fichée dans le sol aux volutes de la fumée de ma cigarette, face à une Clotilde ma foi meilleure perdante que je ne l'aurais cru.

– Raté! dit-elle.

– L'idée est de toi ou de ma sœur?

– Ni de l'une ni de l'autre. C'est Lauranne qui m'a poussée dans tes pattes!

Clotilde se fait une joie de réduire mon incrédulité en miettes. Elle sait tout : mon enquête, mon entêtement, mes ruses, ma victoire, les refus de Lauranne, sa reddition, ses dérobades, ses explications, sa terreur de s'engager dans une aventure sans issue. Tout jusqu'à ce délai de réflexion au terme duquel je dois me décider soit à rompre, soit à m'élancer – sans bandeau sur les yeux – dans la gueule de la louve.

C'est pour infléchir ma décision dans le sens où elle le souhaite – celui de la rupture – que Lauranne, inconsciente de son pouvoir, a chargé Clotilde de me séduire.

– Lauranne ne veut pas vivre avec toi ce qu'elle a déjà vécu avec Gilles et ce que je viens de vivre, moi, avec Paul.

– C'est absurde! Je ne suis ni Gilles ni Paul, et moi...

– Toi, tu serais comme les autres. Vous êtes tous pareils. Vous vous parfumez tous au 5 de chez Macho.

Je reconnais dans cette déclaration péremptoire l'introduction du grand air de Clotilde : « Aiguisez vos dents, mesdames, on va bouffer du mec! » Prudemment je vais m'asseoir dans un fauteuil moelleux : quand la fesse est confortable, l'oreille est plus suave. Aussitôt, les cuivres démarrent, *allegretto vivace*, sur les mecs qui ne sont que des dangereux tarés; qui s'accrochent à leurs privilèges pourris; qui n'arrivent pas à accepter la fin de leur règne; qui en sont encore restés au droit de cuissage; qui barrent la route aux ambitieuses; qui les forcent à fournir le double de travail pour obtenir la moitié de leurs résultats; qui placent leur orgueil dans leur pantalon; qui devraient se réjouir, s'ils n'étaient pas aussi cons, d'avoir enfin des compagnes sorties de leur état de sous-développées; mais qui préfèrent toujours briller, à peu de frais, devant des potiches; des mecs qui pétochent devant les intelligentes; qui exploitent les naïves; qui trompent les fidèles; et qui malmènent les tendres... les mecs qui... les mecs qui... les mecs qui...

Le même thème, repris inlassablement, quand ce n'est pas le *Boléro* de Ravel, on finit par s'en lasser. Je bondis sur mes pieds et donne un grand coup de cymbales :

– Les mecs qui en ont ras le bol d'écouter les nanas de ton espèce et qui vont se coucher! Salut!

Je suis déjà dans l'escalier, quand Clotilde, apaisée comme peut l'être une soupe au lait privée de son foyer d'incandescence, m'appelle :

– Et Lauranne? Qu'est-ce que je dois lui raconter?

– La vérité.

– C'est-à-dire?

– Que je l'aime et que le reste n'a aucune importance.

Là-dessus, je glisse mes deux pouces sous le ceinturon de mon jean et je m'éloigne en sifflotant la chanson du film *Le train sifflera trois fois*. C'est facile, me direz-vous, d'accord! Mais, après tout ce que je viens d'essuyer, j'estime avoir bien droit à ce petit plaisir.

Si j'étais malhonnête, je vous dirais que, le lendemain, il ne s'est rien passé de spécial, en dehors des repas où j'ai bavardé avec Clotilde et ma sœur comme si de rien n'était, que je suis resté dans ma chambre à travailler et que nous sommes repartis le soir de *L'Oublière*, après le film dominical de la télévision.

Mais je suis honnête et il me faut vous raconter deux moments de cette journée où mon auréole de héros m'apparut un peu inconfortable. La première se situe le matin. Aussitôt que j'ai été réveillé, j'ai senti, contrairement à mon habitude, que je n'avais aucun plaisir à l'être, qu'un souci encore imprécis et diffus était tapi dans mon inconscient et n'attendait que la dissipation de mes brumes matinales pour en surgir. Il n'attendit pas longtemps et je fus soulagé sur le coup de constater son insignifiance : en effet, j'étais tout bêtement ennuyé par l'idée de la conversation que je devais avoir avec ma sœur et où je serais obligé d'évoquer, peu ou prou, le problème de Le Gahuzec. C'était vraiment un souci mineur. Plutôt même une simple écharde dont j'aurais intérêt à me débarrasser le plus vite possible. Je l'ai pensé sincèrement. Je me le suis dit et répété. N'empêche... j'ai traînassé dans mon lit, j'ai traînassé dans mon bain, j'ai traînassé en me rasant. J'aurais voulu voir dans mon miroir l'image d'un homme décidé, pressé d'en finir avec la peccadille qui l'importunait, qui allait au-devant de l'événement : un mâle, quoi... tel que du moins je me plais à les imaginer.

Et qu'est-ce que j'ai vu? Un timoré (charmant euphémisme!) qui renâclait devant le piètre effort d'une démarche un peu délicate, qui se réjouissait de s'être coupé le menton pour perdre trois minutes de plus, qui cherchait partout des échappatoires. En un mot – ayons au moins le courage de le prononcer –, un lâche. Ça m'a agacé! Les femmes – même les moins féministes – s'accordent toutes à reconnaître que la lâcheté est le dénominateur commun à la gent masculine, qu'il n'existe aucun homme pour affronter en face une difficulté, surtout affective. Et moi, au lieu de leur apporter un démenti, j'apporte de l'eau à leur moulin. Je m'en voulais! Mais je ne me suis pas dépêché pour autant.

J'étais en train d'hésiter entre trois paires de chaussettes, invisibles dans mes bottes, quand ma sœur, après s'être assurée à travers la porte qu'elle ne me dérangeait pas, entra d'abord dans ma chambre et aussitôt après dans le gras du sujet. Sans s'arrêter, et très calmement, elle me dit à peu près ceci :

– Je tenais à te remercier d'avoir si facilement accepté de quitter la roulotte. Je sais que tu es au courant de mon problème avec Yves et tu sais que je suis au courant du tien avec Lauranne. Je n'ai pas oublié ton désir de garder le silence sur nos vies privées respectives et, bien que je ne le partage pas, sois certain que je le respecterai à l'avenir. Il est évident que ça ne doit pas t'empêcher de compter sur moi; comme ça ne m'empêchera pas moi d'avoir recours à toi, si j'en éprouvais la nécessité. En dépit des apparences, parfois, je crois que nous nous aimons bien. J'en suis même sûre. Papa nous a appris qu'il ne fallait jamais se coucher dans des draps qui faisaient des plis. Depuis quelque temps, il y en avait beaucoup dans les nôtres. Alors, je suis venue les enlever. Maintenant tout est bien repassé. Bien net. J'espère que tu en es aussi content que moi.

Et sans transition :

– Ton petit déjeuner est prêt dans la cuisine.

Clotilde et moi nous avons pris le nôtre. A présent nous allons au marché. A tout à l'heure.

Elle est partie sans attendre de réponse, sans racoler, ni un acquiescement, ni un sourire, ni un attendrissement. Sans bavure.

Sa visite n'a pas duré deux minutes.

Elle a pris l'initiative que j'aurais dû prendre.

Elle a dit exactement ce que j'aurais dû dire, avec la fermeté, la précision, la sobriété que j'aurais dû avoir.

Elle m'a renvoyé l'image que je n'ai pas trouvée dans ma propre glace : celle du mâle!

Et moi, pendant ce temps-là, je me suis bien gardé de l'interrompre, trop content de n'avoir qu'à l'écouter, trop content de lui confier mon écharde à soigner, trop content de m'en remettre à sa force tranquille. Je me suis comporté comme une gonzesse... telle que du moins je me plais à les imaginer.

C'est là que, du côté de l'auréole, il y a eu comme un coincement. Mais, soyons honnête jusqu'au bout, je ne vous l'aurais peut-être pas mentionné si un autre incident – dans un genre très différent – n'avait renforcé cette désagréable impression.

J'étais censé vers trois heures de l'après-midi démêler l'affaire un peu compliquée d'un client cambriolé par l'amant de son épouse. En réalité, je suivais par la fenêtre de ma chambre la partie de cache-cache très animée qui se jouait entre le soleil et les nuages. J'espérais qu'au week-end prochain Phœbé serait moins instable et que Lauranne sur la pelouse... Lauranne sur la terrasse... Lauranne...

Je pensais encore à elle quand Clotilde et ma sœur, profitant d'une éclaircie qui s'annonçait plus durable que les autres, vinrent s'installer sous mon balcon à l'abri du vent, chacune avec un livre, chacune avec une chaise longue qu'elles déplièrent avec une habileté dont j'ai toujours été incapable; et sans que cela les empêchât de poursuivre leur conversation.

– Tu crois qu'il va regrimper? demandait Clotilde.

– Et comment! C'est vraiment une affaire!

J'ai tout de suite imaginé que j'allais enfin entendre de ces propos croustillants dont, paraît-il, les dames se régalent entre elles avec une impudeur et une crudité de langage à faire rougir la chambrée d'un régiment. Mais j'ai vite déchanté : mes dames à moi ne parlaient pas de sexe. Elles parlaient du dollar. C'est lui qui après une courte halte devait, selon ma sœur, regrimper; lui dont les performances suscitaient son enthousiasme. Je savais bien que, détentrice de quelques valeurs boursières, Jacqueline s'intéressait parfois à leur cote et en discutait avec un de nos clients agent de change; mais j'ignorais qu'elle gérait elle-même son portefeuille d'actions, ainsi que celui de Clotilde, des deux autres « logues », de Mme Le Gahuzec, et que toutes s'en félicitaient.

J'ignorais également qu'elle avait acquis ses connaissances au sein d'un club ouvert aux femmes de tous les milieux, désireuses d'apprendre à placer judicieusement leurs économies personnelles et d'accéder peu à peu au monde de l'argent, depuis trop longtemps réservé aux hommes. Pas à tous, grand Dieu! Pas à moi, entre autres, qui, un jour, devant mon banquier effaré, ai pris un emprunt obligataire pour un emprunt obligatoire, et des valeurs à lots pour des valeurs à l'eau; moi que le serpent monétaire laisse beaucoup plus froid que le crotale ou la couleuvre; moi qui en dehors de nos frontières suis incapable de convertir nos francs en monnaie locale et qui distribue aux chauffeurs de taxi tantôt des pourboires d'émir, tantôt des pourboires d'Écossais!

Alors, dans ces conditions, vous pensez à quel point je pouvais être épaté par ma sœur; elle qui jonglait avec les marks, les yens, les livres, les pesetas et les cruzeiros; elle qui se pâmait sur les Rhône-Poulenc et se déchaînait sur les SICAV.

Oui, j'étais épaté et, par association d'idées, j'ai revu ma mère avec son petit carnet où elle tenait, bien succinctement, les comptes du ménage. Quelle différence! Constitue-t-elle vraiment un avantage pour ma sœur? En serait-ce un pour l'homme qui l'épouserait? Aurais-je souhaité que Corinne intervienne dans la gestion de nos finances? Et, en cas de mariage, l'accepterais-je de Lauranne, sûrement plus compétente que moi en la matière?

Le temps que je me pose ces questions, en me gardant bien d'y répondre, mes voisines du dessous ont changé de conversation. Le sujet en était encore plus sérieux : il s'agissait du cancer de la peau sur lequel un ancien professeur de Clotilde venait d'écrire le livre qu'elle était en train de lire et dont elle résumait à Jacqueline les passages importants. Elle se passionnait et elle était passionnante. J'ai eu beau me répéter que Clotilde étant dermatologue il était normal qu'elle s'intéresse à tout ce qui concernait sa spécialité, normal qu'elle charrie des mots et des idées dont je ne comprenais pas la moitié, normal qu'à partir de certaines observations de son maître elle échafaude de nouvelles hypothèses, imagine de nouvelles expériences, pourtant, là encore, j'étais surpris. Pour moi, Clotilde n'avait été jusque-là qu'une des « logues » de ma sœur, une de ces féministes qui en veulent aux hommes de ne pas pouvoir se passer d'eux; puis une maîtresse occasionnelle, puis une copine et depuis peu la fabricante des produits de beauté de Lauranne. Je découvrais aujourd'hui le Dr Chatenay qui, non contente d'exercer son métier avec autant de brio que de conscience, se livrait à des travaux de recherche sur l'immunologie.

Cela me surprenait autant que d'avoir découvert, en lieu et place de mon brave saint-bernard de sœur, un expert financier dont d'autres plus subtils que moi avaient décelé les qualités. Ces deux découvertes successives ébranlèrent mon auréole pour la deuxième fois de la journée. D'abord, j'étais gêné de les avoir faites aussi tardivement, de n'avoir vu – ou pire voulu voir – les deux femmes que sous leurs mauvais angles, à la manière d'un photographe mal intentionné qui s'ingénierait à prendre le profil le moins avantageux de ses modèles. Ensuite, j'étais aussi gêné de constater que le bon angle, pris enfin sur le vif, ne me satisfaisait pas tellement et qu'en fin de compte j'aurais préféré entendre Clotilde et ma sœur échanger, comme je m'y attendais, quelques propos égrillards ou, à défaut, quelques médisances sur leurs amies absentes, quelques recettes de cuisine ou encore quelques adresses de boutiques à la mode.

Je sentis flotter dans l'air les effluves du « 5 de chez Macho », cher à Clotilde, dont j'eus peine à croire qu'ils émanaient de moi et fus bien content d'être seul à pouvoir les percevoir.

Le soir, le Dr Chatenay et Mlle Larcher s'émerveillèrent de me voir mettre la table, préparer le dîner, ranger la maison. Paradoxalement, devant la télévision, elles s'émerveillèrent aussi de voir dans *L'Homme tranquille* John Wayne dompter, de rude façon, Maureen O'Hara, et allèrent jusqu'à soupirer : « On n'en fait plus, des hommes comme ça! »

A qui la faute, mesdames? Mon auréole s'en est trouvée toute ragaillardie.

Lundi... mardi... mercredi... jeudi... j'ai attendu le coup de téléphone que je devais donner le vendredi matin à Lauranne pour lui annoncer notre départ d'abord pour Cléry, ensuite pour toutes les directions qu'elle souhaiterait.

Cette perspective m'a dopé comme une piqûre de vitamines. J'ai abattu au bureau pendant ces quatre jours presque autant de travail que pendant le mois qui les a précédés.

En plus, j'ai visité une bonne douzaine d'appartements et, faute d'en trouver un qui me plaise, j'ai loué un studio meublé avenue Trudaine, à deux pas de chez Lauranne, qui me permettrait de quitter la roulotte dès que ma sœur en exprimerait le désir et d'abriter mes amours, le temps au moins de leur offrir un cadre plus digne d'elles.

En plus, j'ai opéré dans mes placards et penderies un premier tri parmi les affaires que je voulais laisser ou emporter.

En plus, j'ai lu en cachette la moitié d'un traité d'économie politique, emprunté à la bibliothèque de ma sœur.

En plus, j'ai fait un saut jusqu'à Cléry afin de demander à une de nos providentielles voisines qu'elle veuille bien briquer la maison et la remplir de fleurs pour vendredi soir.

En plus, je suis allé déposer un cierge à la chapelle de Sainte-Rita, patronne des causes désespérées, pour la prier de s'occuper de la mienne. Je lui ai même promis de ne plus fumer en échange de sa bienveillante protection. Tractation, à mon avis, plus honorable que celles, aux relents mercantiles, pratiquées par la mère de Lauranne.

En plus, j'ai vu Bertrand qui venait d'avoir l'idée géniale d'écrire une pièce au titre pour moi explicite : *Le Héros et la pas-belle.* Ce qui ne m'amusa guère. Une grosse farce, précisa-t-il. Ce qui m'amusa encore moins.

En plus, j'ai déjeuné avec ma fille qui m'a rappelé que le vernissage de l'exposition de son frère avait lieu jeudi soir et qui a beaucoup insisté pour que j'y vienne.

J'irai.

J'y vais.

J'y suis... ou presque. Elle est là, Diane, spectaculairement belle, devant la porte ouverte de la galerie, entre les visiteurs sur le trottoir, qui n'ont pas encore réussi à se glisser à l'intérieur, et ceux qui s'y écrasent, formant un amalgame comparable en densité à ceux qu'obtient César en compressant les métaux. Dès qu'elle m'aperçoit, elle me hèle, quitte son poste d'observation, comme si elle ne s'y était placée que pour me guetter, m'embrasse avec une chaleur inaccoutumée, puis m'attrape la main et m'entraîne vers l'aggloméré humain qui miraculeusement se désagrège sur notre passage, pour se reformer tout de suite après.

Néanmoins, notre progression est assez lente et j'ai tout le temps de regarder les photos de Grégoire. Je devrais sans doute dire, comme tout le monde, « les tableaux » de Grégoire; mais j'en éprouve quelque scrupule car des tableaux, même avec les meilleurs pinceaux du monde, même avec des années devant moi, je me sens totalement incapable d'en composer un; tandis que des photos, avec un bon appareil, beaucoup de pellicule et de patience, j'ai l'impression que j'arriverais à en faire. Il n'en reste pas moins vrai que celles de mon fils sont très réussies et qu'elles révèlent un tempérament artistique certain. J'ai également le temps de constater, sans grande surprise, que, dans sa majeure partie, l'aggloméré est parfumé au « 5 de chez Mon Chou ». Enfin, nous parvenons, au terme de notre traversée, sur une petite estrade, protégée de la foule par une balustrade en bois, sauf sur la largeur de la marche d'accès, bien gardée par le directeur de la galerie, un solide sexagénaire que tout le monde appelle « Tonton » et qu'on ne s'attendrait pas de dos à voir de face cliqueter de la gourmette et froufrouter du foulard.

Cet enclos, havre relatif de tranquillité, est réservé à quelques privilégiés parmi lesquels j'ai déjà pu repérer d'un côté mon ex-femme et mon ex-rival, de l'autre Grégoire entre sa sœur et un jeune homme brun au vague type asiatique dans lequel je reconnais son modèle préféré. Diane, poursuivant sa mission de médiatrice, me pousse devant lui et me le présente sans façon :

– Voici Romain, l'ami de Grégoire.

Exactement au même rythme et sur le même ton, qui n'est pas celui de la simple politesse, nous disons ensemble :

– Je suis très heureux de vous rencontrer.

Nous soulignons d'un sourire discret ce parfait synchronisme et nous enchaînons, toujours à l'unisson :

– J'ai beaucoup entendu parler de vous.

Cette fois, nous sourions franchement, pendant que Diane jubile :

– Vous êtes vraiment faits pour vous entendre!

Nous approuvons en nous serrant la main. Grégoire passe son long bras derrière moi; ses bras accrochés à mon épaule viennent pudiquement m'exprimer sa joie et sa reconnaissance. Corinne, qui devait guetter ma réaction du coin de l'œil, l'estime assez rassurante pour s'avancer vers nous avec son mari tout neuf et s'agglutiner à notre cercle familial. Ils déclenchent un feu d'artifice d'insipidités. C'est lui qui lance la première fusée dans ma direction :

– Félicitations, mon cher : votre Grégoire est tout simplement génial!

Elle lance la deuxième, avec un battement de cils extasié :

– Christian est merveilleux! Il est aussi fier que si Grégoire était son fils!

Après, ça part de tous les côtés, dans tous les sens : « Quand on voit ça, c'est à vous dégoûter d'être peintre! » « Heureusement que Degas est mort, sinon il en crèverait de jalousie! » « On ne sait lequel admirer le plus, de l'artiste ou du modèle. » « Il y a une fabuleuse symbiose entre eux. » « Sensibilité à fleur de peau. » « Prodigieux éclairage. » « Sublime décor. » « Saisissante fixation de l'instant. » « Magique beauté. »

Les deux intéressés mêlent quelques faibles récriminations à ce concert de louanges auquel je n'arrive pas à participer. J'essaie pourtant de temps en temps de jouer ma partition, de glisser ma petite note, mais je ne trouve que des compliments ridiculement modestes par rapport à ceux des autres. Je n'ai qu'un flutiau à opposer à leurs grosses caisses et je préfère me taire. Corinne finit par remarquer mon silence et ne résiste pas au plaisir d'y planter ses griffes :

– Tu ne dis rien, Philippe. Est-ce que par hasard tu n'apprécierais pas le talent de ton fils?

Mon flutiau exhale trois sons grêles, qui retentissent péniblement à mes oreilles – et sans doute pas qu'aux miennes.

– Si... si... bien sûr.

– Ça n'a pas l'air. Note bien que tu as le droit de ne pas aimer.

– Mais si... au contraire, j'aime beaucoup. Mais Grégoire sait très bien que...

Mon fils reçoit le message de détresse que mes yeux lui adressent et me porte aussitôt secours. Bien sûr, il sait que je ne suis pas à l'aise dans ce genre de réunion, il sait combien ma présence est déjà méritoire, il sait que je n'ai jamais été très expansif, surtout en public. Gentiment, Romain prend la relève : il ne me connaît guère, mais il me devine timide, comme lui, pudique, comme lui, agacé de l'être et de donner bien à tort, comme lui, une impression d'indifférence, voire de froideur. Je suis ébloui par sa perspicacité.

– Les Verseau, me dit-il, sont souvent intuitifs.

– Vous êtes Verseau?

– Oui. Du premier décan.

– Pas possible! Moi aussi.

– Je l'aurais parié.

Ah! le brave jeune homme! Je lui suis reconnaissant de nous avoir lancés sur la piste des signes du zodiaque : nous allons enfin pouvoir nous abreuver en toute sérénité à leur intarissable source de jactance. A nous, Vénus et Jupiter! Caracolez, Bélier! Décidez-vous, Balance! Mordez-vous la queue, Scorpion! Rengorgez-vous, Vierge! Vous êtes assurés d'un effet facile, mais certain. On se confie ses ascendants – qui changent tout –, ses heures de naissance – qui changent tout –, ses lieux de naissance – qui changent tout. On se découvre des affinités. On se réjouit. On s'affole. On se rassure : on cause, quoi! Je me demande ce que deviendraient parfois les conversations si les horoscopes n'existaient pas. Curieusement, Romain a l'air de se le demander aussi. Il ne participe pas à l'agitation futile dont il est pourtant l'instigateur. Il l'observe avec une ironie assez proche de la mienne, qui taquine ma curiosité :

– Vous ne croyez pas à l'astrologie?

– A la vraie, oui. Pas à celle-là. Elle m'agace plutôt.

– Encore un point commun!

Soudain toute l'Asie énigmatique, jusque-là à peine perceptible sur son visage, vient se concentrer dans son œil, bridé par le sourire :

– Ne le répétez pas, mais je ne suis pas Verseau.

Mes paupières s'étirent en hauteur autant que les siennes en longueur :

– Pourquoi diable l'avez-vous dit?

– Pour faire diversion. Comme on présente un hochet à un bébé grognon. Les astres sont mes hochets pour adultes. Je m'en sers très souvent. Ça m'a déjà rendu de nombreux services.

– En tout cas, ça m'en a rendu un à moi.

Il a de nouveau son sourire de mandarin.

– Je vous devais bien ça!

Un peu gêné par le regard équivoque qu'il a coulissé vers Grégoire, je mets tout de suite en pratique sa technique de diversion :

– Mais vous? Véritablement, de quel signe êtes-vous?

– Je suis chat. Dans l'astrologie chinoise.

Félin, il l'est à cet instant avec tant d'évidence que je flaire le piège :

– Vous attendez, je suppose, que je vous dise que votre signe vous va bien.

– Effectivement, je l'attendais... mais je ne l'espérais pas.

A quoi bon me le cacher, et vous le cacher? Je suis positivement sous le charme.

Bien que Romain soit beaucoup plus jeune que Louis de Margot et qu'il ne lui ressemble guère, ma pensée les rapproche : ils ont la grâce, ce quelque chose d'impalpable hérité d'un royaume inconnu. Je suis sûr que le vieux comédien apprécierait le jeune danseur. Sûr qu'il ne le classerait pas du bout des lèvres dans les « gentilles personnes ». Impossible! Romain est tout sauf ça! Oui, tout : beau, ailé de corps et d'esprit, délicat. Quel dommage que ce ne soit pas une femme!

Si quelqu'un m'avait dit il y a une heure que je comprendrais à ce point les sentiments de mon fils, je ne l'aurais pas cru.

Et si ce quelqu'un avait ajouté que, non content d'être conquis par l'Asiate, je m'efforcerais, moi, de le conquérir, je l'aurais traité de fou. Pourtant, c'est bel et bien ce à quoi je suis en train de m'appliquer quand le tourbillonnant Tonton vient nous arracher ses deux vedettes que les journalistes réclament. Je suis navré qu'il interrompe ainsi mes tentatives d'apprivoisement. Romain avait polarisé tout mon intérêt et, lui parti, je suis pris d'un insurmontable ennui qui me pousse à me détacher de la grappe familiale d'une façon assez abrupte.

Dans la galerie, la foule est moins dense que tout à l'heure mais, sans l'autorité de Diane pour la fendre, je m'y faufile avec peine. Près de la sortie, je suis bloqué par deux femmes de dos, si occupées à regarder sur le trottoir Romain et Grégoire, mitraillés par les photographes, que je suis obligé de leur taper sur l'épaule pour leur demander le passage. Elles se retournent et je reconnais, après une seconde d'hésitation, Vanessa et Barbara, les deux belles-filles de Lauranne. Elles ne sont pas du tout étonnées de me voir. Forcément! Elles ont été amenées là par Olivier, un grand copain de Romain, qui l'a invité au vernissage de Grégoire, lequel est mon fils. Le monde est vraiment minuscule! Ce soir, Lauranne saura que je suis le père d'un homosexuel. A moins qu'elle ne le sache déjà.

– Votre belle-mère n'est pas là?

– Non. Elle a eu un empêchement de dernière minute. Elle nous a priées de vous transmettre son meilleur souvenir.

Comme lors de notre première et unique rencontre, je ressens de la part des deux jeunes femmes une espèce d'hostilité, avide de se nourrir de la moindre de mes réactions, de la moindre de mes paroles et contre laquelle la fuite me semble le meilleur moyen de défense.

En revanche, Olivier, dans la rue, assis sur un capot de voiture, en bondit pour venir à ma rencontre avec un sourire épanoui. Il m'invite à s'amuser avec lui des réactions de Romain et de Grégoire devant le remue-ménage qu'ils provoquent :

– Il est vachement patient, votre fils. Les photographes peuvent le mettre à toutes les sauces, il est toujours aussi aimable. Je ne le connais pas, mais ça m'a l'air d'être vraiment une bonne pâte.

– Il ne faut pas s'y fier, c'est un faux calme.

– Ah bon! C'est drôle! Comme Romain.

– Ah! Parce que lui aussi...

– L'Asiate? A l'intérieur c'est l'Etna mais, même quand il est en feu, il n'éructe que des glaçons.

Olivier n'a pas plutôt terminé sa phrase que le danseur trouve l'occasion de l'illustrer : l'attachée de presse de la galerie vient d'avoir l'idée d'un cliché très original où Romain serait en train de photographier Grégoire qui serait, lui, en train de s'essayer à une arabesque. L'un et l'autre devant bien entendu être, dans leurs rôles inversés, le plus ridicules possible. Romain repousse la proposition avec une exquise courtoisie :

– Non, dit-il, je pense que ce n'est pas utile.

L'attachée de presse insiste, vante sa trouvaille et s'étonne que Romain, même poliment, puisse s'y opposer.

– Enfin, dit-elle, pourquoi vous ne me faites pas confiance ?

Le glaçon se prépare dans l'œil faussement angélique de Romain, puis tombe, lisse comme une évidence :

– Mais parce que vous êtes bête, madame.

Je suis aussi stupéfait de la muflerie de Romain que de la maîtrise avec laquelle il en jugule les effets : ignorant l'attachée de presse, pétrifiée, il s'adresse aux photographes :

– Messieurs, votre travail est-il terminé ? Ou avez-vous encore besoin de nous ?

Quelques voix s'élèvent pour réclamer encore une minute de patience. Quelques éclairs de flashes jaillissent. Puis les appareils rentrent dans leurs boîtes et leurs propriétaires se dispersent en échangeant leurs impressions – toutes favorables – sur Romain. Je retiens au passage cette phrase :

– Ah, dis donc ! Le pédé... un vrai mec !

C'est exactement ce que je pense sur le moment avec un rien d'admiration.

C'est encore ce que je pense mais avec un rien de regret quand, peu après, je le vois enfourcher sa puissante moto et emporter en croupe... Diane sortie de la galerie, au bord de l'évanouissement : la belle, cheveux au vent, et le chevalier en jean caracolant sur leur destrier chromé... Image moderno-médiévale, fugitive et superbe, devant laquelle Olivier s'émerveille devant moi, un peu étourdiment :

– Quel beau couple ! s'exclame-t-il.

Beaucoup plus prosaïque, Bertrand à qui ce soir je suis allé raconter ma rencontre avec Romain m'a ainsi résumé la situation :

– En somme, si l'Asiate était ton gendre au lieu d'être ta belle-fille, tu serais le plus heureux des hommes!

Ce n'est peut-être pas d'un goût parfait, mais c'est rigoureusement vrai.

11

Vous vous souvenez de ma vision de rêve : Lauranne étendue dans le grand lit de Cléry, nue, désarmée, soumise... Eh bien, je l'ai sous les yeux. Ce n'est pas un rêve! Je vous le jure! Il n'y a pas deux minutes, elle a soulevé avec peine une paupière – l'autre était écrasée sur l'oreiller – et elle m'a dit d'une voix à peine audible :

– Ne m'en veux pas de rester silencieuse : je redescends tout doucement de nos cimes.

Est-ce que vous vous rendez compte? Nos cimes. Et elle a peur que je lui en veuille! Fantastique! D'autant que rien ne m'annonçait ces délices.

Hier matin, quand j'ai téléphoné à son institut, comme convenu, pour lui apprendre qu'après quinze jours de réflexion son ministre personnel du Temps libre se tenait à son entière disposition, elle ne s'est montrée ni spécialement contente ni spécialement contrariée. Plutôt résignée. Je ne m'attendais pas à ce qu'elle explose de joie et qu'elle avoue avoir vécu deux semaines de doute angoissant, mais j'attendais quand même autre chose que son : « Ah bon! » fataliste, suivi de quelques paroles utilitaires pour fixer un rendez-vous, bien tardif à mon goût. Enfin... passons! A vingt heures trente, quand nous nous sommes retrouvés au pied de son immeuble, elle n'a guère été plus engageante. Elle m'a tout de suite signalé qu'elle était en proie à une de ses impérieuses fringales et qu'elle ne pouvait en différer l'assouvissement jusqu'à Cléry, comme je l'aurais souhaité.

Nous sommes donc allés dîner dans l'ancien restaurant de Doudou où elle avait gardé habitudes et connaissances. On nous y a servi très lentement un repas médiocre et entrecoupé de conversations avec le nouveau patron. J'avais imaginé que ce dîner revêtirait un caractère un peu particulier, que ce serait une espèce de dîner « d'engagement », pour ne pas dire de fiançailles, et, émus, que nous y lèverions nos verres à notre avenir commun. A ne rien vous cacher, j'avais même acheté un petit cœur en or – cadeau symbolique s'il en fut! – que je comptais lui offrir à cette occasion et qui bien entendu est resté dans ma poche. Je l'en aurais sorti qu'elle m'aurait sûrement demandé à qui il était destiné. Son état d'esprit était à des années-lumière du mien : elle, elle partait pour un week-end; moi, je partais pour la vie.

Quand nous avons regagné ma voiture vers vingt-deux heures trente, je nourrissais déjà peu d'espoir au sujet des folles étreintes prévues dans mon programme et quand, cinquante minutes plus tard, à trois kilomètres de Cléry, elle commença de bâiller, je n'en nourrissais plus aucun. J'avais bien raison car à peine avait-elle franchi la porte de la maison, sur le charme de laquelle j'escomptais quelques appréciations aimables, qu'elle m'avertit :

– J'admirerai tout cela en détail demain, mais pour le moment (bâillement) j'aimerais mieux que vous me conduisiez à ma chambre.

Eh oui! Elle a dit « ma » pas « notre ». Notez que j'avais l'intention de lui donner le choix entre un lit à deux places – le mien – et l'un des deux lits jumeaux de ma sœur. J'aurais très bien compris qu'accoutumée à dormir seule elle désire faire lit à part. Je comprenais moins qu'elle désire, pour notre première nuit ensemble, faire également chambre à part. J'avais imaginé avec attendrissement mon dernier regard sur elle emportée par le sommeil et, au matin, mon premier sourire quand elle se réveillerait. J'étais aussi peiné d'être privé de ses « amuse-cœur » que de l'être de son corps, mais j'ai dissimulé de mon mieux mon désenchantement en pensant au lendemain, éventuellement meilleur, et qui finirait par chanter.

Après l'avoir embrassée sur le bout de son vilain nez, après avoir respiré dans la salle de bains l'odeur de son eau de toilette au jasmin, j'ai rejoint ma couche solitaire. J'ai déchiré, sans le relire, le message de bienvenue que j'avais déposé sur ce que j'avais cru être « son » oreiller et j'ai rangé le petit cœur en or dans un tiroir. Parce qu'il n'est pas admissible que le Héros pleure, aucune larme n'a glissé sur ma joue. Parce que, en toute circonstance, le Héros doit conserver sa confiance en soi... j'ai pris un somnifère.

Ce matin, las de guetter le moindre bruit qui m'indiquerait le réveil de ma « pas-belle », je me suis levé silencieusement, j'ai procédé à de succinctes ablutions en évitant le grincement des robinets ainsi que les jets intempestifs; j'ai descendu l'escalier à pas de loup, contourné dans le salon les endroits où le sol craque, ouvert la porte comme un voleur, posé un pied léger sur le chemin dallé qui mène à la grande pelouse cernée d'arbres, et là... j'ai découvert Lauranne, haltères au bout des bras, qui exécutait une série impressionnante de moulinets. Elle me tournait le dos et, concentrée sur ses exercices, ne s'aperçut de ma présence que lorsque je fus à sa hauteur. Elle s'arrêta et, pendant qu'elle reprenait son souffle, creusant et bombant son torse moulé dans un indiscret maillot de débardeur, je constatai une fois de plus que l'endroit de sa silhouette valait largement l'envers que je venais d'admirer. Elle dut voir dans mon œil la convoitise que cette constatation y avait inscrite et s'empressa de me dire, encore haletante :

– Surtout ne m'approchez pas, je suis en eau.

– Ça ne me dérange pas.

– Moi si!

Aussitôt, elle se baissa pour ramasser son sac de sport, y enfourna ses haltères, en sortit une serviette éponge qu'elle s'entortilla autour du cou, puis, démarrant à grandes enjambées en direction de la maison, me déclara :

– Je meurs de faim!

– Encore!

– Vous êtes drôle, vous, quarante-cinq minutes de jogging et trente de gym, ça creuse!

– Moi qui croyais que vous dormiez!

Je me mis à lui raconter, avec le vague espoir de l'attendrir, toutes les précautions que j'avais prises pour ne pas la réveiller. Mais mes louables efforts ne touchèrent que son estomac :

– Alors en somme, dit-elle, le petit déjeuner n'est pas prêt?

– Ah non! Je suis désolé.

Elle eut l'obligeance de me rassurer :

– Ce n'est pas grave, je vais aller me doucher. Vous pourrez le préparer pendant ce temps-là.

Elle m'indiqua encore qu'elle préférait le jus de pamplemousse au jus d'orange, le thé au café, le miel à la confiture, le pain grillé aux biscottes; m'avertit qu'elle n'en aurait pas pour longtemps et que j'avais donc intérêt à me dépêcher; puis partit allègrement se rafraîchir, pendant que j'entrais, bouillonnant, dans la cuisine : d'abord, je savais qu'il n'y avait dans cette maison ni pamplemousse, ni thé, ni miel et que le grille-pain était chez le réparateur. Détails, d'accord, mais qui ne contribueraient sûrement pas à me concilier les bonnes grâces de Lauranne habituée à son confort. Ensuite,

164

je me demandais si elle faisait semblant d'avoir oublié la signification profonde de ce week-end ou si elle avait vraiment oublié; et, dans ce cas, comment le lui rappeler. De toute façon, je décidai de repousser jusqu'à l'heure de la sieste les explications et, d'ici là, de m'armer d'une patience sans faille. Je n'eus pas à m'en servir. Elle débarqua, angélique au milieu de mes perplexités, dans un kimono blanc, en coton léger, diaboliquement conçu pour susciter toutes les curiosités et ne pas les satisfaire. Elle s'amusa fort de mon air penaud quand je lui avouai mes lacunes domestiques et me rassura tout de suite :

– Le thé est la seule chose qui m'aurait vraiment manqué car je ne supporte pas le café, mais par bonheur j'en apporte toujours dans mes bagages. Je vais le chercher. Faites chauffer l'eau.

Elle ne bouillait pas encore quand Lauranne revint avec un grand verre à pied – presque un vase – en cristal, contenant un paquet de thé sous cellophane. Elle me tendit le tout.

– C'est pour vous. Pas le thé. Le reste.

– Pour moi?

– Oui. Un cadeau. Regardez!

Elle ôta son paquet de tisane et, dans la transparence du verre, je pus voir un cœur gravé dans lequel s'inscrivaient mes initiales : P. L.

– C'est adorable! Où avez-vous trouvé ça?

– Par hasard, en passant hier devant la vitrine d'un antiquaire. La coïncidence des lettres m'a amusée.

J'étais déjà très touché par cette intention, mais je le fus encore davantage quand je compris que dans son esprit, si le P correspondait comme dans le mien à Philippe, le L correspondait non à Larcher comme je le croyais, mais à Lauranne. Nos deux prénoms réunis dans un cœur...

Eperdu de reconnaissance, j'allais me précipiter dans ses bras quand elle me fit remarquer que l'eau bouillait. L'heure n'était pas encore aux effusions. Mais elle était – progrès notable – au bavardage détendu :

– C'est drôle, me dit-elle, j'ai toujours été poursuivie par la lettre L.

– Vous lui attribuez un effet bénéfique ou maléfique?

– Plutôt bénéfique.

– Une chance!

– Les noms ou les prénoms de toutes les personnes qui ont eu de l'importance dans ma vie commençaient par un L. Mon père d'abord. La grande amie de mon enfance, Liliane. Mon ex-mari, Lambroviccini. Les trois du bateau : Lefebvre, Louis de Margot, Olivier qui s'appelle Lemaire et puis Gilles qui s'appelle Lartigue. Et puis d'autres qui ont aussi compté, plus ou moins.

– Et puis, moi, qui compterai peut-être...

Lauranne m'a souri, presque tendrement, et a posé sa main sur mon épaule. Fondant d'espoir, je m'apprêtais de nouveau à l'enlacer quand, cette fois, elle me fit remarquer que son thé devait être assez infusé. L'heure n'était toujours pas aux effusions, mais maintenant à la franche gentillesse. Elle estima que mon jus d'orange était savoureux, que ma confiture, confectionnée par ma sœur, surpassait toutes celles du commerce et que, finalement, mon pain de campagne, la mie ôtée, était aussi digeste que s'il était grillé. Echange de bons procédés, je la complimentai sur son thé qui dégageait une odeur particulièrement agréable.

– Il est parfumé aux fruits de la passion, dit-elle.

Je n'aurais pas pris la peine de vous répéter cette information, au demeurant sans intérêt, si Lauranne ne l'avait susurrée d'une voix abusivement langoureuse, accompagnée d'une mimique abusivement provocante, et si, en jouant ainsi « pour de rire » les vamps enflammées, elle n'avait obtenu sur moi les

mêmes résultats que si elle l'était « pour de vrai ».
Je fis à partir de là une fixation sur la ceinture de
son kimono, seul élément de fermeture du vête-
ment et, par voie de conséquence, seul élément
d'ouverture. Les pans du nœud de cette ceinture
devinrent une telle obsession que, dès que Lauranne eut enfin achevé de se restaurer, je ne pus
m'empêcher de tenter une incursion de ce côté-là.
Mais l'heure n'était toujours pas aux effusions. Elle
devait être, en ce qui me concernait, à la toilette et
au rasage. Fidèle à mes consignes de patience, je
cinglai donc vers la salle de bains d'où je ressortis,
vingt minutes plus tard, dans un peignoir d'un bleu
assorti à mes yeux qui, sans être certes aussi
affriolant que le kimono de Lauranne, était quand
même assez seyant. Quant à ma peau, des pieds à la
tête, elle était aussi lisse, aussi douce, aussi délicatement parfumée que si elle venait de passer par les
mains expertes d'une Thaïlandaise. Le silence
régnait à l'étage. Je frappai néanmoins à la chambre
de Lauranne : pas de réponse. Par la fenêtre du
couloir j'explorai du regard le jardin : personne.
Sans doute était-elle repartie sur la pelouse se livrer
à quelques exercices physiques, bien éloignés de
ceux que je comptais pratiquer avec elle, mais
hélas! aussi fatigants. Après hésitation, je gardai
mon peignoir de séducteur – preuve qu'un certain
espoir restait chevillé à mon corps délaissé – et je
commençai à descendre l'escalier pour la retrouver,
quand soudain je l'entendis qui m'appelait. D'où? Je
n'en croyais pas mes oreilles : de ma chambre!
Mieux! De mon lit! Elle y était allongée et me
tendait, aguicheuse, à présent « pour de vrai », l'un
des pans de la fameuse ceinture de son kimono. Il
est extrêmement méritoire de ma part d'avoir mis
presque quarante secondes à découvrir, de visu et
de tactu, qu'elle ne portait rien en dessous.

Je vous passe les détails, vous n'êtes pas là pour
ça – du moins je l'espère. Sachez simplement que ce

fut... bien! Bien à décourager les adjectifs, même au superlatif; bien à croire que personne ne pourrait comprendre.

Lauranne émerge peu à peu de sa flatteuse dolence. La voix à peine plus affermie que tout à l'heure, elle me prévient :

– Juste une minute et j'arrive.

Aussitôt après, elle s'inquiète :

– Tu ne t'ennuies pas trop?

– Pas vraiment.

Comment m'ennuierais-je avec dans la tête tant de joies, tant de craintes, tant de projets et tant de questions, parmi lesquelles, la plus préoccupante dans l'immédiat : comment va-t-elle me revenir? Sera-t-elle encore imprégnée par l'air de nos cimes? Ou aura-t-elle complètement oublié notre exaltante escalade? Vais-je la retrouver amoureuse? Amicale? Indifférente? Agressive? Avec elle, tout est possible, même le meilleur. Et c'est précisément le meilleur que, pour l'instant, elle a l'air de vouloir m'offrir. Elle rapproche son oreiller du mien, son corps du mien, prend ma main, en écrase la paume sur ses lèvres, puis sur sa joue. Reflets de nos sentiments identiques, nos regards se croisent pareillement émerveillés, pareillement émus de cette identité. Elle détourne la tête et me tombent en même temps sur le doigt une petite larme toute chaude et dans l'oreille une petite phrase toute gaie :

– Eh bien, nous voilà dans de beaux draps!

– Ose prétendre que tu le regrettes, hypocrite!

– Non, bien sûr que non, mais j'ai peur, sincèrement très peur, que toi, un jour, tu ne le regrettes.

– Jamais! Et, crois-moi, j'ai de bonnes raisons pour en être sûr.

– Quelles bonnes raisons?

Tout lui avouer, comme j'en ai la folle tentation en ce moment d'abandon, la rendrait dangereusement consciente de son pouvoir. Elle l'est bien assez comme ça. Je recule devant le risque :

— Je préfère ne pas parler de ça.

— Pourquoi? C'est ton jardin secret?

— Exactement.

Elle s'écarte de ma main, de mon corps, de notre tendresse.

— Dommage! Je déteste les jardins secrets.

— Tu n'en as pas, toi?

— Si! Plein... que j'étais prête à t'ouvrir. Aimer, c'est partager avec un être ce qu'on n'a envie de partager avec aucun autre; c'est se dépouiller de ce qui est enfoui en soi : le bon et le mauvais; c'est donner son âme aussi totalement que son corps. Sinon, si c'est pour vivre en surface comme avec les autres et commenter les nouvelles du jour, je ne vois pas bien l'intérêt.

Enfoncé, Janus avec ses deux visages! Lauranne, je lui en connais déjà une demi-douzaine! Le dernier qu'elle vient de me présenter m'éblouit : celui d'une femme sensible, éprise d'absolu, déçue que je ne respire pas aussi haut qu'elle. La pauvre chérie, si elle savait... mais elle va savoir. Evidemment! Comment voulez-vous que je résiste? Je la rattrape par le poignet alors qu'elle est sur le point de sortir du lit, de s'échapper de nous.

— Aimer, c'est tout ce que tu as dit. Je suis d'accord avec toi. Mais c'est aussi avoir peur de perdre l'être qu'on aime. C'est pourquoi je me suis tu.

— Tu me perdras plus sûrement avec ton silence qu'avec n'importe quel aveu, si désagréable qu'il puisse être pour toi ou pour moi.

Il y a deux façons de se mettre à l'eau : par étapes successives ou en plongeant tête la première. Je choisis la deuxième :

— Quand nous nous sommes si spontanément rencontrés dans la cuisine de Bertrand, je n'avais pas fait l'amour depuis six mois.

– Ah oui? Et alors?

Allons bon! Elle ne comprend pas. Il faut que je lui explique :

– Je ne l'avais pas fait parce que je n'avais pas envie de le faire.

Ça ne suffit pas encore! Elle ne me facilite vraiment pas les choses!

– Je ne pouvais pas le faire.

– Oh! Tu étais impuissant?

– Oui!

Elle éclate d'un rire qui me révolte encore plus qu'il ne me blesse. La garce! La triple garce! Je viens de lui sacrifier mon orgueil et de lui apporter en offrande – oui, en offrande – ma faiblesse, et voilà qu'elle la piétine.

– Ah non! Pas ça! Lauranne, pas ça!

La rudesse de mon ton coupe net son rire. Elle se penche vers moi, vaguement inquiète, et m'interroge avec douceur :

– Pas quoi, chéri?

– Pas te foutre de ma gueule, tu comprends?

D'un bond, elle s'agenouille face à moi, prend ma tête dans ses mains, me plante dans les yeux son regard affolé, suppliant :

– Oh non, ce n'est pas vrai, dis, ce n'est pas vrai, tu n'as pas cru que je me moquais de toi?

– Pourquoi riais-tu alors?

– A cause de la difficulté que tu avais à me dire une chose aussi simple; à cause de l'importance que tu semblais y attacher.

Je suis totalement convaincu de sa sincérité, totalement apaisé; mais je m'efforce encore un peu au scepticisme, rien que pour le plaisir de la voir inquiète à mon sujet, malheureuse de m'imaginer malheureux, acharnée à me reconquérir : moments délicieux que je range dans ma mémoire, pour me les ressortir les jours de disette affective, avant d'y mettre fin à regret :

– Je te crois, Lauranne.

– Juré?

– Juré... sur nous deux.

Soulagée, elle ferme la parenthèse par un pointillé de baisers, puis immédiatement repique des deux sur mon jardin secret :

– Bon, alors maintenant explique-moi pourquoi tu as... disons hésité à m'apprendre qu'avant moi tu étais impuissant.

– D'abord parce que c'est un aveu pas très glorieux pour un homme.

– Ensuite?

– Parce que, sachant maintenant que ma virilité dépend exclusivement de toi, tu détiens une arme redoutable contre moi.

– Et puis?

– C'est tout.

Alors, avec méthode et fermeté, en femme d'affaires, Lauranne entreprend de réfuter mes arguments :

Primo, avoir honte de ses défaillances sexuelles est aussi grotesque que de tirer gloire de ses exploits, aussi grotesque que de se vanter de la vitesse de sa voiture. Les hommes ne sont pas plus responsables des performances de leur cylindrée que de celles de leur phallus et il est regrettable que les plus intelligents d'entre eux, les plus doués, ceux qui ont à leur disposition de nombreux et réels motifs de fierté souhaitent étancher leur soif de vanité à deux sources qui sont à la portée du premier imbécile venu : le zizi et la bagnole.

Secundo, croire qu'elle était la seule femme à pouvoir désormais régner sur mes sens sous prétexte qu'elle les avait réveillés était absolument stupide. Il ne s'agissait que d'un phénomène épidermique, d'un heureux hasard qui pourrait se reproduire n'importe quand, n'importe où, avec n'importe qui. Elle eut beau, l'adorable, ajouter : « Hélas! » cela ne suffit pas à me rassurer.

– Il est quand même curieux, lui dis-je, qu'il se

soit passé quelque chose uniquement avec toi et... rien depuis toi, tu le sais, je suppose. Clotilde a dû te renseigner sur mon empressement à lui sauter dessus.

– Ce n'est pas une preuve : Clotilde n'avait pas pour toi l'attrait de l'inédit.

– Juste! Mais malheureusement j'ai été agressé par une autre dame, inconnue de moi et fort attrayante... sans plus de résultat.

– Ah bon? Qui?

– Serais-tu jalouse?

– Evidemment!

– Alors pourquoi m'as-tu envoyé Clotilde?

– La jalousie est pour moi le thermomètre de l'amour. Je voulais connaître la température exacte du mien. Quand j'ai eu cette idée, je pensais qu'il avait un petit 38. Quand elle est partie pour Cléry, j'ai su qu'il avait un gros 39.

– Et depuis?

– Il se stabilise mais de temps en temps, comme tout à l'heure, il pique une pointe à 40.

Sur-le-champ, je lui en ferais volontiers piquer une autre, mais ma têtue revient à la charge :

– Alors?

– Alors quoi?

– Ta dame inconnue et attrayante...

Je lui raconte par le menu les tenants et les aboutissants de ma soirée avec mon accorte Perpignanaise. Lauranne s'en divertit beaucoup mais se refuse à y trouver pour moi une raison de complexe et pour elle une raison de pavoiser. Cette fille ne m'avait pas inspiré, il ne fallait pas en conclure que d'autres ne m'inspireraient pas dans d'autres circonstances. Ce genre de mésaventures arrive tous les jours à tout le monde – même aux femmes. Bien sûr, elles ont l'avantage – si c'en est un – de pouvoir simuler, mais elles ne peuvent pas plus que les hommes prendre leur plaisir sur commande : ça marche ou ça ne marche pas. Lauranne pense que les fois où ça marche sont beaucoup plus rares que les fois où ça ne marche pas. En tout cas, pour elle, c'est ainsi et elle n'en éprouve ni honte, ni culpabilité, ni déshonneur.

Cette dernière confidence contribue plus que tout le reste à me rassurer :

– Vraiment, tu n'es pas toujours comme avec moi?

Mon étonnement l'étonne.

– Enfin! Tu plaisantes! Est-ce que tu t'imagines qu'à tous les coups l'on gagne à ce petit jeu-là?

– Non, mais est-ce que tu imagines, toi, ce que l'on ressent quand, à ce même jeu, à tous les coups l'on perd... pendant plus d'un an... régulièrement?

– Tu as dû tomber sur une mauvaise série, voilà tout. La chance a tourné. Je ne tiens pas à ce que tu le vérifies, mais je suis sûre que maintenant tous les numéros seraient gagnants.

– Non, tu étais et tu es la seule.

– C'est faux! Archifaux! Ote-toi vite cette idée du crâne!

Je suis un peu surpris. Pourquoi Lauranne refuse-t-elle avec tant de véhémence le pouvoir dont je viens de l'investir et qui en flatterait plus d'une? La réponse me parvient, lumineuse, avant que j'aie le temps de formuler ma question :

– Je te veux sûr de toi. Je te veux fort. Je te veux homme.

Autant que moi je la veux incertaine, fragile, femme.

Sur le papier, comme ça, il semble que ça devrait s'arranger très bien; mais, dans la pratique, j'ai l'impression que ça ne sera pas dans la poche. Car pour que je sois ce qu'elle veut – et qui est miraculeusement proche de mes aspirations – il faudrait qu'elle devienne ce que je souhaite – et qui est sans doute très loin des siennes. Néanmoins, je suis ravi que nos vœux, s'ils sont difficilement réalisables, aillent dans le même sens; ravi de constater que nos échecs antérieurs résultent du même état d'esprit.

– Tous ceux qui t'ont précédé, me dit-elle, étaient des macs – plus ou moins jeunes – qui n'étaient attirés que par ma situation. Ou alors des ersatz.

– Des ersatz?

– Oui, des moralement dévirilisés, des faux hommes. Moi aussi, tu vois, j'étais tombée sur une mauvaise série.

– C'est étrange!

– Quoi?

– Pendant que tu ne croisais que des macs ou des ersatz, moi je ne rencontrais que des putes ou des mecs.

Lauranne, elle, ne trouve pas ça étrange du tout : en ce qui concerne les macs et les putes, il y en a toujours eu. Il est certain que la permissivité actuelle et la dureté des temps ont augmenté leur nombre et diminué par la même occasion leurs exigences : de nos jours, on obtient avec un dîner autant qu'autrefois avec un collier de perles. Tout se dégrade!

Quant à la prolifération des femmes-mecs et des hommes-ersatz, Lauranne y voit une relation de cause à effet, et un phénomène social parfaitement explicable. Les femmes, par leur travail et aussi par les droits qu'elles ont légalement acquis, jouissent maintenant d'une indépendance dont seuls jusque-là les hommes bénéficiaient. Pour eux ils avaient les lois et surtout l'argent, le nerf de la guerre. En face d'eux : des compagnes dépourvues de tout moyen de défense. Ils étaient les maîtres de la situation. Honneur à ceux qui n'en ont pas abusé. Ils ne sont plus les maîtres. Paix à ceux qui s'en accommodent mal. Oui, paix. Lauranne a dit : paix. Elle ne condamne pas ces hommes, pour la plupart mal préparés à leur nouveau sort par des mères qui les considéraient encore comme des demi-dieux, ces hommes qui rechignent à descendre de leur confor-

174

table piédestal. Elle reconnaît que ça ne doit pas être aisé de partager, ou même parfois de lâcher complètement une autorité et d'autres privilèges dont on a été l'unique détenteur. Sa tolérance, son indulgence, qui tranchent sur le sectarisme habituel de mon entourage féminin, me frappent et me séduisent, comme au premier soir où j'en fus le témoin indiscret. Je me rappelle, à ce propos, une phrase qu'elle avait commencée et qu'une malencontreuse panne d'électricité avait interrompue :

– Moi, si j'étais un homme, je vous l'avoue franchement, je serais... Tu t'en souviens?

Elle a de la malice plein les yeux pour me répondre :

– Oui, mais il vaudrait mieux que j'aie oublié.

– C'est si désagréable que ça?

– C'est inopportun.

– Dis quand même! Tu serais quoi, si tu étais un homme?

– Pédé ou impuissant.

– Alors, en somme, tu me comprends?

– Bien sûr! Mais, pour être franche, j'ai dit ça sous le coup de la colère parce que, ce soir-là, ta sœur et les « logues » m'agaçaient avec leur féminisme exacerbé. A froid, je suis plus nuancée, je pense qu'il doit y avoir pour les hommes une autre solution.

Cette autre solution, qui m'intéressait au plus haut point, réclamait quelques explications préalables que Lauranne me fournit sur-le-champ. Moins manichéenne que moi, elle classait les femmes non pas en deux mais en trois catégories :

D'abord, il y avait les femmes-femmes, qui se subdivisaient elles-mêmes en femmes-putes, en femmes-épouses, en femmes-mères (certaines d'ailleurs cumulant les trois fonctions). Celles-là se voulaient dépendantes de l'Homme, elles ignoraient l'évolution des mœurs et profitaient des avantages de cette domination – car il y en a – et en acceptaient les inconvénients, en essayant toutefois de les pallier avec un maximum d'habileté comme leurs mères ou grand-mères et de la même façon. Elles étaient volontairement démodées et, au propre comme au figuré, refusaient de porter le pantalon. Pour cette raison Lauranne les appelait : les « jupes ».

Ensuite, il y avait les femmes-hommes. Celles-là correspondaient à mes mecs à moi. Elles s'appropriaient toutes les prérogatives masculines; elles méprisaient ceux-là mêmes qu'elles s'ingéniaient à imiter en tout et jusque dans leur tenue vestimentaire. Pour cette dernière raison, Lauranne les appelait : les « culottes ».

Enfin, une catégorie intermédiaire, louvoyant entre les deux autres, composée de femmes dont Lauranne disait drôlement qu'elles avaient « le cœur en jupe et la tête en culotte ». Pour cette raison, elle les appelait : les « jupes-culottes ».

C'est cette catégorie, dont elle s'estimait un spécimen particulièrement représentatif, qui posait aux hommes – surtout d'âge moyen – un véritable problème. S'ils tombaient sur des « jupes », aucune difficulté : ils n'avaient qu'à se laisser aller à leur instinct dominateur et à adopter, comme papa et grand-papa, les habitudes ancestrales du maître et seigneur.

S'ils tombaient sur des « culottes », pas de difficulté non plus : ou ils s'en accommodaient parce qu'ils n'étaient pas tarabustés par leurs chromosomes mâles, les autres fuyaient.

Mais, quand ils tombaient sur des « jupes-culottes » – malheureusement pour eux de plus en plus nombreuses –, tout se compliquait. Elles représentaient une nouvelle race de femmes, déconcertante comme tout ce qui est nouveau, à laquelle les hommes – sauf peut-être dans les jeunes couches de la population – avaient du mal à s'adapter. Lauranne convenait que l'ambivalence des jupes-culottes rendait à mes congénères la tâche délicate car, s'il est déjà assez difficile de trouver une moitié d'orange coïncidant avec la sienne pour former un tout idéal, ce l'était encore bien davantage quand il s'agissait de réunir une moitié avec deux quarts. C'était même impossible! Il fallait donc, pour une valable complémentarité, que les hommes se résolvent à se dédoubler, à être en somme, eux aussi, des jupes-culottes. Exceptionnels étaient ceux qui y parvenaient en sauvegardant leur spécificité de mâle. La plupart se dévirilisaient : les ersatz de Lauranne, par exemple. Beaucoup étaient déstabilisés, déboussolés, comme moi. D'autres se tournaient vers l'homosexualité.

La mode, en créant les coiffures et les vêtements unisexes, n'avait fait que suivre les courants qui secouaient la société moderne.

– Horrible mode! m'écriai-je. Je déteste ces créatures dont on se demande, en les voyant de dos, et souvent même de face, à quel sexe elles appartiennent. Moi, j'aime les hommes qui ressemblent à des hommes et les femmes qui ressemblent à des femmes. C'est d'ailleurs pour cela et uniquement pour cela qu'à notre première rencontre je me suis enflammé comme une torche.

– Je ressemblais à une femme?

– Ah oui, alors! Des pieds à la tête. De tes fins escarpins à tes frisons dans le cou. Et puis...

– Quoi?

– Tu portais un soutien-gorge en soie grise qui m'a donné une rude envie de savoir si ta petite culotte était assortie.

– Eh bien, tu ne le sauras pas encore aujourd'hui...

– Tu es aussi femme aujourd'hui que tu l'étais ce soir-là. J'ai même cru que tu étais totalement « jupe ».

– Je le fus pendant très longtemps. Je dois avoir de beaux restes.

– Quand l'as-tu été?

Tout d'un coup, Lauranne se redresse, l'œil préoccupé.

– Sois tranquille, dit-elle, je répondrai à ta question mais plus tard. Pour le moment, j'ai un petit creux et je mangerais bien une bricole.

Je suis maintenant accoutumé à ses soudaines impatiences gastriques et n'essaie pas de la retenir une seconde de plus dans notre nid douillet dont elle est déjà à moitié sortie. Très loin de ses cimes amoureuses, elle aborde néanmoins la morne plaine culinaire avec un maximum de bonne volonté. Elle transfère la vaisselle de notre petit déjeuner dans l'évier et dresse nos deux couverts sur la table du jardin. Ce qui constitue déjà pour elle un effort qu'elle ne manque pas de me signaler. A part cela, sa participation aux tâches ménagères consiste à alléger les miennes en m'évitant d'éplucher les tomates pour la salade – c'est aussi bon avec la peau –, de préparer le barbecue pour y griller notre superbe contre-filet – c'est trop long –, de faire rissoler les pommes de terre – c'est plus digeste en robe de chambre.

– Tu n'es vraiment pas gastronome!

– Si! Très! Avec Doudou il y a intérêt, mais je suis hypoglycémique et, quand je suis en manque de sucre, je mangerais n'importe quoi. La preuve!

Elle me désigne une pomme verte dont je connais l'acidité rebutante et dans laquelle elle mord avec avidité, en grimaçant.

– Au bateau, il y a toujours des tas de petits « trompe-la-faim » que Doudou invente pour moi et qui sont délicieux.

– Excuse-moi, je ne suis pas encore au point.

– Oh! ce n'était pas un reproche. Je voulais simplement te montrer que moi aussi, à mes heures, je ne dédaigne pas la bonne bouffe, mais il faut que j'aie le temps.

– Et là, tu ne l'as peut-être pas?

– Non! Il y a une belle éclaircie qui s'annonce et j'ai hâte d'en profiter sur la pelouse.

Je me retourne, prêt à fustiger ce sacrifice consenti au dieu Soleil, mais elle ajoute, prometteuse du geste et du regard :

– Avec toi...

Alors, je déclare qu'incessamment la viande va être cuite et que nous pouvons passer à table.

Le déjeuner expédié, Lauranne, vêtue de son paréo rose, s'envole sous le ciel bleu déshabillé de tout nuage.

Après avoir mis de l'ordre dans la cuisine, balayé les miettes, nettoyé « mon » gril et « ma » casserole, enfourné le reste dans la machine à laver si rapidement que j'ai cassé un verre, après en avoir donc, pour finir, ramassé les morceaux, j'ai retrouvé ma « pas-belle », allongée, superbe. Sa tête était couverte d'un chapeau de paille, son sexe de quelques centimètres de tissu retenu par une chaîne dorée sur les hanches et le reste d'une huile grasse à décourager la main d'un honnête homme.

Dès que je m'étends près d'elle, elle s'empresse de m'en recommander l'emploi et me propose de m'en oindre elle-même. Mais, conscient de ne pouvoir rivaliser pour l'instant avec les charmes de Phœbé et pas assez masochiste pour ajouter les tentations du toucher à celles de la vue, je décline son offre. Je m'enduis moi-même de l'onguent tahitien... et me couche sur le ventre, m'interdisant tout geste, toute parole et – sans aucun succès – toute pensée. Je ne suis pas un fanatique du bronzage et ne supporte jamais très longtemps l'immobilité silencieuse. Là, avec Lauranne à mes côtés, encore moins que d'habitude. Au bout de dix minutes, je n'y tiens plus et m'octroie le droit d'une question tout juste chuchotée :

– Tu dors?

– Oh non! Jamais le jour!

– Bonne nouvelle!

– J'aime trop la vie pour aimer le sommeil. J'en ai besoin pour vivre bien. Pour vivre mieux. C'est tout.

– Et en ce moment, tu vis bien?

– Divinement bien.

– Alors, tu n'as pas envie de parler?

– Si... mais pas de bouger!

– Ça, j'avais compris.

Elle soulève son couvre-chef, me glisse son regard de mâtine, m'honore d'une pression de main furtive mais reconnaissante et roucoule :

– Tu apprends vite, mon chéri.

De la quintessence de femme! De l'extrait concentré qui réveille ma curiosité de tout à l'heure, à propos de l'époque de sa vie où, de son propre aveu, elle a été une « jupe » à part entière. Elle n'a aucune intention d'échapper aux confidences promises mais ne me cache pas qu'elle en a quelque mérite car ce coin de son jardin secret n'est pas celui dont elle est le plus fière.

Il est situé, dans le temps, juste après la mort de son père. Elle a dix-neuf ans. Elle est propriétaire du « bateau » qu'elle tient absolument à garder, mais elle est sans argent, sans diplôme et sans qualification professionnelle. Elle refuse d'être prise en charge par sa mère, impatiente d'aller jouer les châtelaines campagnardes, aussi bien que par ses deux sœurs, enfermées, l'une à Lisieux, l'autre à Bordeaux, dans des vies familiales qu'elle n'a nul désir de partager. Elle se retrouve donc, quelques jours après l'enterrement, seule à Paris. Immédiatement, elle consulte la rubrique des petites annonces et finit par y découvrir celle d'un célibataire qui cherche de toute urgence une jeune fille ou une jeune femme bien sous tous rapports, pour s'occuper de ses deux filles âgées de dix et onze ans, pendant juillet et août. Suivent une adresse et un numéro de téléphone monégasques. On était le 29 juin. Lauranne téléphona. Elle tomba sur un homme qui ne s'informa ni de son âge, ni de ses parents, ni de ses compétences, ni de ses goûts. Une seule chose lui importait : qu'elle soit libre sur-le-champ et jusqu'au 1er septembre. Rassuré sur ce point, il l'engagea à prendre le premier avion pour Nice, puis un taxi jusqu'à sa villa de Monte-Carlo, sans même s'inquiéter si elle avait de quoi assumer les frais de ce voyage. Elle l'avait, mais guère plus, et s'envola en se demandant si un bon ange ou un méchant diable s'était attaché à son destin.

A présent, avec le recul, elle est sûre que c'était un bon ange, mais dans le passé elle en douta parfois. Notamment quand elle arriva devant la maison où elle allait devoir vivre, une maison dont le crépi rose sale, écaillé par plaques, lui parut aussi triste que les fenêtres étroites et tarabiscotées. L'intérieur était pire, peu et mal meublé et, à l'exception de la chambre des gamines où régnait un désordre innommable, sans âme. Elle visita ces lieux sinistres sous la conduite d'une vieille souillon qui l'avait accueillie en lui annonçant que « le patron et sa marmaille étaient partis au restaurant » et qui, la visite terminée, l'avait entraînée avec autorité dans la cuisine, imprégnée d'une redoutable odeur de graisse. Si Lauranne y apaisa sommairement sa faim, elle y nourrit abondamment ses craintes.

Le maître de céans, d'origine italienne, comme son nom – Vincent Lambroviccini – l'indiquait, était un homme d'affaires, instable et lunatique, toujours entre deux voyages, entre deux humeurs, entre deux excès : parfois charmant, exubérant, généreux à l'extrême, il pouvait être le lendemain odieux, taciturne et d'une ladrerie sans bornes. Ces variations dépendaient des gains ou des pertes qu'il effectuait dans les casinos ou les tripots plus ou moins clandestins qu'il fréquentait avec une assiduité sur laquelle rien ni personne n'avait de prise.

Sa femme, une Américaine assez riche, lasse de se battre contre les démons du jeu et souvent de les commanditer, était repartie il y a un an pour son pays natal, afin de sauver son équilibre et les vestiges de sa fortune.

Divorcé à l'amiable, le couple s'était partagé les enfants : elle avait laissé à son mari les deux aînées, Vanessa et Barbara – déjà à moitié élevées –, et avait emmené leurs deux fils âgés respectivement de trois ans et de dix-huit mois, trop petits pour être privés de leur mère.

Les deux filles, trop égoïstes pour souffrir de cette séparation, abusaient sans vergogne de la liberté que leur concédaient la faiblesse d'un père souvent absent, l'indifférence des étudiantes de passage chargées de les surveiller et la lassitude de la souillon, depuis toujours leur souffre-douleur. Celle-ci, dont les gamines déformaient le prénom de Berthe en « Berk! » ne les appelait, elles, que les deux monstres.

Quand elles revinrent avec leur père, Lauranne fut agréablement surprise. Lambroviccini, massif, de taille moyenne, les traits épais mais réguliers, la dent agressivement blanche et le poil agressivement noir, aurait été pour sa mère « vraiment un bel homme ». Personnellement, elle préférait les longi-lignes à tendance nordique. Mais pour l'instant son physique intéressait beaucoup moins Lauranne que la gentillesse et la prévenance dont, sans doute dans un bon jour, il débordait. Il s'enquit de son voyage, de son installation, de ses premières impressions, de ses projets d'avenir, compatit à son deuil récent, l'invita à se considérer désormais comme de la famille, s'affirma certain, sur sa bonne mine, d'avoir eu la main heureuse et enfin lui glissa discrètement une somme d'argent bien supérieure à celle qu'elle avait dépensée pour son voyage.

Quant à Vanessa et à Barbara, elles étaient phy-siquement la réplique exacte de leur père. Mais les mêmes éléments qui composaient un visage d'homme assez beau, réunis sur des visages de fillettes, donnaient des résultats beaucoup moins heureux. Leur comportement, ce soir-là – faste décidément –, ne les apparenta à aucun moment aux monstres annoncés par Berthe et Lauranne s'endormit rassérénée par une impression générale nettement positive.

Cette impression se confirma et même s'accentua au cours des deux mois de vacances. Aidée un peu par la chance et beaucoup par son habileté, Lauranne gagna rapidement la confiance, puis l'affection des deux enfants. Elle gagna par la même occasion celle de leur père qui, à la fin du mois d'août, lui demanda de ne pas rompre cette si belle entente. Demande assortie d'une offre financière plus que tentante. Elle accepta donc et s'installa avec sa nouvelle famille – y compris Berthe, reconnaissante d'avoir récupéré son vrai prénom – dans l'appartement de l'avenue Mozart, aussi impersonnel que la villa de Monte-Carlo et qui, comme celle-ci, était loué.

Dès que Vanessa et Barbara retournèrent à l'école, Lauranne fit des visites régulières au « bateau », veilla à le maintenir en bon état et y passa des heures, parfois nostalgiques mais le plus souvent toniques, à rêver du jour où elle y habiterait à nouveau. Ce qui était son premier et seul objectif.

Elle voulut s'accorder quelques mois de répit avant de penser sérieusement aux moyens de l'atteindre. Mais, très vite, Lambroviccini s'absenta de moins en moins et la pria de plus en plus, quand il recevait, de tenir le rôle de la maîtresse de maison. Il lui témoigna de différentes façons un si visible intérêt qu'elle fut obligée d'envisager le problème de son avenir plus tôt que prévu. Innocente de corps, mais pas d'esprit, elle ne douta pas que les manigances de l'homme d'affaires déboucheraient à brève échéance sur l'une ou l'autre de ces deux propositions : la main aux fesses ou la bague au doigt. Seule la seconde, qui lui garantirait l'honorabilité, la sécurité et la protection masculine requit d'abord son attention, ensuite son adhésion totale.

A partir de là, sans aucune expérience mais avec le don inné qu'ont en général les femmes pour l'art de la séduction, elle mit tout en œuvre pour que son employeur devînt son mari et non pas son amant. Il le devint vers la fin mai alors qu'il venait de fêter ses quarante-sept ans et qu'elle s'apprêtait à fêter ses vingt.

L'évocation de cette période prénuptiale fait revenir Lauranne à son thème initial :

– Tu vois, me dit-elle, « culotte » de naissance, de goût et d'éducation, je me suis transformée d'instinct en « jupe », comme beaucoup, par intérêt.

– Quand on te connaît un peu, c'est assez surprenant.

– Non, pas vraiment. Nous avons toutes dans nos veines un peu de sang de nos aïeules qui n'avaient d'autres moyens d'existence que leur sexe, générateur d'enfants ou de plaisir et quelquefois des deux. Il s'appauvrit, certes, mais demeure; et, en cas de besoin, resurgit. On n'efface pas si facilement des siècles et des siècles de traditions et d'habitudes. Hélas!

– Tu as gardé un mauvais souvenir de ton époque « jupe »?

– Mitigé. Je compensais le désagrément de mes nuits par l'agrément de mes jours. Mais ce fut avant tout pour moi une période transitoire. Je savais qu'elle ne durerait pas. Je le savais si bien que j'ai renoncé tout de suite à l'idée que j'avais eue, mais non émise, d'embarquer les Lambroviccini sur mon « bateau ». Ma terre promise n'était pas pour eux et, dès lors, tous mes efforts tendirent à y aborder, sinon seule, du moins sans eux, surtout sans lui, dans le plus court délai possible.

Pour cela, il fallait que Lauranne acquière son

indépendance matérielle, donc qu'elle apprenne un métier, donc d'abord qu'elle en choisisse un, de préférence qui lui plaise. Elle chercha dans le domaine du sport et jeta son dévolu sur la profession qu'elle exerce actuellement, qui nécessitait des aptitudes physiques – qu'elle avait –, un goût du contact humain – qu'elle avait –, un certain sens du commerce – qu'elle pensait avoir – et beaucoup d'argent – qu'elle n'avait pas – pour la location d'un grand local et son aménagement.

Tout en remplissant avec conscience ses devoirs d'épouse et d'éducatrice, elle se remit à fréquenter piscines et salles de gymnastique, potassa des bouquins d'anatomie, prit des cours de comptabilité et, sous prétexte de s'intéresser aux activités de son mari, s'initia peu à peu auprès de lui au monde des affaires.

A vingt-quatre ans, elle se jugea assez mûre et assez armée pour réaliser son projet, mais manquait l'argent. Pas question d'en demander à Lambroviccini, ennemi farouche du travail féminin et qui, en outre, abandonné par la chance, laissait depuis quelques mois sur les tapis verts des sommes considérables qu'obstinément, et en vain, il essayait de rattraper.

Les vaches maigres étaient entrées avenue Mozart et, avec elles, tout ce que Berthe avait décrit à Lauranne le premier soir dans sa cuisine : les colères homériques, les crises de mutisme et les radineries sordides. Plus la mauvaise passe se prolongeait, plus le joueur rendait l'atmosphère de la maison insupportable, plus les liens unissant Vanessa et Barbara à leur jeune belle-mère se resserraient. Lauranne se sentit responsable d'elles, et incapable de les abandonner au déséquilibre de leur père. Elle décida donc de patienter jusqu'à ce que ses belles-filles puissent se débrouiller sans elle, mais n'en continua pas moins à chercher une source de financement.

Elle finit par en découvrir une sous la forme d'un certain Lionel – encore un L –, riche banquier et pauvre mari que Lambroviccini entraînait dans d'interminables parties de poker. Sa cinquantaine blasée et morose fut aussi sensible aux charmes juvéniles de Lauranne qu'à sa gaieté. Dès qu'elle s'en aperçut, tout de suite, « jupe » encore, elle dosa si savamment les encouragements et les rebuffades, les innocences et les effronteries, qu'il en tomba follement amoureux. Elle obtint de lui tout ce qu'elle voulait : commandite, appuis, conseils et relations, en échange d'une certaine tendresse, d'une reconnaissance certaine... et de quelques rapports dont les qualités principales furent d'être rares, rapides et discrets.

Lambroviccini, refluctuant entre des hauts et des bas, recommença à beaucoup voyager. A l'un de ses retours, Lauranne lui apprit que Vanessa s'était amourachée d'un jeune garçon et souhaitait vivre avec lui; qu'elle-même allait travailler et souhaitait reprendre sa liberté; et qu'enfin Barbara souhaitait ne pas la quitter. Il ne s'opposa à aucun de ces souhaits et parut même soulagé de ces départs en série : il avait ramené – Lauranne le sut plus tard par Berthe – une étudiante allemande qu'il appelait finement sa « jeune fille au père ».

Lauranne se redresse sur ses coudes, se penche vers moi, clôt son récit par un mini-baiser du bout de son museau gras et m'annonce :

– Fin de mon époque « jupe ». Commencement de mon époque « jupe-culotte » que tu connais. Maintenant, tu sais tout.

– Non.

– Comment non?

– Tu ne m'as pas dit ce qu'était devenu le banquier dans le déménagement.

Lauranne me décoche un de ces sourires qui datent sûrement de sa première époque.

– Il est devenu un ami très solide, très fidèle et

186

que j'aime beaucoup. C'est lui que j'étais allée voir, près de Sens, ce fameux dimanche où tu m'avais obligée à te donner rendez-vous.

— Ah bon! Mais il y avait sa femme?

Même sourire aggravé d'une œillade assassine qui accompagne fort drôlement le ton mélodramatique qu'elle se met à prendre :

— Oui! Il y avait sa femme, mais aussi ses trois fils qui m'adorent, qui ont autant d'argent que leur père, qui ne sont pas mariés, eux, qui sont beaux comme des dieux, qui sont mes amants, tous les trois, trois jours par semaine, trois heures à chaque fois...

Elle rit! Elle s'amuse à jouer les déchaînées lubriques. Je m'amuse à entrer dans son jeu. Je roule sur elle. Elle s'amuse à se débattre. Je m'amuse à la maîtriser. Et puis tout à coup on ne s'amuse plus. On s'aime. A en oublier les brins d'herbe qui nous piquent la peau, l'huile solaire qui nous fait glisser et l'intrusion toujours possible d'un voisin.

On s'aime à en perdre le souffle. A en perdre la pudeur. A en perdre la raison.

On s'aime à ne pas vouloir que ça finisse.

On s'aime à en finir trop vite.

On s'aime à en frissonner encore, bien après, rien qu'en se souvenant.

On s'aime à en bâiller, vers dix heures du soir, tous les deux, et à en rire. Ensemble!

12

— Tiens! Demain matin, j'irai courir avec toi.

J'ai dit ça hier à Lauranne, après nos ébats, en sortant de la salle de bains où je venais de remarquer tout d'un coup, au niveau de ma ceinture, non pas vraiment un bourrelet, certes, mais une espèce d'épaississement susceptible de le devenir et qui, eu égard au ventre plat qu'il devait à présent fréquenter, me parut fâcheusement inopportun.

Ce matin, « il » est toujours là. En revanche, mon courage, lui, a disparu dans les brumes habituelles de mon réveil auxquelles s'ajoutent aujourd'hui celles d'un ciel chagrin. C'est donc à grands coups de botte dans l'amour-propre que je parviens à rejoindre ma dynamique compagne. Elle en est déjà à son quatrième tour de pelouse. Moi, au deuxième, j'en ai ras les mollets. Je halète comme un vieux phoque. Elle, comme une jeune gazelle, continue près de moi à rebondir allégrement sur l'herbe verte et, en plus, elle a assez de souffle pour me donner des conseils :

– Rythme ta respiration. Un, deux, tu inspires. Un, deux, trois, quatre, tu expires. Ralentis l'allure. Trottine! C'est aussi efficace pour les muscles. Décontracte-toi. Tes bras sont trop raides! Regarde!

Et voilà qu'elle me montre comment ils sont mes bras et puis comment ils devraient être! Ah! je vous jure, facile de se décontracter dans ces conditions! J'ai mes pauvres poumons encrassés de nicotine qui suffoquent sous l'oxygène; mon pauvre cœur, bien tranquille, qui s'affole devant l'effort incongru que je lui demande; mes pauvres muscles, endormis par des années de sédentarisme bureaucratique, qui n'en reviennent pas de ce soudain branle-bas de combat. Mon organisme me prend pour un fou et ne me le laisse pas ignorer. Heureusement que, pour lutter contre lui, j'ai mon âme de héros. S'il n'y avait qu'elle, je serais déjà loin devant Lauranne et je me retournerais pour regarder si elle arrive à me suivre. Mais mon âme n'est pas seule : elle a mon corps à trimbaler et parvient tout juste à me maintenir aux côtés de mon entraîneuse. Et encore... dans un état dont elle a le mauvais goût de s'inquiéter :

– Tu devrais t'arrêter, Philippe, tu es cramoisi.

Plutôt crever! Incapable de proférer un son, je la rassure du geste, détale et, plus que jamais propulsé par mon âme, je passe devant elle. En trois enjambées, elle me rattrape, me jette un coup d'œil, me devance d'un pas, stoppe ma course net en se plantant devant moi et me dit – car elle, elle peut encore parler, avec difficulté, mais elle peut :

– Cette fois, je veux que tu t'arrêtes. Tu vas t'asphyxier.

Mortifiée, mon âme abandonne mon corps récalcitrant. Je capitule et m'en remets, hébété, à l'expérience de Lauranne.

– Décompresse! Souffle! La tête molle! Les épaules en avant! Penche-toi un peu!

Miracle! Je réussis à articuler deux mots à la suite : « Ça va. » Mais ma voix et ma mine contredisent si fort cette optimiste affirmation que Lauranne me sourit avec une odieuse commisération et m'enjoint aussitôt de m'étendre, de respirer lentement, de fermer les yeux, de me reposer et surtout de ne pas bouger. J'obéis scrupuleusement à ses consignes, et elle, pendant ce temps-là, que fait-elle? Elle repart, termine ses quarante-cinq minutes de course réglementaires et enchaîne, après avoir pris des nouvelles de ma santé, sur sa non moins réglementaire demi-heure de gymnastique! Je la regarde un moment puis, écœuré de la voir s'agiter alors que je pressens dans tous mes membres le mal que je vais avoir à me tenir debout, je renonce à cette débilitante contemplation. Je pressentais juste : j'ai deux grands paquets de coton à la place des jambes. Deux aussi à la place des bras. En fait, je ne suis qu'un grand tas d'ouate qui se déplace à une lenteur désespérante et que ne stimule même pas cette bienveillante recommandation de Lauranne :

– Prends une douche très chaude!

Ni cette alléchante proposition :

– Après, si tu veux, je te ferai un massage. Ça te détendra.

Me détendre! Comme si j'avais besoin de ça! Glacée, je la prends, ma douche. Je m'étrille, je m'ébroue, je me frictionne et sors de la salle de bains fringant, sanglé dans mon peignoir de héros. Pour achever de me ravigoter, je croise sur le palier Lauranne rougeaude, suante et enfin fourbue.

Quand elle redescend, j'ai déjà pris un café serré, préparé le petit déjeuner et même mis une rose du jardin dans un vase à sa place.

– Je suis en pleine forme!

Je viens de lancer cette information avec un contentement que Lauranne s'empresse d'étouffer dans l'œuf :

– Tu vas voir demain, les courbatures. Tu ne vas pas pouvoir marcher.

– Mais si! Et puis, si j'ai un peu mal, ce n'est pas grave.

– Non! Ça, ce n'est pas grave, évidemment. Mais courir comme un forcené, à s'en décrocher les poumons et le cœur, sans préparation préalable, ni examen médical, ça c'est grave. Tu n'as pas plus de raison qu'un enfant de cinq ans.

Penaud, je baisse le nez précisément comme un enfant de cinq ans tout fier d'apporter son cadeau et que l'on rabroue. C'est pour elle que je me suis contraint à cette course imbécile. Pour elle que je me suis défoncé. Pour elle que j'ai voulu d'abord briller et après ne pas être trop ridicule. Pour elle que je l'ai été. Bon sang, elle devrait le comprendre.

– Je te comprends, tu sais.

La voix tout adoucie de Lauranne me fait redresser la tête. Je tombe sur son visage nimbé de tendresse et sur sa main qui chemine vers la mienne. C'est vrai qu'elle a de beaux restes du temps qu'elle était « jupe ».

– Je comprends très bien ce qui se passe dans ton crâne : tu penses avoir démérité de ta fonction de mâle. Tu aurais souhaité m'être supérieur, dans ce domaine où a priori les hommes, grâce à leur plus grande capacité physique, dominent les femmes.

– Franchement, la « jupe » qui est en toi ne l'aurait-elle pas souhaité aussi?

– Non! La « jupe-culotte » que je suis aurait aimé que tu sois son égal.

– Je m'en serais contenté.

– C'était impossible, Philippe. Tu oublies que, depuis mon enfance, mon corps est rompu aux exercices physiques; que j'ai pratiqué et que je pratique encore régulièrement tous les sports – sauf ceux d'équipe – et que, où que je sois, je commence toutes mes journées par jogging et gymnastique.

– Evidemment... Moi, à part un peu de natation l'été en vacances, je ne remue guère ma carcasse que pour la déplacer du fauteuil de mon bureau au siège de ma voiture.

Lauranne me regarde, hoche la tête et ne m'envoie pas dire que je suis un « immonde veinard » et un « impardonnable paresseux ». Ne vous y trompez pas, ce sont des compliments. C'est sa façon à elle, toujours un peu râpeuse, de rendre hommage à mon corps qui, compte tenu du peu de soins dont je l'honore, devrait normalement être moins présentable qu'il ne l'est et qui, si je l'entretenais un tant soit peu, pourrait rivaliser avec ceux des play-boys. D'autres vous susurreraient, sans le penser : « Tu es vraiment très beau! » Lauranne, elle, vous balance en pleine figure, mais en le pensant : « Tu es vraiment con de ne pas l'être plus. » C'est moins reposant, mais c'est plus tonique et, à la réflexion, plus gentil. Il faut s'y habituer. Moi, je commence. En ce moment, par exemple, je trouve plein de charme à son ton bourru :

– C'est vrai, quoi! Bâti comme tu l'es, tu aurais sûrement été très doué pour le sport!

Je ne perds pas mon temps à lui apprendre que, dans ma prime jeunesse, j'ai joué au football, au volley-ball, au hand-ball – contrairement à elle, rien que des sports d'équipe – et qu'effectivement je m'y suis révélé assez brillant.

Je ne le perds pas davantage à lui confier que j'ai bien perçu ses encouragements discrets, dépourvus de tout prosélytisme, et que j'ai déjà pris la résolution de me mettre sérieusement à l'entraînement, dès demain.

Je profite tout de suite de son allusion à ma musculature, ou du moins à ses promesses non tenues, pour lui rappeler sa proposition de tout à l'heure :

– A propos de muscles, tu ne m'avais pas parlé d'un massage?

Mon sourire gourmand ne l'engage pas à douter de mes véritables intentions. Ses yeux égrillards... (Excusez-moi, j'ouvre une parenthèse car une chose me frappe : on emploie souvent le mot « égrillard » à propos des hommes et jamais, à ma connaissance, à propos des femmes. Or, à certains moments – trop rares à mon goût –, ce mot convient parfaitement à Lauranne. Ça doit venir de son côté « culotte ». Mais n'étant pas là pour parler sémantique, je ferme la parenthèse.) Je vous disais donc : ses yeux égrillards disent clairement qu'elle a bien reçu mon message et qu'elle est prête à y répondre de la plus délicieuse manière.

Idéalement complices en remontant vers « notre » chambre, nous le sommes restés en nous livrant à toutes sortes d'exercices qui ne devaient rien à la kinésithérapie, mais tout à un amour simple, sain et vif; amour où s'incluait en ce qui me concerne, je le confesse humblement, un certain sentiment de revanche, dont je jurerais bien que Lauranne n'était pas mécontente et qu'elle a, en tout cas, instinctivement favorisé.

Après quoi, moi, l'Homme, j'ai rendu mon tablier

de cuisinière et décidé que nous irions au restaurant. Elle, la Femme, n'a eu qu'à obéir, avec d'autant plus de docilité que la grisaille du ciel et la fraîcheur de la température interdisaient la perspective d'une séance de bronzette. Pendant le déjeuner, j'ai vaguement caressé celle d'une sieste sur le canapé du salon – rapidement transformable en lit – devant un feu de bois déjà préparé – qui n'attendait plus qu'une allumette pour dispenser ses flammes romantiques –, mais il ne s'agissait que d'un désir flou, combattu par la sournoise lassitude qui s'insinuait peu à peu en moi et m'empêchait d'en imaginer la réalisation possible.

A tout hasard, à la fin du repas, j'ai quand même pris un double café, sous l'œil à nouveau égrillard de Lauranne. J'aurais pu m'en passer : en effet, à notre retour à la maison, nous trouvons installés sur « mon » canapé, non transformé, et devant « mon » feu de bois – allumé – Diane, Grégoire et Romain.

Je pense tout de suite que leur visite a été téléguidée par ma sœur et n'a d'autre but que de satisfaire leur curiosité commune sur la nouvelle idylle de papa. Mais ils sont si surpris de voir qu'une femme m'accompagne, si navrés de leur indiscrétion et si prompts à amorcer leur départ que je me rends compte aussitôt de mon erreur. Ils ne sont venus là que par pure gentillesse, pour me « faire une petite surprise ». Déjà moins agacé par leur présence, je ne le suis plus du tout quand je constate que Lauranne n'a l'air d'en être ni gênée, ni contrariée. Au contraire, très à l'aise, au fur et à mesure des présentations, elle affirme à Diane qu'elle est encore plus belle que sur ses photos, à Grégoire qu'elle a beaucoup regretté de ne pouvoir assister au vernissage de son exposition, à Romain enfin, le seul qu'elle connaît un peu par l'intermédiaire d'Olivier, qu'elle l'a trouvé sublime lors de son dernier passage à la télévision. Elle a beau m'avoir averti hier de son goût pour le contact humain, je suis quand même étonné de la rapidité avec laquelle elle établit entre elle et nos visiteurs un tel courant de sympathie. Sous son charme, fondent à vue d'œil l'assurance hautaine de ma fille, la timidité de mon fils et l'ironie toujours sous-jacente de l'Asiate.

Au bout d'une demi-heure, nous offrons le spectacle d'une famille unie et heureuse de passer un agréable après-midi de détente au coin du feu. Spectacle imprévu, inespéré, dont j'enregistre certaines images avec un plaisir non dissimulé : Diane assise par terre aux pieds de Lauranne sur le canapé et qui s'accoude à ses genoux; Grégoire qui les prend en photo, toutes les deux seules, puis avec moi; Romain qui se dérange pour allumer ma cigarette avec un drôle de briquet qu'il m'offre et que j'accepte; Lauranne qui caresse les longs cheveux de Diane; Lauranne qui, sa joue contre celle de Grégoire, son œil dans le viseur de son appareil, rit de ne pas y voir les mêmes choses que lui; Lauranne qui essaie le pull jacquard de Romain; Lauranne qui s'instaure maîtresse de maison, qui propose une tasse de son thé aux fruits de la passion, qui refuse mon aide et qui me demande en se penchant sur mon épaule :

– En prendras-tu aussi, chéri, ou préfères-tu du café?

Je n'aime pas le thé, mais j'aime tellement son « chéri » que j'en boirai quand même. En attendant, je déguste les commentaires dont elle est l'objet. Diane la trouve « absolument adorable », Grégoire « super-chouette », Romain « de bonne qualité ».

Quand elle revient avec un premier plateau destiné aux amateurs de thé fort, léger, au citron, à l'orange ou au lait, puis avec un second plateau destiné aux grignoteurs de biscuits et aux gourmands de tartines beurrées ou à la confiture, ils s'accordent tous à trouver – et moi avec eux mais avec beaucoup plus de surprise – qu'elle est aussi une excellente femme d'intérieur.

L'ambiance devient de plus en plus chaleureuse et mes enfants me parlent maintenant d'eux-mêmes et de leurs projets plus librement qu'ils ne l'ont jamais fait. Ma fille m'avoue être lasse de son genre d'existence et décidée de plus en plus à en changer. Elle ne sait pas encore vers quelle voie s'orienter, mais elle sait qu'elle veut une vie plus régulière et surtout moins assujettie à des qualités physiques dont elle mesure lucidement la précarité. En revanche, mon fils se déclare enchanté de son sort. Le succès de son exposition dépasse ses espérances. Il a reçu des propositions d'un grand magazine américain qui voudrait à prix d'or s'attacher ses services. Il est très tenté, d'autant plus, me précise-t-il – confidence incroyable de sa part –, que Romain verrait d'un très bon œil évoluer sa carrière du côté de Broadway. De toute façon, ils comptent aller au mois d'août à New York pour étudier sur place les problèmes de leur avenir. Ils regrettent l'un et l'autre que Diane, accaparée à ce moment par les collections d'automne et d'hiver, ne puisse les accompagner.

– Attendez, dit-elle, on n'y est pas encore. En deux mois, il peut arriver tellement de choses!

Puis, comme on en est à évoquer l'été et les départs, Diane regarde dans la direction de Lauranne qui est aussi la mienne et ajoute :

– Et vous? Qu'est-ce que vous faites pour les vacances?

Lauranne croit – ou feint de croire – que cette question lui est exclusivement adressée.

– Moi? demande-t-elle.

– Non, vous deux, avec papa?

Je me réjouis que ma fille vienne de sauter à pieds joints et en toute innocence dans un plat autour duquel je tournais depuis le début de ce week-end sans oser m'y attaquer. Je me réjouis encore plus d'apprendre par la voix à peine altérée de Lauranne que nous n'avions pas encore eu le temps d'aborder ce sujet, que personnellement elle comptait se rendre près de Ramatuelle, dans la maison qu'un vieil ami a la gentillesse de lui prêter, pendant la fermeture annuelle de ses deux instituts du 5 au 26 août, et qu'elle espère que j'aurai la possibilité de l'y rejoindre.

C'est ainsi qu'après avoir eu la confirmation que le vieil ami était bien le banquier je sus où, quand et grâce à qui j'allais passer des vacances de rêve.

Vers dix-neuf heures, quand nos visiteurs s'en vont, tout le monde s'embrasse, tout le monde se félicite de la bonne journée, tout le monde promet de se revoir et tout le monde paraît sincère. En tout cas, Lauranne l'est. Elle me l'affirme. Mes enfants l'ont séduite. La profonde affection qui les lie l'a touchée. Quant à Romain, qu'elle n'avait jamais rencontré aussi longuement, il l'a fascinée. Elle comprend Grégoire, encore qu'elle craigne que la forte personnalité de son compagnon finisse par lui peser.

Après un dernier tour de pelouse, mais cette fois enlacés, et d'un pas lent, nous rentrons dans le salon où règne le désordre débilitant des après-fêtes. Lauranne ramasse les coussins de Diane, j'enfourne dans ma poche le drôle de briquet de Romain, nous jetons dans la cheminée les emballages des pellicules de Grégoire. Le feu prêt à s'éteindre se ranime pour quelques instants. Dans les bras l'un de l'autre, nous regardons les flammes s'élever, puis les braises de la dernière bûche qui se consume doucement. Soudain s'abat sur moi la tristesse enfantine des fins de vacances et des veilles de rentrées scolaires. Après l'avoir partagée brièvement avec moi, Lauranne m'en arrache avec sa brusquerie coutumière :

– Alors, Larcher, on se paie sa petite crise de

romantisme? On pleure avec les poètes sur les rigueurs du temps qui passe?

— Tu es gaie, toi?

— Absolument! Je viens de passer deux jours sur tous les plans merveilleux, sans fausse note. Je t'aime. Tu m'aimes. Je ne vois pas pourquoi je ne serais pas gaie.

— Mais parce qu'on va se séparer.

— On va se revoir.

— Quand? Demain?

— Ah non! Demain, j'ai un dîner mondain.

— Mardi alors?

— Non, pas mardi, je vais à l'Opéra avec Louis.

— Mercredi?

— Mercredi? Oui... pourquoi pas mercredi?... Ah non! Que je suis bête! C'est la coupe!

— Quelle coupe?

— La finale de la coupe de football : Nantes-Paris-Saint-Germain. Ça va être formidable!

J'ignore, messieurs, si vous avez déjà eu affaire à une femme qui vous refuse un rendez-vous d'amour à cause d'un match de football et, le cas échéant, quel effet cela vous a produit; moi, c'est la première fois et je ne vous cache pas que je suis complètement éberlué.

— Enfin, Lauranne, est-ce que tu te rends bien compte?

— Quoi?

— Tu me délaisses allégrement pour une partie de football!

— D'abord, toi, je peux te voir n'importe quel soir, tandis que la finale de la coupe, elle, n'a lieu que ce soir-là. Ensuite, je ne te délaisse pas : si tu veux regarder le match à la télé avec moi, je ne demande pas mieux.

Je n'avais pas encore parlé à Lauranne du studio de l'avenue Trudaine que j'avais loué à notre intention. Je voulais lui en réserver la surprise mais, comme l'occasion se présente, je lui dis que nous avons désormais un refuge – provisoire et modeste – mais muni d'un poste de télévision devant lequel nous pourrions assister à son match. Cette idée ne l'enthousiasme pas du tout. Elle préfère le regarder sur « son » poste avec « son » plateau préparé par Doudou à portée de main, en compagnie d'Olivier qui est aussi passionné qu'elle et qui serait très déçu de son absence. Pour ne pas gâcher nos derniers instants, je n'insiste pas :

– D'accord! Je viendrai chez toi mercredi.

– L'émission commence à huit heures. Ne sois pas en retard.

Aussitôt elle met un peu de baume sur ma résignation avec une voix de petite fille qui cherche à rentrer en grâce :

– Tu sais, je suis libre jeudi; si tu l'es aussi, on pourrait aller au studio.

Le baume est efficace, il est même si plaisant que, pour en avoir une nouvelle application, je m'invente des réticences :

– Et si je n'étais pas libre?

– Je te détesterais parce que je suis une femme injuste, capricieuse, insupportable, qui ne mérite pas l'indulgence que tu as pour elle.

– Ça, c'est bien vrai!

– Qui ne mérite pas que tu lui souries aussi tendrement que tu viens de le faire, ni que tu la serres très fort dans tes bras comme tu vas le faire...

– Diablesse!

– Ni que tu l'embrasses comme...

Quand nos lèvres se séparent, les braises du feu ne rougeoient presque plus et Lauranne, alanguie, psalmodie sur mon épaule :

– Merci, monsieur Larcher. Merci pour tout. Vous avez été pendant deux jours le plus adorable des compagnons et le plus attentif des amants. Et, contrairement à ce que je vous ai affirmé tout à l'heure, je ne suis pas très gaie de vous quitter.

– Nous ne sommes pas encore partis.

– Si! Déjà un peu. Non?

Je regarde dans l'âtre les cendres qui gagnent du terrain et par la fenêtre le jour qui s'assombrit :

– Oui, tu as raison : dans nos têtes, on n'est plus déjà tout à fait aujourd'hui.

– Alors, il vaut mieux s'en aller. Immédiatement.

Je la retiens juste au moment où d'un geste brusque elle va m'échapper.

– Attends! Reste ici! Je vais chercher quelque chose dans ma chambre.

J'en reviens avec dans une main le petit cœur en or que j'avais renoncé à lui donner vendredi soir et, dans l'autre, caché derrière mon dos, le vase qu'elle m'a offert hier.

Elle prend le minuscule bijou et découvre les deux initiales qui y sont gravées.

– Oh! P.L.! comme...

Elle se mord les lèvres, incapable d'en dire davantage. J'achève sa phrase :

– Comme sur ton vase, oui.

Elle opine, la tête baissée... et renifle. Je rapproche son présent du mien. Je dis encore :

– Ce sont nos cadeaux de fiançailles.

Elle lève sur moi des yeux tout mouillés et on est deux à renifler. Et puis, par bonheur, deux à rire aussitôt après. Deux à vouloir rester sur ce moment-là. Deux à être d'accord qu'on ne fera pas mieux d'aujourd'hui. Deux à rouler en silence vers Paris. Deux à rêver.

Deux!

13

Mes pythies personnelles multiplient depuis ce
matin les signes annonciateurs d'une mauvaise journée : mon réveil n'a pas sonné; ma sœur, inquiète
de mon silence, m'a tiré sans ménagement d'un rêve
délicieux; je me suis mis du shampooing dans les
deux yeux; j'ai confondu mon tube dentifrice avec
mon tube de crème après-rasage; j'ai renversé mon
flacon d'eau de Cologne; suite aux différents exercices pratiqués pendant le week-end, j'ai des courbatures et un lumbago qui m'arrachent des grimaces à
chaque mouvement. Pour couronner le tout, Jacqueline, de joyeuse humeur, elle, après avoir ironisé
sur mes douleurs, vient, juste avant de partir pour
le bureau, de me lancer ce pavé dans mon café
tiédasse :

– Yves va s'installer ici ce soir et, comme ton
premier rendez-vous n'est qu'à deux heures de
l'après-midi, il vaudrait mieux que tu profites de ta
matinée pour déménager.

Averti comme je le suis à présent de l'hostilité des
astres à mon endroit, je ne m'attends pas, en
appelant Lauranne à son institut, à tomber sur une
amoureuse ronronnante uniquement attachée à me
remonter le moral, certes non! Mais j'espère quand
même de sa part quelques paroles un peu réconfor-
tantes. Espoir sabré immédiatement par la voix
tranchante de Barbara :

– Désolée, monsieur Larcher, nous sommes
débordés, nous avons deux absences dans le personnel : la dame du bar et une monitrice. Je remplace l'une tout en répondant au téléphone et
Lauranne remplace l'autre. Elle est en plein cours.
Je ne peux absolument pas la déranger.

– Quand puis-je la rappeler?

– Attendez! Je vais le lui demander.

J'ai le temps de lire dans mon journal habituel que les Verseau du premier décan, boudés par Vénus et délaissés par Mercure, auront une semaine difficile, avant d'apprendre que je ne pourrai joindre Lauranne qu'entre dix-neuf heures trente et vingt heures chez elle.

Après cette bonne nouvelle, j'ai le temps de lire le reste de mon journal avant d'obtenir le numéro de Bertrand, continuellement occupé, et d'entendre, en prêtant l'oreille, Chloé qui me chuchote :

– Bertrand a travaillé jusqu'à six heures du matin. Il dort comme un bienheureux. Tu ne peux pas le rappeler ce soir?

– Ben non... j'aurais eu besoin de lui tout de suite.

– Pourquoi?

– Il faut que je déménage et j'ai un lumbago épouvantable.

– Ne t'inquiète pas! J'arrive!

Voilà! Une camarade, pas même une amie, n'hésite pas une seconde à voler à mon secours et la femme de ma vie ne daigne pas lâcher ses chères clientes pendant deux minutes pour venir me parler! Je suis bien triste! Je continue à l'être tout au long de cette matinée où Chloé se dépense avec entrain et efficacité entre placards, valises, sacs et cartons qu'elle a pris la peine d'apporter, et où je ne cesse de regretter que ce ne soit pas Lauranne qui me témoigne cette sollicitude. Chloé met un comble à la fois à ma tristesse et à ma reconnaissance quand, débarquant vers une heure dans ma nouvelle habitation avec nos innombrables colis, elle me dit avec autorité :

– On va aller se taper un sandwich au café du coin. Après tu iras bosser et moi je retournerai m'occuper de ton studio.

Personnellement je voulais repousser cette tentante proposition, mais ma fatigue et mes douleurs ont fini par l'accepter.

Au bistrot, assis, tranquille, débarrassé de l'immense corvée du déballage et du rangement de mes affaires, je sens renaître mon optimisme naturel quand soudain Chloé, ennemie de la litote, le décapite d'un coup sec :

– Dis donc, je ne voudrais pas te démoraliser, mais elle est sinistre, ta piaule !

– Ah bon ? Tu trouves ?

– Enfin... on se croirait dans un presbytère !

Chloé n'a sûrement jamais mis les pieds dans un presbytère, mais il est évident qu'elle suppose ce genre de lieu assez rébarbatif. Malheureusement, je revois les meubles sombres et raides – genre haute époque-basse qualité –, le marronnasse de la moquette, le camaïeu des verts – amande, bouteille et Empire – que se partagent les murs, les rideaux et le couvre-lit, et je ne peux que l'approuver :

– Tu as raison. C'est peut-être un peu austère.

– Un peu ! Tu es modeste ! C'est réfrigérant, oui.

– A ce point-là ?

– Ah ! écoute, moi qui me déclenche facile, dans un cadre comme ça, sûr que je me coince !

Cet aveu dépouillé d'artifices m'affole et je suis prêt sur l'heure à perdre mes trois mois de location payés à l'avance et à m'installer avant jeudi, à n'importe quel prix, dans n'importe quel endroit exempt de tout risque de « coinçage ». Mais Chloé me rassure et me rallie à une solution plus raisonnable : elle va m'acheter un certain nombre d'éléments de décoration que je pourrai utiliser ultérieurement dans un autre appartement et se débrouiller avec eux pour que le studio devienne en quatre jours sinon pimpant, du moins convenable.

Je pars pour mon bureau un peu rasséréné, mais avec un retard qui se répercute sur tous mes rendez-vous de la journée et la rend nerveusement éprouvante.

A dix-neuf heures quinze, je quitte mon dernier client.

A dix-neuf heures quarante, en plein embouteilla-ge, je gare ma voiture à une station de taxis, je cours jusqu'à une cabine téléphonique – en dérangement – puis jusqu'à la brasserie la plus proche. J'appelle Lauranne. Elle n'est pas rentrée et Doudou, la sachant très ponctuelle, commence à s'inquiéter. Moi aussi évidemment.

A dix-neuf heures quarante-cinq, je regagne mon véhicule. Les deux pneus arrière sont à plat. Je sifflote gaiement à l'intention de l'imbécile qui a certainement voulu me donner une leçon de civisme et qui doit m'observer. Je retourne à la brasserie téléphoner cette fois à un service de dépannage rapide – ou prétendu tel – qui n'envisage pas la possibilité de m'envoyer une de ses voitures avant cinquante minutes. Je m'affale sur une ban-quette, dans un coin dont le serveur m'affirme qu'il est réservé « aux personnes qui mangent ». D'ac-cord! Je vais dîner. Il me recommande la chou-croute maison. D'accord! J'en prendrai une! D'ac-cord aussi pour la bière hollandaise!

A dix-neuf heures cinquante-cinq, alors qu'il m'ap-porte l'une fumante à souhait et l'autre fraîche à point, je redescends téléphoner à Lauranne. Louis me répond qu'elle vient seulement de rentrer et se prépare pour repartir à toute vitesse. Il était en train de la chausser; Olivier de la coiffer; Doudou de lui boutonner sa robe, pendant qu'elle-même se maquillait. Conditions idéales pour une conversa-tion intime! Cédant à mon insistance, il me passe quand même Lauranne, à mes risques et périls.

Ma « pas-belle », entre son eye-liner et son rouge à lèvres, a juste le temps de me résumer succincte-ment les soucis de sa journée et donc pas celui de s'inquiéter des miens.

Entre son rimmel et son fard à joues, j'arrive quand même à lui demander à quel moment demain elle sera plus disponible. Elle ne le sera pas.

Me déconseille de l'appeler et me promet d'essayer, elle, de me joindre dans la journée à mon bureau.

Entre un raccord de vernis et une touche de parfum, elle m'embrasse très fort.

A vingt heures deux, quand je m'attable devant ma choucroute et ma bière, elles sont toutes les deux à la même température : tiède! Quant à mon cœur, il est glacé.

A vingt heures quarante, j'attends dans ma voiture la dépanneuse.

A vingt et une heures quinze, elle arrive.

Un peu avant vingt-deux heures, je franchis la porte de mon studio, je le trouve très propre et très bien rangé. Ma chaîne stéréo et ma télévision, que je m'empresse de brancher, sont judicieusement placées. Mais, à part un immense bouquet de fleurs séchées dans un joli dégradé de beige et d'orange et un grand cadre en acier magnétique sur lequel pour l'instant il n'y a qu'une photo de Bertrand bébé sur une peau de bête, je ne remarque pas de notables changements. Un mot de Chloé, posé sur mon lit, me tranquillise : « Pas de panique! m'écrit-elle, ce n'est qu'un début. Fais-moi confiance. Dans trois jours ton presbytère sera transformé en antichambre des Mille et Une Nuits! J'ai mis dans la cuisine tout ce qu'il faut pour ton petit déjeuner, dans la salle de bains tout ce qu'il faut pour tes courbatures et un peu partout mes ondes bénéfiques. Dors bien. Je t'embrasse très fort. Chloé. »

Ce « je t'embrasse très fort », si semblable à celui de Lauranne tout à l'heure au téléphone, m'accable encore plus que les deux tubes de pommade décontractante dans l'armoire à pharmacie et le plateau déjà tout prêt pour mon café matinal. Je veux remercier ma fée du logis mais, ce soir, c'est elle qui dort et Bertrand, bien éveillé, lui, qui me répond, joyeux comme d'habitude :

– Tu pourras te vanter d'avoir épuisé une militante du MLF! Chloé m'est revenue dans un de ces états... tout juste capable de se coucher... et pas pour la bonne cause!

– Je suis confus.

– Penses-tu! Elle était ravie et moi aussi. Ça va me permettre de travailler. J'en suis au deuxième acte de ma pièce et vraiment le sujet m'excite.

– Qu'est-ce que c'est, déjà?

– Ben, je te l'ai déjà dit, ton histoire avec ta « pas-belle ».

– Ah oui... j'avais oublié.

– Enfin, je t'ai emprunté le point de départ et les personnages. C'est tout. Après, j'ai laissé courir mon imagination.

– Dans quel sens?

– Je préfère garder ça pour moi. Sinon tu n'auras pas de surprise en lisant. En tout cas, ce que je peux te dire, c'est que si ça continue comme ça, ça va être vraiment très marrant!

Je me demande bien comment Bertrand va réussir à écrire quelque chose de « très marrant » à partir d'une situation dont le comique, surtout ce soir, m'échappe complètement. En vérité, je ne suis pas pressé de le savoir et encore moins d'entendre des gens, dans un théâtre, se divertir de mes déboires. Je m'agace à l'avance, en pensant au jour où je vais voir sur une scène un faux moi, une fausse Lauranne, déformés par le goût de Bertrand pour la dérision et la caricature, mais néanmoins parfaitement reconnaissables.

Ce dernier agacement conclut en beauté une journée qui s'achève aussi mal qu'elle a commencé et dont heureusement un sommeil de plomb vient assez tôt me délivrer.

Je ne voudrais pas avoir l'air à vos yeux d'un geignard qui se plaint pour des vétilles plus que d'autres pour des catastrophes, c'est pourquoi je ne m'attarderai pas sur le piètre mardi qui a succédé à mon médiocre lundi. Je ne vous en révélerai que les faits positifs. Ça ne sera pas long :

1. Le café de Chloé est meilleur que celui de ma sœur, ainsi que sa confiture.

2. Je suis allé, en dépit de ma carcasse toujours endolorie, m'inscrire dans un club de remise en forme semblable à celui de Lauranne.

3. Celle-ci, toujours survoltée, m'a téléphoné vers dix-huit heures trente, essentiellement pour me dire qu'elle n'avait vraiment pas le temps de me parler. Sur ma sollicitation, elle m'a quand même affirmé que « évidemment » elle pensait à moi. Elle m'en a donné pour preuve ce coup de fil bref et tardif qu'elle a terminé aussitôt après en m'embrassant très tendrement. Il y a du progrès.

4. Grégoire est passé au bureau pour m'apporter les photos qu'il avait prises dimanche à *L'Oublière*. Elles sont toutes réussies, en particulier une de Lauranne et de moi debout devant la cheminée où nos deux blondeurs, nos deux regards rieurs, nos deux silhouettes longilignes justifient ce commentaire de mon fils : « Vous formez un couple harmonieux. » Je l'ai approuvé d'autant plus qu'à l'horizontale j'avais déjà été frappé par cette harmonie qui règne, hélas, davantage entre nos morphologies qu'entre nos caractères.

5. J'ai constaté ce soir, en réintégrant mon domicile, que deux grands tapis moelleux, de couleur crème, recouvraient presque entièrement la sèche moquette marron. Ils égayaient aussi agréablement l'œil que le pied. Grâce à eux et aux photos de Grégoire qui remplissaient maintenant mon cadre magnétique, le presbytère a perdu un peu de son austérité.

6. Demain, c'est mercredi et je vais enfin revoir Lauranne.

Je la revois effectivement à vingt heures précises, dans le salon de son cher bateau où j'arrive en même temps que le président de la République sur l'écran de télévision. Elle est vêtue du kimono affriolant qu'elle portait dans la cuisine de *L'Oublière*. Il m'affriole moins, d'abord parce que le pyjama qu'elle porte dessous lui ôte tout mystère, ensuite parce que cette tenue m'indique clairement qu'elle n'a pas l'intention de ressortir après le match pour aller, par exemple, visiter mon studio avant le jour prévu.

Elle m'invite aimablement à m'asseoir auprès d'elle, puis à me servir des appétissants « trompe-la-faim » et des non moins appétissantes crudités répartis devant nous dans deux vastes plateaux. Doudou me verse un grand verre d'un petit vin de la Loire qui a, selon lui, « plus de fesse qu'il n'en a l'air ». Olivier m'avance un cendrier que j'ai bien l'intention de ne pas utiliser, m'efforçant de réduire ma consommation de cigarettes en vue de mon futur entraînement. Je le garde toutefois en cas d'un énervement toujours possible. Louis de Margot, mon autre voisin sur le canapé, cherche ma complicité :

— Vous aimez ça, vous, le football?

— Oui, encore assez. J'y ai joué dans ma jeunesse.

— Ah! d'accord, dans votre jeunesse... mais, depuis, vous vous y intéressez?

— De temps en temps.

— C'est déjà énorme! Moi, je n'y arrive pas. Et ça m'embête! C'est vrai : quand je vois des milliers de gens se déchaîner parce que la boule pénètre dans les filets, j'ai l'impression de manquer quelque chose. Mais, malgré mes efforts réitérés, je ne comprends absolument pas quel intérêt on peut trouver à regarder vingt-deux adultes se disputer un ballon comme des gamins.

— Alors, pourquoi vous obstinez-vous à regarder?

— J'espère toujours avoir une illumination et puis...

Il achève sa phrase, à voix très basse, dans mon oreille :

– Pour observer notre amie : elle vaut le dérangement!

Louis n'a pas exagéré. Je suis stupéfait par la connaissance que Lauranne a du jeu et des vingt-deux joueurs autant que par la passion qui l'anime d'un bout à l'autre de la partie. Elle signale les hors-jeu avant les juges de touche, les coups francs, les corners, les coups de pied en avant, les tacles irréguliers, les accrochages de maillot avant l'arbitre. Elle invective celui-ci en des termes pour le moins virils quand il n'a pas vu ce qu'elle a vu ou qu'il ne dispense pas les pénalisations qu'elle attend; pressent les « cartons jaunes »; triomphe quand, cinq minutes plus tard, ils arrivent; se félicite que « Machin », contrairement à son habitude, ne pratique pas le « marquage à la culotte »; déplore qu' « Untel » joue en libéro alors qu'il est beaucoup plus efficace en avant-centre; craint pour la cuisse de « Chose », victime la semaine dernière d'une élongation; applaudit au dribble et aux feintes de corps de ce vieux « Truc » qui, en dépit de ses trente-quatre ans, reste très dangereux. Bien entendu, Lauranne, elle, appelle tous les joueurs par leurs véritables noms – qui me sont pour une bonne moitié inconnus – ou par leurs prénoms et même par leurs diminutifs. C'est ainsi qu'elle explose de joie quand des vingt-cinq mètres Roro, qui appartient à son équipe préférée, tire un boulet de canon qui ne laisse aucune chance à Bertrand, le goal adverse. Elle souffre du but égalisateur, tremble pour ses favoris, jure comme un charretier quand un de leurs tirs s'écrase sur le poteau. Là, soudain, elle sollicite mon témoignage sur la chance insensée des « autres », avec cette phrase frappée au coin de son indignation :

– Ils l'ont vraiment bordé de médailles, non?

J'approuve, un peu gêné, sous l'œil ironique de

Louis de Margot qui m'enfonce le flanc gauche d'une pression légère pendant que Lauranne, elle, m'enfonce le flanc droit d'une grande bourrade. Mes côtes – ouest et est – sont mises à rude épreuve avec les trois buts de la seconde mi-temps, surtout avec le premier – un pur chef-d'œuvre – dont Lauranne nous force à apprécier la subtilité sur le ralenti qui nous en est immédiatement proposé :

– Regardez! Mais regardez donc! Quelle technique! Amorti de la poitrine. Contrôle de la cuisse droite. Contrôle de la cuisse gauche pour mettre le ballon sur le bon pied et... hop! En douceur juste dans le coin des filets. Un but d'anthologie, ça!

Elle se souvient d'en avoir vu un de cette qualité pendant le dernier Mondial au cours du fameux match France-Allemagne. Et aussi un autre en 78. Et encore un autre à la finale de la coupe de 76 qui opposait...

Elle dit tout ça avec beaucoup de naturel, sans aucune volonté d'épater son monde. D'ailleurs, je suis le seul à l'être. Louis s'en amuse, mais il n'est pas du tout surpris de l'entendre parler comme un commentateur sportif. Pas plus que Doudou, plus préoccupé par le manque d'appétit de Lauranne que par sa science footballistique. Quant à Olivier, il en sait autant qu'elle sur le sujet. Enfin le match se termine. Les cris de victoire des deux aficionados de notre groupe couvrent les murmures satisfaits des trois autres. Louis de Margot, sournoisement, encourage Lauranne à jouer les prolongations, à revivre les principales phases de la partie, à nous les recommenter, gestes à l'appui. Cela dure jusqu'à ce qu'elle s'aperçoive de son sourire goguenard :

– Tu te paies ma tête, hein?

– Pas du tout! J'ai trouvé que c'était un spectacle très intéressant.

J'ai droit à un nouveau coup de coude et à cette question hypocrite :

– Ce n'est pas votre avis, Philippe?

– Si! Si! Passionnant même.

Notre complicité est maintenant assez établie pour que Louis ne doute pas que ma réponse, comme sa question, concerne le seul spectacle offert par l'enthousiasme de Lauranne. En vérité, elle concernait aussi – à part égale – celui de cette finale particulièrement attrayante. Mais, soucieux de ne pas le décevoir, je me garde bien de le lui préciser et de lui dire qu'à partir de demain je vais dévorer les pages sportives de tous les journaux avec l'espoir de rattraper le retard que, là encore, j'ai sur mon épuisante compagne; laquelle nous enjoint de lever gaillardement nos verres à la santé de « ses » vainqueurs. Nous lui obéissons d'autant plus volontiers que le vin maintenu à l'idéale température par Doudou est délicieux. Le silence recueilli qui préside à notre dégustation est subitement troublé par un claquement de langue intempestif de Louis. Une lueur imperceptible dans son regard m'indique que son humour a trouvé matière à s'exercer. Plus pensif que *Le Penseur* de Rodin, il expose au scrupuleux et innocent Edouard l'objet de sa perplexité :

– Je me demande, lui dit-il, si ton vin a vraiment de la fesse. Je me trompe peut-être mais, selon moi, il aurait plutôt de la cheville.

Edouard et moi, nous replongeons dans nos verres, moi pour cacher le fou rire qui me gagne, lui pour vérifier le bien-fondé de cette opinion. Bientôt, il en ressort, ébranlé dans ses convictions :

– De la cheville? dit-il. Oui... tu as peut-être raison.

Margot, imperturbable, pousse le bouchon un peu plus loin :

– Non, mea culpa! Ce n'est pas de la cheville, c'est du jarret qu'il a, ton vin.

Lauranne puis Olivier se mettent eux aussi à rire sous cape mais n'empêchent pas plus que moi le talent du comédien de s'exercer aux dépens de la crédulité de l'œnologue. Ce dernier devient de plus en plus dubitatif au fur et à mesure que son saumur-champigny évolue du jarret au genou, du genou au mollet, du mollet à la cuisse. Cependant, il faut que son vin en arrive à « avoir du nombril » pour qu'enfin il comprenne qu'une fois de plus il a servi de tête de Turc. Il n'en éprouve aucune acrimonie. Au contraire, il rit de bon cœur avec nous de sa naïveté. Il complimente Louis pour sa force de persuasion et nous, Lauranne, Olivier et moi, pour avoir aussi bien gardé notre sérieux. A notre tour, nous le félicitons pour sa gentillesse et son indulgence. Aussi pour son vin qui, avec ou sans fesses, est de très bonne qualité.

Je suis frappé, comme lors de ma première visite au bateau, de l'ambiance chaleureuse qui y règne et des connivences qui unissent ses habitants. Sans conteste, ils forment à eux quatre une véritable famille. Je sens et je comprends que Lauranne y soit profondément attachée. Je sens et je comprends aussi – en dépit de la bienveillance de chacun à mon égard – qu'on m'offrirait volontiers au sein de la communauté un strapontin d'invité, mais sûrement pas un fauteuil de membre à part entière, encore moins un fauteuil de président. Je me trouve donc devant ce dilemme : accepter la place d'ami de la famille et aller régulièrement au bateau en hôte privilégié – ce qui m'ôte tout espoir d'une vie conjugale avec Lauranne – ou bien essayer de l'arracher à son clan, à ses habitudes, à son confort – ce qui me semble de plus en plus présomptueux. Je choisis pourtant cette seconde option et me promets de prendre dorénavant mes distances avec mes « rivaux », enclins à me cantonner – comme Lauranne elle-même – dans le rôle d'amant de passage.

Ainsi, lorsque Doudou apprend que demain soir j'enlève « sa » Bichette et qu'il m'invite à venir l'attendre ici devant un nouveau cru, je refuse et me retourne vers l'intéressée :

– Je viendrai te chercher à la fermeture de ton institut.

– Je serai à celui des hommes demain, à l'Opéra. Ça va t'obliger à un détour.

– Aucune importance. Ça m'amusera de le visiter.

Peu après, Louis, Edouard et Olivier s'inventent des prétextes pour se retirer d'urgence dans leurs appartements respectifs. J'ai l'impression de trois mamans complaisantes qui s'éloignent – pas trop – pour ménager un moment d'intimité – relatif – à la jeune fiancée. Leur discrétion trop ostensible me gêne et ne m'incite pas à en profiter. Comme de son côté Lauranne semble plus disposée au sommeil qu'à la bagatelle, ou même qu'au marivaudage, nous nous séparons très vite sur quelques baisers bouleversants... d'insignifiance.

Après cette soirée animée, dans cet appartement douillettement luxueux, ma solitude me paraît plus pesante et mon presbytère moins compétitif que jamais. Pourtant, Chloé y a apporté encore dans la journée d'importantes améliorations : l'ocre soutenu de deux lampes de chevet, la rousseur d'une couverture en fourrure sur le lit, le carmin d'une énorme jatte de bégonias sur la commode et surtout la masse diversement colorée des lithos et des gravures sur les murs réchauffent considérablement l'atmosphère de la pièce. Je ne trouve un peu de réconfort qu'en découvrant dans la salle de bains un tableau que Chloé y a modestement accroché, accompagné d'un mot de Bertrand à qui il appartient, ou plutôt à qui il appartenait. En effet, il m'écrit : « Tu m'as souvent dit que tu aimais cette toile et qu'elle te rendait euphorique. J'ai eu comme l'intuition que c'était le moment de te l'offrir. Joyeusement à toi. Bertrand. » Quelle bonne et juste intuition ! Cette peinture naïve intitulée *Le Cow-Boy au chapeau melon* m'enchante. Elle semble avoir été faite exprès pour moi, alors qu'en réalité il s'agit d'un autoportrait : on doit être plusieurs sur le même rêve! J'ai décroché la toile. Je l'ai placée en face de mon lit et je me suis couché... dans mon ranch du Texas! Il n'y a vraiment que là que je me sente aussi bien que sur le bateau.

14

J'ai souvent eu l'occasion, comme vous sans doute, de voir au cinéma, dans des films très différents, cette même scène devenue archiconventionnelle : un homme et une femme, séparés par la vie, ne sont plus séparés que par une centaine de mètres et courent les bras tendus, l'un vers l'autre, de toute la force de leur amour retrouvé. En général, cette séquence se termine par l'image arrêtée de ces deux êtres, juste au moment où ils se rejoignent dans une folle étreinte, ou une seconde avant, quand leurs mains fébriles sont sur le point de se toucher.

A chaque fois, j'ai beau savoir ce qui va se passer, j'ai la gorge qui se noue et je me dis que, si les cinéastes tournent cette scène, c'est qu'ils en ont été dans la vie les témoins ou les protagonistes, donc que ça existe, ces rencontres-chocs provoquées par l'impatience commune d'un couple. Eh bien, moi, je n'en ai jamais connu. J'ai déjà eu des rendez-vous, après une plus ou moins longue absence, dont je me promettais mille délices; j'ai déjà pris mon élan; j'ai même déjà couru, mais en face « on » m'attendait immobile, parce qu'« on » ne voulait pas abandonner ses bagages ou parce qu'« on » avait des talons trop hauts et une tenue incompatible avec la course à pied ou encore parce qu'« on » me guettait d'un autre côté.

Je pense à cette latente frustration en allant chercher Lauranne par ce jeudi soir pluvieux. Bien entendu, je ne compte pas sur elle pour me l'enlever. Or, jugez de ma surprise : à peine ai-je débouché dans le couloir qui mène à son institut qu'à l'autre bout je la vois ouvrir la porte vitrée à travers laquelle elle m'a aperçu et se précipiter vers moi, si vite qu'occupé à fermer mon parapluie je n'ai pas le temps de démarrer. Pas le temps non plus d'ailleurs de le regretter, car, si elle a les mains fébriles, la cause n'en est pas ma venue, mais celle, inopinée, d'un contrôleur du fisc. La ruée sauvage de Lauranne vers moi n'avait d'autre but que de m'apprendre la présence de ce monsieur dans son bureau et l'inopportunité de la mienne.

– Il n'en a plus pour longtemps, me dit-elle, attends-moi au café du coin.

Un quart d'heure plus tard, elle m'arrive complètement « vidée », non pas tant par l'entretien qu'elle vient d'avoir, simple prise de contact apparemment anodine, que parce qu'il va s'ensuivre des tracasseries en tout genre dans les semaines et sans doute les mois suivants.

Elle les a déjà subies, il y a cinq ans; elle en connaît donc les répercussions morales et matérielles. Moi pas. En conséquence, mes efforts pour dédramatiser la situation et mes exhortations au calme paraissent déplacés. Quant à ma suggestion de remettre cette affaire entre les mains d'un conseiller fiscal, elle est inutile : Lauranne a déjà appelé le sien, un certain Billon. Mais il n'était pas là.

– Vraiment, dit-elle, vraiment, au moment où je monte ma nouvelle affaire, je n'avais pas besoin de ça!

J'avais bien envie de lui rétorquer qu'au moment où moi j'essaie d'organiser ma nouvelle vie je n'ai pas besoin de ça non plus, mais mon égoïsme recule devant le sien et je me contente de lui demander ses intentions immédiates.

– Rappeler Billon, me répond-elle en prenant la direction de la cabine téléphonique.

Elle en revient, un peu détendue, avec un rendez-vous matinal pour le lendemain et un désir bien compréhensible de s'y présenter en forme, donc de se coucher tôt, donc d'aller au studio le plus vite possible pour en repartir de même, donc de remplacer le dîner par un en-cas rapide. Voilà notre soirée de détente transformée en course contre la montre. J'en suis découragé à l'avance au point de proposer à Lauranne d'y renoncer :

– Est-ce qu'il ne serait pas préférable de se voir un autre jour?

– Si, sûrement. Mais quand? Demain? Je ne suis pas libre. Le week-end, je vais le consacrer à mes comptes. Lundi, mardi et mercredi de la semaine prochaine, j'ai des dîners d'affaires. Jeudi, je n'ai rien... jusqu'à présent.

Autrement dit, j'ai le choix entre la voir ce soir certainement mais dans de mauvaises conditions ou la voir dans une semaine probablement et dans des conditions sans doute pas meilleures. Je choisis la certitude et l'invite à compenser la brièveté de notre rencontre par la qualité : aimons-nous peu mais aimons-nous bien. Elle en tombe d'accord, s'efforce d'oublier ses soucis et de s'intéresser à ce que je lui raconte au sujet de mon presbytère, des arrangements de Chloé et surtout de la crainte que ce lieu, pratique mais modeste, ne lui déplaise. Elle tente de me rassurer en ces termes pour moi, hélas! peu rassurants :

– Ne t'inquiète donc pas! Même si ça me déplaît, quelle importance à côté du reste...

Le reste, quoique prépondérant, ne l'empêche néanmoins pas de constater que la loge de la concierge exhale une odeur de friture écœurante, que la cour sur laquelle donne mon studio est sinistre, que le tapis de l'escalier est poussiéreux et que dans l'ensemble l'immeuble est mal tenu.

Arrivé sur le palier, l'idée que j'avais eue dans un instant d'euphorie de franchir le seuil de notre « chez-nous » comme un jeune marié d'autrefois, avec Lauranne dans mes bras, me semble à présent saugrenue et je pense, comparant ses préoccupations de chef d'entreprise à mes inquiétudes d'amoureux, qu'il serait presque plus logique que ce soit elle qui me soulève du sol et me transporte gaillardement sur la couche nuptiale. Cette vision cauchemardesque de la maîtresse-femme régnant sur l'homme-objet s'efface heureusement devant les signes de timidité manifestés par ma virile compagne dès qu'elle entre dans le studio.

Assise avec rigidité sur le bout d'une chaise, elle a l'air d'une jeune fille bien élevée en visite chez son prétendant et qui, pour éviter ses privautés, s'applique à ne pas casser le fil d'une conversation superficielle. Telle qu'elle est, le cadre initial de mon presbytère lui aurait mieux convenu. Je l'écoute un moment cribler de longs commentaires les meubles, les objets, les posters et les gravures, comme si vraiment il s'agissait de pièces de collection, puis, après un coup d'œil discret à ma montre, je me décide à interrompre son insipide bavardage :

– Tu n'aimes pas ma tanière, hein?

– Si! Si! C'est charmant et très... fonctionnel.

– De toute façon, c'est provisoire. Je cherche un appartement plus grand et plus agréable. Je n'ai pas l'intention de m'éterniser ici.

– Pourquoi? Pour un homme seul, c'est tout à fait suffisant.

– Je n'y suis pas toujours seul. La preuve : tu es là.

– Oh! mais moi, ça ne compte pas! Je ne ferai qu'y passer.

– Oui, mais le peu de temps que tu y passeras, je

voudrais que tu t'y sentes bien. Et ce n'est pas le cas.

– Si! Je t'assure, je me sens très bien. Seulement, je suis comme les chats dans un panier neuf : il faut que je m'habitue, que je tourne en rond avant de trouver ma place.

– Eh bien, lève-toi, tourne, pose tes pattes et ton museau partout, installe-toi, vis... ne reste pas plantée comme un cierge.

– Oui, tu as raison.

Pleine de bonne volonté, elle suit mon programme à la lettre, fouine, furète, inspecte tous les coins... sauf celui du lit où je suis étendu et où je finis par l'appeler :

– Si tu venais là, lui dis-je, en lui désignant mon épaule, tu la trouverais peut-être, ta place.

– Oh! Attends! Je n'ai pas tout examiné.

– C'est vrai, il y a encore les lampes de chevet.

Elle sourit et consent à avancer dans la ruelle.

– Elles sont très jolies.

– Et pleines de ressources, regarde!

Je manœuvre le rhéostat qui règle l'intensité lumineuse des lampes.

– Ça, c'est le plein feu pour lire. Ça, c'est le clair-obscur pour rêver. Ça, c'est la pénombre pour déshabiller les effarouchées de ton espèce.

Je me hasarde à joindre le geste à la parole; je tire la fermeture Eclair de sa jupe et déboutonne son chemisier. Cette première étape franchie, elle préfère franchir les autres seule pendant que de mon côté, gagné par sa gêne, j'ôte mes vêtements à une vitesse record. A présent, les données étant les mêmes que les autres fois – un lit et nos deux corps nus l'un contre l'autre –, je pense que nous voilà revenus au problème précédent, c'est-à-dire au manque absolu de problème. Erreur! Nous n'avons pas plutôt établi le contact entre nos deux épidermes que s'élève la voix nette et claire de Lauranne :

– Ça ne te pique pas, toi?

– Quoi?

– La couverture en fourrure.

– Non. Mais peut-être que ta peau est plus sensible que la mienne.

– Sûrement... parce que moi, ça me pique.

– Eh bien, entrons dans les draps.

– Oui, je crois qu'on sera mieux.

On se lève. On entre dans les draps. On rétablit le contact. On n'est pas mieux. Plutôt, elle n'est pas mieux. Elle a le cou cassé : son oreiller est trop haut. Elle se redresse, l'enlève, se recouche. Elle est trop basse. Elle reprend l'oreiller, tape dessus comme une forcenée. L'écrase encore avec son dos et se déclare à peu près satisfaite. Les choses étant ce qu'elles sont, je renonce à l'attaque à la hussarde, au bénéfice de manœuvres d'approche prudentes. Mes mains tour à tour légères et insistantes explorent avec patience sur son corps les zones que j'avais repérées naguère comme étant érogènes. Mais, ce soir, elles ne le sont plus. J'essaie ailleurs, sans davantage de réussite. Dans la semi-obscurité, je vois qu'elle garde, contre son habitude dans ces moments-là, les yeux largement ouverts et levés vers le plafond. Je me demande bien à quoi elle pense. Je ne tarde pas à le savoir : alors que ma bouche, prenant la relève de mes doigts, commence à assaillir la pointe endormie de ses seins, j'entends :

– Merde!

Je me recule brusquement, croyant lui avoir fait mal.

– Qu'est-ce qu'il y a?

– J'ai oublié de préparer le linge sale pour le blanchisseur. Il doit passer demain à la première heure et je serai chez Billon. Il faut que je prévienne Vanessa.

– Ça pourrait peut-être attendre.

– Non, il vaut mieux que je le fasse tout de suite, sinon cette idée ne va pas me lâcher.

– Alors...

– Où est le téléphone?

– De ton côté, par terre, sous la table de chevet.

Je profite de ce qu'elle a le dos tourné vers moi pendant qu'elle appelle sa belle-fille pour le lui caresser. J'ai toujours trouvé assez érotique de marauder sur un corps impuissant à se défendre, en la présence invisible d'un tiers. Je n'aurais pas provoqué l'occasion mais, puisqu'elle se présente, j'espère maintenant que la conversation va se prolonger assez pour que j'aie la joie ineffable d'entendre Lauranne évoquer ses problèmes de blanchissage d'une voix de moins en moins conforme à la nature de son sujet, de la voir frissonner, se cambrer, se cabrer, mordre les draps, délicieusement souffrir, puis avoir tout juste le temps de raccrocher avant d'assouvir mon désir, sauvagement. Tel est mon projet lors de mes premiers effleurements. Mais Lauranne me fait comprendre aussitôt que ce n'est pas le sien et je dois attendre la fin de la conversation dans une inactivité totale.

– Excuse-moi, me dit-elle après avoir posé soigneusement le téléphone à sa place, mais c'était important.

Et elle m'explique pourquoi c'était important. Elle m'explique aussi qu'elle n'est pas coutumière de ce genre d'étourderie, qu'elle aurait sûrement pensé au blanchisseur si le type des impôts ne l'avait pas perturbée, que ces gens-là vous mettent en état d'infériorité, que leur suspicion insidieuse vous culpabilise, même et surtout si vous n'êtes pas coupable, qu'il faut avoir les nerfs d'acier de Billon pour leur résister, qu'il lui tarde d'être à demain matin pour...

– A propos, me demande-t-elle, quelle heure est-il?

– L'heure d'oublier l'heure.

– Non, sans plaisanterie, quelle heure est-il?

– Je ne plaisantais pas.

D'un mouvement brusque, elle se retourne pour aller consulter sa montre, la seule en laquelle elle ait confiance.

– Onze heures moins le quart, s'écrie-t-elle, quelle horreur! Tu te rends compte...

– Oui... je me rends compte que tu es ce soir un vilain chat qui refuse de se laisser apprivoiser, doublé d'une vilaine femme d'affaires qui ne m'aime pas.

– Si! Je t'aime... mais je n'arrive pas à me détendre.

– Tu n'essaies pas.

– Bon! D'accord! Je vais essayer.

Bien sûr, elle vient de m'annoncer cette heureuse résolution sur le ton qu'elle aurait pu employer pour me dire : « Allons! Courage! Quand faut y aller, faut y aller », mais il faut lui rendre cette justice qu'elle témoigne, là encore, d'un certain esprit de conciliation. Elle vient se lover contre moi, m'embrasse, me gratifie de quelques caresses, mais avec plus de conscience que d'enthousiasme. Les gestes y sont, mais le cœur n'y est pas. Successivement, ma tendresse et ma fougue se heurtent à une passivité complaisante, agrémentée de gémissements qui n'ont d'autre but que de hâter la fin de l'opération. Je fais semblant un moment de ne pas m'en apercevoir, mais mon espoir de l'entraîner sur ces fameuses cimes s'émoussant autant que ma patience, brusquement j'arrête ma prestation solitaire. Lauranne lève sur moi un œil interrogateur et me demande, à la façon d'une voyageuse intriguée par l'arrêt inopiné de son train :

– Qu'est-ce qui se passe?

– Il se passe que j'en ai marre de faire l'amour avec un bout de bois.

220

Elle se récrie. Pas à propos du bout de bois. Non! A propos de ma lassitude :

– C'est bête que tu n'aies pas continué, me dit-elle, affable au possible. Ça ne me dérangeait pas du tout et j'aurais été contente que tu sois content.

– Pas sans toi! Moi, ça me dérangeait, figure-toi.

– Je suis désolée. Je n'ai pas envie, ce n'est pas ma faute.

– Est-ce que c'est la mienne?

– Oh non! Tu es adorable!

– Alors, pourquoi n'as-tu pas envie?

– Je ne sais pas, moi... Un ensemble de choses : le cadre, l'heure, la fatigue, les soucis. Et puis, il ne faut pas chercher de raisons. On a des jours avec et des jours sans. Aujourd'hui, c'est un jour sans. Voilà tout. Ce n'est pas plus grave que ça.

Je lui répondrais volontiers qu'à chaque fois que je la vois, pour moi c'est un jour avec, mais déjà elle a remis sa montre, déjà elle pense à Billon. Déjà je pense à jeudi prochain.

Le jeudi est devenu très vite « notre jour », le jour où l'emploi du temps surchargé de Lauranne lui permet de me consacrer quelques heures après son travail. Toujours très organisée, elle a fixé pour nos rendez-vous le même jour, la même heure, le même lieu, « afin d'éviter, m'a-t-elle dit, tout risque de malentendu ou d'oubli ». Pour plus de précaution, elle a barré sur son agenda toutes les soirées de tous les jeudis jusqu'à la date de notre départ en vacances.

Aucune de ces rencontres hebdomadaires ne fut réussie. Aucune ne m'apporta la satisfaction que je ne cessais d'en espérer au cours de la semaine. Aucune ne se distingua notablement de la première. Je retrouvais Lauranne à son institut, encore branchée sur le courant à haute tension de sa journée. Dissimulée par sa surexcitation, sa fatigue ne commençait à paraître qu'à la fin du dîner, que nous prenions toujours hâtivement « pour ne pas perdre de temps ». Elle devenait alors incapable de se concentrer sur une conversation. Je voyais son œil « s'absenter », son esprit partir dans je ne sais quelle direction; en tout cas pas la nôtre. Pas la mienne. Puis, tout à coup, un mot, un geste ou un silence la rappelaient à la réalité. Alors, elle cillait et son œil me revenait – pour plus ou moins long-temps. Il m'est arrivé à plusieurs reprises, pendant ses « absences », de m'amuser – si l'on peut dire – à tenir des propos sans queue ni tête : elle ne s'en est jamais rendu compte. Comme elle ne se rendait pas compte, souvent, quand nous étions étendus l'un près de l'autre dans le lit du studio, que j'étais en train de la caresser ou, pire, qu'elle était en train de me caresser. Elle continuait d'être « intermittente » pendant ces moments-là. Elle l'était même davan-tage par le simple fait que, plus la soirée avançait, plus ma P.-D.G. était fatiguée et plus ses « absen-ces » se multipliaient. Je ne compte plus les fois où, excursionnant avec confiance dans les environs de l'amour – et déjà loin de notre point de départ –, elle m'y ramenait brutalement avec des phrases du genre :

– Tu as vu que les cotisations de la Sécurité sociale vont encore augmenter?

Ou :

– Oh! je t'ai apporté un échantillon de la crème antisolaire de Clotilde.

Ou encore :

– Il paraît que je n'aurai pas mon redressement avant septembre.

Je lui faisais remarquer qu'elle aurait pu attendre des circonstances plus propices pour me communi-quer ses intéressantes nouvelles.

– Ben non, répondait-elle, après je n'y aurais plus pensé.

Je ne me suis pas vraiment habitué à ces brus-ques ruptures d'ambiance, mais j'ai pris le parti d'en rire. C'était cela ou bouder, ou me révolter. J'ai essayé les deux. Résultat? Elle a bien regretté de m'avoir contrarié. Elle a bien reconnu qu'elle était insupportable – mais ça, elle m'avait prévenu. Elle m'a bien demandé pardon – quoique, avec tout ce qu'elle a dans la tête, sa distraction soit compréhensible. Elle m'a bien promis de se montrer à l'avenir plus attentive, voire plus coopérative... et puis, le jeudi suivant, elle a recommencé : elle m'a encore sorti entre croupe et ventre un de ces bulletins d'information professionnelle dont elle a le secret! Mais, cette fois, elle s'est aperçue toute seule, aussitôt après avoir parlé, que ses paroles étaient, dans le sens exact du terme, « déplacées ». Elle a vivement porté la main à sa bouche comme pour les ravaler et m'a jeté un regard faussement apeuré, faussement coupable. Un de ceux du temps où elle était « jupe ». Rassurée par ma visible indulgence, elle m'a dit avec un drôle d'accent de clown : « J'ôrais pas dû! » J'ai ri. Elle aussi. Depuis ce soir-là, nous rions ensemble à chacune de ses « distractions ». A ces instants, il y en a toujours un maintenant pour rappeler à l'autre la phrase de paix : « J'ôrais pas dû. » Elle revient comme un leitmotiv. Tous les couples, je crois, ont des expressions qui n'appartiennent qu'à eux et qu'ils sont seuls à comprendre; des complicités de vocabulaire. Nous n'en avions pas encore, Lauranne et moi. Le « J'ôrais pas dû » est la première. En dépit de ses origines, je l'aime bien.

Heureusement, pendant toute cette période prévacancière, j'eus pour alimenter ma patience, à raison d'une semaine sur deux, des week-ends qui furent aussi paradisiaques que mes jeudis étaient déprimants. C'était assez surprenant de passer d'un extrême à l'autre, d'une lacustre à une volcanique, d'un ascenseur hydraulique qui plafonnait à l'entresol à une fusée qui crevait le mur du son, d'une affairiste que d'elle-même occupée à « Vénus tout entière à sa proie attachée ».

En revanche, Lauranne trouvait ces variations normales. Elle me rappelait, là encore, m'avoir averti qu'elle pouvait se révéler très différente selon qu'elle avait l'esprit libre ou pas, selon qu'elle était en forme ou pas. Mais elle avait beau me répéter que ces fluctuations dépendaient du moment et non du lieu, je continuais à penser que le presbytère avait quand même une part de responsabilité et qu'un appartement plus agréable l'aurait mieux conditionnée à la chose amoureuse. Pour me prouver le contraire et m'empêcher de déménager à la hâte, elle insista pour que j'accepte d'y passer un de nos week-ends. Je dois reconnaître qu'il fut aussi idyllique que les précédents passés à *L'Oublière*. Elle s'y montra à tous les points de vue irréprochable. Mes murs, témoins tous les jeudis de nos silences ou de nos mornes propos, entendirent, ce samedi et ce dimanche, des rires et des roucoulades; mon lit, accoutumé à la voir de marbre, la découvrit d'étoupe. Mon sommier ne dut pas en croire ses ressorts! La démonstration de Lauranne pour innocenter mon presbytère fut donc pleinement convaincante et en soi me plut beaucoup, mais les conséquences qu'elle en fit découler me plurent, elles, beaucoup moins.

— Tu vois, me dit-elle, au cours de notre deuxième petit déjeuner où ne manquaient ni le jus de pamplemousse, ni le miel, ni le pain grillé... ni son kimono des matins de fête, tu vois, il est tout à fait inutile que tu cherches un autre studio. Celui-ci est parfait. Tu ne trouverais pas mieux et surtout aussi près de chez moi.

— Ce n'est pas un autre studio que je cherche, mais un véritable appartement pour qu'on puisse y vivre à deux.

— Oh!... A propos de vivre à deux, j'ai quelque chose à te demander d'un peu délicat.

– Ah bon?

– Si ça t'ennuie, n'aie pas peur de me le dire. Je m'arrangerai autrement.

J'étais persuadé qu'il allait être enfin question de notre avenir, de l'organisation matérielle de notre vie de couple et je la pressai de parler. Si j'avais su, j'aurais été moins impatient de connaître sa requête... qui concernait Louis de Margot. Elle souhaitait l'emmener avec nous en vacances. D'une part, la vieille amie chez laquelle Louis avait l'habitude de passer le mois d'août était tombée malade et ne pouvait le recevoir. D'autre part, Doudou et Olivier partaient comme tous les ans à cette date-là pour Hossegor.

– J'ai scrupule à laisser Louis tout seul à Paris, mais j'ai autant de scrupules à t'imposer sa présence à Ramatuelle.

– Tu lui as déjà proposé de nous accompagner?

– Absolument pas. Je voulais avoir ton avis avant.

– Ben... c'est-à-dire que... personnellement j'aime beaucoup Margot.

– Et il te le rend bien! Lui qui a la dent plutôt dure, il ne tarit pas d'éloges sur toi. Ça, de ce côté-là, il n'y a aucun problème : vous vous entendriez comme larrons en foire.

– J'en suis sûr, mais je ne te cache pas que j'aurais préféré que nous ne soyons que tous les deux.

– Moi aussi, bien sûr! Encore que, honnêtement, il ne risque pas de nous déranger : il est tellement discret.

– S'il l'est tant que ça, il refusera peut-être de venir avec nous.

– Oh! tel que je le connais, je n'en serais pas étonnée du tout.

– Eh bien, tente la chance. Comme ça, tu auras la conscience tranquille. Mais, s'il refuse, n'insiste pas.

– Non! Je ne lui parlerai de rien, je sens que ça t'ennuie.

– Ça m'ennuierait encore plus de te savoir ennuyée. A tout prendre, je préfère t'en vouloir plutôt que tu m'en veuilles.

Après quoi, Lauranne me prouva sa reconnaissance de si ardente façon qu'à la fin de la matinée mon intention d'aborder le sujet de notre vie à deux se perdit dans le désordre de nos corps et de nos cœurs. Elle ne resurgit dans ma mémoire qu'avec ma solitude retrouvée, une bonne dizaine d'heures plus tard.

Des psychologues prétendraient, bien sûr, qu'il s'agit là d'un oubli volontaire de ma part, que j'ai refusé subconsciemment de me souvenir d'une conversation que je redoutais. Après tout, pourquoi pas? Avec le subconscient il faut s'attendre à tout. Mais avec Lauranne aussi. Alors, pourquoi ne pas envisager qu'elle est la responsable de mon oubli et qu'elle s'est arrangée, très consciemment, elle, pour détourner ma pensée des chemins du conjungo en la conduisant sur tous les autres, dans n'importe quel sens et sans une pause? Car, ce jour-là, elle a été intarissable : une véritable gazette de l'actualité mondiale, nationale, économique, sportive, culturelle et familiale. J'y repensais le soir et une phrase de ma mère me revint : « Il n'y a pas plus bavard qu'une femme qui ne veut pas qu'on lui parle. » Qui croire? L'expérience féminine ou les psychologues? Qui de Lauranne ou de moi évite une discussion sur notre avenir commun? Sans doute les deux. Moi, j'ai peur de l'entendre m'ôter tout espoir. Elle, elle a peur soit de céder à mon insistance par gentillesse et contre sa volonté profonde, soit, plus vraisemblablement, de provoquer par un refus catégorique ma peine ou ma colère ou – qui sait? – peut-être une rupture entre nous. Nous voulons l'un comme l'autre préserver ce qui existe. La différence est que Lauranne se complaît dans notre statu quo actuel et souhaite que nous l'adoptions définitivement, tandis que moi je m'en contente, faute de mieux, mais que je le souhaite de tout mon cœur provisoire. Je ne le supporte d'ailleurs que comme tel.

En somme, une fois de plus, les rôles sont inversés : c'est elle la femme – godelureau d'autrefois – qui défend son célibat, sa liberté contre l'intrigant qui cherche à lui mettre le grappin dessus et moi l'homme – jouvencelle attardée – qui languis après les doux liens du mariage. Il y a vraiment quelque chose de changé dans le royaume des couples! Si ça continue, il va falloir que la science s'en mêle et permette aux hommes d'avoir des gosses pour se faire épouser. Ah! mon rêve! Apprendre à Lauranne que je suis « enceint » de ses œuvres et lui réclamer réparation de sa faute!

En attendant... j'ai attendu et, à la veille de notre départ pour Ramatuelle – avec Louis de Margot bien entendu –, je me suis tracé une ligne de conduite, rigoureuse, en trois points :

Premièrement : pendant le temps de nos vacances, être tout à la joie de ce que j'ai et que j'aurais pu ne jamais avoir. Repousser les regrets, les découragements, les soupirs, les questions et même les allusions. Me laisser glisser sans honte et sans remords dans les délices de Capoue. Profiter de cette période de détente pour supprimer somnifère et tabac. Commencer dès maintenant.

Deuxièmement : au retour de Ramatuelle, prendre le taureau par les cornes, demander clairement à Lauranne si elle compte fonder avec moi un véritable foyer. La forcer à me répondre non moins clairement : oui ou non. Refuser les « peut-être » ou les « on verra ça plus tard ». En cas d'hésitation, lui accorder un délai de réflexion d'un mois, maximum.

Troisièmement : si la réponse de Lauranne est positive, battre le fer pendant qu'il est chaud. L'entraîner le plus vite possible devant un maire, un notaire et un agent immobilier susceptible de nous procurer immédiatement un appartement confortable. Si la réponse de Lauranne est négative, rompre sur-le-champ. Disparaître de la circulation. Même si c'est avec l'intention de réapparaître. M'obliger à croire que l'absence peut avoir des vertus. Tenter absolument cette ultime chance.

Rien de plus apaisant, de plus protecteur qu'un programme bien établi, surtout quand l'échéance la plus délicate – la dernière bien entendu – vous apparaît, au milieu de vos préparatifs de départ, très lointaine. J'étais si content du mien que, dans un bel élan d'euphorie, j'ai téléphoné à Bertrand pour le lui communiquer. Il a salué mon défilé de résolutions d'un coup de casquette de titi parisien :

– Alors, mon grand, toujours dans tes westerns?

– Comment dans mes westerns?

– On s'y cramponne à son héros martial qui prend des décisions et qui s'y tient contre vents et marées?

– Mais absolument! Je m'y tiendrai!

– Mon cul, oui! Il y a toujours une guerre, une révolution, un accident, une maladie, une rencontre, un hasard, un imprévisible – grain de sable ou montagne – qui vient détraquer nos petites organisations bien huilées et se mettre en travers de nos petites routes de petits bonshommes. Tiens! Si j'avais le temps, j'écrirais un traité au sujet de l'influence du coryza ou du cor au pied sur la destinée de l'humanité.

– Avec des raisonnements comme ça, on ne ferait plus rien.

– Foutaise! On ferait comme d'habitude : ce qu'on peut; ce que les circonstances nous permettent de faire. En tout cas, c'est sûr, on ne se caillerait pas le mou comme toi à se poser des rails et à s'en vouloir après de ne pas les avoir suivis. Moi, j'ai décidé une fois pour toutes de ne plus rien décider. Moi, je me laisse ballotter par les caprices des dieux... comme tout le monde. Mais au moins, moi, je le sais.

J'ai raccroché, furieux, et j'ai décidé, oui décidé, n'en déplaise à Bertrand, de lui prouver que je ne suis pas un fétu de paille et d'oublier tout ce qu'il vient de me dire.

A cinq heures du matin, après avoir fumé une demi-douzaine de cigarettes et doublé ma dose de somnifère, j'y pensais encore.

Bertrand. Mon premier grain de sable...

Je n'étais plus très sûr qu'il serait le seul.

15

« Dans trois heures, je serai en train de barboter dans la piscine de la maison de nos vacances. » Cette pensée m'aide à supporter la canicule qui en trois jours a transformé Paris en fournaise et en trois minutes, sur le trottoir pourtant ombragé de l'avenue Trudaine, mes vêtements ultra-légers en serpillière. Elle m'aide aussi à calmer cette fébrilité qui m'habite depuis ce matin, toute semblable à celle que j'éprouvais dans mon enfance dans les moments précédant la grande transhumance annuelle de la famille Larcher pour La Tranche-sur-Mer, Vendée. En voyant arriver de loin le taxi où je distingue les deux têtes de Lauranne et de Louis de Margot, pour un peu je sauterais de joie sur place, comme jadis lorsque la massive Frégate de mon père débouchait dans notre rue.

Plus proustien que nature, Louis, vêtu d'alpaga crème, enfoulardé de blanc, le panama à la main, sort de la 504 comme d'un fiacre et s'adresse à moi, selon une de ses habitudes de langage, à la troisième personne :

– Il va bien celui-là? Il est heureux?

– Très.

– Il est infiniment aimable d'emmener le vieux monsieur sur la Côte d'Azur. Le vieux monsieur lui en est très reconnaissant.

– Il ne faut pas. Je suis ravi.

– Ah, non! Il n'est pas ravi, mais il n'en a que plus de mérite.

Sur la banquette arrière, Lauranne s'impatiente et nous rappelle à l'ordre :

– Ça suffit les politesses! On va être en retard.

– La dame est nerveuse! me souffle Margot avant de m'obliger à m'asseoir auprès de Lauranne et de s'installer, lui, malgré mes protestations, devant, à côté du chauffeur.

Celui-ci, une espèce de James Dean du pauvre, nourrit sous son bandeau indien des complexes de coureur automobile refoulé et confond les artères parisiennes avec le circuit du Mans; mais, devant son air farouche et ses tatouages peu encourageants sur ses bras musclés, nous nous abstenons par un commun et tacite accord de tout commentaire. Lauranne, cramponnée à son siège, conduit par procuration et ne cesse d'écraser une pédale de frein imaginaire. Louis, la nuque calée sur son appui-tête, les yeux clos, fredonne : « Heure exquise, qui nous grise... » Moi, je vérifie que la médaille de Notre-Dame de Bon Secours qui ne me quitte jamais est bien dans la poche de ma chemisette et, rassuré, j'essaie d'intéresser mes compagnons à autre chose qu'à notre sort personnel.

– Vous avez entendu les informations de ce matin?

– Non, pourquoi?

– Il y a eu une catastrophe aérienne hier soir en Floride.

Je vois le cou de Louis s'enfoncer dans ses épaules et les yeux de Lauranne s'assombrir. Persuadé par ces réactions d'avoir réveillé leur altruisme et donc atteint mon but, je poursuis dans la même voie en leur donnant tous les détails que je connais sur le terrible accident : ses circonstances, ses causes, ses victimes, ses survivants. Chaque nouvelle précision touche visiblement Louis et Lauranne mais pas pour la raison que je suppose.

– Tu es vraiment inconscient! finit-elle par me dire.

– Pourquoi?

– Nous raconter une catastrophe aérienne juste au moment où on va prendre l'avion!

Moi qui suis si sensible aux augures, celui-là ne m'a pas atteint et, abusé par le ton relativement léger de Lauranne, j'ironise sur sa superstition. Je suis de ceux qui entrent dans un aéroport avec moins d'appréhension que dans le métro, avec même une excitation joyeuse, et je comprends mal qu'on puisse ne pas partager ma totale décontraction. Surtout Lauranne, la fonceuse, la vaillante, la rationnelle. Elle doit quand même bien savoir que les statistiques comparatives sur le nombre des accidents d'avion et des accidents de voiture prouvent toutes qu'on est plus en sécurité dans le ciel que sur les routes. Oui, elle le sait. Mais cet argument ne tient pas le coup devant l'affreuse réalité du jour : deux cent quatre-vingt-douze personnes – la plupart partant en vacances comme nous – ont trouvé la mort dans un engin semblable à celui qui nous attend.

– Enfin, Lauranne, songe que dans le monde entier c'est le premier accident de ce genre depuis le début de l'année.

– Et alors? Ça ne prouve pas qu'il n'y en aura pas d'autres. La loi des séries, ça existe.

– On aurait pu voyager en train si tu as si peur que ça de l'avion.

– Je n'ai pas peur. J'ai simplement du mal à oublier que ça peut tomber... surtout quand on me le rappelle!

– Excuse-moi, « j'ôrais pas dû ».

Lauranne m'absout d'un sourire et d'un baiser sur ma joue, hélas suintante, sur laquelle le moins qu'on puisse dire est qu'elle ne s'attarde pas.

– Ce que tu as chaud!

– Pas toi?

– Non! Moi je suis très frileuse, tu sais : la chaleur ne m'incommode jamais.

– Moi non plus d'habitude, mais celle d'aujourd'hui est particulièrement déplaisante. D'ailleurs ils ont annoncé des orages.

– Où?

– Tout à l'heure, à la radio.

– Mais où... je te demandais où, les orages?

– Ah! Un peu partout sur la France. Ils doivent éclater d'abord dans le Sud et remonter vers le nord au cours de la journée.

Sans comprendre pourquoi, je vois à nouveau les épaules de Louis se tendre comme sous un grain et le visage de Lauranne se crisper.

– Charmant! dit-elle.

– Quoi?

– Les orages!

– Ah! ce n'est pas grave! Dans le Midi à cette saison, ils ne durent jamais. Si ça se trouve, ils seront déjà terminés quand on arrivera.

– Epatant! Comme ça on pourra les croiser en route!

Je me rends compte cette fois que Lauranne ne ressent pas comme je l'ai cru d'abord une vague inquiétude à l'idée de notre vol mais une véritable angoisse qui se nourrit du moindre prétexte. D'une autre femme, ça m'agacerait sans doute. D'elle, ça m'enchante : Lauranne craintive, vulnérable, Lauranne petit moineau fragile. Moi, confiant. Moi, serein. Moi, grand aigle invisible. Voilà les choses remises – provisoirement – dans le bon ordre.

Bien sûr, si elle consentait à avouer sa faiblesse, à se laisser aller, à se réfugier sous mon aile protectrice depuis si longtemps en rupture d'emploi, mon bonheur serait plus complet... mais il ne faut pas trop en demander... elle garde sa fierté. Ainsi, à Orly, quand notre chauffeur nous lance avec une ironie hargneuse : « Bon voyage! » elle croise les doigts pour conjurer le sort mais répond gaiement : « Tranquillisez-vous, il le sera! » Elle a les mains glacées, mais elle affirme qu'elle les a toujours comme ça; elle tourne la tête dans tous les sens pour scruter les nuages, mais elle prétend avoir un début de torticolis et se détendre le cou; elle blêmit en apprenant à l'enregistrement qu'à la suite d'un accident technique le départ va être retardé d'une demi-heure mais elle déclare bravement : « Oh ben, on va pouvoir aller au bar. Je meurs de soif. » Elle reblêmit en constatant que l'attente se prolonge plus que prévu, mais elle se trouve toute seule une consolation : « Il vaut mieux qu'ils prennent leur temps pour réparer »; elle avale subrepticement un calmant, mais elle décrète que c'est de la vitamine.

En vérité, on ne peut déceler la nervosité de Lauranne qu'aux efforts constants qu'elle fait pour la cacher. Paradoxalement, plus elle paraît détendue, moins elle l'est. La passerelle d'embarquement franchie, elle devient excessivement calme, excessivement souriante, excessivement attentive aux propos de Louis en train de vitupérer contre la bruyante faconde des Méridionaux qui nous entourent :

– De même qu'il y a des espaces réservés aux non-fumeurs, je trouve qu'il devrait y avoir des espaces réservés aux non-causeurs. Les bavardages et a fortiori les hurlements constituent une nuisance aussi redoutable que la fumée. Beaucoup de gens comme moi sont plus sensibles à la pollution de l'oreille qu'à celle du poumon et je ne vois pas pourquoi on les néglige. D'ailleurs, je vais écrire en ce sens à « qui de droit ».

Il sollicite du regard l'approbation de Lauranne, coincée entre nous deux, et l'obtient à retardement, sur un ton aussi faux que si elle était synchronisée par une mauvaise actrice :

– Ah oui... oui! Excellente idée...

Louis de Margot, soucieux de poursuivre coûte que coûte la conversation, se sert d'un procédé employé par les comédiens quand leur partenaire est victime d'un trou de mémoire : faute de recevoir la réplique attendue, ils se l'envoient eux-mêmes :

– Tu me diras qu'avec toutes les lettres que j'ai dû écrire aux « qui de droit » du monde entier et qui sont restées dans ma plume, il y aurait de quoi remplir au moins deux volumes de la Pléiade... Tu as raison : je suis un incorrigible velléitaire.

Lauranne est toujours en panne de texte. Louis, imperturbable, continue à le lui souffler :

– Tu me diras que c'est un pléonasme, qu'un velléitaire est toujours incorrigible car, s'il était corrigible, il ne serait plus velléitaire puisqu'il aurait eu la volonté de se corriger... Oh!... je sais ce que tu penses... que je suis moi-même un fieffé bavard et que je suis mal venu de réclamer des espaces pour non-causeurs; mais je te ferai remarquer d'abord que je ne parle que pour ne pas entendre les autres et ensuite que moi je ne beugle pas... D'ailleurs, il suffirait peut-être d'instituer des coins pour « non-beugleurs » ou tout simplement des coins pour « bien élevés ». Ce serait merveilleux, non? Je vois d'ici la scène. La préposée qui demanderait à son client : « Avez-vous une préférence, monsieur, pour votre place? Dans les " bien élevés " ou dans les " mal élevés "? » Je serais curieux de savoir combien de personnes auraient l'audace – car hélas, de nos jours, ça en serait une – de choisir la première option. Tu me diras...

La voix suave de l'hôtesse dispense Louis de prolonger son monologue.

Lauranne, qui connaît par cœur comme nous tout ce qu'on va nous annoncer, a l'oreille tendue comme si elle attendait qu'il y tombe un avis la concernant personnellement, du genre : « Mme L.L. est invitée à regagner son domicile » ou : « Y a-t-il une spécialiste de jogging dans l'avion ? » Mais on ne lui débite que la rengaine classique. Bien que déçue sans doute, elle n'en demeure pas moins excessivement intéressée par ce qu'elle entend et qui suscite des commentaires intérieurs, lisibles, à son insu, sur son visage : les souhaits de bienvenue – ça, elle aime bien, on est entre gens civilisés –, l'imminence de notre décollage – après tout, tant mieux! autant en finir au plus vite! –, la durée du vol – une heure, elle devrait pouvoir tenir le coup! –, la trajectoire qu'on va suivre – ça, elle s'en fout! –, le nom du commandant – quelle chance! Lagarde! Un L, elle est sauvée! –, la recommandation de redresser son siège, de ne pas aller aux toilettes, d'éteindre les cigarettes, d'attacher les ceintures – ça, elle apprécie, ça fait maison bien tenue et il faut avoir de la discipline –, le conseil de conserver sa ceinture pendant tout le voyage « pour plus de sécurité... » – ah ça, ça plaît beaucoup moins! Si on nous dit ça, c'est qu'on prévoit des turbulences –, la place du masque à oxygène, son fonctionnement – ça, ça la démoralise, c'est trop évocateur. Enfin! Elle regarde quand même la démonstration de l'hôtesse et adresse à celle-ci un sourire délicieux, certainement avec l'arrière-pensée de s'attirer ses bonnes grâces... en cas de pépin.

Dieu, qu'elle m'attendrit! Dieu, que je voudrais avoir des pouvoirs magnétiques, poser mes mains sur les siennes et lui enlever son angoisse! Dieu, que je voudrais être Dieu! Mais, pour l'instant, il n'est même pas question d'être un homme attentionné et de lui caresser le bout d'un doigt. Ils sont tous crispés sur un magazine dans lequel elle s'est plongée aux premiers ronflements de l'appareil et

dont, bien après que nous avons quitté la terre
ferme, elle n'a pas encore tourné la page. Elle ne
lève la tête qu'en entendant un bruit qui lui semble
anormal... Je m'empresse de lui en expliquer la
cause :

– Ce sont les aérofreins qu'on range.

– Oui, oui, je sais, me répond-elle en repiquant du
nez dans son journal.

Elle y reste accrochée comme à une bouée de
sauvetage, le serrant davantage et contractant ses
maxillaires aux moindres tressaillements de l'avion,
à la moindre brisure du ronron des réacteurs. Elle
s'y cramponne de plus belle quand, après dix minutes de vol, la voix toujours suave de l'hôtesse nous
avertit que nous allons entrer dans une zone de
turbulences. Au deuxième trou d'air, elle se résigne
enfin à lâcher son magazine et à s'agripper à mon
bras. Au premier éclair qui s'encadre dans le hublot,
suivi de près par un coup de tonnerre pétaradant,
elle s'abandonne complètement à sa peur. Elle
appuie ses jambes contre les miennes, enfouit sa
tête dans mon épaule, m'enfonce ses ongles dans la
peau. Tremblante des pieds à la tête, elle se presse
de toutes ses forces contre moi comme si elle
espérait, par un phénomène d'osmose au niveau de
nos épidermes, échanger un peu de sa panique
contre un peu de mon calme. Malheureusement, si
la peur est communicable, le manque de peur, lui,
est intransmissible. Mais, pour être sincère, mon
impuissance à apaiser Lauranne n'arrive pas vraiment à gâcher le plaisir qu'elle me donne en
considérant mon corps comme ultime rempart contre les éléments déchaînés. Rempart illusoire d'accord, mais rempart quand même. Certes, je préférerais qu'elle se sente totalement bien dans mes bras,
mais je suis déjà très heureux qu'elle s'y sente
mieux qu'ailleurs. Oui, je suis heureux. Je dois être
le seul dans la carlingue... avec peut-être ce cher
Margot qui, selon son habitude, juge la situation

sous l'angle théâtral et me glisse, par-dessus la tête de Lauranne, entre deux secousses :

– Intéressant spectacle!

D'accord! Mais il ne faudrait pas pourtant qu'il s'éternise. Il y a maintenant plus de vingt minutes que nous voyageons tantôt en brouette, tantôt en scenic railway et que l'orage nous offre le même feu d'artifice. Les hurlements des enfants alternent avec les coups de tonnerre. La plupart des passagers observent un silence que je qualifierais volontiers de « religieux » car j'ai bien l'impression qu'ils prient : le danger favorise les croyances spontanées.

Certains, comme nos voisins, les intarissables Méridionaux, se limitent à des soupirs de buffle ou à des interjections : « Eh bé!... » « Bonne Mère! » « Pute borgne! » Les femmes accompagnées sont comme Lauranne tapies contre leur rempart personnel. Les solitaires quémandent auprès de leurs voisins un peu de réconfort ou, me semble-t-il, la simple assurance que leur sexe n'est pas exclusivement responsable de leur frayeur :

– Vous aussi, vous trouvez que...

– Ah oui, ça...

Personne ne fanfaronne. C'est la grande égalité des entrailles en vrille devant le danger. Egalité en profondeur, mais pas en surface. Sans conteste, les hommes sauvent plus facilement les apparences que les femmes. Ont-ils vraiment les nerfs plus solides? Ou leur attitude ne leur est-elle dictée que par leur orgueil de mâle, leur désir instinctif de se conformer au vieux mythe du Héros qu'ils traînent sous la semelle de leurs baskets, comme leurs aïeux dans leurs chausses? Je n'en sais rien, mais toujours est-il que, dans le microcosme de notre avion, le sexe fort se distingue visiblement – sinon réellement – du sexe faible. Il y a bel et bien, d'un côté, les « jupes » déliquescentes et, de l'autre, les « culottes » résistantes, même si sous ces habillages différents il y a des fesses pareillement serrées!

Les uns et les autres assument tout naturellement, sans complexe ni d'infériorité ni de supériorité, les caractéristiques ancestrales de leur sexe.

Il doit bien se trouver parmi les voyageuses quelques féministes enragées, de celles qui rêvent de nous voir dans leurs anciens emplois. Eh bien, qu'elles regardent autour d'elles et qu'elles me disent en leur âme et conscience si, en cas d'accident, donc en cas de sauvegarde, elles ne s'offusqueraient pas d'entendre le commandant Lagarde crier devant la seule issue de secours : « Les hommes et les petits garçons d'abord! »

Heureusement nous n'en sommes pas là et le commandant Lagarde, en lieu et place de l'hôtesse dont la voix ne serait peut-être plus assez suave, se contente de nous annoncer que l'aéroport de Toulon est pris actuellement dans une zone orageuse, que l'atterrissage ne nous y sera pas autorisé avant une demi-heure, qu'en attendant nous allons tourner autour, et nous recommande après cela de ne pas nous inquiéter et surtout de rester calmes.

A la suite de cette recommandation, Lauranne commence à claquer des dents et moi je commence sérieusement à me tourmenter. Non pas à cause de notre vol chaotique, car je garde ma totale confiance, mais à cause d'elle. Elle est à proprement parler malade de peur et je crains à chaque instant que son état n'empire. Je supporte de plus en plus mal son visage exsangue et couvert de sueur, ses yeux implorants et sa voix de petite fille qui répète à intervalles réguliers :

– Pourquoi on ne fait pas demi-tour? Il faut faire demi-tour! Il faut sortir de là! Je ne peux plus! Philippe! Je ne peux plus!

Enfin, au bout d'une quinzaine de minutes qui m'ont paru aussi interminables qu'à elle, mes paroles de réconfort, étayées jusque-là par mon seul

238

optimisme – et donc vaines –, peuvent prendre appui sur des preuves tangibles : la couche des nuages s'éclaircit, les secousses sont moins nombreuses et moins fortes, les coups de tonnerre beaucoup plus lointains.

Lauranne respire mieux mais n'ose toujours pas bouger. Elle s'y risque seulement après que je lui ai affirmé que la terre, dont à chacun de nos tours nous nous sommes progressivement rapprochés, est maintenant visible. Et ça, la terre, elle veut voir! Je soulève un coin du rideau que j'avais prudemment tiré sur le hublot au creux de la tourmente. La P.-D.G. de la société L.L., âgée soudain de trois ans et demi, pointe son index vers le bas en murmurant, extasiée :

– Oh! Des maisons!

Il est évident à son expression qu'elle n'espérait plus en contempler ou alors très vite, juste avant de s'écraser dessus! Elle a un sourire de ressuscitée et puis tout à coup, crac! les nerfs lâchent : elle s'abat dans mon cou en proie à une crise de sanglots secs qui s'entrecoupent bientôt de petits ricanements nerveux, quand, affolé, je n'arrive pas à déboucher le flacon d'eau de Cologne que Louis m'a passé, puis qui se terminent en fou rire quand l'ex-sociétaire de la Comédie-Française vient lui déclamer dans l'oreille en roulant les R comme Mounet-Sully :

– « Ah! combien sont cruels dans leurs mêmes
    [alarmes
Les orages sans pluie et les douleurs sans
    [larmes! »

Lauranne ne se calme définitivement que lorsque nous touchons le sol d'une façon un peu rude à mon avis, mais pas au sien. Rien ne peut venir de désagréable de cette bonne terre qu'elle sent à portée de ses pieds. Je m'en voudrais de la contredire. Elle est si contente! Son visage a changé du tout au tout. Je n'ai été témoin qu'une fois de ce genre de transformation, aussi rapide et aussi spectaculaire : au premier accouchement de ma femme. J'ai vu Corinne défigurée par l'extrême douleur, hurlante, gesticulante, convulsée et en une seconde, après le passage de l'enfant, les traits parfaitement détendus, la voix douce, gaie, paisible. Exactement comme Lauranne maintenant. Normal, dans le fond! Elle aussi vient d'être « délivrée » : elle a accouché d'une grosse angoisse. Elle est toute reconnaissance pour son médecin, le vaillant commandant Lagarde qui a permis cet heureux événement; pour moi, le dévoué assistant qui l'a aidée dans ces moments pénibles; toute indulgence pour le monde entier qui lui est redonné et qu'elle croyait avoir perdu à jamais.

On nous laisse mijoter dans l'appareil surchauffé pour des raisons obscures, avant de nous en ouvrir les portes : aucune importance! On élimine nos toxines comme dans un sauna. Les rares chariots à bagages sont pris d'assaut : aucune importance! Chacun portera ses valises! Ça fera les muscles. Celles-ci nous sont livrées sur le tourniquet après vingt-cinq minutes d'attente : aucune importance! On n'est pas pressé! Marius, ange gardien avec son épouse Marguerite et leur fille Claudine de la maison de Ramatuelle, qui venait nous chercher n'est pas encore là : aucune importance! Il a été sûrement retardé par l'orage mais il va arriver. Et, juste au moment où l'on sort de l'aéroport, il arrive dans la Range Rover, avec du soleil plein les yeux et plein la bouche :

– Elle a crevé, la garce, au plus gros de la dégelée de grêlons! Ah! dites donc! Ce cochon de ciel, il s'est soulagé! Ça pétait de tous les côtés! Un vrai bombardement! Des morceaux comme mon poing! Alors, forcément, j'ai attendu qu'ils rapetissent un peu avant de réparer. Enfin, le principal, c'est que je sois là et que vous soyez là avec vos amis.

– C'est bien mon avis! s'écrie Lauranne. Vous

240

n'imaginez pas à quel point je suis heureuse de vous voir.

– Et moi donc! Et Marguerite! Et la Claudine! Elle vous adore! Tiens! ça me fait penser qu'elle a préparé quelque chose pour vous. Je l'ai mis sur le siège avant. Prenez-le donc pendant que je range les bagages.

C'est un panier en osier, garni de fruits et de deux bouteilles thermos. L'une contient du thé – celui que Mme Lauranne préfère –, l'autre du jus de pamplemousse – sans pépins et sans sucre comme Mme Lauranne l'aime. Quant aux nectarines et aux pêches, elles viennent du jardin et Mme Lauranne peut être sûre qu'elles n'ont pas été traitées avec des « saloperies chimiques ».

Comme Louis et moi, Lauranne apprécie ces délicates attentions. Comme nous, elle goûte à chaque produit mais bien plus que nous s'émerveille. Elle n'a jamais bu un meilleur thé, un meilleur jus de pamplemousse, jamais mangé de meilleurs fruits. Elle est sincère. Elle redécouvre la saveur des choses. Elle ne vit pas, elle revit. Tout pour elle redevient miracle. Tout redevient joie : le ciel à nouveau bleu, le vent qui s'engouffre dans la voiture et nous rafraîchit, le foulard que Louis, qui déteste les courants d'air, s'est noué sur la tête, les invectives de Marius contre tous les conducteurs, les enfants qui nous disent bonjour sur la route, les retrouvailles avec Claudine qui est allée visiblement « au coiffeur » pour la circonstance et avec Marguerite qui, aussi visiblement, a briqué la maison. Ou plutôt les maisons. Il y en a trois : une grande, celle des maîtres, une petite, à une dizaine de mètres, dans le prolongement, celle des invités, et, derrière, séparée par le potager, celle des gardiens. Lauranne et moi, nous disposerons de la première, Louis de la deuxième. Il se réjouit autant que moi de l'indépendance de nos résidences.

– J'ai moins de scrupules à être là, me dit-il.

Normalement, de chez vous, vous ne devriez pas m'entendre tourner les pages de mes livres.

Une autre bonne surprise m'attend, concoctée par l'innocente Marguerite.

– Je vous ai installés dans la chambre des patrons. D'abord c'est la plus belle, ensuite c'est là où le lit est le plus grand. Alors, j'ai pensé que par ces temps de chaleur, ce serait mieux... J'ai fait comme pour moi... Mais, si ça ne vous convient pas, il ne faut pas vous gêner, on peut changer. Ce n'est pas la place qui manque ici.

Lauranne, toujours sous l'enchantement de sa résurrection, approuve sans réticence l'initiative de Marguerite. Nous allons dormir non seulement dans la même chambre, mais dans le même lit; connaître une véritable intimité de couple. Du coup, ma béatitude est égale à la sienne. A peine sommes-nous seuls que nos deux nirvānas se rencontrent sur les draps fleuris du banquier et explosent avec une rapidité qui nous surprend nous-mêmes. Mais en amour, comme en art, le temps ne fait rien à l'affaire... Court moment, mais grand moment dont nous sommes redevables, je le suppose, à la tension nerveuse que nous avons subie pendant notre voyage. Lauranne le pense aussi. Rien qu'à évoquer ce mauvais souvenir, son regard s'attriste, puis se durcit.

– Tu ne peux pas savoir à quel point je m'en veux, me dit-elle.

– Tu t'en veux? De quoi?

– D'avoir eu aussi peur; de n'avoir pas réussi à le cacher; de m'être conduite comme une mauviette!

– Tu plaisantes?

– Ah non! Je me suis détestée et j'ai horreur de me détester.

– Et moi qui t'aimais tant, ce matin, dans cet avion.

Lauranne, sceptique, demande confirmation :

– C'est vrai?

– Bien sûr que oui!

Dans le regard de Lauranne, un curieux mélange de reconnaissance, de tendresse, d'étonnement... et un zeste de regret. Dans sa réponse, c'est le zeste qui domine :

– Ben alors, c'est que nous n'aimons pas la même.

– Ce n'est que partiellement vrai : je t'aime mieux « jupe » et tu ne t'aimes pas que « culotte ».

– C'est juste pour moi, mais je ne suis pas sûre que ce le soit pour toi. Je me demande si tu ne te passerais pas volontiers de mon côté « culotte » et si tu ne l'acceptes pas que contraint et forcé, un peu comme on acceptait pendant la guerre, chez le boucher, les bas morceaux pour avoir droit à un rôti.

– Pas du tout. J'apprécie beaucoup tes qualités prétendument masculines. Je les admire même comme j'admire ta réussite.

– Oui, mais...

– Mais quoi?

– J'ai toujours pensé que si les femmes avaient besoin d'admirer, pour une raison ou pour une autre, l'élu de leur cœur, les hommes, eux, n'étaient pas du tout dans ce cas. Je ne dis pas que certains n'éprouvent pas de l'admiration pour certaines femmes, mais ce sont rarement celles qu'ils aiment, et de toute façon pas à cause de cela. Plutôt malgré cela.

– Il peut y avoir des exceptions.

– Bien sûr, les généralités sont toujours fausses.

Lauranne ne m'a pas demandé si je me considérais comme une de ces exceptions. Je ne lui ai pas demandé non plus si elle m'admirait, ni pourquoi.

Ces deux questions sont restées en suspens dans l'air léger des vacances. J'ignore ce qu'est devenue la sienne, mais la mienne m'est retombée dessus, quelques instants plus tard, quand je l'ai vue exécuter du plongeoir de la piscine un saut de l'ange impeccable tandis que je m'offrais, trois mètres au-dessous, un de ces plats retentissants dont mon sternum ne fut pas le seul à rougir. Ce n'était pas encore là que j'allais pouvoir me montrer admirable... Mais où? Mais quand? Mais comment? Je ne bénéficierais pas tous les jours du précieux concours d'un avion brinquebalé par l'orage pour me valoriser aux yeux de Lauranne. A bon compte, entre nous, car en fait, si elle n'avait pas eu aussi peur, je ne lui aurais pas paru aussi héroïque.

Cette peur, elle n'arrive pas à se la pardonner et la remet sur le tapis à l'heure douce de l'après-dîner que nous partageons avec Louis, invisible de toute la journée, sur la terrasse éclairée de quelques torches flamboyantes.

– Je ne comprends pas, lui dis-je, pourquoi, redoutant l'avion à ce degré-là, tu t'obstines à le prendre.

– D'abord parce que c'est pratique. Ensuite parce que j'espère réussir un jour à vaincre cette foutue panique.

Louis hume le vieil armagnac auquel il a succombé après une courte hésitation et propose une troisième raison :

– Parce que, surtout, tu oublies, comme tout le monde, Lauranne. Nous oublions nos peurs, nos douleurs, nos colères, nos chagrins. Et c'est très bien ainsi, quoi qu'en pense Musset... ou plutôt quoiqu'il l'écrive : « Et l'oubli m'est venu car j'oublie, et c'est mon dernier désespoir. » Poésie que tout cela! Dans le fond, il devait être très content d'oublier afin de pouvoir se relancer dans de nouvelles idylles inoubliables... qu'il oublierait. Comme moi je suis content d'avoir oublié mes horribles crises de goutte – ce qui me permet de déguster ce merveilleux alcool. Comme j'ai été très content tout au long de ma carrière, le rideau tombé, d'oublier le trac qui m'avait tenaillé avant qu'il ne se lève. Justement, j'y pensais ce matin à ce fameux trac en voyant Lauranne, aussi tremblante que moi dans les coulisses en train d'attendre mon entrée en scène, et je me souvenais...

Louis de Margot s'est emparé de la conversation et, pour notre plus grand plaisir, ne la lâche plus. Comédien, homme d'esprit, observateur infatigable et doué d'une mémoire prodigieuse, il est un conteur hors du commun. Il nous offre, sur l'angoisse des comédiens, un numéro époustouflant dont le brio me semble dû en partie au sujet que Margot connaît particulièrement bien et en partie à la quantité d'armagnac qu'il a absorbée. Mais j'ai bien tort. Le lendemain, ayant ressenti dans l'épaule « quelques encouragements à la sagesse », il attaque la veillée le verre d'eau à la main et avec un sujet qui ne le concerne pas plus que nous : les Mérovingiens. Il est aussi éblouissant. Il l'est autant tous les soirs et tous les soirs sur un thème différent.

Nous ne le voyons vraiment qu'au dîner. Le matin, nous ne faisons que le croiser – et encore pas toujours – au moment où il quitte la maison, son immuable panama sur la tête, un livre, jamais le même, sous le bras :

– Je pars à l'aventure, nous dit-il.

Il circule dans la région, dans un rayon de trois ou quatre kilomètres, et s'arrête à chaque fois que quelqu'un ou quelque chose retient son attention : un paysan, des touristes, un chat, une fourmi, un bourdon, un paysage, un terrain de camping, un enfant qui vend des pêches, un arbre, un tesson de bouteille, une enveloppe froissée, un vieux journal. Tout lui est matière à observations, à réflexions, à souvenirs, qui, à la nuit tombante, nourrissent son inspiration.

Je pense en l'écoutant à tous ces gens qui à notre époque traversent des océans pour atteindre des contrées lointaines, riches de trésors naturels, artistiques ou historiques, et qui en reviennent avec des commentaires tels que : « C'est reposant parce que ça dépayse! » quand ça n'est pas : « Finalement, c'est la même chose que chez nous! » ou : « Qu'est-ce qu'il y a comme moustiques dans ce pays-là! » Ils seraient bien étonnés, comme moi, devant la moisson de mots et de pensées que rapporte « le vieux monsieur » d'une simple expédition autour de Ramatuelle ou autour de lui-même.

Margot dément superbement qu'il est nécessaire de beaucoup voir pour beaucoup retenir. Lui, il voit peu, mais il voit bien; et, en plus, il a le goût et le talent de nous prêter ses yeux. Moi qui ai craint à Paris que Louis ne gâche un peu nos vacances, je m'aperçois au contraire qu'il y apporte un charme supplémentaire en étant non seulement l'étincelant animateur de nos veillées mais aussi le témoin de notre amour. Et je crois que les amoureux ont besoin de temps en temps d'un témoin. Sinon besoin, mais envie. Envie que l'on surprenne dans leur regard et dans leurs gestes l'intensité de leur désir et l'évidence de leur complicité. Envie qu'on les envie. Envie, pour sentir mieux leur bonheur, de l'étaler sous le cœur tiède ou carrément vide des autres. Les nouveaux amants sont les nouveaux riches du sentiment : il ne leur suffit pas d'être heureux, il faut que ça se sache. Ils ont tous plus ou moins, me semble-t-il, un petit côté « m'as-tu vu comme on s'aime ». En tout cas, Lauranne et moi, nous l'avons indéniablement. Car enfin, en toute honnêteté, nous pourrions très bien, devant Margot, ne pas nous picorer les lèvres au moindre prétexte, ne pas échanger des clins d'œil, lourds de sous-entendus, ne pas nous prendre à tout bout de champ par la main, par la taille ou par les épaules. Il n'y a pas entre nous une telle urgence, une telle nécessité de contact. D'autant moins que nous avons la journée entière pour jouer toutes les notes de la gamme amoureuse – dièses, bémols et points d'orgue compris – et que nous ne nous en privons pas. Oui, il est certain que, si nous le voulions, nos élans, quoique sincères, seraient répressibles. Mais nous ne le voulons pas. Ça nous plaît bien que Louis constate de visu notre parfaite entente. Ça nous plaît bien qu'il nous dise :

– Alors, les amoureux? Toujours le beau fixe?

Ça nous plaît bien de lui répondre de la même voix :

– Plus que jamais!

Et nous ne mentons pas. C'est le bleu partout. Pas un nuage. Pas un problème. A se demander comment on a pu en avoir. A croire qu'on n'en aura plus jamais.

Nous vivons en vase clos, vingt-quatre heures sur vingt-quatre, l'un près de l'autre, l'un avec l'autre, l'un par l'autre. Nous partageons toutes nos activités – assez réduites – et toutes nos inactivités – innombrables. Jamais je n'aurais cru Lauranne capable de ne rien faire à ce point-là! Tout juste si je ne suis pas obligé, le matin, de la pousser hors du lit pour notre jogging et notre gymnastique. Non pas que je sois devenu un féru de ces exercices, mais je tiens à amortir mon abonnement à Santaform, le club de l'homme dynamique, et à montrer à ma championne les progrès de ma musculature. Si maintenant je parviens assez gaillardement à tricoter des jambes, à mouliner des bras, à rotationner du tronc, à contracter des abdominaux, vous vous doutez bien que ce n'est pas pour mon amoire à glace. Lauranne se réjouit quotidiennement de me voir évoluer à la verticale comme à l'horizontale au même rythme qu'elle et je ne voudrais pour rien au monde la frustrer de ce plaisir.

En dehors de cela, nous passons le plus clair de notre temps à récompenser nos corps de leur valeureuse et matinale agitation. Nous les bichonnons, les nourrissons – délicieusement mais sainement –, les caressons, les aimons, les rafraîchissons régulièrement dans la piscine, les dorons, les pommadons, les hydratons, les reposons.

Et vos têtes dans tout cela? me demanderez-vous pour peu que vous soyez des obsédés cérébraux. Eh bien, nous les dorlotons aussi : nous leur épargnons le plus léger souci, nous leur proposons des lectures plaisantes mais pas forcément débiles, des pensées douces, apaisantes, gaies, des bavardages charmants – ceux de Louis, bien sûr, mais les nôtres également –, des rêveries, beaucoup de rêveries, des émerveillements, beaucoup d'émerveillements. Parmi ceux-ci, l'un tient à cette constatation chaque jour renouvelée : pas une seconde nous ne nous ennuyons. Parfois l'un de nous deux a peur que l'autre ne se lasse de cette inaction presque totale et de ce face à face perpétuel.

– Tu n'as pas envie de sortir?
– Oh! la la! Non! toi, oui?
– Oh non! Moi non plus!
– C'est vrai? Tu ne veux pas qu'on joue à quelque chose?

A chaque fois, cette dernière question que nous avons adoptée comme leitmotiv de nos vacances nous fait sourire. Elle nous vient, via Lauranne, du propriétaire de la maison qui, lui, prompt à l'ennui, la pose aux nombreux amis qu'il invite chez lui et qu'il entraîne, de gré ou de force, dans son salon transformé en véritable salle de jeux. Il y a là trois billards, un normal, un japonais, un électrique, un football de table, deux jack-pots, toutes les nouveautés électroniques, des tables de bridge avec, dessus, des paquets de cartes, des tarots, des échecs, des jacquets, des roulettes, des tapis pour les courses de petits chevaux, des Monopoly, des pistes de 421 et aux murs des cibles pour les fléchettes. Quand, le premier jour, Louis de Margot a découvert cette pièce, il a été, à ma grande satisfaction, encore plus effaré que moi :

– C'est simple, nous confia-t-il, pour moi c'est

Cayenne! Si d'aventure je commettais un crime, le plus sûr moyen de m'en punir serait de me condamner aux distractions forcées à perpétuité dans cet antre du jeu de société.

Depuis, nous n'y avons jamais remis les pieds mais évoquons souvent « Cayenne » en manière de plaisanterie ou pour nous féliciter de nous suffire à nous-mêmes. Rien dans les mains, rien dans les poches, tout dans le cœur.

Pourtant, un jour, nous étant reproché, sans conviction, notre mutuelle sauvagerie, nous avons, Lauranne et moi, décidé de pousser une pointe jusqu'à Saint-Tropez. Quand nous sommes partis vers dix heures, nous avons prévenu Marguerite que nous ne rentrerions qu'après le dîner. A quatorze heures trente, nous étions de retour.

Déjà sur la route, avec les encombrements, et en arrivant, avec les difficultés de parking, nous avions douté de l'opportunité de notre initiative. Mais nous n'avons quand même pas voulu y renoncer aussi vite. Vaillamment, nous avons suivi le parcours du parfait petit touriste : Le marché. La vieille ville. L'église. La courte halte sur la place des Lices. La bouffée de folklore. Le pastis. L'accent. La partie de pétanque. La galéjade. Saint Pagnol, priez pour nous! Ici, ce qu'on n'a pas vu, on l'a lu. Nous sommes redescendus vers la bastide. Nous avons acheté des cartes postales : des vues du port. Nous avons regagné le port et nous avons vu nos cartes postales. Nous avons déambulé sur le quai, léché les vitrines et pris d'assaut une table à la terrasse de Sénéquier. Nous avons commandé deux sorbets à la fraise et, puisque nous étions là pour ça, regardé le monde passer. Un monde en uniforme de vacances. Le bikini et le jean ont plus fait pour l'égalité que n'importe quel parti politique. Les tenues ultra-collantes, arachnéennes ou microscopiques qui défilaient devant nos yeux blasés m'ont rappelé le refrain d'un chansonnier que mon père, outré par les audaces pourtant timides des estivantes de La Tranche-sur-Mer, aimait à me citer. A mon tour, je l'ai cité à Lauranne :

– « On ne sait plus, on ne sait plus
  Comment montrer son cul! »

– Ça date de quelle année? me demanda-t-elle.

– 48 ou 49.

– C'est drôle! On pourrait écrire la même chose aujourd'hui, mais avec plus de raisons.

Comme pour illustrer notre propos, les fesses de Brigitte, la plus jeune de mes secrétaires, cinglent vers notre table. Elles émergent d'un short – encore plus court que son nom ne l'indique et de surcroît fendu. Bien qu'elles soient très présentables, je n'ai pas été enchanté de faire leur connaissance. Leur propriétaire nous a abordés, encore sous le choc qu'elle venait d'avoir en apercevant son digne patron dans cet endroit de perdition et avec une rousse sémillante.

– Alors ça, c'est pas croyable! Vous parlez d'un hasard!

Personnellement, je ne lui aurais parlé de rien, mais elle m'en a parlé, elle, du hasard, pendant un quart d'heure. Je vous résume : elle avait reçu le matin même une carte de ma sœur, restée à Paris pour assurer une permanence à l'agence pendant mon absence, et une lettre de Mme Vionnet, l'autre secrétaire, qui soignait ses rhumatismes à Dax. Et voilà que paf! Ça c'est pas mal! Deux heures plus tard, elle me rencontre : tout le bureau dans la même journée!

Je me suis esbaudi de cette coïncidence, un peu trop au goût de Lauranne qui ignorait à la fois la susceptibilité de Brigitte et l'infaillibilité – rarissime à notre époque – de son orthographe.

– Tu devrais manger ta glace, mon chéri, m'a-t-elle dit. Elle va fondre.

Les regards de ces dames se sont croisés comme deux épées au-dessus de ma tête sur laquelle j'ai

250

senti éclore l'équivalent d'une crête de coq. Quand ma secrétaire, après avoir pris congé, s'est éloignée en chaloupant assez gracieusement de la croupe, je n'ai pu m'empêcher de cocoricoter :

– Elle a de jolies jambes...

– Oui... m'a répondu évasivement Lauranne. Surtout une!

Superbe, non? Et en plus c'était vrai! Vous me direz ce que vous voudrez, il n'y a pas un homme qui aurait trouvé ça. Les femmes ont un œil, une tournure d'esprit, une malice que nous n'avons pas. Elles ne sont pas pareilles, quoi! Meilleures ou pires, ça dépend, mais pas pareilles.

Quelques instants plus tard, j'en ai eu une nouvelle preuve. J'avais remarqué dans la foule une fille brune assez belle que j'étais sûr d'avoir déjà rencontrée mais sans me rappeler ni où ni dans quelles circonstances. Elle était enlacée à un garçon athlétique, au type nordique et au torse nu. Dès qu'elle m'a vu, elle s'en est détachée, puis a foncé sur moi avec de grandes exclamations de joie et m'a embrassé. Sa voix et surtout son parfum m'ont permis de la reconnaître et de la présenter immédiatement à Lauranne :

– C'est Violette, tu sais, je t'en ai parlé un jour.

– Oui, oui, je me souviens, mademoiselle est perpignanaise, me répondit Lauranne dont la mémoire avait fonctionné beaucoup plus vite que la mienne.

Violette sourit de ses dents éclatantes et rectifia :

– Maintenant, je suis parisienne.

– Ah bon! Depuis quand? demandai-je.

Elle désigna son blond chevalier servant qui l'attendait à quelques mètres :

– Depuis que j'ai viré ma cuti... à cause de lui.

Puis elle ajouta, toujours à mon adresse, mais cette fois en désignant Lauranne :

– Comme toi... à ce que je vois.

Lauranne, à nouveau plus rapide, se souvint un quart de seconde avant moi que, pour Violette, j'étais homosexuel et elle lui répondit en ce sens, mais de façon surprenante :

– Hélas non! Ne vous fiez pas aux apparences : je ne suis que sa sœur.

Je fus tellement éberlué que je ne démentis pas et laissai Violette m'exprimer ses regrets et ses encouragements à ne pas désespérer de mon cas. Dès qu'elle nous eut tourné le dos, j'interrogeai Lauranne :

– Qu'est-ce qui t'a pris? Ma sœur... à quoi ça rime?

Elle se mit à rire. De ma naïveté ou de sa rouerie? Je ne sais. Sans doute des deux. Puis elle m'expliqua, pas repentante pour deux sous et un peu fiérote :

– J'aimais autant que cette fille continue à te prendre pour un pédé!

Franchement, vous en connaissez, vous, des hommes qui prétendraient que leur maîtresse est lesbienne pour écarter d'elle les importuns? Moi, ceux que je connais, ils se vanteraient plutôt de fréquenter des ravageuses, des excitées, des « affaires », au mépris de la convoitise qu'ils soulèvent chez leurs semblables. Les femmes sont beaucoup moins vaniteuses... et beaucoup plus prudentes. Pas pareilles, je vous le dis, pas pareilles.

– La femme sera toujours la femme! me suis-je écrié.

– Tu pensais différemment à l'époque pas très lointaine où tu traitais de « mecs » tes amies de rencontre.

– Exact! Mais, maintenant que je te connais, par chance je le pense à nouveau. Et toi?

– Quoi, moi?

– Penses-tu que l'homme sera toujours l'homme?

Lauranne a retrouvé son regard de mâtine pour me répondre :

– En tout cas, je le souhaite.

Je n'ai pas eu le loisir de m'attarder sur cette réponse ambiguë car deux clientes de Lauranne, dont les bourrelets constituaient une très mauvaise publicité pour les méthodes d'amaigrissement de son institut, sont venues lui égrener dans l'oreille, sans souci de la mienne, tout un chapelet de lamentations sur leur cinquième lombaire, leur arthrose du genou, leur épiderme pelé par le soleil, leur tube digestif, leur mycose aux pieds, leurs insomnies et accessoirement leurs maris. Lauranne, agacée par ce déballage de confidences, y mit un terme dès qu'elle le put sans risquer d'être par trop grossière et manifesta aussitôt après leur départ le désir de lever le siège. Il était treize heures trente et, après avoir envisagé divers emplois de notre temps, nous nous sommes aperçus que nous n'avions qu'une seule et même envie : nous retrouver loin du bruit, loin de la bousculade, loin des autres. Ah! les autres, les pauvres autres, comme nous avons pu les plaindre de n'être pas nous! Comme nous avons pu nous réjouir de n'être pas eux!

De retour dans notre havre de paix, nous avons surpris Marius sous un arbre, en flagrant délit de sieste. Nous nous sommes excusés de l'avoir réveillé mais il nous a tout de suite rassurés :

– Je ne dormais pas, nous a-t-il dit. Je regardais en dedans.

– Eh bien, continuez! Nous allons en faire autant : nous sommes épuisés.

– Vous n'avez pourtant pas dû aller bien loin à l'heure que vous êtes partis.

– Jusqu'à Saint-Tropez.

– Alors, ça ne m'étonne pas! Ce pays-là, même mort, j'aimerais pas y vivre!

Il a appelé sa femme pour lui annoncer la terrifiante nouvelle :

– Marguerite, ils reviennent de Saint-Tropez!

Marguerite est accourue, comme si nous venions d'échapper à un typhon dans le triangle des Bermudes, prête à nous sacrifier tous les trésors de la cuisine, du cellier et de la cave. Mais nous n'avions besoin que d'eau fraîche et d'amour et les deux nous attendaient dans notre chambre.

Nous attendait aussi un courrier – le premier reçu ici – dont l'abondance nous intrigua, mais que pourtant nous n'avons ouvert qu'après avoir apaisé nos deux soifs.

Nos lettres et nos cartes avaient été expédiées de diverses régions de l'Hexagone, mais le cachet de la poste indiquait sur toutes la même date : un jour où il avait plu sur la France entière.

De Dax, Mme Vionnet m'adressait son respectueux souvenir.

De Paris, ma sœur m'affirmait que tout allait très bien pour elle et pour nos affaires; espérait qu'il en était de même pour moi; me priait de transmettre ses amitiés « autour de moi ».

D'Hossegor, Doudou laissait filtrer son ennui. Il logeait dans un hôtel et Olivier chez son père, toujours ignorant de leur situation. Leurs rencontres à la sauvette le déprimaient et leur départ prochain pour Hammamet, dont il redoutait le climat, ne lui remontait pas le moral. En postscriptum, il me serrait bien amicalement les mains.

D'Orly, Grégoire et Romain en partance pour New York et déjà américanisés nous envoyaient « *love and kisses* ».

De Lisieux, la mère de Lauranne entourée de ses deux autres filles, de leurs maris et de leurs huit enfants, comme chaque année à l'approche de l'Assomption, se plaignait à sa benjamine du manque de nouvelles mais lui précisait qu'elle ne l'oubliait pas pour autant dans ses prières.

De Moncuq, par où elle avait fait exprès un

détour en allant rejoindre les deux autres « logues » à Cahors, de Moncuq donc, Clotilde nous envoyait ses gaillardes pensées.

Respectivement du Touquet et de Bagnères-de-Bigorre, Vanessa annonçait à Lauranne son dernier coup de cœur pour un véliplanchiste et Barbara le sien pour le deltaplane. L'une et l'autre chargeaient leur belle-mère d'affectueux messages pour Louis et omettaient de l'en charger pour moi.

De Carnac, où elle effectuait un reportage sur la mode parisienne parmi les Bigoudens et les menhirs, Diane m'expédiait une carte désuète où un couple début de siècle, enlacé sous une guirlande de glycine, illustrait cette légende : « Voici le secret du bonheur : une chaumière avec deux cœurs. » Ma fille m'écrivait ce commentaire sibyllin : « Finalement... » puis nous embrassait « tous deux très affectueusement ».

Enfin, de Lyon, où un café-théâtre montait un de ses spectacles, Bertrand me rappelait notre dernière conversation téléphonique sur les grains de sable qui s'introduisent à l'improviste dans les rouages de notre destin et nous empêchent de vraiment le diriger. Il m'en donnait un exemple qui venait de le toucher personnellement, plus sans doute que son humour coutumier ne le laissait entendre : à son insu, Chloé avait cessé de prendre la pilule, était enceinte et refusait énergiquement qu'il reconnaisse le futur enfant. Evénement imprévisible, dont les conséquences l'étaient encore plus : Bertrand, champion de l'anticonformisme, tenaillé soudain par un instinct paternel jusque-là insoupçonné, ne rêvait plus que de vie familiale, stable et – il osait le mot – bourgeoise.

Lauranne, mise au courant, montra beaucoup de compassion pour Bertrand et en général pour tous les hommes victimes, comme lui, de paternités involontaires.

– Ils devraient davantage se méfier.

– Tu en as de bonnes, toi! Comment? Avec les moyens contraceptifs et l'I.V.G., les femmes sont devenues entièrement maîtresses de la situation. Elles peuvent décider qu'elles seront ou ne seront pas des mères. Je trouve ça très bien : leur ventre est à elles. Mais elles peuvent décider aussi, sans nous consulter, que nous serons les géniteurs de leur enfant, mais pas leur père. Et là je m'insurge : nos spermatozoïdes sont à nous.

– Je suis tout à fait d'accord avec toi.

– Alors, quel moyen avons-nous pour nous défendre?

– La vasectomie qui est pratiquée surtout en Amérique.

– Merci beaucoup! S'interdire définitivement de procréer! Tu n'as pas une solution moins radicale à me proposer?

– Pour le moment, non. Mais il est presque certain que, dans un avenir plus ou moins proche, les hommes disposeront aussi d'une pilule contraceptive. Je sais qu'ils répugnent en général à cette perspective : mais ils ont tort. C'est le seul moyen pour eux de ne pas engendrer contre leur volonté. Tant qu'ils ne l'emploieront pas, les femmes pourront toujours les piéger avec le coup de l'enfant. D'une façon ou d'une autre.

– Moi, j'aimerais bien que tu me pièges de cette façon-là.

– Comme Bertrand?

– Ah non!

– Pour que je te force à m'épouser?

– Bien sûr! Figure-toi que c'est un de mes rêves...

– Eh bien, tu ferais mieux d'y renoncer tout de suite. Je suis résolument contre les maternités tardives... et contre les mariages forcés. Je n'admets que ceux consentis en dehors de toute pression d'aucune sorte.

Elle n'a pas ajouté : « A bon entendeur, salut! »

mais son œil l'a dit pour elle. Le mien lui a répondu : « Ne crains rien. J'ai compris le message. Je n'insisterai pas. »

Pour la première fois depuis le début de nos vacances, j'avais, contrairement à ce que je m'étais promis, titillé le grelot du conjungo. Pour la première fois une ombre légère était passée sur notre soleil. Ce fut la seule fois en trois semaines, et elle ne subsista pas plus de trente secondes : une escarbille grisâtre sur un Everest d'amour rose vif. Ça ne compte pas et je me sens autorisé à vous dire, aujourd'hui où il se termine, que ce séjour fut totalement réussi.

Il est possible que dans le passé j'aie été aussi heureux : je ne m'en souviens pas.

Il est possible que dans l'avenir je le sois encore autant : je ne l'imagine pas.

Mais je jure qu'il est impossible que je l'aie été et que je le sois davantage que dans cette maison.

Elle s'appelle *Lou Paradou*.

Quand je suis arrivé, j'ai trouvé ce nom un peu ridicule.

Maintenant qu'il me faut la quitter, je serais incapable de lui en donner un autre.

16

Nos valises sont dans la Range Rover.

Nous, nous sommes dans la cuisine de nos anges gardiens, en train de partager avec eux le vin de l'adieu et une délicieuse tarte aux pêches.

Marius donne le signal du départ et remet à Lauranne un bouquet de fleurs de « son » jardin. Claudine lui apporte un pull en grosses mailles de coton qu'elle a tricoté pendant notre séjour, copié sur celui qu'elle portait à notre arrivée et dont

Lauranne l'avait félicitée. Marguerite sort de son placard à conserves un pot de miel pour Lauranne et deux pots de confiture, l'un à la groseille pour Louis, l'autre à l'abricot pour moi : elle ne s'est pas trompée sur nos préférences.

Nous les remercions autant que nos trois gorges serrées nous le permettent, puis nous nous dirigeons tous ensemble vers la voiture. Avant d'y monter, Lauranne embrasse les deux femmes. Spontanément, Louis et moi nous l'imitons. Elles se tamponnent discrètement les yeux avec leur mouchoir. Marguerite balbutie : « On va vous regretter », et Claudine : « Vous étiez si gentils. » Lauranne se mord les lèvres et s'excuse des yeux de ne pouvoir répondre. Margot, le brillant, l'intarissable, le spirituel Margot prononce la phrase la plus plate de ses vacances : « C'est la vie! » Moi, je plonge précipitamment vers le bas de mon pantalon pour y frotter une tache imaginaire. Heureusement que Marius est là pour nous secouer :

– Eh bé! Dites donc! On se croirait à un enterrement!

En ce qui nous concerne, nous, les Parisiens, c'est bien de cela qu'il s'agit : nous enterrons trois semaines de bonheur.

Au moment où la voiture franchit la grille de *Lou Paradou*, Marguerite et sa fille, qui l'ont suivie jusque-là, s'arrêtent et nous crient :

– A l'année prochaine! A l'année prochaine!

Ah! les mots! Bon sang! Ce que ça peut être traître! Regardez-moi ceux-là! A l'année prochaine... Des bonnes gueules de mots innocents, simples, bêtas. Va-t-on supposer que se cache derrière tout un arsenal explosif de craintes et d'incertitudes qui vous éclatent dans la tête, dans le cœur, dans le ventre. A l'année prochaine... si toutefois... à condition que... à moins que... sauf au cas où... touchons du bois... touchons notre amour... touchons nos mains... Celles de Lauranne broient mes doigts.

Deux larmes sillonnent ses joues que le soleil a piquées de taches de rousseur. Je me penche à la portière pour sécher les miennes au vent de la route. Je me récite mon bréviaire : un Héros peut être sensible – c'est même assez recommandé – mais un Héros ne doit pas le montrer. O.K., cow-boy! Tu es épatant et je ne demanderais pas mieux que de t'écouter. Seulement, pour cela, il faudrait que tu me fournisses d'urgence un décoinceur de glotte et un coupe-émotion. Ben oui, comme il y a des coupe-faim. Et puis que tu en fournisses un à Lauranne, par la même occasion. Parce que, tant que je sentirai près de moi mon petit roc de granit fondre comme un sorbet, moi je ne réussirai pas à me solidifier. Quoi? Qu'est-ce que tu dis, cow-boy? Je suis un imbécile. Je devrais me réjouir qu'elle soit aussi triste que moi. Etre malheureux ensemble pour la même raison, c'est une forme de bonheur. Tu n'as pas tort, mais... Comment, cow-boy? Que je l'imagine, à cet instant, roc précisément, maîtresse d'elle-même, pis, ne comprenant rien à mon chagrin, ironisant sur lui, pis encore, carrément contente de rentrer à Paris?...

Je l'ai si bien imaginée que je me suis immédiatement recalé sur le dossier du siège et que j'ai vérifié de mon œil sec si les siens étaient toujours humides. Quelle chance! Ils l'étaient. Ils le restèrent jusqu'à ce que Marius, le dernier maillon de la chaîne qui nous reliait à Ramatuelle, nous quitte. A partir de là, ils se contentèrent d'être absents, tendres, mélancoliques, mais curieusement pas du tout angoissés, même quand un certain commandant Dutoit – pas un L à l'horizon! – nous annonça notre imminent décollage.

– Tu n'as pas peur?

– Non! C'est extraordinaire! J'ai un tel cafard que j'en oublie tout le reste.

– C'est bien, non?

Lauranne approuva :

– Oui. Très bien.

Puis aussitôt ajouta :

– Presque trop!

L'approbation venait de la « jupe ». La restriction de la « culotte ». De ce côté-ci, on craignait qu'un excès de bien-être, un excès de sentiment n'entraî- nât des difficultés dans le travail et des problèmes dans l'organisation de la vie quotidienne. De l'autre, en revanche, on se réjouissait sans mélange. Dame! Ce n'est pas tous les jours qu'on a à se mettre sous le cœur un amour de cette taille-là. La réaction à double détente de Lauranne laissait prévoir qu'il y aurait du tirage entre les deux parties, mais plus tard... Sur l'instant, la « jupe » l'emporta sans peine. Lauranne s'arrima à mon épaule, à ma main, à ma jambe et ne s'en dégagea que pour sortir de l'avion. Le contact avec son bien-aimé plancher des vaches n'opéra sur elle aucun changement. Aussi morose à notre arrivée qu'à notre départ, elle ne retrouva un peu de gaieté qu'en découvrant la haute silhouette d'Olivier. Il était revenu d'Hammamet, trois jours plut tôt que prévu, avec Doudou bien sûr et à cause de lui qui pendant leur séjour n'avait cessé de se plaindre de tout : de mal dormir, de mal manger, d'avoir trop chaud, de voir trop de monde, d'enten- dre trop de bruit.

– C'est bizarre, cette mauvaise humeur, dit Lau- ranne. Ça ne ressemble pas à Doudou.

– Parce que tu ne l'as jamais vu en vacances, lui répondit Olivier. Il n'est pas le même qu'à Paris. En vérité, il ne se plaît qu'au bateau. Depuis qu'on y est, tout va bien.

Effectivement, après une courte halte avenue Trudaine pour me permettre de déposer – avec quelle tristesse! – mes bagages à mon studio, nous retrouvons Edouard tel qu'en lui-même... avec juste quelques kilos supplémentaires visibles sur son visage plus poupin que jamais et sous une ample gandoura, précisément destinée à les dissimuler. En revanche, il ne cherche pas à cacher sa joie de revoir « sa » Bichette, « son » Louis qui lui ont tellement manqué et de renouer avec ses chères habitudes, au sein de sa chère famille.

Il a fleuri l'appartement, sorti la vaisselle du dimanche et préparé un dîner de fête en l'honneur de ce jour béni entre tous où cette maudite période de vacances s'achève. Tout lui est prétexte, au cours de ce repas, à comparer les agréments de sa vie parisienne aux déboires de sa vie estivale. Il n'en finit pas d'être heureux. Lauranne n'en finit pas d'être indulgente. Je n'en finis pas d'être accablé. Quant à Louis, sous le coup d'un petit marc, il finit par mettre les pieds dans le plat :

– Eh bien, figure-toi, dit-il, que nous, nous avons passé trois semaines de rêve, dans une maison de rêve, jouissant d'un site de rêve, d'un climat de rêve, d'un personnel de rêve. Et que, nonobstant le charme indiscutable des réalités présentes, nous éprouvons quelque nostalgie de notre villégiature.

– Vous avez bien de la chance.

Je confirme en prenant Lauranne par les épaules, geste officiel de propriétaire que je m'étais jusque-là interdit en ces lieux et que le bon Edouard enregistre, me semble-t-il, sans aménité, avant de s'adresser de nouveau à nous tous :

– En tout cas, pour moi, la question des vacances est réglée : l'année prochaine, je resterai ici... si je suis encore de ce monde, bien entendu.

Olivier hausse les épaules. Louis hume son verre d'alcool. Je repose le mien sur la table. Lauranne touche du bois.

– Tu sais très bien, dit-elle, que j'ai horreur que tu dises cette phrase.

– Bah! On est tous mortels.

Il est certain qu'Edouard pense l'être, à cause de sa fragilité cardiaque, un peu plus que les autres, mais Louis ne le laisse pas s'exprimer plus clairement.

– Evidemment, dit-il, personne n'est sûr de son avenir, surtout à notre époque d'insécurité. Dans l'avion, j'ai eu la curisioté de lire en entier la rubrique des faits divers. C'est incroyable le nombre d'innocents qui passent de vie à trépas dans des circonstances que nous pouvons tous connaître demain ou après-demin. Entre les hold-up, les agressions, les cambriolages qui tournent mal, les attentats terroristes, les prises d'otages et les accidents de la circulation, nous sommes tous, plus que jamais, des morts en sursis.

Louis a bien choisi son sujet de diversion. Qui, de nos jours, n'a pas une histoire à raconter sur l'insécurité? Qui n'a pas entendu parler dans son entourage ou dans son quartier d'une grand-mère étranglée? D'un enfant écrabouillé? D'une femme violée? D'un garçon torturé? D'un couple trucidé? D'une famille massacrée? Qui n'a pas les moyens dans les conversations actuelles de surenchérir sur l'horreur énoncée par son voisin? Qui s'en prive? Il y a dans les salons une escalade de l'épouvante à laquelle, ce soir, nous n'échappons pas. J'y participe de façon modeste par le récit d'un drame, plus extravagant que vraiment terrifiant, et qui s'est déroulé la veille de notre départ pour Ramatuelle : une femme s'est suicidée en se jetant d'une tour de Notre-Dame et – c'est là le stupéfiant de l'affaire – elle est tombée sur une touriste canadienne qu'elle a tuée sur le coup. Trouver la mort à des milliers de kilomètres de chez soi, parce qu'une désespérée inconnue a décidé de se la donner dans des conditions relativement rares – il n'y a eu que vingt-trois suicides depuis l'édification de la cathédrale –, juste à l'instant et à l'endroit où vous passez, est une de ces diableries du hasard dont les mânes de Victor Hugo doivent tressaillir. Mon auditoire est aussi frappé que je l'ai été par cette histoire. L'être humain a beau être au courant très tôt de la précarité de son sort, il ne peut s'empêcher d'être surpris et troublé à chaque fois qu'on la lui rappelle. A croire que chacun d'entre nous entretient dans le fin fond de son crâne un fol espoir d'immortalité.

Notre conversation nous a tous plus ou moins impressionnés et j'avoue que je me force un peu à plaisanter quand vient irrévocablement le moment, au maximum repoussé, de quitter leur « chez-eux » pour rentrer dans mon chez-moi.

– Dire que demain matin vous entendrez peut-être à la radio, dans le bulletin d'informations, qu'un homme dans la force de l'âge a été poignardé.

Lauranne grimace et me supplie de ne pas dire des choses pareilles.

Olivier m'assure qu'il en deviendrait dingue sur-le-champ.

Doudou m'affirme que je ne cours aucun danger car notre quartier, depuis la dernière hécatombe qui y a eu lieu, est très surveillé.

Louis prend son panama, sa canne et dit :

– Je vous accompagne!

Je me récrie :

– Il n'en est pas question. Je ne veux pas.

– Oui, mais moi, je veux. Ça suffit. Cette canne sert de fourreau à une épée. Au moindre soupçon de péril, je dégaine, je pourfends l'assaillant en lui déclamant en prime la ballade de Cyrano : « A la fin de l'envoi, je touche. » L'assaillant succombe à sa blessure... ou alors de stupeur. De toute façon, nous n'avons rien à craindre. Venez!

Cette détermination de Louis à me reconduire jusqu'à mon domicile m'intrigue. Ma curiosité en éveil me rend légèrement moins pénible l'instant où – après trois semaines de présence continuelle – je suis obligé de me séparer de Lauranne. Grâce à Louis, je me sens un peu moins seul contre tous, un peu moins abandonné, un peu moins relégué dans mon coin. Dès que nous sommes dans la rue, je le lui avoue et l'en remercie. Mais il coupe court à mes témoignages de reconnaissance :

– Le vieux monsieur, dit-il, n'agit que pour son bon plaisir. Il est trop heureux d'être utile à quelque chose. Il espère même l'être davantage.

Louis ne se fait pas prier pour m'expliquer de quelle façon : depuis qu'il nous a vus vivre, Lauranne et moi, à Ramatuelle, il estime indispensable et urgent de nous réunir sous le même toit. Or, il est persuadé qu'elle n'en acceptera jamais aucun autre que celui du bateau. Persuadé au point de me déconseiller formellement la moindre tentative dans ce sens. La seule possibilité qui s'offre donc à moi de vivre avec Lauranne est que j'aille habiter rue de La Tour-d'Auvergne. Reste à convaincre Doudou et Olivier de s'installer ailleurs, avec ou sans lui. Il se propose de s'y employer.

– Ne vaudrait-il pas mieux, dis-je, que ce soit Lauranne et non vous qui leur demande de partir?

– Elle ne s'y résoudra jamais.

– Il me semblait pourtant que vous lui en aviez accordé la liberté, quand vous avez formé votre petite communauté.

– Exact! Mais elle ne se reconnaîtra pas le droit d'en user. Et, quitte à vous peiner, elle n'en aura pas vraiment le désir : en cinq ans, des habitudes ont été prises, une vie familiale s'est créée. Lauranne n'y renoncera que si nous... enfin que si les deux autres y renoncent de leur propre chef...

– Et vous croyez qu'ils y renonceront?

– Je l'espère mais je ne vous cacherai pas que l'attitude d'Edouard, ce soir, me laisse prévoir des difficultés.

– A moi aussi.

– Je lui parlerai demain matin. Où puis-je vous joindre dans l'après-midi?

– A mon bureau. J'y serai seul : ma sœur est

partie en vacances hier et les secrétaires ne rentrent que dans une semaine.

Nous sommes arrivés devant mon immeuble et je propose à Louis de le raccompagner à mon tour jusqu'au sien. Mais il refuse :

– Excusez-moi, mais il me tarde à présent d'être seul pour commencer tout de suite à répéter.

– Répéter quoi?

– Mon rôle d'avocat. Ça m'ennuierait d'y être mauvais.

Le lendemain, vers seize heures, Louis de Margot m'aborde à l'agence, aussi impénétrable qu'un sphinx, avec la question la moins révélatrice d'état d'âme qu'on puisse imaginer :

– Comment allez-vous?

– Lauranne m'a téléphoné deux fois. Nous devons nous voir ce soir. Elle ne va pas très bien. Donc je ne vais pas trop mal. Mais, bien sûr, j'irai mieux si vous m'apportez de bonnes nouvelles.

Pour le moment Louis se contente de m'apporter des faits, sans commentaire : ce matin, après que Lauranne et Olivier furent partis, elle pour travailler, lui pour effectuer quelques achats de rentrée, Edouard a attaqué par la bande le problème dont Louis se promettait de l'entretenir. Il l'a d'abord interrogé sur notre comportement en vacances et sur les impressions qu'il en avait tirées. Il ne fut pas étonné d'apprendre l'accord parfait qui régnait entre Lauranne et moi et reconnut avoir déjà réfléchi aux retombées possibles de notre amour sur leur avenir. Comme Louis, il pensait hors de question que leur amie abandonnât « son bateau » et que ce serait à eux de le quitter... le cas échéant... Car, à la différence de Louis, Edouard ne jugeait pas que le cas était échu et souhaitait, avant de rendre sa liberté à Lauranne, s'assurer que tel était bien son désir profond. « Ce serait bête, avait-il dit, de bouleverser notre vie sans savoir avant si elle a réellement l'intention de changer la sienne. »

Louis avait dû s'incliner devant la logique de cet argument et convenir qu'à la première occasion ils débattraient tous les quatre, franchement et loyalement, de la situation.

– Il n'y a plus qu'à attendre, conclut Louis.

– Plus très longtemps maintenant. Nous approchons du but.

– Oh! nous n'y sommes pas encore.

– Non, mais l'attitude quasiment inespérée d'Edouard a bien avancé nos affaires.

– Oui, c'est vrai, mais d'autres difficultés peuvent surgir.

– Des difficultés? Venant de qui? D'Olivier?

– Oh non! Pas de lui, ça m'étonnerait.

– De Lauranne?

– En principe, non. Je la crois sincèrement amoureuse de vous et maintenant très désireuse de vivre avec vous.

– Alors, que craignez-vous?

– Rien de spécial.

– Vous me paraissez pourtant bigrement réticent.

Louis de Margot se lève tout à coup et balaie son pessimisme d'une main voletante.

– N'y prenez pas garde! Je n'obéis qu'à un vieux réflexe d'acteur. Vous savez, au théâtre, nous sommes très superstitieux. Jamais nous ne nous réjouissons d'un succès avant que d'en être absolument certains.

Je fus rassuré par cette explication et promis à Louis d'attendre sans optimisme exagéré l'assemblée générale des habitants du bateau. Celle-ci, pour se dérouler dans les meilleures conditions, ne pouvait avoir lieu qu'un soir, à l'heure de la détente. Or, tous les soirs de la semaine qui a suivi notre retour de Ramatuelle, Lauranne me les a consacrés; ainsi que le week-end que nous passâmes à *L'Oublière*, avec un peu de mélancolie, sachant que le lundi les activités parisiennes sortiraient définitivement de leur ouate vacancière et que réapparaîtraient la fatigue, les soucis, la nervosité, les contraintes, les absences.

Le dimanche, vers minuit, en rentrant au presbytère, j'ai trouvé sous ma porte un mot de Louis. Il m'y conseillait de « libérer » Lauranne un de ces très prochains soirs, car il avait l'intuition que nous avions intérêt à régler notre affaire au plus vite. J'ai tout de suite pensé que le conseil de Louis reposait sur d'autres éléments que sa seule intuition et j'ai décidé d'annuler, le lendemain, le rendez-vous que j'avais pris avec Lauranne, en me demandant bien ce que je pourrais invoquer comme prétexte. Ma fille me le fournit en me donnant un coup de téléphone matinal, hâtif, mystérieux, pour m'annoncer qu'elle avait un besoin urgent de me voir et qu'elle viendrait en fin d'après-midi à l'agence.

Lauranne fut beaucoup moins déçue que je ne l'aurais espéré en apprenant que mes obligations paternelles allaient la priver aujourd'hui de ma chère présence.

– J'ai complètement délaissé le bateau ces temps derniers, me dit-elle, et je ne suis pas mécontente d'y passer la soirée. J'en profiterai pour sonder un peu Doudou... J'ai l'impression qu'il a quelque chose qui ne tourne pas rond et je voudrais savoir quoi.

Moi, je devine bien quoi et je devine aussi que le « quelque chose » qui ne tourne pas rond est à l'origine de l'intuition de Louis et de son message. Cela ne cesse de me tourmenter jusqu'à l'arrivée de Diane dans mon bureau. Arrivée surprenante qui m'éloigne immédiatement de mes préoccupations. Ma fille ne ressemble plus à une gravure de mode. Elle porte un vrai pantalon – pas un de ces « moules à fesses » ou une de ces zouaveries habituelles. Un chemisier d'une émouvante sobriété et des chaussures destinées uniquement à la marche. Elle a l'ongle et le cheveu courts. Plus de faux cils, mais des yeux lumineux, plus de méplats mais des joues dorées et presque rebondies, plus de rouge à lèvres mais un sourire éclatant, plus d'autres bijoux que sa médaille de baptême autour du cou. Ainsi dépouillée de tout artifice, elle me fait penser à un appartement après le passage des déménageurs. Elle est devenue si peu intimidante que je me permets de le lui dire. Elle s'en amuse.

– Mon déménageur s'appelle Jean, me dit-elle.

Après tant de Christophe-René, d'Arnaud-Marie, de Samy, de Sacha, d'Enrico, de Gunter, de Li-Chou, de Norman et de Dave, ce Jean, dans sa simplicité biblique, m'enchante. Son métier et la façon dont il l'exerce me plaisent bien aussi. Il est astrologue – réputé, paraît-il. Il reçoit ses clients dans un pied-à-terre à Paris, trois jours par semaine : le mardi, le mercredi et le jeudi. Le reste du temps, il vit dans sa maison des champs, près de Blois. Il y prépare les thèmes astraux de ses consultants, parfait ses connaissances, sème, plante, marcotte, émonde, bref, cultive son esprit et son jardin avec un égal plaisir.

Diane a rencontré son super-civilisé des loisirs pendant l'un de ses trois jours de labeur. Le dernier – un jeudi donc. A la dernière heure. Elle était sa dernière cliente hebdomadaire. Il était son premier astrologue. Elle fut méduséé par l'analyse qu'il lui fit de son caractère.

– C'est très impressionnant, me confie-t-elle, de se trouver devant quelqu'un qui te connaît aussi bien et peut-être mieux que toi-même. Impressionnant... mais aussi reposant : enfin on n'a pas besoin d'expliquer qui on est; pas besoin de truquer.

Finalement, l'aspect reposant du personnage avait dû l'emporter sur l'aspect impressionnant, puisque le soir même, complètement détendue, Diane dormait à Blois.

Jean, plein de délicatesse, attendit leur réveil – tardif et extasié – pour révéler à ma fille que leurs planètes, qui s'entendaient comme larronnes en foire, leur avaient concocté un climat passionnel assez extraordinaire et que le coup de foudre qui s'abattait sur eux était absolument normal. Il avait été frappé de la concordance de son thème avec le sien et avait pensé, avant de la voir, que, si son plumage se rapportait à leur présage, elle serait le phénix de son Blois. Peut-être pas exactement cela, parce qu'il avait, plus que moi, l'esprit de sérieux, mais enfin, dans l'idée, quelque chose de semblable. Après l'avoir vue, il n'avait pas douté que les effets inéluctables de leur conjoncture astrale allaient bientôt se manifester, mais, soucieux de ne pas influencer sa coéquipière zodiacale, il s'était tu... jusqu'à ce que celle-ci, éblouie et stupéfaite, lui confirmât qu'il ne s'était pas trompé.

Cela se passait en mai dernier, à peu près au même moment où la route de Lauranne croisait la mienne. Celle de ma fille comportait aussi de nombreux obstacles mais, aidée peut-être par Vénus et Jupiter, elle les a franchis beaucoup plus rapidement que moi. Elle a renoncé à sa profession, à ses ambitions, à ses goûts de luxe. Elle a changé de tête – à l'extérieur comme à l'intérieur. Elle honore les derniers contrats qu'elle avait signés, mais en refuse de nouveaux. Elle potasse des livres sur l'astrologie pour pouvoir plus tard seconder Jean. Elle a vendu ses bijoux et acheté un pré et des moutons. Elle s'apprête à liquider son appartement. Ses affaires sont déjà rangées dans les armoires blésoises. Elle a une chaumière et un cœur. (Eh oui... la carte postale, c'était ça!) Elle a même une guirlande de glycine sur sa véranda. Elle espère avoir des enfants. Elle aura bientôt une alliance. Le 7 octobre exactement... jour signalé comme bénéfique pour les natifs de leurs signes.

Je n'en reviens pas : dans à peine plus d'un mois, ma fille, ma spectaculaire, ma superficielle, ma glaciale fille, va épouser dans la plus stricte intimité un astrologue campagnard! Dans à peine plus d'un mois, Mlle Diane Larcher, bien connue dans les milieux de la mode et de la Jet Society, surnommée par certains journalistes « Diane chasseresse » (sous-entendu de mâles fortunés) et par d'autres « l'ambassadrice de l'élégance française », oui, Mlle Diane Larcher va devenir modestement madame...

— A propos, comment vas-tu t'appeler?

Diane sourit, plante ses poings sur ses hanches et prend un curieux accent qui se veut paysan pour me répondre :

— Vingt dieux!

Je m'amuse de ce juron désuet, tellement insolite dans sa bouche, mais je m'amuse encore davantage quand elle me précise :

— Mme Jean, Emile, Athanase Vindieux.

J'aime d'avance cet homme qui va donner à ma fille ce nom fleurant bon le terroir. Un nom qui a des racines. Un nom qui rassure. J'aime d'avance ce sage qui prend le temps de vivre. J'aime ma fille d'avoir choisi cet homme. J'aime leur rencontre. J'aime leur histoire. Ah oui! Sacré vingt dieux de Vindieux!

Diane freine malheureusement ma belle humeur en me prévenant qu'elle a une autre nouvelle à me communiquer et que celle-ci, en revanche, n'est pas gaie. Elle concerne mon fils et surtout Romain. Leur voyage outre-Atlantique les a séparés. Grégoire a été complètement séduit par New York, par la ville elle-même, par le mode de vie, par les conditions de travail qu'on lui a offertes et n'a pas hésité à se lier pour deux ans à l'agence de presse qui l'avait sollicité. Au contraire, Romain, lui, a tout détesté en bloc. De plus en plus agacé au fil des jours par l'américanophilie béate de son compagnon, par les succès que celui-ci remportait – pas seulement dans le domaine professionnel –, déçu par les échecs des

270

pourparlers qu'il avait entamés avec plusieurs producteurs de ballets, il décida de repartir après deux semaines de séjour. Grégoire, grisé, happé, métamorphosé par l'American way of life, ne chercha pas vraiment à le retenir.

A peine arrivé à Paris, Romain enfourcha sa moto et fonça sans but en direction du sud. Au creux d'un ravin où coulait la Truyère, invisible de la route, des Parisiens en vacances dans le Rouergue le découvrirent tout à fait par hasard, inanimé, gisant sous sa moto, dans un aussi piteux état qu'elle. Ils alertèrent les gendarmes qui le firent transporter à l'hôpital de Rodez. Les radios révélèrent un traumatisme crânien, une fracture du fémur droit, un écrabouillage du métatarse droit et du métacarpe gauche. On le plaça en salle de réanimation, on mit sa fracture en élongation, on lui plâtra pied et main et on attendit... Le quatrième jour, il sortit du coma sans autre souvenir de l'accident qui l'avait conduit là que la vision horrifiée de deux phares de voiture surgissant devant lui. Il refusa catégoriquement de subir sur place les opérations qui s'imposaient et que son état cérébral avait obligé de différer. Dès qu'il le put, il appela Diane. Il la joignit à Blois avant-hier, lui expliqua la situation et la chargea de lui trouver d'urgence un spécialiste des os susceptible de le réparer au mieux et au plus vite. Elle en connaissait un. Elle le dénicha. Il lui promit de s'occuper de son protégé et lui retint même une chambre pour le lendemain dans la clinique de Neuilly où il avait l'habitude d'opérer. Rentrée de sa campagne pour accueillir Romain à sa descente d'ambulance, Diane avait été frappée par son amaigrissement et surtout par son désenchantement. Il se voyait à jamais estropié, à jamais éloigné de son métier, à jamais regrettant, comme aujourd'hui, de n'être qu'à moitié mort sur cette route du Rouergue. Ce matin, l'as du rafistolage, le Pr Vanneau, lui a un peu remonté le moral. En revanche, hors de sa présence, il a entamé celui de Diane. En effet, le chirurgien pensait – après plusieurs opérations et une longue rééducation – obtenir un résultat qui serait satisfaisant pour n'importe qui... sauf pour un danseur.

– Quand a lieu la première intervention?

– Demain matin, pour la cuisse et le pied. Vendredi probablement pour la main. Je vais rester jusque-là, bien entendu, mais après...

– J'irai le voir, si tu veux, et je dirai à Lauranne et à Olivier d'y aller aussi.

– Oh oui! Ce serait bien! Il ne faut pas le laisser tomber. C'est un sale coup pour lui.

– Peut-être qu'il s'en tirera mieux que son toubib ne le pense et peut-être même tout à fait bien.

– Je crains que non. Vanneau se trompe rarement... et Jean aussi.

– Ah bon? Il a consulté les astres de Romain?

– Oui. Ils lui sont très défavorables.

– Tu dois savoir qu'ils ne donnent pas des certitudes, mais indiquent simplement des tendances.

– Je sais... A propos, ça t'amuserait de connaître celles qu'ils indiquent sur toi?

– Tu as mon horoscope?

– Non! Il me manquait ton heure de naissance. Mais, si tu me la communiques...

– Tu es gentille. Je préfère, pour l'instant, ignorer mon avenir.

– Tu as peur?

– Je ne suis pas très rassuré.

Diane n'a pas besoin de beaucoup insister pour que je lui ouvre mon dossier. On parcourt le chemin des confidences, côte à côte, d'un même pas. Elle en épouse tous les méandres. Quand je lui raconte mes joies, elle se réjouit; quand je lui avoue mes perplexités, elle est perplexe; quand je me laisse aller à l'espoir, elle espère; à chaque fois que je lui rapporte telle ou telle de mes phrases, de mes réflexions, de mes réactions, elle m'affirme que, dans la même situation, elle aurait parlé, pensé et réagi comme moi. Est-il possible que Diane me ressemble à ce point? Existe-t-il vraiment entre nous de profondes affinités, d'origine consanguine? Je croirais plutôt qu'il s'agit d'affinités d'origine consentimentale. Dans ce bureau, face à face, il n'y a pas un père et une fille mais deux amoureux. Diane a l'air d'en être aussi consciente et heureuse que moi :

– Ce serait rigolo, me dit-elle, si on se mariait ensemble le 7 octobre.

– Ça m'étonnerait.

– Tu viendras quand même.

– Certainement, si tu m'invites.

– Bien sûr! Et Lauranne aussi.

– Et ton frère?

– Je lui ai téléphoné hier, à New York. Pas pour ça. Il est au courant depuis le début. Pour lui apprendre l'accident de Romain.

– Qu'est-ce qu'il a dit?

– Qu'il était désolé... qu'il m'enverrait une lettre pour lui. Il m'a priée de la lire... et de décider s'il était opportun de la lui transmettre ou non.

– Rien de plus?

– Si... qu'il ne pourrait sans doute pas assister à mon mariage.

Soudain, s'imposent à mes yeux des images aussi nettes, aussi précises que si elles m'étaient projetées sur un écran : je revois Grégoire et Romain, dans le salon de *L'Oublière*, en juin dernier, nous annonçant leur départ pour les Etats-Unis, leur éventuelle intention d'y rester, et leurs regrets que Diane ne les accompagne pas. J'entends la phrase exacte qu'elle a prononcée : « En deux mois, il peut arriver tellement de choses... » Je la lui rappelle. Elle m'avoue n'avoir pensé en disant cela qu'à son avenir à elle. Ce n'était pas une prémonition. Depuis sa rencontre avec Jean, elle savait que sa vie allait être bouleversée, mais pas une seconde elle n'a pressenti que celle des deux garçons le serait. Ils ne le pressentaient pas eux-mêmes. Quand ils se sont envolés pour New York, rien ne laissait prévoir que l'un y serait fêté et l'autre pas; que l'un s'adapterait et l'autre pas; que l'un partirait sur un coup de tête et que l'autre ne le retiendrait pas; que l'un, hypersensible, deviendrait si vite indifférent et que l'autre, hyperénergique, si vite désespéré... Et voilà ma fille qui commence à me parler comme Bertrand des impondérables qui régissent notre destinée et qui me remet en mémoire qu'en ce moment même la mienne est en train de se jouer précisément sur des incertitudes : la bonne volonté de Doudou; celle d'Olivier; la force de persuasion de Louis et l'humeur de Lauranne, qui dépend de son travail, qui dépend de la crise monétaire, qui dépend de certains événements, qui dépendent eux-mêmes... Mon Dieu – on en revient toujours là! –, n'abandonnez pas le fétu de paille que de plus en plus je me sens être. Déjà que ma fille, elle, m'abandonne. Son astrologue l'attend, dans un restaurant proche de son domicile parisien, place des Vosges.

– Quand me le présentes-tu?

– Pour la première fois, je préférerais que tu le voies dans son vrai cadre, à Blois. Viens avec Lauranne le week-end prochain.

– Peut-être... ça dépendra.

– Je te téléphonerai dans la semaine.

– Demain même si tu peux. J'aimerais avoir des nouvelles de Romain.

– Et moi des tiennes.

Elle m'a souri comme une complice, m'a embrassé comme une fille tendre, s'est enfuie comme une femme amoureuse. De la fenêtre, je l'ai vue monter dans une vieille Range Rover, semblable à celle de *Lou Paradou*, puis en redescendre avec, au bout d'une laisse, une énorme masse poilue dont l'un des géniteurs avait dû être un griffon, mais l'autre... Le chien – car c'en était un : il lève la

patte – a droit, lui, aux présentations immédiates :
— C'est Julius! me crie Diane. Julius Vindieux.
Je m'incline et lui réponds de mon balcon :
— Enchanté!
Et c'est bien vrai que je le suis.

17

Mardi 3 septembre. La Ville, ogresse assoupie, se réveille, hume l'air, tend l'oreille et s'esclaffe. Elle vient de retrouver l'odeur et les bruissements qui lui manquaient depuis presque deux mois. Tous ses esclaves, les attardés du lundi, les resquilleurs, les récalcitrants, les fuyards, les évadés, tous, docilement, lui sont revenus. Avec des panses renflées et des portefeuilles plats. Avec des peaux bronzées et des cœurs pâles. Avec des résignations. Des résolutions. Des lamentations. De nouvelles relations. Des sujets de conversation. Avec des : « Où vous étiez, vous? Nous, on était à… » Avec des : « Vous n'avez pas le bourdon, vous? Nous alors, c'est fou! » Avec des : « Vous avez eu beau temps, vous? Nous, on a eu du vent. » Avec des : « Quand on pense que… » Des : « Qu'est-ce que vous voulez! » Des : « Allez! Bon courage! »

La Voiture, enfant monstrueuse et chérie de la Ville, a réinvesti en force le territoire. Les klaxons hurlent leur impatience. Les pots d'échappement crachent leurs gaz. Les places de stationnement s'arrachent. Les chauffeurs s'invectivent. Les moteurs vrombissent. Les pneus geignent. Les agents sifflent. Les ailes se frôlent. Les portières claquent. Les piétons maugréent.

Le Téléphone, serviteur tyrannique, a repris son service avec un zèle intempestif comme s'il voulait rattraper son silence estival. Ses lignes sont occupées, surchargées, emmêlées. Ses sonneries nous harcèlent, nous stressent, nous perturbent. Ses répondeurs-enregistreurs nous irritent et nous narguent.

Le flot du retour a rejeté sur mon rivage Mme Vionnet avec ses articulations rénovées et son sourire qui gagnerait à l'être; Brigitte avec « sa » jolie jambe et ses fesses de travail, beaucoup moins gaies que celles de loisirs; la meute de mes clients pressés, cambriolés, affolés, consternés.

Bien que ma sœur soit encore absente pour quinze jours, les vacances sont bien finies. Pour mieux m'en convaincre, s'il en était besoin, Lauranne vient de m'appeler pour me communiquer un certain nombre d'informations qu'elle avait inscrites sur son bloc-notes de P.-D.G., afin de ne pas les oublier. Par ordre d'importance :

1º Elle a reçu son redressement fiscal qui dépasse assez nettement les prévisions de Billon.

2º Les gens se montrent beaucoup moins soucieux que les années précédentes de conserver leur forme, leur santé et leur bronzage : les nouveaux abonnements sont rares et les anciens ne sont pas renouvelés.

3º Elle se rendra donc le week-end prochain dans la succursale champêtre de son banquier préféré, près de Sens.

4º Elle ne pourra pas me voir : ni ce soir car ses deux belles-filles ont beaucoup insisté pour qu'elle partage leur frugal dîner et leurs abondants souvenirs de vacances; ni demain soir car elle a rendez-vous avec Clotilde et le directeur commercial des produits de beauté L.L.

5º Sauf imprévu et si j'étais libre, je pourrais venir la chercher jeudi à l'institut vers dix-neuf heures trente, comme d'habitude. (Oui, vous avez bien lu et j'ai bien entendu : elle a dit « comme d'habitude ».)

6º Elle a passé la veille au bateau une très « gentille » soirée. Ils ont parlé de moi très « gentiment ». Elle me racontera tout cela jeudi. Là, elle n'a pas le temps. On la réclame. Elle est obligée de raccrocher.

7º Ah! une dernière minute : on vient de lui apporter une carte de Ramatuelle. Marius, Marguerite et Claudine se joignent pour l'embrasser et me transmettre leurs bonnes amitiés.

8º Hein? Ah oui? Ça paraît déjà loin!

Quelques minutes plus tard, la voix de Louis calme mon agacement mais non pas mes inquiétudes. Il n'a pas grand-chose à me dire – ce qui m'en dit déjà long – et ce peu-là, il préfère me le distiller au cours d'un déjeuner amical plutôt que de me l'administrer sèchement par téléphone – ce qui est encore plus explicite.

Deux melons insipides et deux truites au bleu lugubres – comme seules parfois elles savent l'être – ne contribuent pas à égayer notre rencontre.

Louis me présente le film de leur petit colloque familial en version édulcorée pour personne sensible : Lauranne n'a pas repoussé la perspective d'une séparation entre elle et les autres occupants du bateau; elle en a simplement ajourné la réalisation. Mais moi, j'ai vu son film dans sa version non épurée pour personne lucide : Lauranne n'a pas sauté sur l'occasion qui lui était offerte d'avoir le champ libre et d'entamer une nouvelle vie avec moi. Je rumine la situation en silence. Louis la digère tout haut :

– L'ennuyeux dans cette affaire, c'est qu'on ne peut en vouloir à personne. Bien sûr, on pourrait reprocher à Edouard de ne pas avoir eu la grandeur d'âme suffisante pour cacher les tourments dans lesquels le plongerait notre départ et pour dire joyeusement à Lauranne : « Ne t'occupe pas de nous. Sois heureuse et nous le serons. » Mais... peut-on reprocher à ce brave Doudou de s'être

comporté en être humain et non en héros corné-
lien?

Pour toute réponse j'émets un vague borborygme.
Louis s'en contente et poursuit :

– Bien sûr, on pourrait reprocher aussi à Olivier
d'avoir observé une neutralité complète. Mais on
peut comprendre qu'attaché autant à Edouard qu'à
Lauranne il n'ait voulu prendre parti ni pour l'un ni
pour l'autre. Quant à Lauranne, on pourrait, plus
exactement vous pourriez lui reprocher d'avoir,
pour une fois, manqué de fermeté, de ne pas avoir
clairement privilégié l'amour par rapport à l'amitié
mais...

– Non, Louis, pour elle il n'y a pas de mais. Elle
n'aurait pas dû hésiter une seconde entre votre
communauté et moi. Elle n'a aucune excuse, sinon
celle de ne pas m'aimer assez.

– Oh! Philippe, ce n'est pas si simple que ça!
D'abord, elle n'a pas à choisir entre nous et vous,
mais entre ses habitudes et vous, entre les certitudes que nous sommes et l'inconnu que vous repré-
sentez.

– Des habitudes, ça se change.

– Quand elles sont satisfaisantes, pas si facilement que vous le dites. Vous connaissez comme
moi bon nombre de maris sincèrement épris de
leur maîtresse mais qui restent avec leur légitime
parce que la quitter serait quitter leurs habitudes,
leurs gestes quotidiens, leurs objets familiers.

– Je le sais. J'ai moi-même longtemps repoussé
mon divorce uniquement à cause de la vue sur la
Seine que j'avais de mon salon du quai d'Anjou.

– Vous voyez...

– Mais Lauranne, elle, ne serait pas privée de son
cadre habituel.

– Nous en faisons partie. Nous ne valons évidemment pas la Seine, mais quand même elle aime bien
la vue qu'elle a sur nous. Et puis... et puis ce n'est

pas tout, Philippe. Il y a un autre argument pour expliquer l'irrésolution de notre amie.

– Lequel?

– Contrairement à ce que l'on croit, il n'est pas aisé d'être égoïste, de défendre ses intérêts personnels en ne tenant aucun compte de ceux des autres. Quand Edouard a déclaré à Lausanne - en substance – qu'il était prêt à se sacrifier pour son bonheur, si elle avait répondu froidement : « Très bonne idée! Le plus tôt sera le mieux! » elle aurait passé pour un monstre. Et finalement peu de gens ont le courage de s'afficher comme tel. D'autant moins Lauranne qui n'en est pas un et qui, visiblement, était très remuée par la tristesse d'Edouard.

– Alors c'est lui qu'il faut accuser. Il a tiré sur la corde sensible. Et, comme ça marche, il continuera. Il va jouer les martyrs, les déprimés, les malades... Le chantage, quoi!

– Je l'ai pensé aussi mais, à la réflexion, je ne crois pas notre Doudou assez... finaud pour jouer quoi que ce soit. Pour se composer un personnage. Pour agir selon une tactique préméditée. Il est beaucoup plus... plus transparent, disons. Je suis sûr qu'il est véritablement très atteint par cette histoire.

– Comme Olivier. Comme vous.

– Non, non! Plus. Beaucoup plus. Il est l'âme du foyer. Homme ou femme, peu importe, il est le conjoint délaissé. Ne vous y trompez pas, il y a un peu de jalousie dans son chagrin.

– Enfin... c'est ridicule! Il ne forme pas avec Lauranne un vrai couple.

– Erreur, Philippe. Ils ne sont pas un couple légitime, un couple normal, un couple qui dort dans le même lit; mais ils sont un vrai couple, un bon couple ou, si vous préférez, un bon attelage. D'un modèle éprouvé : la tête et les jambes, si vous voyez ce que je veux dire...

– Oui, je vois, mais quand même cette notion de couple m'échappe un peu en la circonstance.

– Ah! quel dommage que vous n'ayez pas assisté à notre réunion d'hier soir, elle vous aurait paru évidente.

– Comment cela?

– Nous étions là, tous ensemble, en principe à égalité, pour débattre notre problème. Mais en fait, Olivier n'a été consulté que pour la forme. Moi, j'ai eu du mal à placer mon mot. Le gros de la discussion s'est déroulé entre Lauranne et Edouard. En dépit de mes interventions, notre affaire à nous quatre est devenue leur affaire à eux deux : elle et lui. Et entre eux, en filigrane : vous.

– Comme qui dirait, l'Autre.

– Exactement, l'Autre. Il s'agit d'un divorce, Philippe, pas d'un simple déménagement. La question est donc maintenant : quelles sont pour l'Autre les attitudes possibles en face d'un couple dont les deux composants s'entendent à merveille et n'ont aucune envie de se séparer?

Louis et moi nous en dénombrons deux : ou l'Autre accepte d'être à jamais l'Amant, de jouer les *Back Street* au masculin, en s'efforçant de ne voir que l'aspect positif de ce rôle; ou l'Autre n'accepte pas et là on en revient au programme que je m'étais fixé avant mon départ en vacances, il rue dans les brancards, pose son fameux ultimatum : lui ou moi. Et, s'il n'est pas choisi, il s'en va avec sa peine, soit, mais avec sa dignité. Moi, forcément, je penche pour cette deuxième solution, puisque c'est elle que j'avais déjà envisagée. Louis me conseille la première, arguant qu'elle ne m'apportera certes pas toutes les satisfactions souhaitées, mais que la seconde, elle, ne m'en apportera aucune. En outre, si je me montre compréhensif, je cours la chance à la longue d'attendrir Lauranne; mais, si je me montre intransigeant, je risque de la cabrer définitivement.

– Au théâtre comme dans la vie, me dit-il, il faut toujours essayer d'avoir le beau rôle. Pour le moment, c'est Doudou qui l'a. Volez-le-lui.

Je finis par me ranger à cet avis. Louis m'en félicite, m'assure que ma cause n'est pas perdue et qu'il va continuer à la servir de son mieux auprès d'Edouard et de Lauranne. Ce dont je ne doute pas et qui me rend un peu de ma confiance.

Malgré un mystère glacé, assez peu mystérieux, et un café en revanche assez étrange, notre repas s'achève un peu moins tristement qu'il n'a commencé. Avant de nous séparer, Louis de Margot me prodigue ses dernières recommandations : ne pas l'appeler au bateau, attendre qu'il m'appelle, lui, pour échanger librement renseignements et impressions, ne pas parler à Lauranne de notre entrevue, ne pas la démentir si elle « arrange » un peu la vérité, se montrer tendre et conciliant avec toutefois un brin de mélancolie pour lui donner mauvaise conscience, ne pas attaquer Edouard, laisser faire le temps, la patience... et Margot!

Louis s'est déjà glissé dans la peau de son personnage d'éminence grise et y frétille à plaisir. Il charge peut-être un peu, mais il est efficace. La preuve : il m'a influencé. Alors, pourquoi n'influencerait-il pas les autres?

Je regagne mon bureau juste à temps pour y recevoir un coup de téléphone de Diane. L'opération de Romain a été longue et difficile. Malgré les calmants, il souffre énormément. Le professeur Vanneau a confirmé son diagnostic.

– Et toi, comment ça va? demande-t-elle.

– Je viendrai passer le week-end à Blois comme tu me l'as proposé, mais seul.

– Ah! Donc ça ne va pas.

– Ça pourrait aller mieux, mais ça pourrait aller aussi plus mal.

– Si ça peut te consoler, maman, elle, ne va pas du tout.

– La santé?

– Non, le moral! Elle a découvert que M. Deux la trompait et, par la même occasion, elle s'est découvert une passion pour lui.

– Qu'elle dit...

– Ah! mais c'est vrai! Je l'ai vue : elle n'arrête pas de pleurer... même quand elle a son rimmel!

Malgré cet argument – non négligeable quand on connaît la coquetterie presque maniaque de mon ex-épouse –, je trouve Diane bien naïve de croire que sa mère a pu tomber dans le vieux piège de la jalousie et de me prendre, moi, pour un pauvre innocent parce que je ne crois pas, comme elle, à l'universalité du « cours après moi que je t'attrape ». Mais je ne défends que très mollement mon point de vue : en vérité, que Corinne souffre ou non, qu'elle soit sincère ou non m'est complètement égal. Ce qui me touche le plus dans ses états d'âme, c'est encore mon indifférence à leur égard et la rapidité avec laquelle, le téléphone à peine raccroché, je les oublie.

Pourtant, bizarrement, le hasard veut que, le soir même, je sois appelé à y repenser... devant un assortiment de saucissons et une bouteille de beaujolais que Bertrand a trimbalés dans ses valises depuis Lyon, alors que son épicier se serait fait un plaisir de lui livrer à domicile des marchandises identiques, voire meilleures.

Il est tout à fait conscient de son manque de sens pratique et exulte à la pensée qu'aucune bonne femme n'est là pour le lui reprocher. Misogyne latent, il a de temps en temps des accès, comme certains ont des accès de paludisme. Là il est en pleine crise. Chloé, bien sûr, en est la cause. Quand il a quitté Paris, début août, pour Lyon, elle était enceinte, farouchement décidée à le priver de ses droits paternels, imperméable à tout attendrissement et prête à la rupture s'il ne se résignait pas à respecter sa volonté d'indépendance. Lui, comme je l'avais lu entre les lignes de sa lettre reçue à Ramatuelle, était désespéré. Mais, d'une part, peu doué pour le drame, et, d'autre part, pris par l'ambiance sympathique de ses répétitions lyonnaises ainsi que par le charme d'une des comédiennes de la troupe, il s'était vite ressaisi. Le 20 août, il avait adressé à Chloé, sous pli recommandé avec accusé de réception, une lettre de licenciement comme un patron à son employée, accompagnée d'un chèque « en règlement de mon mois de préavis »! Deux jours plus tard, Chloé, la bouche et la fesse en cœur, débarquait dans la chambre 107 de l'hôtel des Artistes où Bertrand, auteur méticuleux, dévoilait à son interprète l'une des facettes cachées de son personnage. Bertrand aurait volontiers prolongé cette situation vaudevillesque – assez rare en dehors des scènes de théâtre – mais sa partenaire, fraîchement émoulue d'une maison de la Culture, préféra s'y soustraire en regagnant la chambre contiguë d'une de ses amies.

Chloé prétendit qu'elle n'avait reçu aucun courrier et qu'elle n'était venue là que portée par les ailes du repentir et de l'amour. En d'autres termes, bien entendu, car son vocabulaire pendant cette courte absence ne s'était pas amélioré, à l'encontre de ses sentiments, de son caractère et de son état. Elle avait perdu son embryon, son agressivité, son égoïsme. Elle avait retrouvé son ventre plat, sa bonne humeur, son immense tendresse pour Bertrand à laquelle s'adjoindrait une immense indulgence... dès qu'il aurait largué son « boudin de Lyon ». Mais Bertrand refusa de larguer; se déclara très satisfait des services de la remplaçante et résolu à la garder près de lui.

– Alors là, me dit-il, j'ai eu droit au grand jeu : les larmes, les supplications, les promesses les plus extravagantes et un panégyrique comme on n'en entend en général que sur sa tombe.

– Ça ne t'a pas un peu ému?

– Ah non, alors! Ça m'a exaspéré! Elle est trop con. Enfin quoi, c'est vrai, pendant des mois et des mois j'ai dépensé des trésors d'intelligence, de patience, de gentillesse, de bons sentiments et de bonnes manières... en pure perte! Elle ne voyait rien. Pour qu'elle remarque enfin mes qualités et qu'elle ne puisse tout à coup plus s'en passer, il a fallu qu'une blondinette ait l'air, elle, de les apprécier. On devrait toujours avoir une blondinette de poche qu'on brandirait en cas d'attaque de nos dames. Il n'y a que ça pour les neutraliser.

– Je te signale qu'elles pourraient se prémunir, elles aussi, d'un blondinet de poche.

– Je sais. Le gagnant serait celui des deux qui dégainerait son arme le premier.

La sonnerie du téléphone retentit juste au moment où j'allais apporter de l'eau au moulin de Bertrand en lui parlant de mon ex-épouse dont le comportement est si semblable à celui de Chloé. Celle-ci, justement au bout du fil, est en train de quémander son retour en grâce. Feutrant sa voix, comme s'il craignait d'être entendu, Bertrand lui répond qu'effectivement sa Lyonnaise est à côté, qu'il n'a pas changé d'avis, qu'il n'en changera pas, qu'il a déjà emballé les affaires qu'elle avait laissées dans l'appartement, qu'il les lui fera porter, qu'elle ne se dérange surtout pas et qu'elle ne cherche plus à le joindre d'aucune façon.

Les sanglots incoercibles de Chloé me parviennent à travers l'appareil et tout naturellement je leur superpose ceux dans lesquels la mère de mes enfants noie son rimmel. Je suis un peu troublé de constater que deux femmes aussi différentes que Corinne et Chloé pleurent les mêmes larmes pour la même cause. Mais de là à penser que toutes les femmes sont comme elles et donc que Lauranne, elle aussi... il y a un énorme pas à franchir dont ma pensée est aussitôt détournée par la vue d'un manuscrit sur le bureau de Bertrand : un manuscrit à la couverture bleue qui doit être, d'après ce que je peux déchiffrer du titre à l'envers, celui du *Héros et la pas-belle*. Dès qu'il a raccroché, Bertrand, sur ma demande, me le confirme.

– Je ne veux pas te le lire, me précise-t-il, ce n'est qu'un premier jet, très imparfait.

– Justement, d'habitude, tu aimes bien avoir mon avis avant de te corriger.

– Oui, mais là je préfère retravailler avant. Je ne suis pas satisfait.

Je suis à peu près sûr que Bertrand ment. Que sa pièce est terminée, qu'il en est très content mais qu'il craint que son modèle – moi en l'occurrence – ne fulmine en s'y trouvant un peu trop ressemblant. Mais je n'ai pas envie de vérifier. Pas envie de lui en vouloir. Il sera bien temps quand sa pièce sera jouée... si elle est jouée... pas avant janvier maintenant... et d'ici là...

Bertrand débouche une deuxième bouteille de beaujolais. Quand elle est vide, il n'a plus rien à apprendre de ma vie et de celle de mon entourage. Au fur et à mesure que je lui raconte ces petits bouts de destin, je me rends compte à quel point chacun d'eux accrédite son fatalisme, à quel point il lui serait facile de s'écrier à propos des uns ou des autres : « Des fétus de paille! C'est moi qui ai raison! Rien que des fétus de paille! » Mais il s'abstient de tout triomphalisme et même de toute ironie sur les « assouplissements » que j'ai apportés à mon rigide programme d'avant-vacances. Il baigne dans une douce euphorie dont il essaie, sur le coup de deux heures du matin, de détecter les différents éléments, à la manière d'un cuisinier qui repère au goût les ingrédients qui sont entrés dans la fabrication d'une sauce :

– Il y a de l'amitié dans mon bien-être – ça c'est sûr – mais il n'y a pas que ça. Il y a la joie d'avoir retrouvé Paris, mon quartier, ma tanière, mon trou. Il y a le pinard aussi, mais pas autant qu'on pourrait le penser... et puis il y a l'absence de greluche! Mieux! L'absence de perspective de greluche! Je crois bien que c'est ça qui parfume tout le reste!

Il a allumé un gros cigare. Il en a expulsé l'épaisse fumée à la tête absente de Chloé. Il a savouré son absence de reproche en jetant tous les coussins à terre; en s'y vautrant complaisamment, en dégrafant son pantalon, en m'invitant à poser mes pieds sur l'un des accoudoirs du canapé et ma nuque, plus très fraîche à cette heure, sur l'autre. Il s'est mis à rêver tout haut d'un monde sans femmes, puis à échafauder une laborieuse théorie selon laquelle il y avait eu maldonne au départ. Selon lui, normalement, les hommes devraient vivre avec les hommes et les femmes avec les femmes : on était en train de prendre conscience de l'erreur initiale et bientôt... Pris d'une véritable logorrhée, Bertrand a dû s'endormir en parlant. Moi, en tout cas, je me suis endormi au son de sa voix pâteuse.

Le téléphone nous a réveillés ce matin aux environs de neuf heures. C'était la Lyonnaise qui annonçait son arrivée en fin de journée. Bertrand n'a pas hésité une seconde à lui donner rendez-vous pour le dîner. Je ne me suis même pas payé sa tête. J'avais bien trop de démêlés avec la mienne où régnait un désordre assimilable à celui sur lequel je venais d'ouvrir les yeux. Mes méninges étaient aussi fripées que mes vêtements. Les premières, après la douche, le rasage et surtout le café, retrouvèrent un état à peu près normal. Mais les seconds n'eurent aucune raison valable de s'améliorer.

N'ayant pas réussi à obtenir mon bureau pour prévenir de mon retard, je suis donc passé devant le tribunal de mes deux secrétaires avec mon costume plein de plis, mes paupières pas franchement lisses et l'excuse la plus éculée qu'on puisse imaginer :

– Mon réveil n'a pas sonné.

– Sans doute que votre téléphone non plus, m'a répondu Brigitte, parce que Mme L.L. vous a appelé plusieurs fois chez vous sans résultat. Et plusieurs fois aussi ici. Elle aimerait bien que vous...

– Oui. Bon. D'accord! Rien d'autre?

– Si! Cette dame qui vous attend depuis une heure.

Suivant la direction que m'indiquait sa main, je me suis retourné et j'ai découvert, enfoncée dans un fauteuil, Violette qui me souriait.

– Ne t'inquiète pas, dit-elle, je ne suis pas pressée. Je voudrais absolument te parler. Je peux revenir, si tu veux.

– Non, reste. J'en ai pour cinq minutes et après je te reçois.

A peine la porte de mon bureau refermée, je compose le numéro de l'institut de Lauranne et, miracle! non seulement ma P.-D.G. me répond elle-même et tout de suite mais, en plus, avec une voix angoissée :

– Ah! C'est toi! Où es-tu? Qu'est-ce qui t'est arrivé?

Je le lui explique : Bertrand, le beaujolais, le saucisson... plus l'habitude... sommeil lourd... réveil tardif... course contre la montre...

Bien sûr, comme elle a supposé successivement que j'avais été terrassé par une rupture d'ané-vrisme, assommé par un cambrioleur, poignardé par un drogué, pris en otage, écrasé sur la chaussée et pulvérisé par une bombe terroriste... ma petite histoire de beuverie prolongée lui paraît un peu pâlotte – voire invraisemblable! De nos jours, on étonne moins son monde en succombant de mort violente qu'en picolant innocemment avec un vieux copain.

L'inquiétude de Lauranne me coule directement de l'oreille dans le cœur. Ce qui ne m'empêche pas, hypocrite que je suis, de m'en prétendre navré et de déplorer qu'elle, qui ne me téléphone jamais le matin chez moi ni à l'agence, l'ait fait précisément le jour où je n'étais pas là.

– Eh oui! me dit-elle, je suis mal tombée, mais ça ne m'étonne pas. C'est une de mes spécialités.

– De mal tomber?

– Oui... de découvrir fortuitement ce qu'on voudrait me cacher.

– Je n'ai jamais voulu te cacher quoi que ce soit.

– Sans doute pas, mais, si ça t'arrivait, méfie-toi. Il y a toujours un farfadet pour me renseigner.

Après l'inquiétude, voilà maintenant le soupçon et la mise en garde! Lauranne me gâte ce matin! Et ce n'est pas tout! Le rendez-vous qu'elle devait avoir avec Clotilde ce soir a été reporté au vendredi. C'est la raison pour laquelle elle m'a appelé aux aurores.

– Comme on ne devait pas se voir, j'avais peur que tu n'aies pris des engagements ailleurs.

– Pas encore, mais effectivement j'aurais pu. En arrivant, j'ai croisé ma Perpignanaise dans le bureau des secrétaires et je m'apprêtais à l'inviter à dîner.

Après un temps d'hésitation, Lauranne penche vers l'incrédulité souriante :

– Menteur!

– Demande à ton farfadet si tu ne me crois pas.

Cette fois, Lauranne penche vers le doute :

– C'est vrai?

– A moitié. Violette est vraiment là, mais je n'ai jamais eu l'intention de dîner avec elle.

– Qu'est-ce qu'elle te veut?

– Désires-tu que je te rappelle aussitôt que je le saurai?

– Non, quand même! Je peux attendre ce soir.

– C'est bête! Tu vas te ronger les sangs tout l'après-midi en pensant qu'elle est en train de me violer sur un coin de table.

– Tant pis! Je tâcherai de survivre!

288

On plaisante... on rit... on glousse... N'empêche que l'une des premières questions que l'on me pose le soir en entrant, pomponnée de frais, dans ma voiture, c'est :

– Alors, finalement, qu'est-ce qu'elle voulait, Violette?

On est un peu méfiante, mais on n'est pas névrosée. On ne pousse pas l'investigation dans les détails. On se contente de savoir que Violette vit avec son « convertisseur de Saint-Tropez », un Anglais de père français qui enseigne sa langue maternelle dans un lycée parisien; et qu'elle était venue là pour chercher du travail. On est complètement rassurée et on passe très vite à des choses plus sérieuses. En l'occurrence, notre avenir. Je suis content que ce soit Lauranne, pour une fois, qui attaque le sujet. Content aussi qu'elle me fasse des débats qui ont eu lieu avant-hier soir au bateau un compte rendu analogue à celui de Louis et qu'elle m'avoue franchement sa décision... de ne pas en prendre dans l'immédiat. Fidèle aux consignes de Louis de Margot, j'affirme à Lauranne que je la comprends très bien et que j'espère qu'avec le temps les choses finiront par s'arranger.

Je viens de garer la voiture avenue Trudaine et, avant d'en descendre, je groupe les victuailles que nous avons achetées en chemin pour dîner dans mon studio. Ma « pas-belle » me retient d'une main ferme. Elle désire aller au fond du problème, une fois pour toutes, et me propose ce que je déteste le plus avec une femme : parler d'homme à homme. Ma satanée « culotte » a recouvré avec moi l'esprit de détermination qu'elle avait perdu l'autre soir avec ses amis... et force m'est de me prêter à son opération curetage.

– Ecoute, Philippe, me dit-elle, je veux être honnête avec toi. Je ne suis pas très sûre que les choses s'arrangent, dans le sens où tu le souhaites. Je culpabilise trop envers Edouard et les autres et j'ai très peur de ne pas réussir à surmonter mes scrupules. C'est possible, mais j'aime mieux que tu n'y comptes pas. Je ne veux pas te berner avec de faux espoirs. Je ne veux pas non plus que chacune de nos rencontres soit gâchée par tes questions, tes bouderies, tes reproches, ton impatience.

– Qu'est-ce que tu veux au juste?

– Ce n'est pas à moi de vouloir, mais à toi. Moi, je suis en position d'infériorité. Je ne peux rien imposer. Je ne peux que proposer. Ou tu acceptes de me voir dans les mêmes conditions qu'avant les vacances, ou tu refuses. C'est simple.

Deux fois merci, monsieur de Margot! Une première fois pour m'avoir suggéré de remballer mon ultimatum : de quoi aurais-je eu l'air devant une personne qui me pose le même à l'envers? Et une deuxième fois merci pour m'avoir préparé au choc que je viens de recevoir et que, grâce à cela, je parviens à encaisser avec le sourire.

– Qu'est-ce que tu me conseillerais, toi, amicalement : d'accepter ou de refuser?

– C'est une affaire trop personnelle pour que je me permette de t'influencer.

– D'accord, mais tu peux me dire au moins ce que toi, tu préférerais que je choisisse.

– Tu le sais très bien.

– Dis-le quand même.

– Je t'aime et pour moi tout vaut mieux que l'absence de l'être que l'on aime. Sa volatilisation dans l'air des autres.

J'ai fait semblant de réfléchir, comme si j'étais en proie aux affres d'un horrible dilemme, comme si j'hésitais. Je voulais qu'elle mijote dans le doute, qu'elle s'inquiète... Malheureusement, l'intensité de mon suspense est troublée, avec une inopportunité rare, par les gargouillis de son estomac. Je sais par expérience qu'ils ne sont que les premiers d'une longue série et que je ne peux prétendre, dans ces conditions, entretenir un climat dramatique. Je lâche donc, plus vite que je ne l'aurais souhaité, ma réponse :

– Je pense exactement comme toi.

Elle paraît soulagée. Elle l'est effectivement. Mais pas pour la raison que j'étais en droit d'imaginer :

– Ah bon! me répond-elle, toi aussi tu as faim?

A mon air consterné, elle se rend compte de son erreur d'aiguillage et me sort aussitôt sa panoplie de gamine fautive, que je connais par cœur mais dont, hélas! je ne me lasse pas : le regard penaud, la lèvre repentante et le toujours irrésistible : « J'ôrais pas dû. » Aujourd'hui, estimant sans doute son cas plus grave, elle y ajoute une autocritique très lucide qui m'ôte le reproche de la bouche. Après quoi, son pardon acquis, elle me prie de reprendre le fil de mon discours. Pour être sûre de ne pas l'interrompre à nouveau par des bruits incongrus, elle prend parmi nos provisions un pied de céleri, en détache une branche et se met à la grignoter d'un museau consciencieux.

Je suis maudit! De par le vaste monde, il existe peut-être une seule femme à l'appétit assez exigeant pour brouter voracement comme un lapin pendant que son amant vient de lui apporter une des plus belles preuves de son amour... et il a fallu que je tombe sur celle-là! Jamais, ni dans ma vie, ni au théâtre, ni au cinéma, je n'ai vu une désamorceuse d'émotion comparable à Lauranne : imaginez-vous Andromaque en train de se taper en douce des raisins de Corinthe pendant que Pyrrhus lui déclare sa flamme? D'accord, je ne vis pas une tragédie, mais quand même! Je vis un moment important, un moment grave. J'ai rêvé, moi, je rêve encore de partager totalement la vie de cette femme. J'y ai cru de toutes mes forces. C'est dur de renoncer, de se résigner. Je vous jure. J'ai le cœur barbouillé par mes espoirs déçus. Elle pourrait, il me semble, participer davantage à mon sacrifice, car c'en est un, et de taille, il ne faudrait pas l'oublier. Elle pourrait, je ne sais pas, moi, avoir des soupirs accablés, des regards lourds, des silences pesants, enfin, de ces signes extérieurs de détresse qui vous épaississent fort à propos l'atmosphère et vous donnent une impression de densité. Mais je t'en fiche! Au lieu de ça, ma « pas-belle », elle, grignote du céleri! En même temps, elle vous grignote vos nuages. Elle les réduit à rien. Elle vous allège l'air. Elle vous chasse le drame. Vous le cherchez, car vous savez bien qu'il est là, mais vous ne le voyez pas. Vous ne voyez qu'elle, comme au premier jour, avec ses yeux rieurs, son nez rigolo et sa bouche marrante qui croque, qui croque, qui croque, et malgré vous, vous avez envie de rire. Oui, c'est incroyable! Je suis à la seconde présente quelqu'un de profondément triste qui a envie de rire... et qui ne peut plus se retenir quand il entend la voix flûtée et futée de sa gloutonne agresser son silence :

– Tu disais donc, quand je t'ai bêtement coupé, que tu choisissais de ne pas te priver de Nous.

Oui, j'ai ri! Je l'ai prise dans mes bras, j'ai enfoncé ma tête dans son cou. Je l'ai traitée de monstre. Elle a approuvé. Puis elle a rectifié, « cafouinée » elle aussi dans ma nuque :

– Oui, mais un monstre qui t'aime, qui ne sait pas toujours te le dire ou te le montrer, qui te trouve le plus merveilleux des hommes et qui aurait beaucoup plus souffert que tu ne le crois de ne plus te voir, de ne plus te parler, de ne plus te respirer, plus te toucher, plus t'embrasser, plus t' et cætera t' et cætera, et même t' et cætera.

Elle s'est redressée, luronne à souhait : la minute d'attendrissement était terminée. L'affaire était close. Nous sommes allés faire « et cætera » divinement! Après toutefois avoir apaisé nos autres appétits, succinctement. Si succinctement même que, nos communes extases passées, Lauranne a de nouveau « un petit creux ». Elle n'a aucun mal à me persuader que j'en ai un aussi et s'arrache à notre langueur pour aller chercher dans la cuisine de quoi le combler. Elle en revient avec du gruyère, des biscuits et du vin rouge. Elle cale mes oreillers, se rallonge contre moi, me donne la becquée, me cajole et me materne : une espèce de geisha qui exsuderait de la joie de vivre et qui m'exprime, sans équivoque, son contentement :

– Ah! la la! s'écrie-t-elle, ce que je suis bien... bon sang!

Il est arrivé quelquefois que des dames, dans des conditions similaires, me délivrent ce même genre de satisfecit, mais elles y mettaient nettement plus de moelleux : elles exhalaient leur bien-être d'une voix amollie. Elles chuchotaient presque dans un souffle : « Je-e suis-is bien-en... » Certaines poussaient même la courtoisie jusqu'à me demander si je l'étais aussi. Mais aucune n'a jamais tonitrué :

– Ah! la la! ce que je suis bien... bon sang!

Aucune n'a jamais eu comme Lauranne l'amour gai, pétillant, tonique. Elles avaient plutôt, mes partenaires d'avant, l'amour triste, émollient, sirupeux. Elles sollicitaient mon attention avec des chatteries, des « comme tu es loin! » des « à quoi penses-tu? ». Lauranne, elle, me tape sur la tête, comme on frappe à une porte, et me demande :

– Je peux entrer?

Et, sans attendre la réponse, elle fonce :

– Avoue que ça aurait été bête!

– Quoi?

– De se séparer. De ne plus connaître des moments comme ça.

Et j'avoue.

Et je ne me force pas. C'est vrai que des « moments comme ça », je n'en ai jamais vécu et qu'ils valent la peine d'en subir une pelletée de moins réjouissants. N'empêche que, s'ils étaient moins rares...

A peine nés, mes regrets reçoivent les soins

diligents de Lauranne. Elle est formelle : des moments comme ça n'existent que parce qu'ils sont rares. Dans le quotidien ils se transformeraient – et pas à leur avantage. Ce que l'on gagnerait en quantité, on le perdrait en qualité. Je lui objecte qu'à Ramatuelle nous avons eu la quantité et que cela n'a nui en rien à la qualité. Mais il paraît que mon objection n'est pas valable, qu'on ne peut se référer à une période de vacances. Vanessa, pas plus tard qu'hier soir, lui en a fourni une nouvelle preuve : sa cohabitation avec le véliplanchiste du Touquet, qui avait été pendant trois semaines de congés une réussite totale, se révélait un échec depuis leur retour à Paris et à la vie laborieuse. Vanessa s'en voulait d'avoir succombé une fois de plus à la tentation de la vie conjugale et espérait qu'au moins son expérience arriverait à point nommé pour éviter à Lauranne de commettre la même bêtise qu'elle. Barbara en avait profité pour entonner son grand hymne au célibat et entraîner elle aussi sa chère petite belle-mère à se désaltérer à la fontaine d'Indépendance.

Je comprends maintenant pourquoi Lauranne se montre aujourd'hui si résolue à ne rien changer à son existence alors que, deux jours auparavant, elle avait semblé à Margot simplement hésitante. Je comprends que ces deux « gentilles personnes » craignent plus ou moins consciemment que Lauranne ne réussisse ce qu'elles ont raté. Je comprends que leur affection, comme celle d'Edouard, n'est pas exempte de jalousie... Oui, je comprends et c'est odieux de comprendre quand on sait qu'on ne pourra pas faire comprendre et que, si on essaie, on sera taxé de malveillance, on aura le mauvais rôle, proscrit, à juste titre, par Louis. Alors, tant pis! Allons-y pour le beau rôle! Sortons notre encensoir! J'en asperge si généreusement ses belles-filles que Lauranne ne tarde pas à s'attendrir sur mon indulgence et à la trouver quasiment exceptionnelle :

– La plupart des hommes, à ta place, m'explique-t-elle innocemment, auraient vu en elles des ennemies, les accuseraient d'avoir voulu m'influencer.

Je ricane devant l'incongruité de cette idée.

– T'influencer, toi, ma pauvre chérie... Il faudrait vraiment ne pas te connaître pour penser une chose pareille...

Ça, ça marche à tous les coups : l'être humain, argile poreuse, apte aux infiltrations les plus diverses, se veut, se croit quartz compact et impénétrable. Rien de tel pour influencer quelqu'un en votre faveur que de lui dire qu'il n'est pas influençable. Lauranne n'échappe pas à la règle et s'en va pêcher le compliment avec satisfaction :

– Ah bon! tu ne me trouves pas influençable?

– Lauranne, quand on l'est, on ne l'est pas dans un seul sens. Si je t'avais crue sensible aux propos de Vanessa et de Barbara, je t'aurais crue également sensible à ceux que m'a tenus ma fille et je t'en aurais immédiatement parlé pour compenser.

– Pourquoi? Qu'est-ce qu'elle t'a raconté?

– Elle est devenue la plus farouche adversaire du célibat et même de l'union libre. Elle se marie le 7 octobre. Elle vit déjà avec son futur. Elle rayonne de bonheur.

La nouvelle trouble Lauranne plus que je ne m'y attendais, sème l'étonnement sur son front, l'amusement dans ses yeux, puis ressort en condensé :

– Diane mariée!

– Tu es même invitée à la noce.

– Oh! j'irai.

– Je te préviens que c'est un lundi et près de Blois, où ils habitent.

– J'irai quand même!

Pour que Lauranne sacrifie aussi facilement un jour de travail, il faut vraiment que l'histoire de Diane la touche, presque autant, dirait-on, que celle de Vanessa. Elle ne tarit pas de questions sur ma fille, sur l'élu de son cœur, sur leur rencontre, leur maison, leur façon de vivre. Elle regrette de ne pouvoir m'accompagner chez eux pour le prochain week-end : elle aurait aimé voir « ça » de plus près, discuter avec Diane. Elle me réclame même son numéro de téléphone. Peut-être qu'elle l'appellera demain, si elle a le temps... Oh! juste comme ça, pour la féliciter. Et puis, par association d'idées, elle me demande des nouvelles de Grégoire. Elle s'émeut de celles de Romain, projette de lui rendre visite... si elle a le temps.

J'ai pensé qu'elle ne le prendrait pas plus que celui de téléphoner à Diane. Mais je me suis trompé : ce matin j'ai appris par un coup de fil de ma fille qu'elle venait d'en recevoir un de Lauranne. Sur la proposition de celle-ci, elle irait la chercher à son institut vers midi et demi et la conduirait à la clinique de Romain.

— Je pourrais vous y conduire, moi, dis-je.

— Honnêtement, j'ai eu l'impression que Lauranne avait envie d'être seule avec moi.

— Tiens! Alors...

— Alors, je passerai à ton bureau en la quittant.

Entre l'heure où j'ai commencé à attendre ma fille et l'heure où elle est arrivée, il s'est écoulé très exactement cent vingt-deux minutes pendant lesquelles j'ai eu tout loisir d'imaginer le pire et le meilleur. C'est plutôt le meilleur qui s'est passé. Diane, consciente de mon impatience, me présente un résumé de son entrevue avec Lauranne en deux images. Une espèce de mini-bande annonce du grand film. Première image : les deux dames, sous le regard peu aimable de Vanessa, partagent au bar de l'institut crudités et banalités. La P.-D.G. dit : « Je suis vraiment très heureuse de vous revoir. » L'ex-mannequin lui répond : « Moi aussi. Vos carottes râpées sont merveilleuses. » Dernière image :

les deux mêmes dames, devant la sortie du club L.L. – sous le regard cette fois carrément hostile de Vanessa –, s'embrassent. Lauranne, avec le sourire, dit : « Ton père ne pouvait pas rêver une avocate plus zélée que toi... et plus efficace. » Diane, sans sourire, répond : « Je l'espère et je te le souhaite – objectivement. »

Entre la première et la dernière image, entre le vouvoiement et le tutoiement, il y a eu, pendant le parcours institut-clinique, un long bavardage animé par ma fille sur les délices de la vie à deux; puis leur émotion commune au chevet de Romain et leurs efforts pour lui communiquer un peu de leur dynamisme également commun; puis, dans la voiture, à nouveau un bavardage inspiré par leur visite sur le drame des souffrances solitaires en particulier et sur les inconvénients de la solitude en général; enfin une halte, dûment préméditée par Diane, chez son bijoutier pour y choisir deux alliances. Encore bien une idée de femme, ça! Une bonne idée, a priori : Lauranne a fini par passer un anneau à son doigt pour mieux juger de l'effet, un deuxième, un troisième. Le quatrième, son annulaire ayant gonflé, elle n'a pas pu le retirer. Elle a regardé Diane... et elles ont éclaté de rire. Dès lors, elles se sont tutoyées et ont parlé de moi librement.

– Qu'est-ce que tu lui as dit?
– Du bien.
– Et elle?
– Du bien aussi.
– Tu ne peux pas développer un peu?

Elle développe, mais vraiment rien qu'un peu... pour ne pas que je souffre dans ma modestie. Dommage! C'est le genre de douleur que je supporte très bien!

Après le bijoutier, elles sont retournées à l'institut. Vanessa a enregistré sans aménité l'absence prolongée de sa belle-mère et l'intimité nouvelle des deux femmes. Lauranne en a paru agacée et, un peu en manière de provocation, a retenu Diane pour prendre une tasse de thé avec elle, puis pour lui offrir un assortiment complet de ses produits de beauté.

– Bien que tu n'en aies pas besoin, a-t-elle dit en les lui remettant. Tu es encore plus belle qu'avant.

– Tu connais la recette maintenant.

– Oui.

– Alors, utilise-la.

– J'y pense, tu sais.

Bras dessus, bras dessous, elles se sont dirigées vers la sortie avant de se séparer.

Diane, qui s'est montrée très loquace tant qu'il s'est agi de me rapporter les détails de son entrevue avec Lauranne, l'est beaucoup moins quand je lui demande d'en tirer une conclusion. Je dois insister pour obtenir au moins son impression.

– Mitigée, me dit-elle.

– Soyons clairs. Crois-tu que Lauranne finira par m'épouser, oui ou non?

– Franchement je ne sais pas et je ne suis pas sûre qu'elle le sache elle-même. Son cœur dit oui et sa tête dit non.

On en revient toujours là : la bagarre entre la « jupe » et la « culotte ». Hier, avec Vanessa et Barbara, la « culotte » a marqué un point; aujourd'hui, avec ma fille, la « jupe » a égalisé. Demain, avec Doudou, elle reperdra peut-être l'avantage. Après-demain, avec Louis, elle peut le reprendre. Mais qui l'emportera? Qui?

Et grâce à quoi?

Et quand?

Et comment?

18

Demain, septembre s'achève. Le ciel, la lumière, la nature ont changé, mais moi, j'en suis toujours au même point. Aux mêmes points d'interrogation. Les anges, paraît-il, n'ont pas de sexe et le mien, prénommé Lauranne, pour mon malheur, continue à en avoir deux, qui continuent à se livrer entre eux une bataille serrée, qui continue à mettre mes nerfs à rude épreuve.

De temps en temps, mes fidèles supporters m'insufflent un peu d'oxygène qui me permet de tenir le coup : Louis de Margot m'assure qu'Olivier, sous l'influence de Romain qu'il va visiter régulièrement, est en train de perdre sa neutralité, en ma faveur; qu'Edouard a de plus en plus mauvaise conscience; que Lauranne est loin d'être aussi gaie qu'avant et que l'ambiance du bateau n'est plus ce qu'elle était.

Ma fille, qui va chaque semaine transpirer dans le sauna du club L.L., prétend que Lauranne commence à s'inquiéter de la liberté qu'elle me laisse et de l'emploi qu'à la longue je risque d'en faire. Aux dernières nouvelles, qui datent d'aujourd'hui, ma « pas-belle » résisterait de moins en moins aux attaques du virus de la jalousie qu'elle a attrapé on ne peut plus bêtement et dont j'aurais pu la guérir depuis longtemps si ma fille ne m'avait encouragé à entretenir le mal plutôt qu'à le soigner.

Romain, dont la chambre est devenue une espèce de plaque tournante où s'entrecroisent mes confidences et celles de Lauranne, de Diane, d'Olivier, me confirme l'évolution lente mais certaine de la situation.

Personnellement, jusque-là, je n'ai pas constaté de résultat notable. Oui, d'accord, Lauranne me téléphone plus souvent et plus longuement; elle me consacre un peu plus de temps; elle est peut-être un peu plus tendre; un peu moins « absente » quand nous nous rencontrons... mais j'ai peine à croire que ce soit à cause de cette malheureuse... Ah! c'est vrai que vous n'êtes pas au courant! Vous voyez à quel point j'attache peu d'importance à cette histoire : je n'ai même pas pensé à vous en parler. Et pourtant, elle se rattache à un événement qui, lui, m'a marqué... dans la mesure où quelque chose qui n'a pas directement trait à Lauranne peut me marquer. Enfin, n'épiloguons pas sur l'égocentrisme des amoureux en général et sur le mien en particulier et venons-en au fait.

Il y a trois semaines, je revenais de mon week-end à Blois, un peu mélancolique. Normal, le bonheur des autres, même quand il s'agit de celui de sa fille et même quand vous vous en réjouissez, ne vous ragaillardit pas. L'amour, la beauté et la jeunesse réunis composent déjà un spectacle beaucoup moins plaisant qu'il n'est convenu de l'admettre; mais quand, en plus, la bêtise n'est pas là pour compenser ces insolents privilèges, quand on ne peut pas se dire devant deux êtres gâtés par la nature et par la vie : « Ils sont heureux, soit, mais ils sont cons », ça finit au bout de deux jours par être démoralisant.

Le lundi matin donc, j'arrive à l'agence plutôt morose et je trouve dans mon courrier une lettre de ma sœur, toujours à Concarneau. Elle avait trempé sa plume dans l'encrier de Mme de Sévigné pour m'annoncer la nouvelle la plus singulière, la plus étonnante, la plus extraordinaire... j'abrège et je vous envoie la bombe telle que je l'ai reçue à la fin du troisième feuillet : je vais être oncle! Oui! Jacqueline, mon frère Jacques, est enceinte! La lapine du laboratoire est formelle. Le vieux médecin de famille et le jeune gynécologue accoucheur de Quimper aussi. Il n'a pas fallu moins de ces trois avis autorisés pour convaincre Le Gahuzec qu'à peine redevenu homme il allait être père et pour convaincre ma sœur que ses quarante et un ans s'épanouiraient parmi les couches-culottes et les biberons.

L'ex-impuissant et la primipare attardée n'ont pas attendu la naissance pour accoucher d'une grosse joie toute gonflée de fierté. Je m'y associe fraternellement jusqu'à ce que j'apprenne, en haut de la page 5, que ma sœur a décidé de rompre notre association professionnelle. Il n'est pas question qu'elle reprenne son travail, ni maintenant que sa grossesse l'oblige à rester allongée les trois quarts du temps, ni plus tard quand ses devoirs de mère et d'épouse accapareront tous ses instants. Bref, dans l'affaire, je gagne un neveu – ou une nièce – dont je n'ai vraiment pas l'emploi et je perds une collaboratrice qui, elle, en revanche, m'était d'une grande utilité. Je suis pris d'un ennui insurmontable à l'idée de chercher quelqu'un pour la remplacer, d'avoir à lui expliquer ses tâches et responsabilités diverses, de m'habituer à ses manies, à son caractère. Cet ennui m'a inspiré une solution dont depuis trois semaines je n'ai qu'à me féliciter : j'ai confié le poste de ma sœur à Mme Vionnet et celui de Mme Vionnet à Brigitte. Quant à celui de Brigitte, il a échu à Violette dont je me suis rappelé à point nommé les récentes offres de service.

Les deux anciennes de la maison, ravies de leur promotion inespérée, remplissent leurs nouvelles fonctions avec un zèle qui n'a d'égal que celui de la débutante dont elles assument la formation accélérée et qui se révèle une excellente recrue.

Le jeudi suivant, j'ai bien entendu fait part à Lauranne de la réorganisation de l'agence et de l'engagement de la Perpignanaise. Sur ce dernier point, immédiatement elle a tiqué :

– Ça ne te gêne pas d'avoir une secrétaire qui te tutoie?

– D'elle-même, Violette a repris le vouvoiement

et gommé toute familiarité. Elle n'est pas bête, tu sais.

– Sûrement... Elle ne va pas tarder à découvrir le pot aux roses.

– Quel pot aux roses?

– Que tu n'es pas pédé.

– Oh! elle le sait déjà.

– Par Brigitte sans doute?

– Non, par moi.

– Comment par toi?

– Elle m'a demandé des nouvelles de ma sœur. Ça m'a étonné puisqu'elle ne la connaissait pas.

– Ben... elle te parlait de moi. Tu ne te souviens pas qu'à Saint-Tropez je m'étais présentée comme telle?

– Si! Je m'en suis souvenu quand elle me l'a dit, mais sur le moment j'avais complètement oublié ce détail.

– Tu penses!

– Enfin! qu'est-ce que tu crois?

– Que tu as été content de lui apprendre que tu n'étais pas homosexuel.

– Je t'avoue que ça m'aurait un peu embêté qu'elle sème le doute à ce sujet dans l'esprit de Brigitte et de Mme Vionnet.

– Tu préfères subir ses avances.

– Oh! il n'y a guère de danger! Elle sait maintenant qui tu es et la place que tu occupes dans ma vie. En outre, elle a l'air très amoureuse de son Anglais qui est d'ailleurs charmant.

– Tu le connais?

– Oui, j'ai dîné chez eux hier. Violette m'avait invité pour me le présenter. Nous avons tout de suite sympathisé. Au point que je lui ai demandé de me donner des cours.

– D'anglais?

– Evidemment! Il est professeur et en plus ils habitent à côté de mon studio.

– A côté?

– Enfin, pas très loin. Rue de Dunkerque.

– Quand commences-tu?

– En principe lundi. À moins, bien sûr, que tu ne sois libre, auquel cas je le décommanderai.

– Ah... parce que tes leçons auront lieu le soir?

– Ben, c'est le seul moment où je peux, en sortant du bureau.

– Eh oui... bien sûr!

Voilà comment Lauranne contracta le virus de la jalousie. Sans Louis de Margot qu'elle a tenu aussitôt au courant de mon désir « bizarre » de me remettre à l'anglais, et surtout sans Diane à laquelle elle a essayé fort habilement de soutirer quelques renseignements sur mes relations avec ma Perpignanaise, jamais je n'aurais supposé que Violette avait pu troubler la quiétude de Lauranne. J'étais prêt à la rassurer, à interrompre mes études linguistiques et même à me priver des services de Violette mais, comme je vous l'ai dit, ma fille me poussa à une attitude moins chevaleresque. Margot aussi.

Donc, les soirs où je ne vois pas Lauranne, je pars du bureau avec Violette. Je la raccompagne jusque chez elle et, pendant qu'elle fait ses courses dans le quartier, je monte bavarder *in English, with my teacher*. Contrairement à ce que je prétends à Lauranne, je ne dîne jamais avec le jeune couple et jamais je n'ai conduit Violette le matin en voiture à l'agence... sauf ces deux derniers jours où elle avait un rhume épouvantable.

Selon ma fille qui sortait cet après-midi de son sauna hebdomadaire, ces deux trajets matinaux ont beaucoup perturbé Lauranne. Celle-ci voit là une nouvelle étape franchie par celle que pour la première fois elle a appelée « cette petite salope ». Ce qui est bien, c'est que son animosité est entièrement dirigée contre sa prétendue rivale. Moi, je ne pèche pas par excès de naïveté : je suis si dépourvu de duplicité que je ne peux imaginer celle des autres, que je ne vois rien des manigances dont je suis l'objet. Je suis au-delà de tout soupçon... Mais pas au-delà de toute tentation. Et celles qu'offrent les charmes indéniables de Violette, continuellement à portée de ma main, même le matin maintenant, bientôt au réveil peut-être, semblent à Lauranne particulièrement pernicieuses. Diane s'est empressée de l'approuver et de lui rappeler, fort à propos, que j'étais un homme et – qui pis est – un homme dangereusement libre. Ma fille est persuadée que le virus a gagné du terrain et que j'aurais intérêt à lui donner encore un coup de pouce. Je n'en ai pas très envie. Je suis un peu las de ces petites stratégies en chambre qui soulèvent de petits espoirs, qui en crevant me laissent de petites griffures à l'âme. Je recommence à me demander si une incision bien nette, bien propre n'aurait pas été, ne serait pas préférable. Ce soir, j'y suis presque décidé. Le fond de mon air est frisquet! J'ai l'humeur automnale et le cœur bien frileux...

Ce matin, j'ai éternué à la tête de mon réveil. Une fois! deux fois! trois fois! adjugé! Violette m'a refilé son rhume! Ma morosité d'hier soir s'en trouve accrue : j'ai toujours eu du mal à admettre les interférences entre le physique et le moral. Ça me dérange qu'il y ait des microbes dans mes sentiments! Et pourtant je dois bien reconnaître que ma matinale et romantique « difficulté d'être » vient en grande partie d'une prosaïque difficulté de respirer.

A la réflexion, tout n'est pas aussi noir : Lauranne m'a donné, juste entre douche et café, un coup de téléphone très gentil pour me souhaiter « un bon mois d'octobre ». Elle a l'habitude de présenter ses vœux mensuellement sous prétexte que ceux du 1er janvier s'usent en cours d'année et ont besoin, pour rester efficaces, d'être « rafraîchis », le premier de chaque mois. Elle s'est apitoyée sur mes reniflements, a choisi l'humour pour m'en reprocher la cause et m'avertir qu'elle m'administrerait ce soir à domicile « des remèdes de bonne femme ».

Mme Vionnet m'a présenté un bilan très positif de nos affaires pour le mois de septembre. Brigitte m'a ramené un client et pas des moindres : un richissime collectionneur de tableaux. L'une et l'autre ont loué le caractère et le travail de Violette. Vraiment, depuis ce matin, je n'ai que des satisfactions. En somme, tout va bien. Il n'y a que moi qui vais mal. Au point que vers dix sept heures, quand Violette me signale par l'interphone l'arrivée de Louis de Margot, j'ai un mouvement d'agacement qui s'accentue plutôt à son entrée, théâtrale comme toujours : il me salue en faisant tournoyer son chapeau de pluie comme d'Artagnan son feutre, brandit sa canne comme Louis XIV son sceptre et me claironne des vers de mirliton comme de Max des alexandrins raciniens :

— Enfin, mon cher ami, nous atteignons le but.

Le Destin nous apporte un secours imprévu.

L'œil goguenard de Louis encore plus que ces mots me laissent présager une bonne nouvelle. J'explique à mon visiteur qu'étant donné mon état je lui serais reconnaissant de me la communiquer clairement et rapidement. Il le comprend fort bien et me lance aussitôt un nom, qu'il considère – c'est visible – comme le sésame propre à déverrouiller mes méninges : Castagnet! Castagnet ne déverrouille rien du tout et Louis s'empresse d'éclairer davantage ma lanterne :

— Le retraité du rez-de-chaussée.

— Quel rez-de-chaussée?

— Dans l'immeuble du bateau. Le vieux bavard qui a renseigné votre ami Bertrand sur notre compte.

— Ah oui! Castagnet! Bien sûr!...

— Ah! quand même!

— Mais quoi, Castagnet?

— Il part dans une maison de retraite.

– Ah bon... Et alors?

– Son appartement sera libre pour le terme prochain, le 15 octobre.

– Ah! Evidemment, je pourrais venir m'y installer. Ça me rapprocherait toujours un peu de Lauranne, mais...

– Il n'est pas question de cela. C'est Edouard qui va y emménager avec Olivier. Il y a trois pièces, tout à fait ce qu'il leur faut. Moi je vais prendre votre studio et vous, vous allez habiter le bateau avec Lauranne.

C'est trop beau pour être vrai. Je pense qu'il ne s'agit encore que de projets échafaudés par Margot et qui ne seront réalisables que si Edouard... si Lauranne... si n'importe quoi... Mais non, il s'agit d'une réalité bien solide qui s'est construite jour après jour. Depuis quelque temps, la maussaderie de Lauranne et les reproches d'Olivier ajoutés aux habiles attaques de Louis avaient rendu la situation d'Edouard sur le bateau très inconfortable. Son mauvais rôle de mari encombrant lui pesait si fort que, lorsque Margot lui a offert la possibilité de le quitter en occupant l'appartement de Castagnet, il n'a pas hésité une seconde. Il a téléphoné sur-le-champ au gérant de l'immeuble pour lui demander rendez-vous.

– Nous en sortons, mon cher! L'affaire est réglée. Edouard y retourne lundi matin à onze heures pour signer les papiers. Et le soir même, le bail en poche, il annoncera à Lauranne qu'il va devenir son voisin le plus affectionné.

– Sûrement pas lundi soir : nous sommes au mariage de ma fille et nous rentrerons tard dans la nuit.

– Eh bien, mardi matin, peu importe! De toute façon, le 15, l'artisan qu'Edouard a déjà contacté commencera les quelques travaux d'aménagement indispensables. Un mois plus tard au maximum, dans la même journée, des déménageurs pourront descendre ses valises et celles d'Olivier au rez-de-chaussée, transporter les miennes au presbytère et les vôtres au bateau. Le grand chambardement!

C'est moi maintenant qui culpabilise de bouleverser l'existence de trois personnes qui vivaient en paix... sans compter celle de Lauranne. Mais Margot a tôt fait de pulvériser mes scrupules : lui, il est ravi de voir triompher la cause pour laquelle il a si brillamment milité; Olivier le sera dès qu'il aura constaté que ce départ, qu'il souhaitait, n'affecte pas son compagnon. Et il le constatera car – Margot me l'affirme – Edouard est à présent sincèrement heureux de pouvoir être bon – ce qui est dans sa nature – sans en souffrir – ce qui est humain. Il aura le bénéfice d'un beau geste aux moindres frais. Sa Lauranne restera toute proche de lui. Il pourra tous les jours la guetter de sa fenêtre, lui parler, lui préparer des petits plats. Son Louis ne sera pas loin non plus et viendra comme avant partager ses repas. Edouard considère que le bateau ne va pas sombrer, mais s'agrandir. Il a déjà baptisé l'appartement de Castagnet l'annexe n° 1 et le presbytère l'annexe n° 2.

A peine rassuré de ce côté-là, voilà que je m'inquiète d'un autre :

– Vous ne craignez pas que Lauranne, comme l'autre fois...

– Lauranne, cette fois, n'aura pas à donner son avis. Lauranne sera devant le fait accompli et heureuse de l'être. Non, croyez-moi, vous pouvez être tranquille.

Je le suis. Je sais très bien que, prudent et superstitieux comme l'est Louis, s'il subsistait le moindre doute dans son esprit, il ne serait pas venu chanter victoire. Pourtant, je n'arrive pas à me réjouir autant que je le devrais. Margot croit en deviner la cause :

– Vous avez peur, me dit-il, qu'Edouard ne soit

un voisin un peu encombrant? Vous auriez préféré le voir plus loin du bateau?

– Oh non! Au contraire. C'est la solution idéale : chacun chez soi, mais pas vraiment séparés.

– Vous êtes sincère?

– Tout à fait. J'adore être entouré d'amis.

– Alors, qu'attendez-vous pour sauter de joie?

– Honnêtement, je me le demande. J'ai l'impression que mon enthousiasme est bridé, comme le moteur d'une voiture en rodage, que quelque chose le retient, mais j'ignore quoi.

– C'est peut-être votre rhume...

Faute d'autre coupable, j'adopte celui que Louis vient de me proposer. Je lui affirme résolument : « C'est le rhume! » et lui offre enfin le spectacle pour lequel il s'était dérangé : celui d'un homme heureux.

Mon spectateur parti, je retrouve ma sensation de moteur bridé. Je me ré-étonne. Je me refouille la cervelle pour être sûr qu'une arrière-pensée ne s'y est pas cachée dans un arrière-coin. Je re-reviens bredouille. Je re-conclus : « C'est mon rhume! » Et je me prie fermement de ne plus m'enquiquiner sous prétexte que mon bonheur (car il existe, grand Dieu, oui!) ne dépasse pas le 90 à l'heure alors que normalement il devrait atteindre le double. Je m'obéis et je passe avec Lauranne une soirée exquise au cours de laquelle elle me prodigue des soins, pas vraiment spécifiques du traitement de la rhinopharyngite, mais bigrement agréables.

Cette thérapeutique de choc a eu pour effet d'accélérer le processus habituel de mes coryzas. Je me réveille ce matin, après une nuit des plus agitées, dans un état de liquéfaction auquel je ne parviens en général qu'au troisième jour de l'attaque microbienne. Je m'en félicite, car mes innombrables expériences en la matière m'ont appris que cette phase cruciale annonce pour le lendemain une amélioration notable et pour le surlendemain une guérison totale : depuis une quarantaine d'années, j'ai le même genre de rhume, violent et spectaculaire, mais bref et quasiment minuté. Grâce à Lauranne, j'ai gagné un jour et je serai en pleine forme vendredi soir pour le début du week-end qui précède le mariage de ma fille. Week-end que nous avons décidé de consacrer à la visite de quelques châteaux de la Loire pour être à pied d'œuvre le lundi. En attendant, j'ai le nez qui coule, les yeux qui pleurent, la tête comme une citrouille et à la fin de la journée je n'ai qu'une envie : me coucher dans le noir, emmitouflé dans de vieux lainages, avec ma couverture remontée jusqu'au front, comme quand j'étais petit. Aussitôt rentré chez moi, je satisfais cette envie, après toutefois avoir pris aspirine et grog bien tassé en plus d'un médicament recommandé par Violette. Le tout m'a conduit dans les meilleurs délais à un sommeil de plomb dont je ne suis sorti ce matin guère plus de cinq minutes avant que Lauranne ne m'appelle. J'avais fait le tour du cadran. J'avais la fosse nasale à peu près dégagée, l'œil à peu près sec et l'esprit à peu près clair. Elle avait, elle, la voix à peu près suave :

— Ça va?

— Mieux! Beaucoup mieux!

— J'entends ça! Tu t'es vraiment bien soigné!

— Oui, le coupe-rhume que m'a donné Violette est épatant.

— Ah bon? Tu es allé prendre ta leçon d'anglais hier soir?

— Non! Penses-tu! Elle me l'avait donné au bureau. J'étais au lit à huit heures.

— Et tu dormais à huit heures vingt-cinq?

— C'est possible, pourquoi?

— Parce que j'ai sonné chez toi à cette heure-là et que personne ne m'a répondu.

— Je croyais que tu avais un dîner.

— Oui, mais je suis passée chez toi juste avant pour te dire un petit bonsoir.

– Ah! Je suis désolé.

– Et, juste après, je suis revenue, espérant cette fois que tu étais là.

– J'y étais, mais je n'ai rien entendu. J'ai dormi comme une souche.

– Je m'en aperçois.

– Note bien que je ne regrette pas trop : j'aurais eu honte de me montrer. Je n'étais pas regardable.

– Eh bien, moi, c'est aujourd'hui que je ne le suis pas. Je n'ai pratiquement pas fermé l'œil de la nuit.

– A cause de moi?

– Non. A cause d'une mousse au chocolat. J'ai eu une crise de foie terrible et franchement je préférerais qu'on ne se voie pas ce soir. Je vais être lessivée.

– Juste une heure, tu ne veux pas? Le temps de grignoter une bricole.

– Non! Tu es gentil, mais j'ai déjà commandé mon bouillon de légumes à Doudou.

Comme nous partons demain soir ensemble pour trois jours de fête et de détente, je n'ai pas insisté.

En revanche, en fin de matinée, Bertrand, lui, a beaucoup insisté pour que je vienne dîner chez lui, en compagnie d'une créature mystérieuse dont il m'a affirmé qu'elle valait le déplacement...

J'en doute fort et je grimpe à son perchoir montmartrois à l'heure convenue, avec aussi peu de curiosité que d'entrain. Sur la porte, une carte écrite de sa main m'indique que la clef est à l'endroit habituel, que je peux entrer et m'installer en attendant son retour imminent. Je flaire quelque chose de louche et pénètre dans son atelier avec une certaine appréhension. Je n'y découvre rien d'anormal et m'assieds sur ce canapé où, il y a quelques mois, Lauranne s'était assise, ignorant que quelques mètres au-dessus d'elle, de l'alcôve, je l'observais.

Ce souvenir, si conséquent pour moi, me fait lever la tête et, soudain, que vois-je? Apparition céleste! Lauranne qui me sourit, Lauranne avec la jupe de flanelle, le chemisier, les bas et les escarpins gris qu'elle portait le premier jour où je l'ai rencontrée. Je suis littéralement tétanisé par la surprise et l'émotion. Je regarde, hébété, ses deux superbes jambes descendre lentement l'escalier et ne recouvre l'usage de la parole que lorsqu'elles atteignent la dernière marche. Je retrouve aussi – bizarrerie de la mémoire – la phrase exacte qu'elle a prononcée à la place exacte où je suis, quand j'étais à la place exacte où elle est :

– Chapeau! Dans le genre guet-apens, c'est tout à fait réussi!

Elle reconnaît ses mots et notre attendrissement commun nous précipite dans les bras l'un de l'autre. Ma main, pas innocente, se pose sur le creux de sa taille et déclenche ce même mouvement de reins qui naguère, devant le prosaïque évier de Bertrand, nous a entraînés dans la plus frénétique des chevauchées. Je sens bien qu'elle y pense autant que moi et crois répondre à ses secrètes intentions en lui proposant de retourner sur les lieux de notre fulgurante rencontre. Mais elle refuse et se dessoude de moi.

– Non, dit-elle, il ne faut jamais essayer de remettre ses pas dans leurs anciennes traces. C'est très tentant, mais dangereux.

– Tu as raison.

– Et puis, on n'est pas là pour ça.

Je m'aperçois tout d'un coup que je n'ai pas eu le temps de m'interroger sur les raisons de ce rendez-vous insolite.

– Ah oui, à propos, pourquoi est-on là?

– Pour se fiancer.

– Quoi?

– Je suis venue te demander ta main.

– Ma main?

– Le reste aussi. Enfin bref : veux-tu m'épouser?

Ma « pas-belle » m'a lancé sa question avec la voix de clown qu'elle prend de temps en temps lorsqu'elle est un peu gênée, en exagérant la moue de son museau et en roulant ses yeux marron-marrants. Prudemment, je vérifie qu'il ne s'agit pas d'une plaisanterie :

– Tu veux qu'on se marie?

Elle opine du chef à toute vitesse.

– Et qu'on vive ensemble?

Elle réitère son geste et y ajoute une mine gourmande de gamine qui s'apprête à manger un gâteau. Ah! Dieu, qu'en cet instant je voudrais être Léonard de Vinci pour fixer son sourire et Victor Hugo pour chanter mon amour. J'ai en moi des chefs-d'œuvre auxquels il ne manque que le génie pour éclore, des envolées lyriques qui, hélas, ne s'envoleront jamais. J'aime au-dessus de mes moyens d'expression. J'ai le cœur plus gros que la tête. Il est plein de poèmes et elle n'a que de pauvres mots à mettre à sa disposition. Ceux qui me viennent mé semblent si piètres, si ridiculement petits à côté de ceux que j'entends que je préfère les taire et laisser à mes yeux, à mes mains, à ma bouche le soin de transmettre mes sentiments... Mais, de même qu'« après les plus belles larmes, il faut finir par se moucher », de même après les plus délicieux silences, il faut finir par parler. Je m'y résous assez facilement car maintenant je suis curieux de savoir à quoi, ou à qui je dois cette surprenante demande en mariage.

– A rien. Ni personne, me répond Lauranne. Simplement mon côté « jupe » l'a emporté de haute lutte sur mon côté « culotte ». La « culotte » est indépendante et rechignait à aliéner sa liberté; seulement la « jupe » est possessive et n'a plus supporté que tu gardes la tienne. Tu comprends?

– *Oh yes! I understand.*

Ma discrète allusion à Violette s'inscrit aussitôt dans le rictus de Lauranne qui se creuse et dans son regard qui pétille, mais elle ne daigne pas lui accorder un mot et en revient à son sujet initial qui lui est nettement plus agréable :

– Et puis, le problème de Doudou m'a beaucoup retenue. Au retour des vacances, il a eu un mauvais électrocardiogramme. Il n'allait vraiment pas bien, tu sais. J'ai eu peur qu'une séparation à ce moment-là... Il ne se serait peut-être rien produit, bien sûr, mais dans le cas contraire je ne me le serais pas pardonné. Alors, je n'ai pas voulu prendre le risque.

– Je comprends.

– Maintenant, d'une part, il va mieux. Il va même bien. Enfin... comme avant. Son médecin me l'a affirmé. D'autre part, pendant le mois de septembre, j'ai été très souvent absente du bateau et il s'est habitué à moins me voir. On se verra presque autant quand on n'habitera plus ensemble et sûrement d'une façon plus détendue. C'est ce que je lui expliquerai quand je lui annoncerai ma décision.

– Ah! parce qu'il n'est pas au courant?

– Ben... non! Ni lui ni les autres. Je tenais quand même à ce que tu sois le premier averti.

A son insu, Lauranne vient de débrider complètement ma joie. Les confuses réticences qui la retenaient disparaissent devant cette certitude que personne ni rien n'a exercé de pression sur elle. Lauranne va vivre avec moi parce qu'elle le veut et non parce que Edouard, avec l'aide involontaire de Castagnet, y consent. Elle cède à ses seuls sentiments, pas à un concours de circonstances favorables. C'était ça qui m'empêchait de totalement me réjouir : l'idée que notre union et notre réunion ne dépendaient pas que d'elle. Ce n'était pas le rhume! Eh non! Malgré sa présence encore gênante, mon bonheur éclate, explose... et m'assourdit : Lauranne vient de parler et je n'ai pas entendu. Elle s'aperçoit de ma distraction et me rappelle gentiment à l'ordre :

– La femme ne devant pas quitter son mari, de deux choses l'une : ou tu m'emmènes dans tes nuages ou tu reviens sur la terre.

– Je reviens. Il fait beau partout. Qu'est-ce que tu disais?

– Que j'allais régler mon problème de famille, demain.

– Mais... quand?

– Demain matin, forcément, puisque demain soir on a décidé de partir directement de l'institut pour gagner du temps.

– Oui... bien sûr... mais tu ne préfères pas attendre mardi, à notre retour?

– Oh non! Pourquoi? Autant liquider cette affaire tout de suite.

– Oui, tu as raison.

Elle est résolue. Edouard aussi. Alors, qu'elle parle avant qu'il ait signé son bail ou après n'a plus maintenant aucune importance. Comme ça, tout sera clair, tout sera net. Elle ne traînera pas dans sa tête le souci d'une conversation qui doit quand même lui coûter. Nous aurons l'un et l'autre l'esprit libre pour ce week-end prolongé dont nous nous réjouissions déjà beaucoup mais qui, à présent, a des allures de véritable fête.

– Ce sera, me dit Lauranne, notre mini-voyage de noces.

– Je vais te montrer sur une carte...

– Oh non! Surtout pas! Je ne veux rien savoir. L'homme dirige. La femme suit. L'homme prend des initiatives. La femme s'y soumet.

– C'est vrai, ça?

– Absolument, chef... pendant trois jours!

Elle éclate de rire et, bien entendu, à la première initiative que je prends, qui est de la renverser sur le canapé avec des intentions non dissimulées, elle se débat comme une diablesse. Elle a faim. J'aurais dû m'en douter : l'homme est le maître... après son appétit. J'en ai moins de regret lorsque j'apprends que Bertrand ne va pas tarder à rentrer, pour recevoir un journaliste qu'il n'a pas pu décommander.

— Dans ces conditions, dis-je à Lauranne, après un dernier regard sur l'échancrure de son chemisier avec vue imprenable sur le soutien-gorge en soie grise, nous allons vite aller au restaurant et après...

— Après nous verrons, me répond-elle prudemment.

Et à la fin du dîner, nous voyons... qu'il est onze heures largement passées et que nous ne sommes ni l'un ni l'autre très enclins à la bagatelle. Mon rhume a une légère recrudescence : une espèce de baroud d'honneur des microbes, avant de disparaître. Lauranne, dont la nuit a été très perturbée, non pas par une crise de foie, mais par l'échafaudage de ses projets matrimoniaux, tombe de sommeil. Je suis bien d'accord avec elle que la célébration de nos fiançailles mérite mieux que des corps et des esprits fatigués, mais quand même je trouve que l'occasion était bonne de découvrir enfin le mystère de la petite culotte en soie grise.

— Demain! Promis, je m'habillerai pareil.

Elle a tenu sa promesse! A dix-huit heures, ma tornade grise investit ma voiture et ma tête. Et quand je dis ma tête... J'ai été bien inspiré de choisir une première étape courte : une auberge dans la campagne orléanaise. Dans quatre-vingt-dix minutes, au plus, en empruntant les routes secondaires peu encombrées, normalement, nous devrions y être. Dans quatre-vingt-quinze minutes, sa jupe glissera le long de ses longues jambes et... il vaut mieux que je pense à autre chose... Elle ne me facilite pas la tâche en promenant son doigt sur ma cuisse, en me glissant dans l'oreille des propos à tendance égrillarde et en concluant, comme moi, qu'elle ferait mieux de penser à autre chose. Un camion de déménagement qui roule devant nous lui en fournit l'occasion :

– Oh! à propos de déménagement, s'écrie-t-elle avec une surprenante désinvolture, je n'ai pas pu parler à Doudou ce matin : cet imbécile était parti pour Rungis à l'aube.

– Rungis? Pour quoi faire?

– Son marché! Ça lui arrive de temps en temps. Il adore ça! Il a gardé des copains du temps où il avait son bistrot.

– Ça t'ennuie?

– Au contraire! Je suis ravie : quand il entreprend ce genre de virée, c'est qu'il est en forme.

– Eh bien alors, tant mieux!

– Le plus bête, c'est que je le savais.

– Ah bon?

– Oui! Il m'avait dit qu'il profiterait de mon absence pour inviter ses amis et ceux d'Olivier à la maison et qu'il leur préparerait une bouillabaisse. Et une bouillabaisse, pour Doudou, ça commence à la halle aux poissons de Rungis. Encore heureux quand ça ne commence pas à l'arrivée des bateaux de Dieppe ou de Fécamp.

– Tu plaisantes?

– Pas du tout! Il y est allé plusieurs fois pour de grandes occasions.

– Il est un peu maniaque, non?

– Un peu, oui... mais il faut comprendre que c'est sa façon à lui d'honorer ceux qu'il aime. Le jongleur de Notre-Dame offrait ses tours, Doudou, lui, offre sa cuisine.

Lauranne s'attendrit longuement sur les offrandes culinaires d'Edouard : sur la patience avec laquelle il dénoyaute les cerises pour les compotes, épépine les raisins pour les tartes, découpe aux ciseaux, feuille par feuille, brin par brin, le persil, le

316

cerfeuil, l'estragon, avant de les hacher menu au couteau; sur les trésors d'attention que recèle la table du petit déjeuner où chacun trouve à sa place le thé ou le café qu'il préfère, ainsi que « son » jus de fruits, « son » pain, « son » miel, « sa » confiture et... « ses » médicaments; sur le mal qu'il se donne pour découvrir des recettes inédites ou en inventer.

J'ai à peine le temps de penser que dans ce domaine j'aurai du mal à soutenir la comparaison que déjà Lauranne m'en laisse entrevoir d'autres où la succession sera encore plus dure à assurer. L'amour de Doudou ne surgit pas uniquement des fonds de casserole. Il est partout : dans les bouquets de fleurs qu'il compose; dans les plantes vertes qu'il soigne comme personne; dans les penderies où les vêtements de chacun sont entretenus et rangés avec un soin méticuleux; dans les placards garnis de tous les produits dont on peut avoir besoin; sur les moquettes sans tache, les meubles sans poussière, les robinets sans tartre, sur les cuivres et les chromes reluisants; dans le bon fonctionnement de chaque objet utilitaire – du tire-bouchon au vidoir des sanitaires; bref, dans les mille et un détails d'une maison dorlotée, chouchoutée, pomponnée.

Je ne sais si, en exaltant les vertus d'Edouard, Lauranne cherche à valoriser le sacrifice qu'elle me consent en s'en privant, ou bien si elle tient à me montrer par là l'ampleur du vide que je vais avoir à combler, en tout cas l'effet immédiat de ces éloges est de provoquer chez moi une furieuse envie de rappeler à ma fiancée qu'il est certaines activités – et pas des moins agréables – où sa perle du foyer ne saurait rivaliser avec moi et qu'il est plus réjouissant pour une femme d'avoir dans sa chambre un froisseur de draps qu'un rangeur d'armoires.

Cette pensée vengeresse, que j'entretins soigneusement jusqu'à notre halte, m'anima au moment opportun d'une mâle ardeur et réveilla mes mâles instincts. Pour être plus précis, je me suis mis à fantasmer sur Dolly. Vous vous souvenez de Dolly? Une des trois créatures imaginaires qui meublaient mes insomnies d'avant Lauranne. Mais si, voyons! La prostituée au cœur sensible! Oui, c'est ça! La brune sémillante! Notez qu'il est normal que vous l'ayez oubliée, moi-même je l'avais enfouie dans ma mémoire et je fus très surpris de l'en voir jaillir alors que, redevenu le cow-boy glorieux, je m'affalais tout habillé sur la cretonne fleurie de notre lit campagnard, d'où n'émanait, à franchement parler, aucun relent de stupre ni d'orgie. Pourtant, le fait est là : Dolly se promenait dans ma tête et je rêvais de son comportement de vamp de saloon. Tout ça, à la base, à cause de Doudou! Avouez que les chemins de la libido, comme ceux de la Providence, sont parfois bien étranges! Mais ce qui est encore plus étrange peut-être, c'est que Lauranne devina mes pulsions secrètes et inédites – à moins que les siennes ne fussent en cet instant miraculeusement complémentaires.

Toujours est-il que, sans que je lui demande rien, elle commença à ôter ses vêtements, un à un, avec une lenteur calculée, des ondulations lombaires et des frémissements de l'épaule, dans la plus pure tradition des effeuilleuses professionnelles; avec en plus, dans l'œil, ce qu'il fallait d'humour pour que l'érotisme de l'opération devienne sainement ludique : on n'était pas licencieux, on jouait à l'être. Sans nous vanter, nous avons superbement bien joué! Tout le mérite, d'ailleurs, en revient à Lauranne. Non pas tant à la partenaire subtile et audacieuse qu'elle a été dans ces moments privilégiés, mais à la femme discrète et distinguée qu'elle est dans le quotidien. Voir une pute se comporter comme une pute ne m'a jamais semblé très grisant. En revanche, voir une P.-D.G. se conduire comme une gourgandine eut pour moi des attraits incomparables. Il est évident que la présidente transcenda la gestuelle de l'amoureuse. Notamment celle qui accompagna la découverte, puis la chute progressive de l'objet de ma première curiosité : je veux parler, bien sûr, de la partie sud des sous-vêtements de Lauranne. Elle se présentait sous la forme non pas d'un slip, encore moins d'un string, mais d'un petit pantalon en satin gris, bordé au niveau des cuisses d'une dentelle arachnéenne, grise également, et retenu à la taille par un bouton de nacre. L'image de Lauranne, de dos, détachant ce bouton, aidant par des mouvements de hanches appropriés le tissu soyeux d'abord à glisser sur ses fesses rondes et lisses, ensuite, face à moi, à le maintenir au bord de sa frémissante nudité, enfin à s'en libérer pour s'offrir, Eve soumise mais triomphante, au regard de l'homme conquérant mais vaincu. Oui, cette image d'une Lauranne luxuriante de féminité ne m'aurait jamais autant impressionné si je n'avais pu lui superposer celle d'une Lauranne dans son carcan masculin de femme d'affaires, respectable et respectée.

J'avais sous les yeux, sous les mains, sous ma bouche le corps souple, docile, quémandeur d'une luronne déchaînée et j'avais dans la tête la silhouette stricte de Mme L.L. des instituts et des produits de beauté L.L.

Je ne peux nier que mon plaisir en fut décuplé. Quant au sien, elle l'exprima si clairement tout au long de ses ébats qu'il faudrait être sourd, aveugle, insensibilisé ou maladivement soupçonneux pour ne pas y croire. N'en déduisez pas que nous étions, Lauranne et moi, sous le coup d'une révélation. Non! Nous avons connu toujours dans ce domaine-là une assez régulière réussite. Mais vous savez ce que c'est – du moins je l'espère –, dans la vie sexuelle des couples les plus comblés il y a des hauts et des bas, des jours où l'on est moins en forme que d'autres et où l'on remplace l'inspiration par la technique. Eh bien, disons que là nous avons vécu un haut spécialement haut, un haut à en avoir, longtemps, très longtemps, le vertige.

Pardon aux merveilles architecturales que nous avons visitées au lendemain de cette soirée mémorable.

Pardon à Chambord, à Chenonceaux, à Amboise, à Azay-le-Rideau, à Cheverny. Pardon à ceux qui les ont rêvés. A ceux qui les ont conçus. A ceux qui les ont bâtis. Je me sens bien coupable et honteux d'avouer que ces chefs-d'œuvre du génie humain, ces majestueux témoins d'un passé que le monde entier nous envie... m'ont beaucoup moins bouleversé que cinquante centimètres de satin gris!

Vous m'objecterez que ça ne se compare pas. Evidemment! Mais quand même, si j'étais à la place de François Ier – pour ne citer que lui –, je trouverais ça un peu injuste...

19

Le maire de Blois vient de dire : « Mademoiselle Diane, Françoise, Marguerite Larcher, acceptez-vous de prendre pour époux Monsieur Jean, Emile, Athanase Vindieux? »

En surimpression, moi, j'ai entendu le maire du IXe arrondissement de Paris qui disait : « Madame Laure, Anne, Marie Léon, acceptez-vous de prendre pour époux Monsieur Philippe, Paul, Julien Larcher? » Lauranne a dû l'entendre aussi car elle a tendrement pressé mon bras et j'ai vu se dessiner sur ses lèvres le « oui » qu'elle prononcera officiellement bientôt. Je suis autant ému par cet engagement muet que par celui, claironnant, de ma fille. Ce ne fut pas un de ces « oui » timides ou graves, déjà chargés du futur fardeau conjugal, comme

parfois il en échappe aux mariés. Mais un « oui »
ferme et définitif, plein d'appétit. Je crois que si
Diane avait pu exprimer le fond de sa pensée à
monsieur le maire, elle aurait répondu à sa question : « Ah oui, alors! » Son tour venu, Vindieux
manifeste de la voix et du regard le même enthousiasme. Comme Lauranne, ils ont l'amour gai, tous
les deux. Moi, je ne l'ai pas vraiment triste; mais
peut-être un peu plus romantique : ma joie se
traduit plus souvent par une envie de pleurer que
par une envie de rire. J'ai en quelque sorte la larme
joyeuse. Tenez! par exemple, en ce moment où je
suis intensément heureux, j'ai la gorge serrée. Au
point que, si je veux rester digne, il faut de toute
urgence que je me trouve une distraction. Observer
les autres me semble la meilleure. Les autres? Si
j'enlève les récents Vindieux et la future Mme Larcher, ils ne sont que cinq. A droite, il y a Corinne.
Elle me rappelle « la mère de la mariée », telle
qu'elle était représentée en figurine dans *Le Petit
Echo de la mode* de mon enfance. La robe, bon chic
bon genre, dans les verts bouteille, avec le sac et les
chaussures ton sur ton, le tout flambant neuf,
acheté pour l'occasion, comme sans doute le man-
teau de fourrure que ne justifie pas plus la clé-
mence de la température automnale que l'intimité
de la cérémonie. Un collier de perles « deux
rangs », sa première bague de fiançailles (une
aigue-marine), sa deuxième bague de fiançailles (un
solitaire), sa deuxième alliance (en diamants), son
lourd bracelet d'or (placement plutôt que bijou)
achèvent de la rendre incroyablement démodée. Je
ne sais si l'infidélité de M. Deux en est la cause,
comme le prétend Diane, mais sa mère est passée
en quelques mois de la trentaine attardée à la
cinquantaine abusivement prématurée. Je sens qu'il
me viendrait comme un rien quelque réflexion
désobligeante et, pour ne pas être mufle, je m'empresse de m'intéresser à ses voisins immédiats : ma

sœur, Le Gahuzec... et leur héritier qui est encore quasiment invisible mais dont ils se complaisent à rappeler la présence.

Jacqueline porte d'affreuses bottines à talons plats – sur l'ordre de son accoucheur, s'est-elle empressée de nous dire – et par-dessus son embryon de trois mois une ample marinière susceptible de dissimuler des quintuplés. De temps en temps, elle prend une grande goulée d'air comme si elle était oppressée par le poids de ses entrailles. A chacune de ses ostentatoires respirations, le géniteur anxieux se penche vers la génitrice courageuse pour demander des nouvelles. Parfois elle le rassure d'un sourire épuisé de Mater Dolorosa, parfois elle l'alarme en s'agrippant à son genou. Alors, il sort précipitamment de ses poches la bouteille d'eau des Carmes qu'il tenait déjà sous le nez de ma sœur en arrivant à la mairie et dont il nous a affirmé qu'elle constituait le seul remède efficace contre ses incessantes nausées. Dans le fond, c'est assez touchant, mais dans le fond seulement. En surface, c'est un peu ridicule, un peu lassant.

A l'autre bout de la rangée, les deux témoins : celui de Diane, qui est Romain, et celui de son mari, qui est son frère, Pierre, médecin à Blois, divorcé de fraîche date. On vient justement de les appeler pour signer le registre. Romain se lève avec difficulté, cale son coude droit sur sa canne anglaise et rejoint les jeunes mariés, en mettant autant d'application à ignorer son état que ma sœur à afficher le sien.

La dernière fois que j'étais allé lui rendre visite, il y a une semaine, il m'avait semblé avoir récupéré – en partie – moral et énergie. Aidé par sa discipline de danseur, il s'astreignait à répéter dans sa chambre les exercices qu'il effectuait tous les matins sous la conduite du kinésithérapeute de la clinique. Les progrès qui en étaient résultés – pourtant bien minces en comparaison de ses efforts – avaient suffi pour lui redonner du courage. Ce jour-là, il m'avait dit à quel point il était touché que Diane lui ait proposé d'être témoin à son mariage et en plus qu'elle l'ait invité dans sa maison pour le week-end qui le précéderait. Il m'avait montré le tableau, peint par lui en cachette, qu'il comptait lui offrir pour cette occasion. Je savais que, pour meubler ses loisirs, il s'était remis à la peinture et au dessin étudiés dans son adolescence, mais je pensais qu'il ne s'agissait pour lui que d'un passe-temps. Or, j'ai découvert non la toile d'un amateur, mais celle d'un professionnel doué d'où se dégageait, à travers l'influence visible de Dali, une véritable personnalité. On y voyait surgir d'un aggloméré sombre de visages dantesques deux bras, prolongés par deux mains interminables, qui n'en finissaient pas de se tendre vers une fenêtre, ouverte sur un horizon laiteux, dépouillé, apaisant, où s'inscrivaient dans une tache de soleil deux autres mains qui, elles, étaient jointes. J'ai eu un coup de foudre et j'ai avoué à Romain que, si ce tableau n'avait pas été destiné à ma fille, je l'aurais soudoyé pour qu'il me le vende. Très sensible à mon enthousiasme, il m'avait promis que le prochain serait pour moi.

Ce matin je lui ai rappelé sa promesse, alors que dans la chambre des Vindieux Lauranne s'extasiait autant que moi devant cette première œuvre dont le symbole d'espérance trouvait sa juste place au-dessus du lit conjugal. Il ne l'avait pas oubliée et s'était déjà amusé à crayonner plusieurs esquisses dont une lui plaisait assez. Mais il ne comptait reprendre ses pinceaux que lorsque le Pr Vanneau lui aurait ôté les broches qui maintenaient le puzzle d'os de son poignet gauche, car, bien qu'il fût droitier, l'immobilisation de son autre main, celle de la palette, le gênait.

— C'est pour quand? demanda Lauranne.
— Demain. A deux heures de l'après-midi.
— Formidable! Après-demain, vous commencerez le tableau de Philippe et, si vous vous dépêchez,

vous pourrez le lui offrir à lui aussi pour son mariage.

Il y eut un court silence, puis une explosion de joie – surtout de la part de Diane – qui attira la curiosité de ceux qui étaient restés dans le living voisin : Corinne, Pierre Vindieux et les Le Gahuzec. Mon ex-femme se précipita la première :

– Que se passe-t-il?

– Papa se marie! hurla Diane.

– Décidément, répondit-elle en s'efforçant de sourire, c'est une épidémie dans la famille : toi, ta tante, ton père...

Les autres nous rejoignirent. On se congratula. On plaisanta. On s'embrassa. On formula des vœux.

Et voilà que maintenant, M. le maire ayant terminé ses bons offices, on recommence à se congratuler. A plaisanter. A s'embrasser. A formuler des vœux. La répétition, à si peu de temps d'intervalle, des mêmes mots, des mêmes gestes, a quelque chose de comique qui dissipe toute émotion et place définitivement ce mariage sous le signe de la bonne humeur et de la bonne franquette. D'un bout à l'autre, l'ambiance fut gaie, détendue et même, à la fin du repas, légèrement débridée. Ma sœur en oublia ses nausées, Le Gahuzec ses craintes prépaternelles, Corinne son infortune, Romain son handicap, Pierre Vindieux sa récente solitude. Nous – ma fille et mon gendre, Lauranne et moi –, nous n'avions rien à oublier. Personne à envier. De là naquit, entre nos deux couples, une complicité comparable à celle qui s'établit spontanément entre les personnes atteintes des mêmes maux, à cette différence près que nous, nous étions atteints par les mêmes sentiments.

Vers dix-huit heures, tous – à l'exception de Romain que ma fille devait reconduire le lendemain seulement à sa clinique – nous quittâmes la maison des Vindieux, moins par envie que par discrétion.

Notre voiture démarra la dernière et rien que pour nous – ultime connivence – les nouveaux mariés prirent sous leur véranda la pose des amoureux de la carte postale de Diane, en entonnant d'une même voix : « Le secret du bonheur : une chaumière avec deux cœurs. »

Contrairement à ce que je craignais, notre euphorie ne nous abandonna pas sur la route du retour. Surtout, je dois le reconnaître, grâce à Lauranne qui, pour commenter notre journée, garda les lunettes roses à travers lesquelles elle l'avait vue.

– Ah! bon sang! s'écria-t-elle, avec sa vitalité habituelle renforcée encore par trois jours de détente, ce que c'est bien... quand on est bien!

Mon approbation lui parut un peu sobre.

– Ah non! continua-t-elle, tu ne vas pas me jouer maintenant les pères éplorés et jaloux de leur gendre.

– Bien sûr que non! J'aime beaucoup Jean, mais quelque chose me chiffonne. Pas beaucoup, mais un peu.

– Quoi?

– Tu vas trouver ça bête, mais je regrette que ma fille ne se soit pas mariée à l'église.

– Elle ne pouvait pas!

– Pourquoi?

– Vindieux est divorcé.

– Ah bon! Depuis quand?

– Dix-sept ans! Il s'est marié à dix-neuf parce que la fille était enceinte et, trois mois plus tard, il a divorcé parce qu'elle ne l'était plus. Déjà énergique, le jeune homme!

– Mais comment sais-tu ça?

– Parce que je lui ai demandé. Je suis très curieuse de la vie des gens.

– Moi aussi... Enfin, je l'étais quand je t'ai rencontrée : tu as pu t'en apercevoir. Depuis, je le suis beaucoup moins.

– Tant mieux! Comme ça, je vais pouvoir t'apprendre plein de choses.

– Sur Vindieux?

– Sur tout le monde!

Je fus étonné du nombre de renseignements qu'elle avait réussi à glaner, au cours de sa journée, auprès des uns et des autres. Elle me les rapporta avec la mine fiérote d'un chasseur ouvrant sa gibecière bien garnie. Ou plutôt d'un braconnier, car avec son museau de fouine Lauranne avait un peu braconné les confidences de chacun.

Les Le Gahuzec lui avaient expliqué que Mme mère était tombée très gravement malade à la veille de la publication des bans de leur mariage. Ils avaient ajourné la date de la cérémonie, en prévision d'un deuil imminent, afin d'éviter que le Tout-Concarneau n'ait à leur présenter à quelques jours d'intervalle des condoléances et des félicitations. Depuis – il y avait un mois de cela –, ils attendaient que Dieu voulût bien rappeler à Lui la douairière pour pouvoir s'unir devant Lui en grande pompe, comme prévu par le clan familial. Ma sœur, qui ne fumait plus, qui ne buvait plus, qui ne bouffait plus du mec depuis qu'elle en avait harponné un, ni du curé depuis qu'elle en fréquentait, qui ne lisait plus *Libé*, ma sœur donc s'impatientait à la pensée que, si « ça » continuait, son ventre arrondi, incompatible avec la fleur d'oranger concarnoise, l'obligerait à un mariage à la sauvette.

Ma fille, de son côté, avait confié à Lauranne ses inquiétudes à propos de Romain. Elle avait proposé à celui-ci, en accord avec son mari, de venir achever sa rééducation chez eux. Mais, à la fois par discrétion et par aversion pour la campagne, Romain avait refusé. Il comptait réintégrer son dernier domicile – l'appartement de Grégoire – dès demain, après l'intervention libératrice du professeur Vanneau. Diane craignait qu'il ne fût trop fragile encore, moralement et physiquement, pour s'assumer seul. Lauranne l'avait assurée du contraire.

– Non pas que j'en sois absolument persuadée, m'avoue-t-elle, mais il ne faudrait pas que Diane se convertisse en sœur de charité comme Jacqueline s'est convertie en dame patronnesse. Le zèle des nouvelles converties est souvent redoutable. Si Diane ouvre la porte à l'un, elle ne pourra plus la fermer aux autres.

– Quels autres?

– Pierre Vindieux, par exemple. Depuis son divorce, il s'est beaucoup rapproché de son frère et ne demanderait qu'à s'en rapprocher davantage.

– Diane est au courant?

– Maintenant, oui. Pour sa mère aussi.

– Quoi? Tu ne vas pas me dire que Corinne envisage de quitter son mari?

– Non, mais elle envisage que lui la quitte et elle est paniquée à l'idée de se retrouver seule... comme toutes les femmes qui ont eu l'habitude d'être assistées.

– Elle ne pense quand même pas aller vivre chez sa fille?

– Elle ne pense même qu'à ça... depuis qu'elle a vu les tempes argentées du Dr Vindieux.

– Comment ça?

– Il serait un M. Trois tout à fait convenable.

– Elle t'a dit ça?

– Non, ça c'est moi qui le lui ai soufflé, mais, crois-moi, ce n'est pas tombé dans l'oreille d'une sourde!

Grâce à ce mariage, on ne peut plus problématique, entre mon ex-femme et le beau-frère de Diane, la fin de notre parcours ne fut pas plus mélancolique que le reste du voyage. On s'amusa à imaginer les nouvelles parentés qui en découleraient : Corinne devenant la belle-sœur de sa fille et la tante de ses futurs petits-enfants pendant que Jean Vindieux deviendrait, lui, le beau-frère de sa belle-

mère. On s'amusa à imaginer toutes sortes de
bêtises : M. Deux et moi déguisés en garçons d'honneur et tenant la traîne de la mariée; moi donnant
des conseils à M. Trois en cas de scène de ménage
et assurant en quelque sorte un service après-vente;
Lauranne offrant un arsenal de crèmes rajeunissan-
tes en guise de cadeau de mariage ou une alliance à
trois anneaux... On s'amusa de rien, de tout. On
s'amusa de s'amuser et nous nous séparâmes sur un
dernier éclat de rire, Lauranne venant de constater,
hilare, que nous avions fait dans la voiture... de
l'auto-rigolade!

Ce soir-là, quelques personnes ont pu raconter,
en rentrant chez elles, qu'elles avaient croisé avenue Trudaine une espèce de débile mental – à
l'allure pourtant très correcte – qui chantait à
tue-tête sur l'air du Brésilien de *La Vie parisienne*
d'Offenbach : « Ah c' que c'est bien quand tout
est bien! Ah c' que c'est bien quand tout est bien! »

Je fredonnais encore cette entraînante ritournelle
quand, mettant ma clef dans la serrure, j'entendis la
sonnerie du téléphone. Persuadé que c'était Lauranne, je décrochai l'appareil en entonnant ma
chanson improvisée. C'était effectivement Lauranne. Mais avec une voix sourde, frêle, à peine recon-
naissable, dont les premiers sons terrassèrent sur le
coup ma gaieté.

– Oh! Philippe...
– Quoi? Qu'est-ce qu'il y a?
– Est-ce que tu peux venir?
– Bien sûr, tout de suite! Pourquoi?
– Doudou est mort.

Elle a raccroché avant que j'aie le temps de
prononcer un mot. Cela vaut mieux car tous ceux
qui se seraient frayé un passage à travers mon
hébétude n'auraient pu être que stupides et maladroits. Ma tête a été dévastée par la stupeur. Une
seule pensée y survit : courir au bateau et prendre
Lauranne dans mes bras.

Louis de Margot, qui devait guetter mon arrivée, m'accueille sur le palier avec, déjà prêtes, toutes les réponses aux questions que je ne me suis pas encore posées : Edouard a été foudroyé cette nuit par une crise cardiaque. Ni Olivier qui dormait dans la chambre voisine, ni lui qui a le sommeil ultra-léger n'ont entendu le moindre bruit. Ce matin, inquiets de ne pas voir leur ami, ils sont allés dans sa chambre et l'ont découvert inanimé dans son lit et déjà froid. Ils ont appelé immédiatement un médecin. Celui-ci a constaté le décès et leur a confirmé qu'il remontait à plusieurs heures. Ils n'avaient décelé dans les jours précédents aucun signe annonciateur d'une issue aussi rapide. Au contraire : depuis longtemps Edouard n'avait été aussi en forme !

A cet instant, il me passe par l'esprit très exacte-ment ce qui ne devrait pas y passer : une boutade prêtée à un humoriste au chevet d'un ami mori-bond et pourtant reconnu, par tous les spécialistes, bien portant : « En somme, il meurt en pleine santé ! »

Le temps que je chasse cette inconvenance, Louis, qui y a peut-être aussi pensé, a déjà ouvert la porte du salon. Il m'explique pourquoi la pièce est vide : Olivier est auprès d'Edouard et Lauranne est dans sa chambre.

– Comment réagit-elle ?

– Pas mal mais heureusement qu'elle ne sait rien.

– A propos de quoi ?

– Du rendez-vous que devait avoir Edouard ce matin avec le gérant.

– Oh... maintenant, ça n'a plus d'importance.

– Si ! Attention ! ne lui en parlez surtout pas.

Je ne comprends la sagesse de cette recommandation que quelques minutes plus tard, lorsque Lauranne déverse sur mon épaule la lie de son chagrin : un sentiment de culpabilité. Elle ne doute pas que la fin d'Edouard ait été hâtée par l'appréhension qu'il avait de devoir quitter le bateau. Elle se reproche de ne pas l'avoir pleinement rassuré après les vacances, de l'avoir mis en position d'importun, d'avoir laissé pressentir, les derniers temps, l'imminence de leur séparation. Elle s'accuse de ne pas avoir dit ceci... de ne pas avoir fait cela...

Que serait-ce si elle savait qu'Edouard est mort juste avant d'aller signer sa condamnation à vivre ailleurs? Que serait-ce si elle apprenait les pressions qu'il a subies avant d'en arriver à cette démarche? Que serait-ce si, vendredi dernier, elle lui avait signifié son congé, comme normalement elle aurait dû le faire, sans cette providentielle virée à Rungis?

Je suis si occupé à évaluer les remords que Lauranne aurait pu avoir que j'en oublie d'endiguer ceux qu'elle a. Heureusement Margot s'en charge avec une fermeté roborative :

– Je t'en prie, dit-il, un peu de réalisme! Les jérémiades n'ont jamais ressuscité personne. En revanche, elles empoisonnent les vivants. Alors, cesse de te tourmenter et de nous tourmenter avec ce qui aurait pu ou ce qui aurait dû être. Rends plutôt grâce au ciel de ce qui a été : Edouard est parti, le corps et l'esprit en paix.

La conscience de Lauranne lâche du lest : elle lui souffle une exigence bien modeste :

– Si seulement j'en étais sûre...

Margot, conscient d'avoir gagné du terrain, se radoucit :

– Ecoute, Lauranne, j'ai eu à mon âge l'occasion de voir beaucoup de visages de morts, jamais je n'en ai vu un aussi serein que celui de notre ami. Je te jure que, si tu le voyais, tu...

La conscience de Lauranne soudain chavire, engloutie par je ne sais quel typhon, venu de je ne sais quels abysses, qui change l'éplorée en virago :

330

– Non! Je t'ai déjà dit qu'il n'en était pas question!

– Soit! Mais peut-être que Philippe...

J'allais répondre par politesse qu'effectivement j'avais l'intention de rendre une dernière visite à Edouard mais Lauranne, toujours poussée par son typhon, est plus rapide que moi :

– Philippe non plus! Je ne veux pas! Je veux qu'il reste avec moi! Tu sais très bien ce que je pense de tout ça. Alors n'insiste pas! Je t'en prie! Laisse-nous!

Louis de Margot ne s'offusque pas du ton comminatoire de Lauranne. Au contraire. Son expression est celle de l'automobiliste soulagé d'entendre le moteur de sa voiture enfin ronronner après une série de démarrages ratés. Avant de se retirer en silence, il esquisse même dans ma direction un sourire satisfait qui signifie clairement : « Ça va. On peut être tranquille. Le ressort n'est pas cassé. »

Immédiatement, Lauranne ratifie la pensée de Louis en m'expliquant la raison de l'attitude qu'elle vient d'avoir, avec une vigueur à peine croyable chez une personne cinq minutes auparavant désemparée.

– Je hais la mort, me dit-elle. Je hais tout ce qui y touche, tout ce qui s'y rapporte : les cimetières, les corbillards, les pompes funèbres, les chrysanthèmes, les viagers, les testaments, le noir... Je ne supporte pas la vue des cadavres, même au cinéma ou à la télévision, je ferme les yeux quand il y en a. Depuis plus de vingt ans, je suis poursuivie par l'image du visage figé de mon père. Je me suis juré de ne plus jamais m'en imposer aucune autre de cette sorte. C'est pourquoi j'ai refusé de voir Doudou.

– Je te comprends, tu sais, et je t'avouerai franchement que j'ai été content que tu m'en dispenses.

– Et tu ne t'es pas demandé pourquoi je t'en avais dispensé?

– Si, bien sûr.

– Eh bien, je vais te le dire... mais je te préviens que c'est la chose la plus ridicule du monde, la plus sotte, la plus puérile.

Malgré ces précautions oratoires, je suis quand même étonné d'apprendre que Lauranne assimile la mort à une maladie contagieuse. Elle ne peut s'empêcher de penser que « ça » s'attrape. En tout cas, qu'il y a un risque. Elle a l'impression que les corps des défunts exhalent des ondes malignes susceptibles de contaminer les vivants. D'où son refus que je pénètre dans la chambre mortuaire. D'où aussi son intention de la faire repeindre et réaménager au plus vite. D'où encore son réflexe de s'en éloigner en allant se réfugier dans la sienne et non dans le salon voisin. D'où enfin le désir qu'elle m'exprime maintenant de ne plus habiter le bateau tant qu'Edouard y reposera.

Louis, à qui elle m'a chargé d'annoncer notre départ, reçoit la nouvelle avec le même air de contentement qu'il a eu tout à l'heure.

– C'est bien, dit-il, très bien! Je n'espérais pas qu'elle se récupérerait aussi vite. J'avais minimisé sa phobie de la mort.

– A ce point-là, très étrange, non?

– Non! Elle est à la mesure de son goût pour la vie. Rappelez-vous son angoisse cet été dans l'avion. Celle qu'elle éprouve ce soir y est apparentée.

Effectivement, cette nuit-là, nous nous sommes retrouvés serrés l'un contre l'autre dans le lit du presbytère comme sur les sièges de notre Boeing, Lauranne pareillement tremblante et incapable de se maîtriser, moi pareillement protecteur et heureux de l'être.

Le lendemain matin, elle s'est levée un peu avant que le réveil ne sonne. Elle est allée dans la salle de bains; elle en est revenue en tenue de sport et avec une paire d'haltères qu'elle a déposée sur un fauteuil. Elle a tiré les rideaux, ouvert la fenêtre et

commencé une série de mouvements respiratoires.
Le réveil a sonné. Elle m'a dit, tout en continuant
ses exercices :

– Tu as vingt minutes pour te préparer.

Quand je suis sorti de la salle de bains, elle
s'apprêtait à y entrer. Elle avait les paupières bour-
souflées, le visage ruisselant de sueur et de larmes :
elle avait fait sa gymnastique en pleurant. Elle m'a
lancé comme un défi :

– Et alors, ce n'est pas une raison, parce qu'on est
triste, pour se laisser aller!

Lauranne me prouva par la suite que ce n'était
pas une raison non plus pour bouder son appétit,
pour fermer le transistor, pour se confiner dans le
silence, bref, pour vivre autrement que d'habitude.

Persuadée que chacun partageait son point de
vue, elle téléphona à Olivier afin de lui signaler
qu'elle était presque prête et que, dans un quart
d'heure au plus tard, elle l'attendrait pour leur
jogging quotidien au coin de la rue des Martyrs et
de la rue de La Tour-d'Auvergne. Elle s'étonna qu'il
n'ait pas du tout l'intention de se rendre à son
travail et encore moins en gambadant. Elle le lui
reprocha si vertement qu'il finit par céder. Ensuite,
elle parla à Louis, s'enquit en femme d'affaires des
dispositions matérielles qu'il avait prises concernant le décès d'Edouard, les approuva, l'en remer-
cia, lui recommanda de s'inquiéter d'ores et déjà
d'un fripier pour enlever les vêtements de leur ami,
d'un brocanteur pour enlever ses meubles et d'un
peintre susceptible de se mettre à l'ouvrage et de le
terminer dans les meilleurs délais. Elle lui spécifia
que, s'il avait un problème, il pourrait toujours la
joindre à son institut ou me joindre à mon bureau.
Elle lui donna enfin rendez-vous pour le lendemain
à neuf heures, à l'église Notre-Dame-de-Lorette, lieu
de l'enterrement. Elle précisa que nous irions directement et raccrocha.

Elle me rappela : primo, qu'elle devait dîner le soir avec Clotilde; secundo, qu'on manquait de pamplemousses; tertio, que j'avais promis de prendre des nouvelles de Romain; et, quarto, que je devais me renseigner sur les démarches à effectuer pour notre mariage. Car bien entendu, tout ça n'était pas une raison pour ne pas convoler. Là-dessus, elle enfila son survêtement, chaussa des lunettes fumées pour cacher ses yeux à chaque instant menacés d'inondation, m'embrassa et partit.

Elle rentra vers vingt-deux heures trente. Me raconta les colères qu'elle avait piquées pendant la journée contre Olivier qui se complaisait dans des lamentations stériles, contre Vanessa qui s'était crue obligée de l'entourer d'une sollicitude dont elle n'avait nul besoin, contre Barbara qui s'était permis d'informer de son deuil le personnel et avait déclenché par son indiscrétion une avalanche de condoléances, contre Clotilde qui s'était copieusement gaussée de ses projets matrimoniaux et avait vraiment tout essayé pour la dissuader de commettre cette « connerie hors nature ».

Après quoi, elle se coucha, se nicha au creux de mon épaule, bâilla et me passa la parole. Elle fut consternée d'apprendre que le Pr Vanneau, après avoir ôté les broches du bras de Romain, avait constaté que la calcification espérée ne s'était pas produite et qu'il avait immédiatement tenté de greffer sur le poignet de son patient un morceau d'os prélevé sur sa hanche. Elle imagina tout de suite l'accablement de Romain devant cette nouvelle opération, cette nouvelle attente, cette nouvelle incertitude. Elle me proposa de lui apporter le réconfort de notre amitié, demain, aussitôt après l'enterrement d'Edouard. A peine avait-elle évoqué cette cérémonie que deux larmes perlèrent sur ses joues. Elle se retourna, s'échappa de mes bras et étouffa son chagrin dans son oreiller.

Le lendemain, elle assista aux obsèques d'Edouard, à mes côtés, raide, les mâchoires crispées, les lunettes sur le nez, mais sans mouchoir. Elle se rendit au cimetière dans ma voiture. Elle ironisa sur l'attitude de certaines personnes que Louis appelle « les cabotins du trépas » et qui s'évertuent à renifler plus bruyamment que les autres, à « goupillonner » plus fort que les autres et à « génuflexer » plus bas que les autres. Elle s'étonna que l'assistance, composée des homosexuels de la bande à Doudou et des commerçants du quartier, fût si nombreuse et conclut :

– C'est dommage qu'on ne puisse pas mourir tous les jours : on n'aurait que des amis !

Elle refusa mon aide pour franchir l'allée caillouteuse qui séparait le fourgon funéraire de la tombe d'Edouard. Elle ne sembla soucieuse que de l'endroit où elle posait ses pieds. Elle ne détourna la tête que pour lancer une rose sur le cercueil mais ne s'arrêta pas de marcher. Elle regagna la voiture, s'y accota, dos aux indiscrets, pour attendre Olivier et Louis. Elle demanda à ce dernier s'il avait eu le temps de s'occuper de la chambre d'Edouard, apprit avec satisfaction qu'elle serait à peu près vide ce soir et que, demain, un peintre y commencerait les travaux qu'elle souhaitait. Elle l'informa – et moi par la même occasion – que nous passerions le week-end à Cléry et que nous réintégrerions le bateau dimanche soir. Elle lui proposa, ainsi qu'à Olivier, de les raccompagner où ils voulaient; mais, comme ils avaient l'intention de s'attarder avec les derniers amis présents, elle les quitta aussitôt.

Pendant que nous roulions vers la clinique de Romain, elle ôta ses lunettes, les rangea dans son sac, déboutonna le haut de son chemisier, glissa dans l'encolure un petit foulard bleu roi qu'elle avait dans la poche de son imperméable, enleva le lien en cuir noir qui retenait ses cheveux, le remplaça par un ruban de velours assorti à la couleur de son foulard, se mit un peu de bistre sur les paupières, de brun sur les cils, de rose sur les joues, de rouge sur les lèvres, d'eau de toilette au jasmin sur les mains.

Ces diverses opérations terminées, elle se fit arrêter devant un kiosque à journaux afin d'y acheter *L'Equipe*. Elle feignit successivement d'être passionnée par le classement du championnat de football, inquiète pour la cheville de Tigana et attendrie par les débuts prometteurs du très jeune Daniel Bravo en équipe de France.

En revanche, elle ne feignit pas d'être bouleversée par l'état physique et moral dans lequel nous trouvâmes Romain. Elle le fut réellement. Comme moi. On avait obligé Romain, opéré de la veille, à se lever, et la douleur avait été telle qu'il s'était évanoui. Il était sans force, sans volonté, sans espoir. Nous essayâmes tour à tour, Lauranne et moi, de ranimer son courage. Elle fut plus déçue que moi de ne pas y parvenir.

De retour dans la voiture, elle répéta une phrase que j'avais dite à Romain, en manière de consolation :

– Il y a toujours un moment et un endroit où la pluie cesse.

Elle ajouta ce commentaire :

– Ce n'est malheureusement pas vrai à cent pour cent. Mais ça me plaît bien quand même!

Ce soir, luttant contre la fatigue d'une journée nerveusement éprouvante, Lauranne s'astreignit à l'étude d'un rapport de comptes. Elle surprit mon regard admiratif et le récusa. Selon elle, elle était redevable de son énergie à sa seule hérédité paysanne. Elle me parla de sa grand-mère paternelle, la fermière qui avait eu huit enfants, en avait perdu cinq et n'avait jamais manqué « son marché du samedi ». Me parla de son grand-père, gazé de la guerre de 1914, qui sa vie durant avait travaillé dix-sept et dix-huit heures par jour.

– Je suis issue de ces gens-là, me dit-elle avec fierté. Je n'ai aucun mérite.

Le lendemain et les jours suivants, elle continua à se montrer la digne héritière de ses rudes aïeux, à pousser vaille que vaille sa charrue dans le sillon, à se cacher pour pleurer.

Le samedi, à *L'Oublière*, la première fois depuis la mort d'Edouard, nous refîmes l'amour. Elle recommença à avoir faim. A avoir sommeil. A avoir des projets. Entre autres, celui de transformer la grange attenante à la maison en piscine couverte.

Le dimanche soir, nous revînmes au bateau vers dix heures. Louis y était seul : il avait envoyé Olivier se changer les idées chez des amis. Margot annonça à Lauranne que les murs de la chambre d'Edouard étaient déjà grattés et que le peintre, « une espèce de dinosaure qui ne se reposait pas pendant le week-end », désirait la rencontrer afin de lui soumettre différents échantillons de peinture ou de papiers peints. Il l'invita à constater par elle-même la bonne marche des travaux. Après une très courte hésitation, Lauranne accepta. Elle nous avoua avec honnêteté sa crainte d'être impressionnée, puis son soulagement de ne pas l'être, de découvrir une pièce anonyme qui lui paraissait plus grande qu'avant.

– Il est vrai, dit-elle, que le pauvre Edouard y avait accumulé tellement de bibelots!

Nouveau pas franchi : depuis l'enterrement, elle n'avait pas encore prononcé le nom de l'ami disparu.

Dans sa chambre, qui serait désormais la nôtre, elle ne me cacha pas son plaisir de retrouver son lit, ses meubles, ses objets familiers, son bateau, et m'y souhaita tendrement la bienvenue.

J'étais le Héros. J'avais gagné. Rejoint mon rêve. Atteint « l'inaccessible étoile ». Jamais je n'avais pensé que ça serait aussi rapide et aussi simple.

Au réveil, Lauranne se redressa brusquement, toucha son nez, tourna la tête à droite, à gauche, comme une poule affolée, et s'écria :

– Mais... il fait froid.

Je me suis redressé à mon tour et j'ai confirmé avec mesure :

– Il ne fait pas très chaud.

D'un bond, elle se leva, alla tâter ce qui aurait dû être une source de chaleur et qui, je le compris à ses yeux effarés, ne l'était plus. Elle enfila une robe de chambre, se rua dans le salon, courut d'un radiateur à l'autre, m'appela et m'annonça, au comble de la consternation :

– Glacés! Ils sont tous glacés!

Louis et Olivier, venant de la cuisine, expliquèrent la cause de ce regrettable phénomène : la chaudière à gaz était en panne. Ils espérèrent que j'y connaissais quelque chose, parce que eux...

J'ai confessé mon incompétence mais, maître de mes nerfs et de la situation, en dépit du vent de panique qui commençait à souffler, j'ai suggéré de téléphoner à un plombier. Lauranne approuva et repartit aussitôt dans la chambre chasser à grands coups d'haltères les frissons qui l'assaillaient.

En son absence, Olivier chercha dans les paperasses d'Edouard le carnet où il avait noté les noms et adresses des spécialistes à joindre en cas d'urgence... et ne le trouva pas. J'appelai S.O.S. Secours... et ne l'obtins pas. Louis descendit chez la concierge qui, fort serviable, téléphona à trois plombiers du quartier dont les épouses promirent sans condition que leurs maris tâcheraient de passer dans la semaine.

Quand Lauranne réapparut avec une énorme veste de laine sur son survêtement de jogging, Louis était en train de me transmettre les résultats peu encourageants de sa démarche. Olivier, lui, continuait à fourgonner dans les dossiers d'Edouard. Et moi je composais le numéro salvateur qui s'obstinait à n'être pas libre.

Lauranne condamna notre inefficacité d'un soupir éloquent et pénétra dans la cuisine. Nous l'entendîmes tous les trois constater sans aménité qu'« en plus » le petit déjeuner n'était pas prêt. Nous nous précipitâmes, Louis sur la théière, Olivier sur le placard à vaisselle, moi sur les robinets et elle sur la pomme qui restait dans la corbeille de fruits.

Il n'y avait pas de pamplemousses. Pas de pain. Juste des biscottes qui s'effritèrent sous le beurre trop dur. L'ombre d'Edouard plana sur l'indigence et le désordre de la table familiale. L'arrivée du peintre, fort heureusement, l'écarta. Lauranne, pressée, dépita l'artisan consciencieux en lui demandant d'appliquer une seule couche de peinture blanche sur les murs qu'elle avait finalement décidé de recouvrir par du tissu. En conséquence, elle me pria de prendre contact avec un tapissier.

Sur le pas de la porte, elle me confia quatre autres missions :

1º Acheter des fleurs, blanches de préférence, car elle ne supportait pas que son bateau en fût dépourvu.

2º Arroser les plantes, visiblement assoiffées.

3º Faire développer les photos que nous avions prises le jour du mariage de Diane.

4º Dénicher une personne qui s'occuperait de la maison. Discrète, travailleuse, honnête, propre, dégourdie, débrouillarde, gaie, pas trop jeune, pas trop vieille, si possible célibataire et sans enfant. Sexe indifférent.

Libérée de ses soucis domestiques, Lauranne sauta, légère, dans l'escalier. A mi-étage, elle se retourna vers moi pour une dernière recommandation :

— Et puis, surtout, n'oublie pas la chaudière!

Débrouille-toi comme tu voudras mais, ce soir, je veux rentrer dans un appartement chaud.

Je lui ai affirmé qu'elle pouvait compter sur moi.

J'ai fermé la porte, j'ai regardé ma montre, j'ai dit deux fois « merde! ». Il était huit heures trente juste. Elle ne serait pas en retard à son institut. Moi, je le serais à mon bureau. Elle ne penserait à rien d'autre dans la journée qu'à son travail. Moi, je penserais au tapissier, au plombier, aux fleurs, aux plantes, aux photos, à la perle rare, sans parler du dîner qu'il m'incombait sans doute de prévoir et de préparer.

Je n'étais plus le Héros. Déjà plus. Je n'étais qu'un pauvre homme avec un petit « h » au service de la femme avec un grand « F ». Mon ami le cow-boy encaissa très mal le coup : il regimba, rechigna, s'insurgea, me poussa à la révolte.

De vous à moi, je ne suis pas sûr d'avoir vraiment essayé de le calmer.

20

Il y a maintenant cinq semaines que je me bagarre avec mon cow-boy. Cinq semaines que, chaque fois que je troque ma panoplie de Héros contre celle de la ménagère, je sens poindre ses reproches ou ses regards ironiques. Le premier jour, comme je vous l'ai laissé entendre, je ne lui ai pas donné vraiment tort. En vérité, nous avons fulminé de concert. Et puis... Et puis, je l'ai raisonné. Je lui ai dit : « Mon vieux, je te comprends, mais il faut que tu me comprennes aussi. Je l'aime, moi, cette femme. J'en ai besoin. Maintenant qu'elle est à moi, enfin... près de moi, je ne vais pas tout ficher en l'air et risquer de la perdre pour te faire plaisir.

J'ai eu assez de mal pour en arriver là. Alors, s'il te plaît, boucle-la, au moins le temps que je m'organise. » Pour être franc, il ne l'a pas bouclée. Mais il a rouspété en sourdine. Avec assez de discrétion pour que je puisse affronter dans le calme les difficultés qui se présentaient. Elles ne m'ont pas été épargnées.

D'abord, le dépanneur de S.O.S. Secours que Margot avait réussi à joindre n'a pas pu dépanner la chaudière. Selon lui, « un bidule de transmission était complètement nase » et seul le fabricant d'origine pouvait nous fournir cette pièce indispensable. Un employé du fabricant, venu obligeamment l'après-midi même, confirma le verdict, se proposa de commander le bidule en question à l'usine dans la Nièvre, car pour le moment leur dépôt de Paris en manquait, et engagea Louis à ne pas en espérer la livraison avant une petite huitaine... « afin, avait-il précisé, de ne pas avoir de mauvaise surprise... »

Comme si vraiment ça pouvait en être une bonne de rester sans chauffage pendant une semaine!

J'ai appris cette nouvelle – compensée par celle qu'Olivier, en congé hebdomadaire, allait se charger des courses pour le dîner – alors que j'étais en train d'arracher un très important contrat au très important collectionneur de tableaux rabattu par Brigitte; lequel fut assez étonné de m'entendre prononcer cette phrase peu courante dans la bouche d'un assureur-conseil en pleine discussion : « Plutôt du salé aux lentilles que des truites en gelée. Oui, c'est plus lourd, mais c'est plus chaud. » Je ne sais si c'est à cause de cela ou du peu de concentration dont je fus capable par la suite, mais mon client partit sans prendre de décision. Je fus agacé de ne pas l'avoir convaincu et d'être obligé de quitter le bureau plus tôt que d'habitude pour aller acheter trois radiateurs électriques destinés à chacune de nos trois chambres. Ils furent accueillis avec soulagement par Louis et Olivier, repliés dans la cuisine-salle à manger devenue, grâce au four allumé, le seul endroit habitable. Immédiatement, nous avons branché nos trois appareils... et les plombs ont sauté! Après de multiples essais, il s'est révélé que nous ne pouvions avoir à la fois de la lumière et de la chaleur. Nous avons opté pour la chaleur et regroupé, en attendant l'heure de nous coucher, nos radiateurs dans le salon; si bien qu'à son retour Lauranne est tombée sur le spectacle assez insolite de ses trois hommes regardant la télévision à la lueur d'une bougie!

Mise au courant de la situation, elle nous suggéra deux moyens de l'améliorer : allumer un feu de bois dans la cheminée et appeler un agent de l'E.D.F. pour renforcer le compteur. La seconde suggestion fut retenue pour le lendemain et la première mise à exécution sur-le-champ. Je suis descendu à la cave avec Olivier chercher du bois. Je suis remonté avec un panier de bûches et avec Olivier qui en avait pris une, en ratant une marche de l'escalier, et qui clopinait douloureusement. Lauranne s'occupa du pied endommagé, Louis et moi du feu. Au bout d'un quart d'heure, malgré pommades et bandages, Olivier souffrait toujours autant et, malgré fagots et coups de soufflet, aucune flamme ne s'était encore envolée dans notre cheminée. En revanche, une épaisse fumée envahissait la pièce. Il était évident qu'un ramonage s'imposait et qu'en attendant il fallait ouvrir les fenêtres. La chaleur laborieusement emmagasinée s'enfuit en un instant et céda la place à l'air frisquet d'octobre. Nous retransportâmes les radiateurs dans nos chambres respectives et nous engouffrâmes dans la cuisine où nous attendait le salé aux lentilles dont je ne vous dirai rien pour que vous ne m'accusiez pas de sombrer dans un catastrophisme facile. Mais je ne peux quand même pas vous cacher que, les jours suivants, le sort continua à mettre des bâtons dans les roues de ma chance : malgré mes nombreux appels, le fumiste pour ramoner la cheminée, l'agent de l'E.D.F. pour renforcer le compteur et le fabricant de chaudières pour remplacer le bidule déficient ne vinrent qu'au bout d'une semaine... en même temps. Si bien que, le jour où nous aurions pu profiter des bienfaits de l'électricité et d'un feu de bois, nous n'en avions plus besoin, puisque la chaudière était réparée... et que pendant huit soirs nous avons vécu dans la semi-obscurité et le semi-froid.

Mais ce n'est pas tout : Louis a attrapé un virus grippal retors et tenace qui l'a cloué au lit et dont il vient à peine de se débarrasser.

Mais ce n'est pas tout : l'entorse d'Olivier s'est révélée plus sérieuse qu'on ne l'avait d'abord pensé et l'a contraint – en dehors de ses heures de travail fort pénibles – à étendre sa jambe le plus souvent possible.

Mais ce n'est pas tout : successivement une Martiniquaise et une Espagnole, sélectionnées parmi les candidates au poste de perle rare par Mme Vionnet, ont trouvé l'appartement l'une trop silencieux, l'autre trop grand. Depuis deux semaines, nous avons une Portugaise qui, arrivant à neuf heures du matin, après notre départ, et s'en allant à dix-sept heures, bien avant notre retour, ne me dispense pas de la corvée de cuisine quotidienne et avec laquelle je corresponds par le truchement de Louis qu'elle ne semble comprendre – si j'en juge par les résultats obtenus – que très approximativement.

Cette fois, c'est tout... ou à peu près. Je ne veux pas vous ennuyer avec des détails, comme les plantes vertes qui crèvent les unes après les autres; les fleurs qui ne tiennent pas deux jours; les vêtements qui ne sont pas repassés ni détachés; les objets qui ne sont jamais à la même place; le lave-vaisselle qui a des ratés; le tapissier qui a laissé son chantier en plan et que je ne cesse de relancer;

les estomacs fatigués par une nourriture propre à désarçonner les tubes digestifs les plus conciliants.

Vous me direz : « Broutilles que tout cela! Vous vous noyez dans un verre d'eau! Un peu de décence, s'il vous plaît, monsieur! Vous êtes un privilégié. Pensez un peu à toutes les femmes qui mènent de front une vie professionnelle et une vie familiale et qui en plus, elles, ont de la marmaille et pas de Portugaise! Mangez du jambon ou des surgelés et ne nous emmerdez plus avec des problèmes qui n'en sont pas! » Et vous aurez raison. Cependant, je me permettrai de vous rappeler, d'abord, que les femmes auxquelles vous faites allusion se plaignant de leur sort, il est normal que je me plaigne du mien qui leur ressemble de très près. Ensuite, que je suis un homme de quarante-cinq ans, tenu éloigné par sa mère, par son épouse, par sa sœur de la gestion ménagère et que, de ce fait, j'ai plus de mal à l'assumer que ceux et celles qui y ont été préparés. Enfin, que j'ai devant moi une conjointe assimilable aux maris d'autrefois, exigeants et pas coopératifs, qui n'allège pas ma tâche en remarquant avec plus ou moins d'aménité tout ce qui cloche, en ne remarquant pas tout ce qui marche, en établissant des comparaisons entre le bateau d'hier et le bateau d'aujourd'hui et, bien entendu, en ne mettant jamais la main à la pâte.

Par moments, nous frôlons le dessin humoristique du monsieur en tablier devant ses fourneaux et de la dame fumant un cigare devant le télex de son bureau!

Lauranne n'applique guère sa propre théorie sur l'égalité dans le couple. Il y a eu, quand elle m'a demandé de partager sa vie, victoire à l'arraché de la « jupe » sur la « culotte » mais il y a maintenant triomphe éclatant de la « culotte » sur la « jupe ». Elle n'a pas l'air de se rendre compte que moi aussi j'ai ma petite dualité, mon petit conflit intérieur, et que je n'ai pas l'intention de privilégier indéfiniment la maîtresse de maison qu'elle me force à être, au détriment du cow-boy que par essence et par goût je suis.

Au cas où ma pusillanimité vous agacerait et où vous demanderiez : « Mais bon sang, qu'est-ce qu'il attendait pour lui expliquer ? » je vous répondrais : « J'attendais d'être sorti de nos ennuis familiaux et domestiques. J'attendais une occasion favorable. » Rassurez-vous, elle vient de se présenter en ce dimanche 10 novembre, dans l'auberge près de Cléry où Lauranne m'a entraîné, parce qu'elle en avait assez de me voir torchonner.

Depuis que nous vivons ensemble, tous les weekends, nous sommes restés à Paris pour ne pas abandonner Louis, vraiment très souffrant, et nous avons été spécialement heureux de pouvoir enfin cette semaine partir pour *L'Oublière*, l'esprit tranquille. J'ai retrouvé, autrement qu'à l'horizontale, ma « jupe », ma mâtine, ma coquette, ma tendre. Elle a retrouvé son cow-boy, son plus fort, son plus calme, son « plus tout », comme elle m'a appelé dans un instant d'étourderie ou d'étourdissement. Ici, tout va bien. Ailleurs, ça ne va pas mal; mais ça pourrait aller mieux. Pourquoi?

– Parce que, me répond Lauranne, tous les soirs, je rentre fatiguée et énervée par ma journée de travail; que j'ai été habituée à être très gâtée, à ne m'occuper de rien, à trouver chez moi une ambiance de détente ou de fête; parce que je suis consciente des efforts que tu fais et tout autant de ceux que je ne fais pas, que ça m'agace, que je m'en veux; parce que je n'ai pas plus envie de voir l'homme de ma vie se transformer en femme d'intérieur que moi de le devenir et que je crains, en plus, que, si nous avons l'un comme l'autre le goût d'un foyer accueillant, nous n'ayons les qualités nécessaires pour le créer. Conclusion : il nous faut une femme d'intérieur. Une espèce d'intendante.

– C'est ça! Quelqu'un qui prendrait son service le matin à sept heures trente pour préparer notre petit déjeuner et ne le quitterait qu'à vingt et une heures, après le dîner, ou à minuit quand nous aurions des invités; quelqu'un qui ne s'absenterait qu'en même temps que nous, devant qui nous pourrions vivre et parler librement et qui participerait un peu – mais pas trop – à notre vie. En quelque sorte un compromis entre le majordome anglais, la soubrette de Marivaux et la Mama de Scarlett O'Hara.

– Exactement!

– Un seul inconvénient : ce quelqu'un n'existe pas.

– Si, peut-être... J'ai une vague idée. Malheureusement, elle implique pour toi – et pour toi seulement – une contrainte.

– Laquelle?

– Continuer à cohabiter avec Olivier et Louis. Je ne peux garder l'un sans l'autre.

– Evidemment, mais je ne t'ai jamais demandé de les renvoyer.

– Jusque-là, comme ils étaient mal en point, c'était un peu normal, mais maintenant je supposais que tu allais le faire.

– Je n'y ai pas pensé une seconde. Ils ne me gênent pas du tout. Au contraire.

– Sincèrement?

– Sincèrement. Ils sont tous les deux très faciles à vivre. Louis est un beau-père de rêve et, en l'absence de Grégoire, j'adopterais volontiers Olivier comme beau-fils. En outre, je suis sûr qu'ils te manqueraient.

– C'est vrai, mais si leur présence te pesait...

– Ce n'est pas le cas, surtout à présent qu'ils vont pouvoir me seconder.

– Il vaut mieux ne pas compter sur eux : ils ont

plus de bonne volonté que de compétence. Mais, si mon idée peut se réaliser, ça suffira amplement.

– Qu'est-ce que c'est, ton idée?

– Remplacer Doudou.

– Oui, d'accord, mais par qui?

– Romain!

Je suis moins étonné que Lauranne ne l'escomptait. Romain était revenu, il y a trois semaines environ, chez Grégoire, avec une canne anglaise, un poignet en attente des résultats de la greffe. Avec aussi la certitude de devoir renoncer à la danse en tant que métier; avec des idées très noires et l'envie de les fuir, comme beaucoup de dépressifs, en déménageant. Assuré que sa greffe avait pris et pouvant se contenter d'une simple canne de marche, il nous avait invités, Lauranne et moi, avec Olivier et les Vindieux, dans le pied-à-terre de ces derniers, place des Vosges, et non pas dans l'appartement de mon fils, plus grand, mais dont il redoutait – pour lui comme pour moi – les fantômes. Je ne fus pas surpris par cette délicatesse de sa part mais très frappé par le raffinement du repas chinois qu'il avait préparé seul, par l'ingéniosité avec laquelle il avait décoré la table et masqué l'impersonnalité du lieu, par l'atmosphère chaleureuse qu'à partir de mille petits riens il avait su créer; atmosphère qui me rappela celle du bateau de Doudou. Je me suis bien gardé de communiquer mon impression à Lauranne. Je m'aperçois aujourd'hui qu'elle a eu la même et qu'il en a germé ce projet de passer les commandes de son bateau à Romain.

– Tu crois qu'il acceptera?

– Depuis son accident, il ne supporte plus la solitude. Il a proposé à Olivier de venir habiter avec lui. Olivier serait assez d'accord, mais lui aussi est très attaché au bateau et à la vie de famille. Quand j'ai évoqué – vaguement – la possibilité d'y introduire Romain, il a été fou de joie.

– Faut-il encore que Romain, lui, le soit.

– Il nous aime beaucoup. Il adorera Louis et j'ai cru comprendre, sans vouloir entrer dans le détail, qu'en cas de réticence Olivier saurait le convaincre.

– Ah bon?

– Oui.

– En somme, c'est le changement dans la continuité?

– Exactement! C'est pourquoi je pense que ça devrait marcher.

– Je le souhaite car ça me paraît la meilleure des solutions.

– De toute façon, si on se trompait, ce ne serait pas très grave : on pourrait toujours rompre l'association. On n'est pas mariés.

– A propos... nous non plus.

– Non! Mais ça ne va plus tarder maintenant. Le 6 décembre n'est plus loin.

– Le 6 décembre?

Lauranne a du mal à dissimuler la satisfaction que lui procure ma surprise.

– Tu n'es pas libre ce jour-là? me demande-t-elle avec un maximum d'ingénuité.

– Si, mais...

– Alors, il me faudrait dans la semaine ton acte de naissance, ton acte de divorce et ton certificat prénuptial. Moi, j'ai déjà les miens. Il faudrait aussi que tu prévoies de t'absenter du 6 au 15, puisque nous serons en voyage de noces... à Venise.

– Venise?

– Il paraît qu'en cette saison c'est superbe. Et puis, par miracle, nous ne connaissons ni l'un ni l'autre : c'est l'occasion ou jamais. J'ai déjà pris deux places de wagon-lit – nous partons à dix-neuf heures trente-deux – et retenu une chambre dans un hôtel sur le grand canal. Voilà! Je ne suis pas une femme d'intérieur, mais je suis une femme d'action.

– Je m'en aperçois.

– Tu es content?

– Oui, mais je trouve que tu as du culot, tu aurais pu me demander mon avis.

– Tu n'es plus d'accord pour m'épouser?

– Je ne te parlais pas du mariage, mais de Venise.

– Ça ne te plaît pas?

– Si, beaucoup!

– Ben alors... de quoi te plains-tu?

Je ne me plaignais pas. Je pensais simplement que, moi, je n'aurais pas pris seul des décisions qui nous concernaient tous les deux, et que, si j'avais agi de la sorte, moi, l'homme à qui les initiatives prétendument incombent, elle, la femme, n'aurait pas manqué de me reprocher mon despotisme. Je pensais cela dans mon for intérieur, que par un réflexe d'autodéfense j'orthographiais mon « fort intérieur », mais dans mon faible extérieur je me réjouissais des projets qui m'étaient imposés et qui par chance correspondaient à mes goûts. Histoire de marquer le coup quand même, je préviens Lauranne que notre prochaine escapade, c'est moi qui m'en occuperai :

– Je t'emmènerai en Grèce, lui dis-je. En mai, pour fêter le premier anniversaire de notre rencontre.

– Sûrement pas! Mai est un mois trop important pour les instituts. Avec les premiers beaux jours et l'approche des vacances, les gens recommencent à s'inquiéter de leur corps. En général, je pars pendant la semaine de Pâques, au Maroc ou en Tunisie pour avoir du soleil. Mais, cette année, j'irai, enfin... nous irons au Québec.

– Pourquoi au Québec?

– Pour essayer d'exporter le label L.L. Les clubs et les produits de beauté. J'ai eu des propositions d'un homme d'affaires de Montréal. Je voudrais étudier ça sur place. A mon avis, ça ne me prendra pas plus de trois jours, quatre au maximum. Alors, après, on pourrait en profiter pour faire un saut jusqu'à New York. C'est à une heure d'avion. On irait voir ton fils. Ce serait bien, non?

– Oui. Très bien.

Je ne peux pas dire le contraire. Effectivement, c'est très bien. C'est très gentil de la part de Lauranne d'avoir pensé à Grégoire. J'aurais grand plaisir à le retrouver. Grand plaisir à découvrir New York avec elle qui le connaît assez bien pour y être allée déjà avec son mari. Mais...

Mais j'aurais préféré qu'elle découvre la Grèce avec moi qui rêve depuis le premier jour de lui montrer ses merveilles.

Mais j'aurais préféré qu'elle ne joigne pas l'utile à l'agréable, qu'elle ne mélange pas voyage d'affaires et voyage d'agrément.

Mais j'aurais préféré que, là encore, elle ne me mette pas devant le fait accompli, qu'elle me laisse au moins l'illusion d'avoir le choix et, en plus, quand je lui demande sur le mode plaisant ce qui se passerait si je refusais de l'accompagner au Canada, j'aurais préféré qu'elle me réponde quelque chose comme : « Oh! mon chéri, je serais navrée, mais, si ça doit t'ennuyer, je m'arrangerai autrement. » Plutôt qu'elle ne me lance sur le ton de l'évidence :

– Ben... j'irais toute seule puisqu'il faut absolument que j'y aille, mais ce serait bête.

Oui, j'aurais préféré... C'est tout. Ça s'arrête là. Bien forcé d'ailleurs : Lauranne est déjà partie plus loin.

– Tu veux un café?

– Oui et toi?

– Non. Mais il ne faut pas que ça t'empêche d'en prendre.

Vous voyez comme elle est conciliante quand elle veut! Et pleine de prévenance avec ça : elle appelle le serveur et lui dit avec autorité :

– Un café pour monsieur – pas trop fort –, rien pour moi et l'addition en même temps.

Ce n'est pas la première fois que Lauranne, au restaurant, passe à ma place non seulement ses commandes, mais aussi les miennes. Je lui ai déjà signalé que la dépossession en public de cette prérogative masculine m'agace. Je le lui rappelle.

– C'est vrai, reconnaît-elle, « j'ôrais pas dû », mais, tu sais, j'ai tellement l'habitude.

– Moi, j'avais l'habitude de fumer mais, comme ça te gênait, je n'allume plus une cigarette en ta présence. Il me semble normal, quand on aime quelqu'un, de s'appliquer à ne pas lui déplaire.

– Tu as raison et je suis d'autant plus coupable que j'ai souvent reproché à mon ex-mari de ne tenir aucun compte des observations que je lui faisais sur telle ou telle de ses manies qui m'étaient désagréables. J'estimais que c'était typiquement une attitude de mâle égoïste. Je t'avoue que ça me chiffonne un peu de me trouver la même. Je suis d'accord pour prendre les qualités des hommes, mais pas leurs défauts.

– L'un ne va peut-être pas sans l'autre.

– Peut-être, mais je vais quand même essayer à l'avenir de me corriger et je t'autorise à me le rappeler.

Sur cette excellente parole, l'addition arrive... et elle sort son carnet de chèques pour la régler!

– Lauranne! Veux-tu ranger ça tout de suite!

– Pourquoi?

– Régler les additions fait aussi partie des prérogatives masculines.

– Mais ça, c'est idiot, surtout en l'occurrence : c'est moi qui ai voulu déjeuner au restaurant et je t'ai dit que je t'invitais.

– Ça me gêne de voir une femme payer pour moi. Je n'ai pas une âme de gigolo.

– Et moi je n'ai pas l'âme d'une « michetonne », mais je trouve aussi gênant qu'une femme qui a une situation égale ou supérieure à celle d'un homme le laisse systématiquement payer pour elle. Reconnais que ce n'est pas juste.

– Je le reconnais. Mais tu m'as expliqué un jour que toutes les femmes – y compris toi – avaient dans leurs veines du sang de leurs grand-mères et de leurs arrière-grand-mères, habituées par la force des choses à être légalement ou illégalement entretenues. Eh bien, moi, j'ai dans mes veines du sang de mes grands-pères et arrière-grands-pères habitués à entretenir le beau sexe. Et c'est ce sang-là qui s'est insurgé à la vue de ton chéquier.

– Bon! Bon! Je respecte l'hémoglobine de tes pépés!

Sous le masque de cette plaisanterie, je sais bien – et elle aussi sans doute – que se cache un problème sérieux. Il réapparaît une demi-heure plus tard quand, de retour à *L'Oublière*, elle se dirige non vers la maison mais vers la grange désaffectée qui la jouxte et me reparle de la piscine couverte qu'on pourrait y aménager. Ce projet lui tient beaucoup plus à cœur que je ne le croyais. Elle a déjà élaboré des plans, envisagé des matériaux et des couleurs, prévu la place d'un sauna, d'un espa- lier, d'un cheval d'arçons, de matelas de relaxation, de plantes vertes et s'est même renseignée auprès d'un de ses clients, spécialiste en la matière, des dernières nouveautés : un courant plus vrai que nature contre lequel le nageur doit lutter et des jets bouillonnants, placés à différentes hauteurs le long des parois, qui constituent le meilleur des massages. De quoi faire crever de jalousie les stars d'Holly- wood! Une merveille! Un délice! Et, comble de bonheur, pour peu qu'on entreprenne les travaux maintenant, le tout nous serait livré, bouée en main, l'homme de l'art l'a certifié, en juin prochain. Lau- ranne est déjà, dans sa tête, en maillot de bain... et moi, dans la mienne, devant mes livres de comptes. Il y a quelques années, tenté par un projet similaire – quoique infiniment plus modeste –, j'ai dû y renoncer devant le coût de l'opération. Aujourd'hui, avec l'augmentation des prix, celle des impôts et, en outre, le rachat de la part de ma sœur dans notre affaire, il est encore moins question qu'alors de me lancer dans de tels frais. Je suis contrarié que Lauranne ne l'ait pas compris d'elle-même et qu'il me faille lui annoncer, non sans embarras :

— Malheureusement, il va falloir abandonner ce joli rêve.

— Pourquoi?

— Je n'en ai pas, pour le moment, les moyens.

Elle hausse les épaules comme si j'avais proféré une ineptie.

— Mais moi, je les ai!

Et voilà! C'est reparti! L'objet du litige est incomparablement plus important que celui de tout à l'heure, mais le principe en est le même. Et nous avons, devant la piscine, les mêmes réactions que devant l'addition du restaurant : elle estime normal d'assumer des dépenses dont moi j'estime qu'elles m'incombent. Mais, cette fois, ni l'un ni l'autre nous n'essayons de prendre le sujet à la légère :

— Ecoute, Philippe, il faut absolument vider cet abcès, sinon il risque de s'envenimer.

— Je sais et je sais aussi d'avance tout ce que tu vas me dire.

— Vraiment? Qu'est-ce que je vais te dire?

— Qu'il est stupide de se priver des agréments de la vie sous prétexte que c'est toi et non moi, comme le voudrait la tradition, qui peux nous les offrir.

— Exact! Et quoi d'autre?

— Que tu préfères placer tes fonds dans une piscine que tu amortiras en plaisirs plutôt que dans un coffre où il ne profitera à personne.

— Très bien! Quoi encore?

— Que l'argent ne doit pas être considéré comme un critère de valeur, qu'il y a des savants impécunieux et des « pousseurs de romance » richissimes

353

et que, si je gagne une somme fabuleuse au loto, je n'en aurai ni plus ni moins de qualités pour ça...

– ... et qu'en conséquence tu ne dois pas avoir plus de complexes d'infériorité que moi de supériorité, parce que le hasard veut que mes finances soient plus florissantes que les tiennes... pour le moment.

– Ah oui! C'est vrai! J'oubliais cet argument : la chance peut tourner. Demain tes affaires peuvent péricliter; les miennes prospérer; tu peux être obligée de puiser dans ma bourse et, ce cas échéant, tu le ferais sans scrupule, sans craindre un instant que je te soupçonne de rester avec moi par intérêt. Donc moi, aujourd'hui, je n'ai pas à craindre non plus que tu m'accuses de vénalité. Je n'ai pas à avoir de scrupule.

– Ce n'est pas juste, tout ça?

– Rigoureusement juste.

– Alors?

– Alors, ça n'empêche pas que j'ai le poil qui se hérisse à l'idée de dépendre pécuniairement de toi. Sinon pour le nécessaire, du moins pour le superflu.

– C'est une réaction stupide, purement épidermique.

– Je n'en disconviens pas : je réagis avec mon instinct et non pas avec ma raison.

– En somme, nous aboutissons toujours au même point : toi, tu serais prêt à aller de l'avant, à admettre qu'une femme qui en a la possibilité subvienne au bien-être du ménage, mais tes pépés, eux, te tirent en arrière et te crient : « Pas de ça, mon garçon! L'homme doit dominer, donc payer. »

– Exactement!

– Eh bien, je te le dis tout net : il va falloir que tu fasses taire tes « pépés » avec précisément les bons arguments que ta raison te souffle.

– J'aurai du mal, mes pépés sont tenaces.

– Je le sais, Philippe, mais il faut : c'est le seul moyen de surmonter ce problème.

– Non, ce n'est pas le seul. Il y en a un autre. Deux autres même.

– Lesquels?

– Le plus simple : que tu abandonnes tes affaires.

– Tu plaisantes?

– Oui! Rassure-toi!

– Ah bon! Et le second moyen?

– Que je me mette à gagner plus d'argent que toi.

– Ça, bien sûr... Et tu sais comment?

– Non, pas encore, mais je peux trouver.

– Certainement! Mais, en attendant, est-ce que tu me permets de demander des devis pour la piscine?

– Comment m'y opposer? Si je refuse, tu me répondras que tu la feras construire ailleurs.

– Tu te trompes! Je peux m'offrir une piscine, mais pas une maison en plus. Ce projet n'est possible que parce que toi tu en as une.

– Autrement dit, je te suis indispensable.

– C'est l'évidence même!

L'honneur est sauf. Mes pépés me laissent accepter la proposition de Lauranne. Mon cow-boy aussi. Il fait en général chorus avec eux. Ils reviendront ensemble à la première occasion me titiller l'orgueil. Je n'ai aucune illusion là-dessus. Ils ne vont pas me lâcher comme ça. Et puis, d'abord, ai-je envie qu'ils me lâchent? Ai-je envie d'abdiquer une part de moi-même? Supporterai-je longtemps de voir Lauranne courir devant moi dans la vie, comme naguère sur la pelouse de *L'Oublière*? Et elle, la prêtresse de l'égalité, elle qui aime les hommes forts, supportera-t-elle longtemps de me voir derrière? Réponses : Non. Non. Non et non.

Alors? Alors, c'est lumineux : il faut que je la rattrape.

Allez, courage, bonhomme : avec les « jupes-culottes », il ne faut pas ranger son pantalon.

21

Lundi : réunion familiale au cours de laquelle est adoptée avec enthousiasme la proposition de Lauranne d'ouvrir les portes du bateau à Romain et de lui en confier l'intendance.

Mardi : accord de Romain. Sous réserve, bien entendu, de satisfaction réciproque.

Mercredi matin : visite de Romain, enchanté par les lieux et par l'accueil que nous lui faisons. Il prend tout de suite ses fonctions en appelant un tapissier de théâtre habitué au travail rapide pour terminer le chantier de sa chambre abandonné par le mien et en séduisant tour à tour Margot et la Portugaise.

Jeudi : Romain emménage.

Vendredi, samedi, dimanche : il observe, écoute, enregistre, se rode, s'adapte.

Lundi : la famille du bateau comprend désormais cinq membres : les parents, les enfants et le grand-père. Comme par enchantement, les vases retrouvent leurs fleurs, les cache-pot leurs plantes vertes, l'air son parfum de jasmin, nos estomacs la détente et nos visages des sourires.

Bien sûr, ni Lauranne, ni Olivier, ni Louis, par égard pour la mémoire de leur ami Edouard, n'osent dire qu'avec Romain ils ont gagné au change, mais j'ai bien l'impression que parfois ils le pensent. En tout cas, ils lui sont manifestement reconnaissants d'avoir redonné une âme à leur bateau. Romain ne leur sait pas moins gré de lui avoir redonné le goût de vivre – ce qui se traduit chez lui par une frénésie de peindre.

Quant à moi, depuis que le bateau est parfaitement organisé, je m'y suis attaché autant qu'autrefois à mon appartement du quai d'Anjou; plus peut-être, car je mène dans mon nouveau foyer une vie beaucoup plus euphorisante que dans l'ancien. Je m'y plais tant que le soir je n'éprouve aucune envie de le quitter. Mais Lauranne prétend qu'elle doit sortir pour cultiver des relations susceptibles de lui être utiles, pour laisser sa carte de visite dans les salons parisiens sur des hanches trop rebondies ou des bras un peu mous et maintenant sur des peaux passibles des produits L.L. En vérité, je crois que, friande de contacts humains et sensible à l'intérêt que suscite son charme personnel autant que sa profession, elle aime sortir. Alors, je sors puisque mon rôle de presque-mari implique que je l'accompagne et qu'au demeurant je ne suis pas mécontent qu'on sache que désormais elle n'est plus une femme libre.

Je sors... et je souffre. Enfin, les fois où, jusqu'à présent, ça nous est arrivé, j'ai souffert. D'abord, je ne suis pas un habitué des mondanités : je ne sais pas parler de n'importe quoi avec n'importe qui que je ne connais pas. En tête à tête, je n'ai aucune timidité. En société, je les ai toutes et je m'éteins. Ensuite – et c'est là le plus grave –, conscient d'être éteint, je supporte mal de voir Lauranne briller de mille feux et monopoliser l'attention générale que je voudrais tant – et elle aussi peut-être – attirer sur moi. J'ai l'impression d'être une de ces épouses fades et mornes qu'on n'invite qu'à cause de leur mari et dont les gens se demandent comment celui-ci peut trimbaler une pareille potiche.

Notre première sortie fut sur ce point particulièrement représentative. Nous étions chez notre hôte de Ramatuelle, Lionel, le papa-gâteau, mais pas gâteux, de Lauranne. Il avait souhaité vivement rencontrer le superman qui avait réussi à capturer le cœur réputé imprenable de l'indépendante Lauranne. Il y avait là, en dehors des maîtres de maison, leurs trois fils, munis de leurs épouses – précisément du genre potiche –, deux autres couples du même modèle dont les maris étaient l'un le conseiller juridique, l'autre le conseiller fiscal du banquier et de sa protégée par la même occasion. Devant cette assemblée, animée d'une curiosité plus ou moins bienveillante, j'aurais voulu justifier le choix de Lauranne, voulu sentir que les femmes l'enviaient, que les hommes l'approuvaient, voulu qu'on lui dise : « Comme vous avez de la chance! Quel être merveilleux! Gardez-le précieusement... » Au lieu de cela, c'est à moi qu'on a dit : « Vous êtes un sacré veinard! Avec Lauranne, vous avez tiré le gros lot! Prenez-en soin... » Le moment le plus pénible de cette soirée s'est situé à la fin du dîner, quand deux groupes se sont formés : celui des messieurs, dans lequel Lauranne poursuivant une discussion en cours avec Lionel et Billon s'est trouvée incluse, et celui des dames où je me suis laissé enrôler, faute de l'être ailleurs. Inutile de vous préciser, je pense, que les orteils de mon cow-boy se sont recroquevillés dans ses santiagues en me voyant reléguer dans le clan des papoteuses. Celles-ci, rompues à l'art du « savoir-causer », se mirent obligeamment à ma portée en me parlant de mon métier. Les unes et les autres avaient eu des démêlés avec leurs diverses assurances et se firent une joie de me les raconter par le menu. Je dus écouter patiemment ce dont mes oreilles étaient rebattues à longueur de journée dans mon bureau : le vol des bijoux de famille – « l'argent, ce n'est rien, monsieur, mais les souvenirs, c'est irremplaçable » –, les dégâts des eaux provoqués par l'inconséquence des voisins – « les gens sont d'un sans-gêne, monsieur... » –, l'accident de voiture avec constat litigieux – « il était dans son tort mais, comme je suis une femme, bien sûr, monsieur, l'agent lui a donné raison! » –, la lenteur des remboursements – « plus d'un an, monsieur, treize mois exactement pour douze malheureuses petites cuillers! » Monsieur opinait et, quand Lauranne et ses hommes daignèrent le rejoindre, il n'avait pas placé un mot. Je n'en ai pas placé plus par la suite, restant modestement à l'ombre de ma rayonnante compagne.

Dès que nous fûmes seuls, Lauranne, consciente de ma contre-performance mais a priori inconsciente de sa cause, me demanda :

– Qu'est-ce qui s'est passé? Tu n'avais pas l'air en forme.

– Non, lui répondis-je lâchement, j'ai une migraine épouvantable.

Lauranne le regretta beaucoup. Je n'ai pas cherché à savoir si, généreusement, elle regrettait que ma tête fût douloureuse ou si, plus égoïstement, elle regrettait qu'à cause de cette douleur j'aie déçu ses amis... et elle par contrecoup.

Notre deuxième sortie nous conduisit chez Sophie Prévot, une mère volontairement célibataire qui avait réuni ses amies et accessoirement leurs compagnons (pour celles qui en avaient) afin de leur montrer son bébé de six mois et sa ligne retrouvée à l'institut L.L.

J'étais bien décidé, cette fois, à ne pas lâcher Lauranne d'une semelle mais nous n'avions pas plutôt franchi le seuil du salon que notre hôtesse – une espèce d'amazone caracolante – se rua sur ma P.-D.G. en l'appelant « sa sauveuse », car c'en était encore une qui militait contre le sexisme du vocabulaire français, me l'enleva cavalièrement pour aller la présenter à sa mère qu'elle rêvait de convertir à la gymnastique et me donna « en échange » son moufflet qui commençait à lui peser. J'étais abasourdi, furieux et horriblement gêné au milieu de ce salon où je ne connaissais personne, avec dans les bras ce paquet de chair, remuant comme une anguille et que je ne savais pas comment tenir.

Heureusement, quelqu'un eut pitié de moi : un petit homme d'une soixantaine d'années, d'aspect frêle, avec un regard plein de douceur mais non exempt de malice.

– Vous aimeriez peut-être que je vous débarrasse? Je suis le grand-père.

– Vraiment très heureux! lui répondis-je avec un maximum de sincérité en lui remettant son petit-fils.

– Excusez-moi de vous demander cela à brûle-pourpoint, poursuivit-il, vous n'êtes pas le père, par hasard?

– Ah non!

– Tant pis! Ma fille a omis de nous le présenter et, en vous voyant avec l'enfant, je me disais que peut-être...

– Non, désolé! Je ne la connais que depuis deux minutes. J'accompagne simplement Mme L.L. qui, elle, en revanche, est de ses amies.

– Ah? L.L.? Les clubs de beauté?

– C'est cela même.

– Sophie m'en a beaucoup parlé. Elle l'adore! Où est-elle?

Je jetai un regard circulaire sur la pièce et finis par découvrir tout au fond Lauranne coincée entre l'altière Mlle Prévot et sa non moins altière maman, aussi imposante que son mari était chétif. Celui-ci, suivant mes indications, tomba sur le profil rigolo et la silhouette pas triste de ma « pas-belle ».

– Plaisante personne! dit-il.

– Fort bien entourée, répondis-je galamment.

– En tout cas, parties comme elles le sont, j'ai l'impression que nous ne sommes pas près de les revoir. Nous ferions mieux de nous asseoir avec le petit.

Il n'y avait pas de sièges vacants dans les alentours, mais deux jeunes femmes compatissantes nous cédèrent les leurs avec ce sourire compréhensif qu'avaient autrefois les hommes dans le métro quand ils cédaient leur place aux mères épuisées. C'est alors que le bébé se mit à grogner et que nous dûmes, pour le calmer, nous livrer à toutes sortes de simagrées – des petites marionnettes qui font, font, font... à la grosse bêbête qui monte, qui monte... – sous le regard même pas étonné, même pas attendri des dames environnantes dont aucune ne nous proposa de prendre notre relève. Enfin, notre spectateur, encore plus accablé que nous, consentit à s'endormir. Son grand-père, craignant sans doute que j'en profite pour l'abandonner, s'empressa de raccrocher la conversation :

– Alors, comme ça, me dit-il, vous êtes M. L.L.?

– C'est-à-dire que je vais épouser Mme L.L. dans quelques jours et qu'elle va s'appeler Mme Larcher.

Il y avait eu beaucoup de vinaigre dans mon ton; il y eut beaucoup de miel dans le sien quand il me répondit en me tapotant paternellement le genou :

– Pardonnez-moi. Je n'ai pas voulu vous être désagréable.

– J'en suis sûr, et je suis stupide de m'être formalisé.

– Vous n'avez peut-être pas encore l'habitude qu'on vous appelle comme ça?

– Non! Vous êtes le premier.

– Ah! c'est pour ça! Mais, vous verrez, à la longue on s'habitue.

– J'ai peur que non.

– Mais si! Croyez-moi, je vous parle en connaissance de cause.

– Comment ça?

– Comment pensez-vous que je m'appelle?

– M. Prévot.

– Eh bien, non, figurez-vous!

Le vrai nom de mon interlocuteur était Gaillard. Un nom bien mal ajusté à la fragile silhouette de cette miniature d'homme qui avait pris le sage parti d'en plaisanter. Quand il avait épousé Mlle Cécilia Prévot, trente ans plus tôt, elle venait de publier un roman d'amour et d'aventures à la sauce historique qui s'annonçait comme un grand succès de librairie. Il n'était donc pas question qu'elle renonçât à un nom déjà connu. D'autant moins que celui de son mari lui avait valu d'être surnommée par quelques mauvaises langues « la Gaillarde » et qu'elle n'avait pas du tout apprécié. D'année en année, la réussite de Cécilia s'affirma. Son autorité augmenta proportionnellement à l'effacement de son conjoint qui, insensiblement, devint M. Prévot. Leur fille, après avoir été Sophie Prévot-Gaillard dans les diverses écoles qu'elle fréquenta, n'eut rien de plus pressé, quand elle entra dans le journalisme, que de couper le trait d'union qui la rattachait à son père. Il ne semblait en tirer aucune amertume et sa résignation me toucha apparemment plus que lui.

– Il n'y a plus guère que dans les locaux de l'administration que je retrouve mon identité, me dit-il.

Si encore M. Gaillard – que moi du moins je l'appelle ainsi! – avait été un minus, j'aurais plus facilement admis qu'il fût aspiré, dévoré, digéré par ses deux boas de femme et de fille; mais ce n'était pas le cas : diplômé de l'école des Chartes, il avait été archiviste de plusieurs bibliothèques avant d'être, la retraite venue, un documentaliste fort recherché. C'est lui d'ailleurs qui, sa vie durant, avait fourni à sa femme la documentation dont elle avait besoin pour tisser la toile de fond de ses romans historico-sentimentalo-héroïques et au sérieux de laquelle elle devait une grande part de sa réputation. Il ne se plaignait pas que ses précieux services aient toujours été ignorés. Au contraire, il s'estimait très heureux d'avoir pu les rendre.

– Au moins, comme ça, je lui étais utile. Je justifiais ma présence auprès d'elle. Sans ce modeste apport professionnel, j'aurais été tenté de me demander pourquoi j'étais là, pourquoi elle me gardait. Et elle aussi.

Lisant sur mon visage l'intérêt très vif que je prenais à ses propos, le bonhomme poursuivit :

– Les femmes ayant de moins en moins besoin de notre argent, de notre nom, de notre protection, nous aurons, nous les hommes, de plus en plus l'occasion de nous poser cette question : A quoi leur sert-on ?

Le bébé endormi soupira fort à propos dans son sommeil pour m'apporter un argument évident :

– A leur faire des enfants.

M. Gaillard leva les yeux au ciel puis, s'étant assuré que personne ne pouvait l'entendre, me confia comme s'il s'agissait d'un redoutable secret :

– Mon pauvre ami! Il y a en réserve pour cent mille ans de spermatozoïdes rien que dans les banques américaines.

– Cent mille ans?

– Oui! Elles peuvent procréer pendant cent mille ans, sans avoir recours à nous.

J'étais moins bouleversé que M. Gaillard par cette révélation et j'ai tenté de le réconforter.

– N'exagérons pas! La grande majorité des femmes nous préfèrent et nous préféreront encore longtemps en chair et en os qu'en bocal.

– Peut-être, mais n'empêche que cette nouvelle, quand elle se répandra, contribuera à introduire dans le subconscient de nos compagnes l'idée de notre complète inutilité. Parfois, on croirait même que certaines en sont déjà confusément imprégnées.

– Il ne faut pas oublier quand même que leur plaisir dépend de nous.

– D'abord, pas forcément. Ensuite, le nôtre dépend d'elles. Ça s'annule.

Soudain M. Gaillard regarda l'enfant dans ses bras, roi encore non déchu, avec un sourire de commisération, puis se retourna vers moi, sans changer d'expression.

– Le pauvre! dit-il, s'il savait ce qui l'attend...

J'eus la désagréable impression que sa phrase ne s'adressait pas uniquement à son petit-fils et qu'il m'englobait dans sa bienveillante pitié.

Cette conversation fit tomber sur ma tête une chape de plomb qu'en vain j'ai essayé de soulever lorsque, précédées de Lauranne, les dames Prévot vinrent pour m'examiner de plus près. Elles m'avaient sans doute classé d'office dans la catégorie des maris-accessoires sous le nom de M. L.L. Je dois reconnaître qu'entre mes banalités et mes bredouillages elles n'eurent aucune raison de réviser leur jugement.

Là encore, Lauranne s'étonna de ma méforme. Là encore, je lui en cachai les véritables causes et la mis sur le compte, cette fois, de crampes à l'estomac.

– Décidément... murmura-t-elle.

Puis elle enchaîna un peu trop rapidement sur un ton un peu trop léger :

– En tout cas, moi, je n'ai pas perdu mon temps : j'ai glané au moins trois clientes.

Elle aurait été fort surprise d'apprendre que je n'avais pas perdu le mien non plus en glanant auprès de l'humble M. Gaillard un enseignement précieux et en prenant cette décision, capitale pour notre avenir : je ne serai pas M. L.L.

Je le fus pourtant lors de notre troisième sortie, d'une façon encore plus éclatante. Je m'y attendais : c'était un de ces dîners d'affaires qu'on essaie de travestir en dîner amical en y conviant des personnes non concernées par son enjeu, en l'occurrence la diffusion des produits L.L. en Allemagne de l'Ouest.

Etaient réunis autour de la table élégante d'un restaurant dit parisien l'éventuel diffuseur allemand... et Madame; le directeur commercial de Lauranne... et Madame; Mme L.L... et Monsieur!

La situation était semblable à celle que j'avais connue dans le salon de Lionel, à cela près que, des deux interlocutrices qui m'étaient dévolues, l'une ignorait notre langue et s'exprimait, comme son mari d'ailleurs, en anglais, et l'autre, qui parlait français, n'avait rien à dire.

J'ai constaté très rapidement que les leçons que j'avais prises avec le compagnon de Violette ne m'avaient pas ôté cette paralysie auditive qui me prend à chaque fois qu'on s'adresse à moi en anglais. J'arrive à prononcer quelques phrases mais je suis incapable d'en saisir le quart d'une. Tant que la Berlinoise, d'un naturel assez bavard, ne me posait pas de questions, je m'en tirais en ayant l'air de m'intéresser profondément à ses propos et en les ponctuant de temps à autre d'un : « *Oh yes! I understand* » très convaincu. Mais quand je percevais au seul son de sa voix qu'elle venait de m'interroger sur un point précis, j'étais bien obligé d'avouer que je n'avais pas « understandé » et de lui demander de répéter « *more slowly* ». Malheureusement, même en 78 tours, son message ne me parvenait pas et il me fallait « déranger » Lauranne pour qu'elle me le traduise et que je puisse satisfaire laborieusement les curiosités de l'étrangère; lesquelles concernaient l'opinion de mes compatriotes en général et la mienne en particulier sur l'agitation au Moyen-Orient, sur le mouvement pacifiste européen, sur la poussée écologiste, sur le terrorisme international. Sujets passionnants s'il en fut, mais qu'il est impossible de traiter avec un vocabulaire aussi restreint que celui dont je disposais : allez donc savoir comment on dit euromissiles, énergie nucléaire ou pollution dans la langue de Shakespeare! Bref, je découvris ce soir-là – à son point le plus douloureux – le drame de l'incommunicabilité et quittai le restaurant avec, cette fois pour de bon, une tête comme une lessiveuse. Lauranne, qui avait décroché, entre le gewurztraminer et la williamine, un marché paraît-il fort avantageux pour elle, était radieuse.

– Tu peux être fier de moi, me dit-elle triomphalement en entrant dans la voiture.

Cette phrase me rappela toutes celles du même acabit que j'avais entendues naguère à propos de ma fille. Il est vrai sans doute que les succès de Lauranne comme ceux de Diane auraient pu, auraient dû m'enorgueillir mais non moins vrai, hélas, que je ne suis pas doué pour l'orgueil par personne interposée, quelle que soit l'affection que je porte à ces personnes. Je ne me réjouissais pas plus aujourd'hui de la réussite de l'une que je ne m'étais réjoui hier de celle de l'autre.

J'en vins tout naturellement à penser à mon gendre qui avait dû connaître avec Diane le même problème que moi avec Lauranne et qui semblait, lui, l'avoir parfaitement maîtrisé. Comment diable s'y était-il pris ? Je trouvai deux réponses : d'abord, Vindieux avait arraché ma fille à son milieu – solution que je ne pouvais envisager avec ma P.-D.G.; ensuite, il exerçait un métier attractif qui excitait la curiosité des gens et l'amenait à fréquenter des sujets intéressants, facilement transformables en sujets de conversation. C'était loin d'être mon cas et ne le serait jamais car il n'y avait aucune raison pour qu'un jour on se délectât du narré d'un contrat d'assurance ou même des malheurs d'un assuré.

Une fois de plus, mes activités, honorables mais assez ternes, rentables mais pas très lucratives, étaient mises en cause. Une fois de plus, j'envisageais d'en changer. Cette idée, née au cours de la conversation que j'avais eue avec Lauranne dans la grange de *L'Oublière*, traversait depuis ce jour-là régulièrement ma tête.

Après notre dernière sortie, qui remonte à moins

d'une semaine, elle s'y attarda. Cette nuit, elle m'a empêché de dormir. Ce matin, à l'avant-veille de mon mariage, j'ai décidé d'en parler à Louis de Margot.

Lauranne vient de partir avec Olivier. Romain a rejoint ses pinceaux dans sa chambre et Louis son journal dans la sienne dont la porte n'est pas fermée. Je me plante dans l'encadrement et lui demande si ça ne l'ennuierait pas de bavarder un peu avec moi.

– Pas du tout, me répond-il, je vous attendais, c'est pourquoi j'ai laissé ma porte ouverte.

Devant mon air étonné, il précise :

– Je ne suis pas devin. Simplement observateur et un peu psychologue : depuis un certain temps, vous m'avez tout l'air, comme disait mon père, de couver un œuf carré.

– Vous en devinez la cause, je présume.

– Je la subodore, mais je peux me tromper.

– En résumé, je n'ai pas une vocation de prince consort.

– C'était donc bien ça!

– Eh oui! Le ver de l'amour-propre est dans le fruit et j'ai besoin de vos conseils pour l'en chasser.

– Eh bien, d'abord, il ne faut pas exagérer l'affaire.

– Comment ça?

– Je ne veux pas minimiser la valeur de Lauranne, mais enfin elle n'est pas la reine d'Angleterre, ni une de ces dames qui par leur savoir, leur intelligence ou leurs dons se hissent aux plus hautes destinées. C'est une femme d'affaires astucieuse, qui a du courage, de la volonté et de la chance.

– Ce n'est déjà pas mal!

– Bien sûr! Mais il n'y a quand même pas de quoi complexer un homme comme vous qui n'êtes ni imbécile, ni analphabète, ni dépourvu d'opiniâtreté, vous l'avez prouvé avec Lauranne.

– N'empêche que je complexe. Pas intellectuelle-
ment. Pas moralement. Pas physiquement. Pas
sexuellement...

– Ah bon! Vous me rassurez.

– Mais financièrement et socialement. Vous pensez peut-être qu'il est ridicule ou médiocre d'attacher de l'importance à ces questions-là...

– Sûrement pas! Je sais depuis toujours qu'elles
sont sérieuses et je sais depuis un quart d'heure
qu'elles peuvent déboucher sur des drames.

– Depuis un quart d'heure?

Louis de Margot ramasse le journal qu'il avait
laissé glisser à terre à mon arrivée dans sa chambre.
Il l'ouvre à la page des faits divers et m'invite à y
lire un article qui avait retenu son attention avant
même de savoir qu'il aurait un rapport direct avec
notre conversation. On y relatait l'histoire d'un
comptable qui s'était pendu après avoir étranglé sa
femme parce que celle-ci avait été, trois mois auparavant, nommée greffière d'un tribunal et qu'il ne
supportait pas de se trouver dans son ménage en
position d'infériorité.

– Evidemment, dis-je en lui rendant son journal,
après avoir lu cela, vous ne risquiez pas de prendre
mon problème à la légère.

– Oh! même sans cela... Au temps de ma splen-
deur, j'ai vu certaines personnes, très proches de
moi, minées par un mal semblable au vôtre. Et l'une
d'entre elles se détruire en cherchant dans la drogue l'illusion éphémère de sa supériorité.

– Mais... est-ce que votre attitude ne justifiait pas
un peu les complexes de ces personnes... ne les
entretenait pas?

– Soyons clairs : vous me demandez si, plus ou
moins inconsciemment, je ne faisais pas peser sur
mes compagnons le poids de ma notoriété et de ma
fortune?

– Voilà!

– Pas plus que Lauranne ne fait peser sur vous le poids des siennes. Je me trompe?

– Non! Pas vraiment, mais pourtant je sens ce poids.

– Bien sûr que vous le sentez, puisqu'il existe; mais – et ce sera mon deuxième conseil – vous ne devez en aucun cas le lui reprocher. Vous saviez dès le départ que ce poids existait. Vous connaissiez sa situation et vous connaissiez la vôtre. Elle ne vous a pas caché – ni moi non plus – la femme qu'elle était. Et c'est de cette femme-là que vous êtes tombé amoureux. C'est cette femme-là que vous aimez. Pas une autre. Si demain elle perdait sa personnalité, elle vous reposerait beaucoup plus, certes, mais elle vous plairait beaucoup moins.

– Croyez-vous?

– J'en suis certain et je me permets d'insister, Philippe : vous auriez tort d'en vouloir à Lauranne d'être Mme L.L. parce que c'est en grande partie à cause de Mme L.L. que Lauranne vous attire.

Soudain ma mémoire m'envoie une photo : le lit de l'auberge orléanaise où une espèce de huitième ciel s'était ouvert lorsque, sur l'image de Lauranne déchaînée, j'avais inscrit en filigrane celle de la rigide P.-D.G. Je ne vous en ai pas parlé pour éviter les redites, mais j'ai renouvelé assez souvent cet exercice de superposition et en ai toujours tiré les plus heureux résultats. J'aurais donc mauvaise grâce à ne pas reconnaître la perspicacité de Louis.

– C'est vrai, lui dis-je, je dois beaucoup à Mme L.L. Mais ce n'est pas une raison suffisante pour que j'accepte de devenir M. L.L.

– Là, je suis d'accord avec vous. Et Lauranne le serait aussi. Elle ne souhaite pas cela du tout.

– Je le sais très bien et c'est autant pour elle que pour moi que je ne veux pas être à la traîne.

– Pensez-vous pouvoir développer votre affaire?

– Ce serait peut-être possible mais, même à un

niveau plus élevé, ma profession n'est pas très valorisante.

– Alors, il faut en changer.

– J'y songe ou, du moins, je songe à avoir une activité annexe plus passionnante. Seulement voilà, laquelle? A bientôt quarante-six ans, avec un diplôme d'H.E.C. et une licence en droit, sans aptitudes ni dons spéciaux, vers quoi pourrais-je m'orienter?

– La peinture.

La rapidité de sa réponse semble indiquer qu'il a déjà réfléchi à la question et sa proposition n'en est que plus surprenante.

– Enfin, Louis, je ne peins pas.

– Vous, non; mais Romain, oui. Et avec un sacré talent que, si mes renseignements sont bons, vous avez été le premier à apprécier.

– C'est exact. Mais à quoi ça m'avance?

– Romain aura bientôt assez de toiles pour pouvoir organiser une exposition.

– Oui, il m'a même dit qu'il comptait s'adresser au directeur de la galerie où a eu lieu celle des photos de mon fils, un certain Tonton.

– C'est cela même! Eh bien, figurez-vous que j'ai appris hier par le tam-tam de potins-ville que ce bon vieux Tonton, fortune faite, s'apprêtait à chauffer ses rhumatismes au soleil de Floride et cherchait à vendre sa boutique – ou plus exactement son droit au bail – de toute urgence. Vous voyez où je veux en venir?

Je vois très bien, quoique mes deux yeux soient complètement divergents. Avec l'un je me vois succédant à Tonton, gourmette et bagues en moins, préparant le vernissage de Romain, conduisant celui-ci sur le chemin de la gloire, exploitant son triomphe, puis dénichant de nouveaux poulains, les lançant à leur tour, m'établissant à la fois un solide pécule et une réputation enviable d'homme qui a un flair infaillible. Avec mon autre œil, je me vois

attendant le client dans la galerie vide, compromet-
tant la carrière de Romain, tentant en vain ma
chance avec d'autres, m'endettant et – pire que tout
le reste – renfloué par Lauranne. Cette dernière
vision m'enlève tout esprit d'entreprise.

– Vous oubliez, Louis, que je n'ai pas d'argent à
mettre dans le commerce.

– L'argent, ça se trouve. Il y a les banques, les
relations.

– Jamais je ne demanderai quoi que ce soit à
Lauranne ou à son banquier.

– Je ne pensais pas à eux, bien sûr. Mais vous
savez, dans notre grande famille, les amants de nos
amis sont nos amis... alors ce serait bien le diable
que je n'en trouve pas un pour plaider votre cause
auprès de ce cher Tonton et obtenir de lui des
arrangements. D'autant qu'il est pressé de partir.

A peine mon argument pécuniaire est-il effrité
par la conviction de Louis qu'il m'en pousse aussitôt un autre :

– Je n'y connais rien en peinture. Enfin... pas
grand-chose.

– Vous aimez?

– Ah oui! Ça, énormément! Mais je suis incapable
d'expliquer pourquoi telle ou telle toile me plaît,
incapable d'apprécier la technique d'un peintre. J'ai
le coup de foudre ou je ne l'ai pas.

– Mon cher, je crois qu'en matière d'art l'instinct
prime le savoir et même l'intelligence. J'ai toute
confiance dans le vôtre. Par instinct, justement.

– Rien ne prouve que vous ayez raison.

– Exact! Mais rien ne prouve que j'aie tort. Seule
l'expérience nous renseignera.

– C'est très risqué.

– Ecoutez, Philippe, soyons réalistes : sur quelque voie que vous vous engagiez, il y aura des
risques.

– C'est certain.

– Alors, autant les prendre dans un domaine qui

vous plaît... et avec dans votre jeu l'atout maître du talent de Romain.

– Evidemment... Je vais réfléchir à tout cela.

– Pas trop longtemps, Philippe, ça ne servirait à rien. Il s'agit d'un coup de poker. Vous le jouez ou vous ne le jouez pas. Mais, si cette fois vous passez votre tour, j'ai très peur que vous ne le passiez toujours.

– Accordez-moi juste quelques jours. J'ai une vague idée que je voudrais creuser.

– Comme vous voulez, mais je vous rappelle que vous vous mariez après-demain et que vous serez absent plus d'une semaine pour cause de voyage de noces.

– Il me paraît difficile de me décider avant, mais je vais quand même essayer.

Si subtil que soit mon ami Margot, il ne dut pas comprendre pourquoi, en le quittant, je me suis mis à fredonner la rengaine du *Train sifflera trois fois*. Il ne pouvait pas voir que je portais déjà mon ceinturon, mes bottes et mon chapeau de cow-boy.

22

A partir de ma conversation avec Louis de Margot, tout est allé à une vitesse incroyable, tout s'est passé comme si une bande de petits lutins au service du Destin avaient été chargés de m'indiquer le chemin à suivre et de me le débroussailler.

J'ai quitté le bateau avec les deux tableaux que Romain venait de nous offrir, à Lauranne et à moi, pour notre mariage. C'était un diptyque sur le thème : « Rien ne se perd, rien ne se crée, tout se transforme. » Sur l'un des tableaux, le transforma-teur était le Temps, représenté par une femme dont le corps et le visage étaient savamment composés

par des rouages de montre. Sur l'autre, le transfor-
mateur était l'Amour, représenté par un être
hybride ayant un corps et deux têtes. Sur l'un
comme sur l'autre, des objets de toutes sortes
étaient happés, qui par le Temps, qui par l'Amour,
et ressortaient dans le haut de la toile, transfigurés
en bien ou en mal. Ces tableaux m'avaient séduit
autant que celui que Romain avait destiné à ma
fille. La vague idée dont j'avais parlé à Margot les
concernait. Je voulais avoir sur eux l'opinion de cet
important collectionneur que j'avais inquiété un
soir par l'intrusion incongrue d'un petit salé aux
lentilles dans notre discussion d'affaires et que
depuis, heureusement, j'avais rassuré sur mes compétences. Mais cet homme, Jacques Rederlinck, qui
n'était pas mécontent d'avoir les mêmes initiales
que le héros de *Dallas*, voyageait beaucoup et je ne
comptais pas pouvoir le joindre avant un certain
temps. Or – c'est là où les lutins commencèrent leur
travail –, quand je suis arrivé au bureau, Violette
m'a annoncé que J. R. avait téléphoné et que, sauf
contrordre de ma part, il serait là dans une
heure.

J'ai accroché le diptyque face à la porte d'entrée
et j'ai appelé Mme Vionnet, Brigitte et Violette en
même temps, sans leur dire pourquoi. Elles sont
littéralement tombées en arrêt. Brigitte a été la
première à réagir :

– Ah! c'est super, ce truc! Ça fait l'effet d'un
aimant : on ne peut pas s'en détacher.

Violette a renchéri :

– Moi, c'est pareil, je ne pourrais pas travailler
avec ça devant le nez. Je le regarderais tout le
temps.

Mme Vionnet, elle, eut un réflexe professionnel :

– C'est trop beau pour ici, monsieur Larcher.
J'espère au moins que vous êtes bien assuré!

Un peu plus tard, Rederlinck, en des termes plus

savants, eut devant les tableaux exactement la même réaction et lorgna immédiatement du côté de la signature. Il s'étonna que le nom de Romain ne lui ait jamais été signalé par aucun des spécialistes qu'il fréquentait.

– C'est un débutant, lui dis-je. Il n'a pas encore exposé.

– Mais il va le faire, je suppose?

– Bien sûr! Dans un ou deux mois.

– Chez qui?

– Il ne sait pas encore.

– Il hésite entre quelles galeries?

– Il n'hésite pas. Il n'a pas encore cherché.

– Ah bon! Et où l'avez-vous déniché?

– C'est un ami de mon fils.

– Ah... il est jeune alors?

– Une petite trentaine.

– Oh! Intéressant...

– Oui. Il a tout l'avenir devant lui.

– J'aimerais bien le rencontrer.

– Vous savez, pour le moment il garde toute sa production en vue justement de sa future exposition. Il ne vend rien.

– Mais ce n'est pas pour acheter que je veux le voir.

– Pourquoi alors?

– Pour bavarder... pour le conseiller... Vous n'ignorez pas que les jeunes peintres sont souvent arnaqués. Moi, je pourrais le recommander auprès de personnes sérieuses, au besoin discuter à sa place. Le manager en quelque sorte.

– Malheureusement, ça ne va pas être possible.

– Pourquoi?

– J'ai pris Romain en exclusivité.

J. R. me décocha un de ces regards lance-flammes que n'aurait pas renié son homonyme de la télévision.

– Vous vous occupez de peinture? me demanda-t-il.

– Pas encore; mais je vais. Le talent de Romain a déclenché chez moi une vocation. Je suis en train de réunir des fonds pour acheter une galerie.

– Pourquoi ne m'en avez-vous pas parlé?

– Je ne pensais pas que ça pouvait vous intéresser.

– Ah si! Bien sûr...

Il détourna ses yeux vers le diptyque et les y laissa en me lançant négligemment :

– Mais peut-être qu'il n'est pas trop tard?

Franchement, s'il n'y avait eu que moi, je serais allé serrer les mains de Rederlinck avec effusion et lui aurais proposé n'importe quelle participation à n'importe quelles conditions; mais mes petits lutins veillaient et me soufflèrent une réponse plus mesurée :

– Je regrette, mais il ne manque plus qu'un dernier crédit et j'ai toutes les chances de l'obtenir cet après-midi.

– Une banque?

– Non, un ami médecin qui croit beaucoup en Romain.

– Et vous ne pourriez pas lui dire, à cet ami, que, finalement, vous n'avez pas besoin de son aide?

– Ça me paraît délicat.

– C'est dommage... surtout pour votre jeune protégé.

J. R. revint vers moi avec un sourire d'agneau et poursuivit :

– Je ne voudrais pas vous paraître prétentieux, monsieur Larcher, mais voyez-vous, je bénéficie dans un certain milieu d'une assez grande influence. J'ai dans mes relations, ici et à l'étranger, bon nombre d'acheteurs potentiels qui guettent mes choix et suivent mes conseils. Il n'est pas en mon pouvoir de faire une réputation, mais d'y contribuer, oui.

– Je le sais.

– Alors, si vous savez... si vous êtes conscient des

services que je pourrais rendre à votre poulain, je ne vois vraiment pas pourquoi vous l'en priveriez.

– Vous ne voyez vraiment pas?

– Non. Pourquoi?

– Parce que je crains que vos services ne soient très chers, en tout cas beaucoup plus chers que ceux de mon ami.

– Ce n'est pas sûr! Discutons.

Comment vouliez-vous que je discute sans aucun élément de discussion? Sans avoir la moindre idée de la somme qui allait m'être nécessaire, ni des accords habituellement passés entre peintres et marchands de tableaux, ni de la durée des contrats, ni des avantages que je pouvais raisonnablement consentir à mon éventuel commanditaire? Je prétendis donc avoir un rendez-vous urgent qui m'empêchait de prolonger notre entretien et promis à J.R. de le rappeler le lendemain. Il prétendit, lui, s'envoler à la première heure pour les Caraïbes et me déclara qu'il reviendrait au bureau pour chercher ma réponse, le soir même, entre six et sept.

Sur le pas de la porte, je me suis rendu compte tout d'un coup qu'il ne m'avait pas dit le motif initial de sa visite et le lui demandai.

– C'est sans importance, me répondit-il. Je voulais juste regrouper chez vous toutes mes assurances : autos, immobilier, bijoux et fourrures de ma femme. Mais ce n'est pas pressé.

– Sans cela, je peux vous mettre entre les mains de ma collaboratrice, elle ferait aussi bien que moi...

– Non, non, ce n'est pas la peine. Nous aurons tout le temps d'en reparler quand nous aurons réglé notre petite affaire.

Sous-entendu : si nous ne la réglons pas, vous n'aurez plus le plaisir de me compter parmi vos clients. Ce n'était pas très grave : j'avais vécu sans lui, mais enfin j'aimais mieux le savoir chez moi que chez un concurrent.

Dès qu'il a été sorti, j'ai téléphoné à Margot. Je lui ai raconté mon entrevue inopinée avec J.R., puis je l'ai chargé de trouver dans « la grande famille » quelqu'un susceptible de nous recommander auprès de Tonton et de s'informer sur les prix, les us et les coutumes qui se pratiquaient dans le commerce (quelle horreur! Fermons nos yeux mais ouvrons nos poches!) de l'art pictural. Ravi tout à la fois de la nouvelle et de l'allant qu'elle m'avait insufflé, Louis accepta avec enthousiasme les missions que je lui confiais, mais me conseilla de prendre des renseignements également de mon côté. Ce que je fis immédiatement, d'abord auprès de Bertrand. Je ne l'avais pas appelé depuis au moins un mois. Lui non plus d'ailleurs. Nous nous sommes expliqué rapidement les raisons de nos silences respectifs : lui avait été accaparé par les remaniements et les répétitions de sa fameuse pièce que je n'avais pas lue et dont la première devait avoir lieu, au Lucernaire, dans une quinzaine de jours, juste avant les fêtes de fin d'année; moi, j'avais été accaparé par l'organisation de ma vie familiale – qui amusa beaucoup Bertrand – et par les problèmes que me posait ma P.-D.G. – qui l'amusèrent encore plus dans la mesure, m'avoua-t-il, où ils étaient ceux-là mêmes qu'il avait prêtés par intuition à son héros... qui décidément me ressemblait comme un frère.

– Et comment les résout-il, mes problèmes, mon homologue?

– Tu verras. Je t'envoie une invitation pour le 20. Et toi, comment t'en sors-tu?

Je lui ai exposé mon idée et, de là, l'objet de mon coup de téléphone.

– Ça alors! s'exclama-t-il, c'est extraordinaire!

– Pourquoi?

– Tu te souviens de Vetzel?

– Non...

– Mais si! *Le Cow-Boy au chapeau melon.*

– Ah oui! Bien sûr! Le tableau que tu m'as donné quand je me suis installé au presbytère.

– C'est ça!

– Qu'est-ce qu'il est devenu?

– Célèbre!

– Ah bon?

– En Amérique, ses toiles se vendent entre cinq mille et huit mille dollars.

– Ah merde!

– Comme tu dis! Je t'ai offert un beau cadeau.

– Tu veux que je te le rende?

– Non, merci. J'en ai deux autres.

– Mais comment l'as-tu su?

– Par lui. Il a débarqué chez moi hier, avec trois caisses de tableaux.

– Vendus?

– Non! A vendre. Une envie qu'il a eue, après six ans d'absence, de revenir sur les lieux de ses échecs et de prendre sa revanche.

– Il ne cherche pas une galerie, par hasard?

– Si, justement! Il m'a même demandé si je n'en connaîtrais pas une, sympa, plutôt rive gauche, où il serait reçu comme un ami et non pas comme une machine à sous.

– Qu'est-ce que tu lui as répondu?

– Que je me renseignerais. Rigolo, la vie, hein, mon grand?

– Incroyable!

– Et encore... tu ne sais pas tout!

– Quoi d'autre?

– Un producteur italien vient de m'acheter coup sur coup deux scénarios. Un pactole! Enfin... pour moi. Je n'ai jamais eu autant d'argent. Ça m'affole. Et j'allais te téléphoner pour te le confier.

– Mais pour que j'en fasse quoi?

– Ce que tu voudras! Pourvu que je n'aie pas à m'en occuper.

– Tu me le prêterais pour la galerie?

– Ce que tu veux, je te dis; mais, surtout, débarrasse-m'en vite avant que je le dépense à des conneries.

J'étais en raccrochant dans un état d'excitation que ma fille, quelques instants plus tard au bout du fil, détecta sans peine en m'entendant lui débiter mon laïus sur un rythme de mitrailleuse. Elle m'écouta comme une mère – ou comme un père – peut écouter son adolescent de fils, piaffant au seuil de son avenir. J'eus l'impression d'être entré prématurément dans cette phase de la vie où les parents deviennent les enfants de leurs enfants.

Diane approuva mon projet, me félicita de mon dynamisme, rendit grâce à Lauranne de m'avoir « réveillé » (étais-je donc endormi?), m'incita au calme et me rassura. Pour elle, tout était simple. Elle avait dans ses anciennes relations un agent immobilier spécialisé dans les fonds de commerce, deux peintres en renom, l'avocat de ceux-ci et un marchand de tableaux qui était en instance de divorce avec une de ses amies, ex-mannequin comme elle. Il lui serait donc facile de soutirer à chacun tous les renseignements nécessaires pour se lancer dans cette affaire en connaissance de cause. Facile aussi de s'attacher les services de l'ex-mannequin – mondaine en mal d'activités – comme hôtesse de la galerie, et ceux d'une autre de ses ex-collègues, reconvertie dans les relations publiques, comme attachée de presse. Diane voyait loin! Voyait précis. Et en plus, voyait pratique :

– Je ne veux pas m'imposer, me dit-elle, mais je ne te cache pas que ça me ferait très plaisir de participer à cette aventure.

– Financièrement?

– Bien sûr! Je sacrifierais volontiers quelques-uns de mes moutons sur l'autel de la peinture.

– Tu es adorable, mais c'est un placement hasardeux.

– Non, non. Ça va marcher. J'en suis certaine. Les astres sont formels.

– Comment les astres? Ton mari n'a pas pu établir mon horoscope : il n'a pas l'heure de ma naissance.

– Quatre heures quarante. C'est ta sœur qui me l'a donnée.

Allons bon! Les astres s'en mêlaient. Encore un coup de mes lutins! Ce ne fut pas le dernier. Il n'y avait pas plus d'un quart d'heure que mes pensées et moi nous tournions en rond – mes pensées dans ma tête et moi dans mon bureau – quand ma sœur m'appela de Concarneau.

Trois semaines auparavant, la vieille Mme Le Gahuzec ne se décidant pas à mourir, Jacqueline, elle, s'était décidée à se marier dans la plus totale clandestinité et à réserver cloches et festivités pour le baptême de son futur enfant. Entrée dans son cinquième mois de grossesse, elle n'avait plus de nausées, mais en revanche une double sciatique qui l'empêcherait – comme elle me l'avait déjà laissé prévoir – d'assister à mon mariage. En dépit du regret sincère qu'elle en avait, en dépit de ses douleurs, elle était heureuse : le petit bougeait, Yves était un mari on ne peut plus attentionné, Concarneau une ville charmante, sa belle-famille délicieuse. Elle ne s'ennuyait pas une seconde car, en plus des portefeuilles des trois « logues », de celui de Mme Le Gahuzec mère et du sien, elle gérait aussi maintenant ceux de son époux, de ses trois frères et de deux autres amis. Un travail qui avait le triple avantage de lui plaire, de pouvoir être effectué chez elle et de lui assurer d'ores et déjà son indépendance matérielle. Tiens! Un bout de l'ancienne culotte dépassait sous la nouvelle jupe!

– Dans ces conditions, comme il est souvent dangereux de mettre tous ses œufs dans le même panier, me dit-elle, je préférerais garder mes parts dans le cabinet d'assurances... A moins, évidemment, que tu n'y voies un inconvénient.

– Au contraire, ça m'arrangerait plutôt.

– Pourquoi?

Pour la quatrième fois de la matinée, je relatai mon histoire. Pour la quatrième fois, je reçus de vifs encouragements et, pour la troisième fois, une proposition de soutien financier. Oui, je ne rêvais pas. Ma sœur était prête à vendre un paquet de ses actions, soit pour me prêter de l'argent à un « taux fraternel », soit carrément pour entrer dans ce que je trouvais normal maintenant qu'elle appelle « mon affaire » et que j'aurais appelé trois heures avant « un embryon de projet ».

Entre Rederlinck, Bertrand, Diane et Jacqueline, j'allais bientôt devoir me battre pour placer mes propres deniers – ceux-là que je réservais au remboursement des parts de ma sœur – dans ma galerie.

Pourquoi ces gens – sans compter Margot – avaient-ils confiance dans les deux débutants que nous étions, Romain et moi? Pourquoi en pleine période de crise étais-je tombé sur eux que par miracle elle avait l'air d'épargner? Pourquoi la chance leur souriait-elle? Pourquoi m'en faisaient-ils bénéficier? Moi et pas un autre? En quoi le méritais-je?

Plus je m'interrogeais, moins je trouvais de réponse logique; plus je me sentais un fétu de paille, plus je me croyais le jouet de mes bienveillants lutins. Ils continuèrent leurs bons offices en m'amenant dans mon bureau en même temps – précisément à seize heures trente – Louis de Margot et ma fille. Les informations que, chacun de son côté, ils avaient récoltées correspondaient sur tous les points. J'avais en main la fourchette des prix pour l'achat d'une galerie. Je savais donc approximativement celui que pouvait me réclamer Tonton pour la sienne, compte tenu de son emplacement, de sa réputation et de la rapidité avec laquelle il voulait être payé. J'ai aligné, en face de ce chiffre approximatif, ceux des commandites qui m'avaient été offertes, plus celui de mon apport personnel. Je me suis aperçu que je pouvais couvrir cette somme sans le concours de Rederlinck. J'ai tout de suite envisagé de constituer une petite société amicalo-familiale où Diane, Jacqueline, Bertrand et moi-même serions actionnaires à part égale. Ma fille et Louis ne souscrivirent pas à cette idée. D'une part, ils pensaient qu'il était maladroit de se priver de l'appui de J.R. D'autre part, qu'une direction quadri-partite n'était ni souhaitable ni juste dans la mesure où ni ma sœur, éloignée de Paris, ni Bertrand, accaparé par son métier, ne s'occuperaient de cette affaire. Diane me fit valoir en revanche qu'elle, elle pourrait s'en occuper pendant les trois jours où son mari travaillait place des Vosges et drainer dans son ancien milieu une clientèle aussi intéressante que celle que pouvait attirer J.R.

— En somme, lui dis-je, tu suggères que je m'asso-cie aux deux seules personnes capables de m'appor-ter un soutien autre que financier : Rederlinck et toi.

— Oui. Et de garder Jacqueline et Bertrand comme simples créanciers.

— Ce n'est pas très gentil pour eux.

— Ça dépend. Si par hasard on se plante, ce sont eux qui feront la bonne affaire.

— Evidemment...

Louis de Margot se rangea sans hésiter du côté de Diane et je finis par me rendre à leur avis commun. Toutefois, je leur spécifiai que je n'accorderais à J.R. qu'un pourcentage de quinze pour cent maximum. Dans mon esprit, le reste devait se répartir par moitié entre ma fille et moi. Mais elle en jugea encore autrement.

— Non, me dit-elle, ça doit être « ton affaire ». Il faut que tu sois maître chez toi, donc majoritaire.

A nouveau, Margot l'approuva et je fus obligé de céder devant leur double pression. Nous sommes convenus, Diane et moi, d'attendre pour fixer son

taux de participation que je connaisse précisémen.
les exigences de Rederlinck, mes propres disponibi-
lités et celles de mes deux autres créanciers.

A dix-neuf heures trente, je connaissais tout.
Entre la sortie de mes deux visiteurs et mon départ
du bureau, j'avais examiné mes comptes, défini en
deux minutes avec le confiant Bertrand, en vingt
minutes avec ma méticuleuse sœur les modalités de
leur financement, traité avec Rederlinck et pris
rendez-vous pour le lendemain midi avec le frétil-
lant Tonton à qui mon appel avait été déjà annoncé
et qui gardait d'ailleurs un souvenir ému sinon de
moi, du moins de mon fils. J'ai vraiment fait preuve
pendant ce laps de temps d'une efficacité, d'une
clarté d'esprit et d'une éloquence absolument
remarquables. Ne voyez là aucune prétention. Ce
n'est pas moi que je juge, mais l'espèce de double,
inspiré par les lutins, qui agissait à ma place et que
moi je n'ai cessé de regarder en spectateur stupéfait. Jamais de ma vie je n'avais éprouvé une telle
sensation de dédoublement.

Je ne me suis pas rassemblé – donc ressemblé –
au cours de la soirée où je fus si disert et si drôle
qu'on me soupçonna d'avoir bu et où, questionné à
brûle-pourpoint par Lauranne sur la disparition du
diptyque, je m'entendis répondre sans me démon-
ter, moi qui mens si mal d'habitude :

– Il est chez l'encadreur, j'ai remarqué ce matin
que les deux cadres n'avaient pas la même largeur.

Lauranne n'a pas songé une seconde à mettre ma
parole en doute. Pas plus que, le lendemain, le
gentil Vetzel, rencontré chez Bertrand, n'a douté
que j'étais l'homme qu'il cherchait, celui qui servirait le mieux son talent. Pas plus que Tonton n'a
douté que j'étais son seul successeur possible et
qu'en conséquence, dans l'intérêt de l'art autant que
dans le sien, il devait me consentir les meilleures
conditions.

Au cours de cette journée, comme la veille, j'ai continué de vivre à côté de moi; d'écouter ma voix bien assurée, mon ton convaincu, mes arguments judicieux; de voir mes regards malins et mes sourires désarmants. Alors que, depuis le premier jour où j'avais rencontré Lauranne, je m'étais tant de fois surpris à penser au-dessous de mes moyens, je me surprenais là à penser au-dessus. J'étais habité, porté, propulsé par une force mystérieuse dont je ne parvenais pas à déceler l'origine. Il est vrai qu'entre la découverte enthousiasmante des toiles de Vetzel, mon entente verbale avec lui, la signature d'une promesse de vente avec Tonton, une conversation avec le directeur de ma banque et deux rendez-vous à mon bureau, je n'avais guère eu le temps de me pencher sur la question. En fait, je n'en ai eu le loisir qu'en revenant le soir au bateau, parmi les embouteillages. Je me suis remémoré tout ce qui s'était passé pendant ces dernières quarante-huit heures : l'enchevêtrement des êtres et des événements, l'heureuse concordance de hasards, et moi, Zorro, qui n'avais pas arrêté d'arriver.

Pourquoi tout cela qui, d'une manière ou d'une autre, allait bousculer ma vie?

Parce que Lauranne. Bien sûr, mais...

Parce que les lutins, parce que les astres. D'accord, mais...

Parce que mes pépés et mon cow-boy, je ne le nie pas, mais...

Parce que mon orgueil, c'est évident, mais...

Mais ça n'expliquait pas tout. Ça n'expliquait pas le changement intervenu dans ma façon d'être, quasiment à mon insu et sans véritable effort de ma volonté. J'étais encore en train de m'interroger sur mon cas quand après le dîner, curieusement, un match de football m'apporta une réponse que je crois valable. Il s'agissait d'un match comptant pour la coupe d'Europe de l'U.E.F.A. entre une équipe française – valeureuse mais modeste – qui avait réussi l'exploit de se qualifier pour les quarts de finale et une prestigieuse équipe allemande. Au début de la partie, les Français, petits David complexés en face des grands Goliath germaniques, se montrèrent sous leur plus mauvais jour : maladroits, imprécis, inefficaces. Et puis, tout à coup, l'un d'eux marqua un but et... les mêmes joueurs qui avaient eu jusque-là du plomb dans leurs chaussures eurent des ailes à leur maillot; le ballon jusque-là récalcitrant se mit à leur obéir et entra docilement par deux autres fois dans la cage de leurs adversaires médusés.

Margot, pourtant toujours aussi peu amateur de sport, s'avoua à la mi-temps assez impressionné par ce qu'il venait de voir.

– Extraordinaire, dit-il, l'importance du facteur psychologique. Je le savais, bien sûr, mais, en l'occurrence, ce qui m'a frappé, c'est la rapidité avec laquelle le psychique a agi sur le physique... Et collectivement en plus! En une seconde, après le premier but, onze hommes, avec un bel ensemble, ont retrouvé leurs moyens, mieux, les ont sans doute dépassés, pendant que onze autres perdaient les leurs.

– Vous êtes étonné, lui répondit Romain, parce que ce sont des sportifs et que vous ne les imaginez pas fragiles et vulnérables, mais parmi les artistes vous avez dû observer souvent des phénomènes semblables. Les danseurs, après un pas bien exécuté, comme je suppose les comédiens après un effet bien placé, se détendent, prennent confiance et deviennent meilleurs.

– Oui, vous avez raison. Pour n'importe qui la confiance est un élément moteur.

– Malheureusement, ça risque d'être un cercle vicieux : il faut être mis en confiance pour avoir une réussite, mais il faut avoir une réussite pour être mis en confiance, marquer un but d'abord.

– Ou bien il faut que quelqu'un vous convainque

que vous êtes capable de le marquer. Un insuffleur de confiance, en quelque sorte.

C'est moi qui ai prononcé cette dernière phrase. Margot comprit tout de suite qu'elle lui était destinée, que je m'estimais lui être redevable du déclic qui s'était produit en moi, de mon premier but marqué la veille avec Rederlinck et de ce qui avait suivi. Nos regards se sont croisés et ont bavardé en totale complicité mais avec une discrétion relative. En vérité, ils n'échappèrent à la curiosité de Lauranne que grâce au retour des joueurs sur le terrain. La première mi-temps s'était terminée sur le score inespéré de 3 à 0 en faveur des Français. Margot et moi, les plus optimistes, nous avons pronostiqué leur victoire par 5 à 0. Romain et Olivier ont parié, eux, que le résultat resterait inchangé jusqu'à la fin. Quant à Lauranne, elle a prédit que les Allemands allaient remonter leur handicap.

C'est elle qui eut raison. En deuxième mi-temps, nous avons assisté au même phénomène qu'à la première, mais en sens inverse. Les Français encaissèrent un but, presque d'entrée de jeu, puis, à nouveau complexés, déboussolés, affolés, deux autres.

J'en fus contrarié, bien plus que ne l'exigeait mon chauvinisme naturel. Après m'être assimilé à mes compatriotes footballeurs dans la réussite, j'étais bien obligé de m'y assimiler dans l'échec. Je n'étais pas plus à l'abri qu'eux d'un revirement de situation. Leur mésaventure pouvait m'advenir demain. J'étais donc très attaché à en analyser la cause.

– Ils ont dû cette fois pécher par excès de confiance, relâcher leurs efforts et leur vigilance parce qu'ils étaient trop sûrs de gagner.

– Je ne crois pas, me répondit Lauranne. Je pense plutôt qu'ils ont été victimes d'un mal assez répandu dans les compétitions sportives et qu'on appelle « la peur de la victoire ».

– C'est-à-dire?

– Une espèce de panique qui s'empare de ceux ou de celles qui sont sur le point de triompher et qui les paralyse. Le cas est fréquent au tennis. Le presque-vainqueur, qui n'a plus qu'une balle de match à disputer, la perd de façon stupide et, de là, perd la partie.

– En fait, la peur de la victoire, c'est ni plus ni moins la peur de la défaite?

– Oui, ça se confond. De toute façon, il faut avoir des nerfs solides pour supporter l'une comme l'autre.

Je me promis de les avoir en acier à l'avenir mais, sur le moment, sérieusement éprouvé par deux jours de tension, je me les sentais en coton et n'aspirais plus qu'à un repos bien mérité... que Lauranne, une fois dans la chambre, voulut que je mérite encore davantage!

Très excitée à l'idée de se marier le lendemain, elle tint absolument à enterrer sa vie de garçon de mémorable manière.

Mémorable, ce le fut, mais pas comme elle s'y attendait. Ni moi non plus d'ailleurs. Elle souhaitait de l'inédit. Elle en eut : nous vécûmes notre premier ratage, par ma faute s'entend. D'abord je ne jugeais pas comme elle que nos adieux officiels au célibat soient un événement digne d'une célébration particulière. Ensuite et surtout, j'étais fatigué, préoccupé, assailli par mille images – entre autres celles de J.R. et de Tonton qui n'avaient rien d'émoustillant. Bref, j'étais dans l'état d'esprit et de corps où elle se trouvait elle-même assez régulièrement quelques mois auparavant, lors de nos jeudis au presbytère. A mon tour, j'eus des « absences » aussi déplorables que les siennes, à des moments aussi mal choisis que les siens. A son tour, elle essaya avec patience et gentillesse de remédier à ce manque d'entrain inaccoutumé. A son tour, elle finit par se lasser et par me demander non pas ce que j'avais – ça, elle ne le savait que trop – mais ce que ça cachait. Puis elle ralluma sa lampe de chevet, la braqua dans mes yeux et ajouta sur un ton d'enquêteur de police :

– Et ne me réponds pas que tu ne me caches rien. Je te préviens, ça m'agacerait.

– Alors... je te réponds que je te cache quelque chose, de plutôt agréable. Je te le dirai demain.

Je l'ai embrassée sur son museau renfrogné et me suis retourné de l'autre côté, lui signifiant clairement par là que l'incident était clos. Non moins clairement, deux minutes plus tard, elle me signifia que, pour elle, il ne l'était pas.

– Ce quelque chose ne doit pas être si mystérieux, me dit-elle, puisque Louis est au courant.

– Louis ?

– Ne nie pas, ça m'agacerait aussi. J'ai très bien vu votre manège pendant la mi-temps du match.

– Je ne nie pas. Louis est au courant. Et nous sommes d'accord tous les deux pour garder le silence jusqu'à demain.

– Ça concerne notre mariage ?

– D'une certaine façon.

– C'est un cadeau ?

– Pas vraiment. Disons une surprise. C'est pourquoi je suis obligé de me taire. Sinon, ça n'en serait plus une.

Je sortis du tiroir de ma table de nuit un masque et des boules Quiès mais Lauranne déclencha une nouvelle attaque avant que j'aie pu utiliser mes armes dissuasives.

– Excuse-moi d'insister, mais une surprise qui t'empêche de faire l'amour, je trouve ça inquiétant. A la veille de mon mariage, j'estime avoir le droit de me renseigner.

– Je te jure que tu n'as pas lieu de t'inquiéter.

– Je ne suis pas forcée de te croire, et moi je te jure que, si tu ne te décides pas à parler, demain je n'irai pas à la mairie. Je ne vais pas m'engager pour la vie avec un monsieur qui a des migraines, des aigreurs d'estomac et des absences qui prouvent très nettement qu'il n'a plus envie de moi.

– Ça tombe bien! Car je n'ai pas non plus l'intention d'épouser une dame incompréhensive et mal embouchée qui ferait bien de balayer devant sa porte au lieu de lorgner les grains de poussière devant celle de son voisin.

C'était la scène de ménage dans toute sa bêtise, dans toute sa mauvaise foi, dans tout son ridicule. Nous avions quitté la simple discussion pour l'épreuve de force. Il s'agissait non plus de savoir qui avait tort ou raison, mais qui allait ou n'allait pas céder. Jusqu'à présent, j'avais baissé pavillon chaque fois que des orages menaçaient et, quand par extraordinaire ils éclataient, j'avais toujours été le premier à ouvrir le parapluie des réconciliations. Ce soir-là, je résolus de le laisser fermé. Tant pis pour ce qui arriverait! Sans aucun doute, les responsabilités que j'avais prises depuis deux jours m'avaient raffermi le caractère et les résultats que j'avais obtenus avaient retendu le tissu de mon amour-propre. J'étais déterminé comme jamais je ne l'avais été avec Lauranne et peut-être de ma vie entière. Je mis ostensiblement mes oreilles et mes yeux à l'abri de toute agression et rabattis la couverture sur mon nez aussi sèchement que si j'avais claqué une porte. Au bout d'un quart d'heure environ, j'ai d'abord senti la main de Lauranne sur mon bras – je n'ai pas bougé –, ensuite son corps contre le mien – je n'ai toujours pas bougé –, enfin ses lèvres contre mon cou – j'ai libéré mon oreille. Je n'ai pas regretté : la voix de ma « pas-belle » s'y est répandue comme une coulée de miel :

– Je te demande pardon. J'ai été stupide. Mais, crois-moi, j'en suis bien punie. Je suis malheureuse de t'avoir rendu malheureux... J'ai peur que tu m'en veuilles... Que tu sois fâché pour de bon... Dis? Tu es fâché? Réponds-moi... s'il te plaît... Je t'aime...

J'ai ôté mon masque et là non plus je n'ai pas regretté : Lauranne m'offrait ses larmes et, en prime, l'écrin de ses yeux implorants. Quel beau cadeau de mariage! Je l'en ai remerciée sur-le-champ avec une infinie tendresse; puis, en vertu des pouvoirs qu'elle venait de me conférer, je lui ai rendu virilement tous les honneurs qu'elle espérait. Même un peu plus, à l'en croire. Moi, je vous dis comme elle me l'a dit... sur le coup de deux heures du matin... d'une voix très très alanguie :

– Je ne sais pas et je ne veux pas savoir ce que sera ta surprise de demain... mais celle de ce soir vaut largement celle que nous ont apportée nos foot-balleurs... en première mi-temps, bien sûr!

Après cela, inutile de vous préciser, je pense, qu'il n'y en eut pas de seconde.

23

Deux alliances. Deux regards attendris posés dessus. Deux sourires extasiés. Deux silences. Une seule pensée. Un train qui roule vers Venise...

Pouah! Ça sent l'eau de rose à plein nez et le feuilleton à deux sous!

Eh bien, oui! Si vous n'aimez pas ça, n'en dégoûtez pas les autres! Nous, Lauranne et moi, on aime. Ça nous amuse de nous vautrer dans la convention la plus écœurante... et de ne pas en être dupes. Ça nous amuse de jouer les jeunes mariés en voyage de noces.

Pour ne rien vous cacher, on s'est même commandé une bouteille de champagne dans notre cabine double. On n'en avait pas tellement envie, mais on a trouvé que ça complétait le tableau. Et maintenant le bouchon saute! Et l'on se met de la mousse derrière les oreilles! Et on lève nos verres à notre bonheur! Et on les vide ensemble! Et on soupire ensemble! Et on rit ensemble! Et on se prend pour les Christophe Colomb de l'amour! Oui, mesdames et messieurs, nous allons jusque-là! Nous osons être heureux. Nous osons oublier la terre entière. Nous osons ne pas nous en culpabiliser. Nous osons avoir seize ans à la quarantaine passée.

Notez que le reste de la journée a été beaucoup moins traditionnel : l'habituelle réception de mariage après cérémonie a été remplacée par un petit déjeuner de fête avant cérémonie. La mariée, pomponnée, coiffée, resplendissante, était bien en blanc, mais en pyjama d'intérieur. Le marié, poncé, rasé de frais, parfumé, était bien en bleu marine, mais en robe de chambre. Louis, Romain et Olivier portaient également des tenues matinales. Seuls les Vindieux et Bertrand, conviés à nos agapes prénuptiales, étaient en costume de ville.

Autour de la table familiale, tout de blanc fleurie, nous avons trinqué au jus de pamplemousse, au thé, au café et joyeusement festoyé avec des brioches, des croissants et autres gourmandises du genre. Nous avions choisi cette formule d'un commun accord, pour ne pas perdre un après-midi de travail et avec l'intention d'organiser un réveillon de la Saint-Sylvestre où se regrouperaient les vœux, les félicitations et les cadeaux de nos relations plus ou moins amicales. En outre, cela m'évitait la présence toujours pas très chaleureuse des belles-filles de Lauranne, retenues par leurs responsabilités aux instituts L.L., celle trop chaleureuse de mes trois dévouées employées, retenues par les leurs à mon cabinet, et celle, ironique de Clotilde, en service à l'hôpital. Cela me permit aussi, puisque nous n'étions qu'entre intimes, étroitement concernés par ma surprise, de l'annoncer avec tout l'éclat que je souhaitais et d'en tirer tout le plaisir que j'en escomptais. Lauranne, Romain, Olivier, les seuls à n'être au courant de rien, furent les plus visiblement touchés. A la fin de mon discours, où je pris soin de rendre hommage à ceux qui m'avaient aidé, Olivier glapit de joie et se mit à exécuter une espèce de danse de Sioux autour de la table. Romain vint me serrer les mains avec une émotion assez peu asiatique. Quant à Lauranne, accrochée à mon bras, elle se mordait les lèvres, incapable de répondre, sinon par des hochements de tête, aux compliments qu'on lui adressait enfin sur moi. Bien à regret, j'ai dû m'arracher à ma dégustation de petit-lait : il était grand temps d'aller s'habiller et de partir pour la mairie. Fin prête pour ce qui n'était plus pour elle comme pour moi qu'une formalité, juste avant de rejoindre les autres, Lauranne s'est blottie dans mes bras et m'a donné un de ces baisers qui parfois remplacent avantageusement les mots, puis elle s'est détachée de moi et m'a dit : « Le reste, je te le dirai plus tard. »

Plus tard, c'est maintenant, dans notre wagon-lit, sur la couche où nous sommes provisoirement étendus l'un contre l'autre et dont l'exiguïté est plus propice aux confidences qu'aux prouesses amoureuses.

– Comment t'est venue ton idée de galerie?

– Je l'ai dit ce matin. C'est Louis qui me l'a soufflée.

– Oui, d'accord! J'ai entendu, mais j'ai l'impression qu'il manque un chapitre avant.

– Je ne comprends pas.

– Je t'ai mal posé ma question. J'aurais dû te demander : pourquoi as-tu éprouvé le besoin tout d'un coup de compliquer ta vie en te lançant dans une autre activité que la tienne?

– Oh! il y a longtemps que ça me trottait dans la tête.

– Ah bon? Qu'est-ce que tu appelles longtemps? Un an? Cinq ans? Dix ans?

– Non! Moins que ça!

– Depuis que tu me connais?

– Tu es sur la bonne voie.

– Depuis la piscine?

– Tu brûles! Mais il y a un autre point de départ.

– Le dîner chez Lionel?

– Gagné!

– C'est donc bien ce que je pensais!

– Tu me trouves idiot?

Lauranne prend ma main et l'appuie très fort contre sa joue.

– Je te trouve formidable. Je te trouve... comme je t'espérais.

– Et si je rate mon coup?

– Ça ne changera rien pour moi. C'est ta réaction qui est importante. Tu sais, j'ai très bien vu où était le danger entre nous : tu pouvais soit t'effacer et devenir atone...

– Ce qui ne t'aurait pas plu?

– Pas du tout! Soit te rebiffer intérieurement et devenir aigri. Ce qui m'aurait autant déplu.

– Alors, tu as dû avoir peur?

– Pas vraiment : je me suis souvenue de toi sur la pelouse de *L'Oublière*, en train de t'époumoner pour me rattraper.

– Tu m'as pourtant engueulé ce jour-là.

– Parce que tu étais imprudent. N'empêche que j'étais drôlement fière de toi. Comme je le suis aujourd'hui.

– Tu dois être aussi fière de toi.

– Pourquoi?

– C'est à cause de toi et pour toi que je fais tout cela.

– Je ne suis pas fière. Je suis heureuse : c'est une très belle preuve d'amour que tu me donnes là.

En revanche, nous sommes convenus peu après que ça n'en constituait pas une de passer une nuit blanche en restant dans notre position charmante mais inconfortable et j'ai regagné mon lit solitaire.

J'y ai d'ailleurs aussi mal dormi que Lauranne dans le sien. Ce qui n'altéra en rien notre béatitude, comme vous pourrez en juger par ce bout de dialogue échangé à notre réveil et qui, je vous préviens, est, à froid, terrifiant de bêtise, mais qui, à chaud, me parut exquis.

– Comment va mon mari en ce premier matin?

– Merveilleusement bien. Il plane sur son nuage bleu. Et ma femme?

-- Elle plane sur son nuage... rose, parce que c'est une petite fille.

Je vous avais prévenus : deux cons! Mais alors, heureux... heureux... C'est simple : comme des cons!

Je vous épargne la suite parce que, je m'en rends compte, quand on n'est pas soi-même dans le coup, le bonbon fondant, à la longue, ça peut lasser. Sachez seulement que nous, tout au long de notre séjour vénitien, on s'en est goulûment repus : on n'a pas perdu une occasion de se gargariser avec des « ma femme » et des « mon mari », mots qui comme le chewing-gum perdent leur saveur à force d'être remâchés mais qui au départ ont un goût délicieux; on a roucoulé avec les pigeons de la place Saint-Marc; on a soupiré sous le pont des Soupirs; on a déposé des vœux dans toutes les églises; on a « barcarollé », « clair-de-luné », « laguné », « gondolé », « mandoliné »; on s'est aussi prouvé, dans notre lit à baldaquin, que c'était gai Venise au temps des amours folles...

Et puis on est rentrés à Paris, le 14 décembre, sagement résignés à être un peu tristes.

Et puis on est le 20 et on n'a pas encore eu le temps de l'être. Les journées de Lauranne ont été aussi chargées que d'habitude, les miennes le furent forcément davantage. J'ai consacré toutes mes matinées à mon cabinet d'assurances. J'y ai mis les bouchées doubles et expliqué à Mme Vionnet, ainsi qu'à Brigitte et Violette, qu'elles allaient devoir en faire autant en attendant que je puisse envisager, le cas échéant, de leur engager une aide. J'ai passé tous mes après-midi à régler mes affaires avec Tonton et à m'initier, sous sa houlette, à mon nouveau métier qui me passionnait.

Quant à nos soirées, elles eurent toutes pour cadre le bateau, havre de paix où nous vidions notre sac de soucis, de satisfactions, d'inquiétudes, d'énervements et d'espoirs. Nous ressemblions tous les cinq à des soldats dans l'expectative d'une proche offensive, et ceux qui allaient monter en première ligne – Romain et moi – étaient presque moins fébriles que ceux qui resteraient à l'arrière – Lauranne, Louis et Olivier – et qui soutenaient affectueusement le moral de la troupe. Ces veillées d'armes furent si agréables que, lorsque au cours de l'une d'elles on reparla du projet de réveillon évoqué avant notre mariage, personne ne fut très enthousiaste : on était si bien entre nous à couver notre avenir qu'on n'avait pas envie de rencontrer des gens qu'il n'intéressait pas vraiment et chacun m'a applaudi quand j'ai décidé de remettre la fête à plus tard.

Il n'en aurait pas fallu beaucoup pour que, ce soir, je décide aussi de renoncer à la première de la pièce de Bertrand. Mais Lauranne ne m'a pas encouragé sur cette voie. Elle pensait d'une part, fort justement, que notre défection serait peu amicale. D'autre part, fort innocemment, qu'il nous serait salutaire d'oublier pour quelques heures nos lancinantes préoccupations. Il faut vous dire que j'avais omis de la prévenir que Bertrand s'était inspiré de notre histoire pour écrire sa comédie et que le titre, devenu *Arrête de courir, tu m'essouffles*, étant beaucoup moins révélateur que le premier choisi, Lauranne n'avait aucune raison de se méfier.

Nous voici donc assis, main dans la main, dans la

petite salle du Lucernaire, elle parfaitement détendue, moi m'efforçant de le paraître.

Premier tableau : rencontre des deux protagonistes. La femme, Chantal, s'illustre comme journaliste politique dans un hebdomadaire à grande diffusion. L'homme, Julien, végète dans la rubrique des chiens écrasés d'un quotidien à modeste tirage. Coup de foudre de sa part à lui. Réticence de sa part à elle.

La similitude, pour moi évidente, entre les rapports des deux personnages et les nôtres semble pour le moment échapper à Lauranne. Tant mieux! Voyons la suite.

Deuxième tableau : Chantal succombe au charme et à l'obstination de Julien mais, promue rédactrice en chef de son journal, ne lui octroie que quelques miettes de son temps. Scènes caricaturales de l'amour entre deux portes, entre deux rendez-vous, si proches de celles que nous avons vécues que Lauranne cette fois s'y reconnaît. A mon grand soulagement, elle s'en amuse de bon cœur, comme d'ailleurs le reste du public.

Troisième tableau : Julien ressent cruellement le déséquilibre entre la situation de Chantal et la sienne. Il cherche un moyen de combler le fossé qui les sépare. Apprenant qu'elle est nommée, à l'occasion d'un remaniement ministériel, sous-secrétaire d'Etat à la Condition féminine, il a l'idée, pour tenter d'exister auprès de son éclaboussante compagne, de faire carrière... dans l'opposition.

Autrement dit, Julien, atteint des mêmes complexes que moi, réagit de la même façon et se lance dans la politique comme moi dans la peinture. Ce qui me frappe, c'est que Bertrand, lorsqu'il a imaginé cette réaction pour son héros, ignorait que ce serait la mienne. Lauranne, elle aussi, est troublée et me glisse dans l'oreille :

– Bertrand connaissait tes projets?

– Pas plus que je ne connaissais sa pièce. C'est une coïncidence.

Pourquoi n'y aurait-il que celle-là ? Pourquoi Bertrand, qui avait si bien imaginé notre réalité présente, n'aurait-il pas imaginé aussi notre réalité future ? Pourquoi le sort qu'il avait prévu pour ses personnages ne deviendrait-il pas le nôtre ? Ces questions décuplent notre attention mais, très vite, l'action tournant à la farce, nous ne nous sommes plus sentis concernés et nous avons ri sans arrière-pensée des aventures burlesques de Chantal et de Julien. Elle, elle escaladait quatre à quatre les marches du pouvoir en place. Lui, il s'échinait à la suivre, mais malgré ses réussites successives demeurait toujours trois marches au-dessous. Finalement, ils se retrouvaient, elle Premier ministre, lui chef de l'opposition, tous deux candidats à la présidence de la République. La pièce se terminait dans un studio de la télévision par un face à face où le débat politique dégénérait peu à peu en une scène de ménage homérique à l'issue de laquelle Julien et Chantal en venaient aux mains. Il lui flanquait une cuisante raclée, la mettait pratiquement K.-O. et elle – concession au machisme de Bertrand –, enfin subjuguée, lui tombait dans les bras.

Comme vous le voyez, rien de commun avec nous. Nous sommes très contents : nous avons passé une excellente soirée et n'avons pas à nous forcer pour féliciter Bertrand. Celui-ci nous retient à ses côtés pendant que la vague des complimenteurs de service s'écoule, puis, les coulisses à peu près vidées, il s'attarde à bavarder avec nous. Goguenard, il nous attribue une part de son mérite et nous remercie de notre involontaire collaboration :

– J'avais un peu peur que vous ne m'en vouliez.

– Pas du tout, lui affirme Lauranne, mais je serais curieuse de savoir si, en commençant votre pièce, vous en aviez déjà prévu tous les développements ou, au contraire, s'ils vous sont venus au fur et à mesure que vous écriviez?

– Je n'avais aucun plan précis au départ et, pour ne rien vous cacher, j'ai pondu une première version plutôt ratée.

– Complètement différente de celle que nous venons de voir?

– Presque. Je n'ai gardé que les deux premiers tableaux. Après, j'ai tout changé.

– A partir du moment où votre Julien décide de réagir?

– Juste avant. Dans ma première version, il ne réagissait pas.

– Ah! je comprends : il se laissait de plus en plus distancer par Chantal.

Je complète la pensée de Lauranne :

– Il devenait son prince consort, en quelque sorte?

– Pire! me répond Bertrand, son toutou! Il finissait par marcher à quatre pattes et coucher dans une niche.

– Quelle horreur! s'écrie Lauranne. Comment avez-vous pu concevoir une chose pareille?

– Vous savez, quand on écrit, on envisage toutes les possibilités. C'en était une...

Bertrand ajoute aussitôt en faufilant vers moi son regard ironique :

– Pas si invraisemblable que ça, hein, mon grand?

Je m'apprête à récriminer quand soudain l'apparition d'une revenante me cloue le bec. C'est Chloé, tout en chevrette, tout en frisettes, tout en fossettes. Elle se rue vers nous, nous saute au cou et nous investit les oreilles :

– Je suis ravie de vous revoir. Malheureusement, je ne peux pas rester. Le devoir m'appelle. C'est bête! On a des tas de choses à se raconter. Il faut absolument que vous veniez dîner à la maison.

Organisez ça avec Bertrand. Excusez-moi. Je suis à la bourre. Je me sauve.

Sur ce, elle griffouille le front de Bertrand, puis lui lance en s'élançant vers la sortie :

– A tout à l'heure, mon minou. Ne rate pas l'émission.

Ah! bravo l'auteur! On m'a imaginé en chien et on se fait traiter comme un chat! Permettez-moi de rigoler doucement :

– Eh bien, mon minou, dis-je à Bertrand en esquissant sur son crâne dégarni le geste de Chloé, on n'aurait pas oublié de me dire quelque chose?

– Pas eu le temps, grommelle-t-il. Chloé m'est retombée dessus, le soir même où vous êtes partis pour Venise... Je crois d'ailleurs que c'est pour ça que j'ai craqué.

– C'est sûrement pour ça! Nous sommes désolés. Tout est de notre faute.

Lauranne enchaîne sur le même ton persifleur :

– J'espère que vous ne nous en voulez pas trop?

– Pas pour le moment. Elle est nettement mieux qu'avant, mais ça ne va pas durer.

– Pourquoi?

– Une idée comme ça.

Lauranne, dont la curiosité frôle parfois l'indiscrétion, ne se contente pas de cette réponse évasive et, museau en avant, va fouiner dans la cervelle de Bertrand. Sans grande difficulté, elle en rapporte ces quelques renseignements, assez anodins en soi, mais qui, dans le contexte, ne manquent pas de sel : Chloé, après avoir été larguée par Bertrand, s'était promis qu'un jour il comprendrait de quelle superfemme il s'était privé.

Stimulée par cette pensée vengeresse, elle remua ciel et terre et parvint d'une part à consolider sa position dans le journal qui l'employait, d'autre part à s'introduire à la radio et à la télévision. Tous les soirs sur les ondes, après le bulletin d'informations de minuit, elle donne au débotté ses impressions sur le spectacle qu'elle vient de voir, sur le public et sur l'ambiance des coulisses. Ce soir, elle est partie exercer sa verve sur Bertrand et sur sa pièce. Il trouve une fois de plus que « la vie c'est rigolo ». Il n'est pas sûr que Chloé va le ménager car... réputation oblige. En effet, le franc-parler de Chloé, ses opinions tranchantes, ses coups de griffe et ses écarts de langage l'ont rapidement signalée à l'attention des milieux artistiques qui la chouchoutent et à celle des auditeurs qui en raffolent. Bizarrement, les mauvaises langues – comme les gentils routiers – sont sympas. A partir de janvier, les téléspectateurs pourront découvrir son joli minois dans un magazine hebdomadaire où elle assaisonnera à la sauce chinoise (moitié sucre, moitié piment) les vedettes de l'actualité. Si pas masochiste s'abstenir. Là encore, elle a toutes les chances de se « distinguer » – si vous me permettez ce mot qui, appliqué à Chloé, est assez mal venu! Bref, elle est en train de gravir allègrement son petit bonhomme de chemin – ou, comme dit Bertrand, sa petite bonne femme de route – et en passe d'atteindre les premiers contreforts de la Notoriété. Actuellement, confortée par les débuts encourageants de son escalade, mais encore très loin du sommet, elle est d'un commerce agréable. Si elle s'en tenait là, ce serait l'idéal. Mais Bertrand pense que, sauf imprévu, Chloé poursuivra sa marche en avant et que son comportement changera aussi bien – ou plutôt aussi mal – que son caractère et ses sentiments. D'où l'impression qui lui a échappé que sa nouvelle lune de miel n'allait pas durer.

– En somme, lui dis-je, tu vas te retrouver dans la même situation que le héros de ta pièce.

– Certainement pas. Moi, je ne me crèverai pas la santé à courir après mon ascensionniste.

– On verra ça!

– C'est tout vu. Et pour deux raisons. La première : j'aime trop la vie. La deuxième : je n'aime pas assez Chloé.

Je suis étonné d'entendre Lauranne approuver Bertrand et l'encourager à respecter sa sage résolution. Si étonné même qu'aussitôt après avoir quitté notre ami je reviens sur le sujet :

– Voilà qui est inattendu : tu condamnes l'ambition, maintenant?

– L'excès d'ambition.

– Oui, d'accord. Mais où commence l'excès? Comment définir les limites raisonnables?

Lauranne hoche la tête en souriant.

– C'est drôle, dit-elle, je me suis posé à peu près les mêmes questions en regardant les personnages de Bertrand dépasser précisément les limites raisonnables... et en pensant à nous, bien entendu.

– Nous n'avons aucun rapport avec eux!

– Es-tu sûr?

– Enfin... nous ne ressemblons quand même pas à ces dingues!

– D'accord! Ce sont des caricatures, mais n'empêche, ça m'a fait réfléchir.

– Sur nous?

– Oui, et justement je voulais te dire...

– Quoi?

– C'est bien que j'aie été un stimulant pour toi. C'est très bien. Pour nous deux. Mais il ne faudrait pas que l'esprit de compétition entre dans notre couple. Il ne faudrait pas, par exemple, que, si tu réussis à la galerie, je me mette à créer, moi, une nouvelle affaire de survêtements de sport ou de linge en éponge.

– Ça, bien sûr!

Lauranne enfonce sa tête dans son col de fourrure. Seuls ses yeux dépassent. Exagérément fatals. Moitié Mata-Hari et moitié Bécassine. Expression qui lui est familière quand elle a quelque chose à se reprocher. Je ne risque donc rien à prendre mon ton de papa grondeur :

– Lauranne! Est-ce que par hasard tu n'aurais pas déjà eu cette idée?

L'aveu part dans un grand éclat de rire. Oui, elle a eu cette idée. Pas plus tard qu'hier en renouvelant son stock de peignoirs de bain pour ses instituts. Je n'ai pas le temps de m'indigner, ni de la semoncer, ni de faire semblant.

– Pas la peine! me dit-elle avec sa voix de clown. Je me suis déjà grondée. Vertement. Oh! la la! Tu peux être tranquille, je ne me suis pas épargnée. Vraiment, je suis la reine de l'autocritique!

Elle est aussi la reine de la transformation à vue. En une seconde la sale gamine se mue en femme tendre, l'espiègle devient sérieuse, la P.-D.G. amoureuse.

Son bras vient enserrer étroitement ma taille, le mien ses épaules. Nous marchons du même pas. Soudain elle nous arrête devant la boutique d'un antiquaire. Dans la vitrine il y a une haute psyché.

– Regarde-nous! dit-elle.

Je nous regarde. Je nous plais beaucoup. Je nous trouve mieux ensemble que chacun séparément. Je nous attendris. Je nous amuse. Je nous comprends. Je nous confie dans la glace ces impressions que nous me provoquons. Elle m'en accuse réception en appuyant sa tête contre la mienne.

– A quoi ressemblons-nous? me demande-t-elle.

– A un couple qui s'aime.

– Eh bien, vois-tu, sur cette image de nous, je te jure, quoi qu'il arrive, de défendre notre bonheur contre... disons, contre la société L.L.

Lauranne a été presque solennelle. Je suis toujours aussi touché par ces éruptions du cœur qu'elle a de temps en temps, ces coulées d'amour qui vous fertilisent le sentiment! Brusques autant que fugitives! Ça, avec elle, pas de danger d'être étranglé par la corde sensible! Elle est déjà en train de courir vers la voiture, de ronchonner contre le froid, d'aspirer à son lit et de se souvenir tout à coup que demain on est samedi.

– Et alors?

– J'aimerais bien qu'on aille à *L'Oublière*.

– Tu aurais dû me prévenir ; on va geler.

– On ne restera pas. Mais, normalement, les travaux pour la piscine ont dû commencer lundi dernier. L'entrepreneur me l'avait promis et je voudrais savoir s'il a tenu parole.

L'entrepreneur n'avait pas failli à sa promesse : une excavation dans le sol de la grange en témoignait. Lauranne contempla longuement cette modeste cuvette comme s'il s'agissait du trou des Halles.

– Ce sera fantastique! s'écria-t-elle.

Il fallait vraiment avoir beaucoup d'imagination pour manifester un tel enthousiasme devant notre bout de tranchée! Avec l'appareil photo dont, prévoyante, elle s'était armée, elle mitrailla notre trou sous tous les angles, puis la grange délabrée, dans son ensemble et dans ses moindres détails...

Ces photos, rangées depuis plus de six mois dans le secrétaire de notre chambre à *L'Oublière,* je viens de les sortir et les regarde avec cet étonnement ravi qu'ont les parents de grands enfants en découvrant de vieilles photos de ceux-ci dans leur berceau. Notre bébé-trou a grandi. Il est devenu une belle piscine. Aussi belle que l'avait prévu Lauranne. Bien sûr, au fil des semaines, j'ai suivi la transformation des lieux mais, soyons franc, avec beaucoup moins d'intérêt que celle de ma situation. Mon bébé-succès est devenu une belle réussite. Plus belle que je ne l'avais espéré. J'en tire toutes les satisfactions possibles, mais honnêtement aucune gloire.

Ce n'est pas grâce à moi si l'exposition de Vetzel en janvier fut un triomphe et si, le mois suivant, celle de Romain en fut un autre; si leurs toiles se sont arrachées; si j'ai dû me battre pour ne pas vendre *Le Cow-Boy au chapeau melon* de l'un et le diptyque de l'autre. Ce n'est pas grâce à moi si, à partir de là, je me suis fait une réputation d'« homme qui a du flair » et – ce qui est peut-être plus important dans ces milieux où la superstition règne – « d'homme qui a la baraka ». Ce n'est pas grâce à moi si cette réputation a attiré vers ma galerie des peintres de plus en plus chevronnés et une clientèle de plus en plus nombreuse.

Tout cela, je le dois avant tout au talent de mes deux premiers poulains, de mes deux merveilleux amis.

Et puis aussi à Rederlinck dont l'influence a été considérable.

Et puis à ma fille et aux deux ex-mannequins qu'elle m'avait recommandées, qui ne me ménagent pas leurs précieux services, sans compter ceux qu'involontairement elles me rendent dans ma vie privée, en inquiétant Lauranne par leur spectaculaire beauté.

Et puis, dans un autre ordre d'idée, à Mme Vionnet, à Brigitte et à Violette qui m'ont permis, sans aucun dommage, de délaisser tous les après-midi mon cabinet d'assurances.

Et puis à Louis et à Olivier, mes remonteurs de moral, mes supporters, mes partiaux, mes injustes, mes partageurs.

Et puis à Lauranne... qui était là, et qui a renoncé en avril à son voyage d'affaires au Canada.

Eh, là-bas, le grincheux, qu'est-ce que vous marmonnez? Que ça ressemble à une distribution de prix? Eh bien, vous avez raison : c'est une distribution de prix. Et alors? On n'a plus le droit d'être reconnaissant? On n'a plus le droit de dire que tout le monde n'est pas pourri tout le temps? On n'a plus le droit de se tailler son petit carré de pastel dans la grisaille? Si vous le pensez, je vous préviens,

404

apprêtez-vous à grincer des dents, car en ce moment, à *L'Oublière*, on baigne dans la gentillesse, dans la gaieté et, osons le mot, dans le bonheur. Ça ne va pas durer? Je suis bien d'accord. Raison de plus pour en profiter. Demain, on verra. Aujourd'hui, c'est la fête! C'est le 14 juillet! Oui! Oui! je ne plaisante pas : c'est vraiment le 14 juillet! Quelle honte, n'est-ce pas? Célébrer la prise de la Bastille en inaugurant une piscine de luxe! Quel manque de tact! Quand on pense que pendant ce temps-là...

Oui, je sais : le chômage, la misère, la famine, la guerre, la mort, les morts, tous les morts, partout.

Je sais... et, par instants, j'oublie. Je vis, donc j'oublie.

Oh! s'il vous plaît, les redresseurs de torts, en mineur! Vous oubliez aussi. Sinon, vous ne seriez pas là. Comme ne seraient pas là non plus, à rire, à nager, à courir, à boire, à manger, ceux que j'ai couronnés tout à l'heure de lauriers et qu'avec quelques autres plus ou moins proches on a réunis à *L'Oublière*, la si bien nommée en ce jour.

Je vais aller les rejoindre. Leur montrer les photos du trou. M'amuser de leurs commentaires, mêler ma joie aux leurs. Ce n'est pas ma faute, ils en ont tous. Je me rends bien compte qu'une petite touche de noir dans ce camaïeu de bleu et rose aurait produit le meilleur effet mais... il n'y en a pas. J'ai beau chercher. Non, il n'y en a pas : les Le Gahuzec exultent. Ils ont eu un fils juste le 1er mai. Né sous le double signe du Taureau et du porte-bonheur, ses parents sont sûrs que ce sera un fonceur et un veinard. Pétant de santé dans son landau princier, le jeune Jacques-Yves (eh oui!) les autorise à n'en pas douter.

Dans le genre extasié, les Vindieux ne leur cèdent en rien. Diane est enceinte de deux mois trois quarts. Voyez dans cette précision le témoignage de leur délicieuse impatience.

Même les belles-filles de Lauranne qui ont le

sourire. Celui de Vanessa est dû à une bague de fiançailles toute neuve. Celui de Barbara... à Clotilde qui lui doit le sien. Au début, cette rencontre nous a un peu surpris, Lauranne et moi, mais à la réflexion elle nous a paru logique. En tout cas, elle se révèle très bénéfique pour les deux intéressées et aussi pour les produits de beauté L.L. dont Barbara s'occupe maintenant activement.

Quant à Lionel qui aurait pu assombrir le tableau, vu que ses jours ont été plus que menacés, il a subi au printemps dernier l'opération de la dernière chance et elle a miraculeusement réussi. Il a retrouvé la santé sur le billard et, en plus, il y a laissé pour toujours son ennui de vivre.

Voilà! Pour ne m'en tenir qu'aux personnes que vous connaissez. Mais les autres, les amis ou les relations dont je n'ai pas eu l'occasion de vous parler, n'engendrent pas plus que celles-là la morosité ou la difficulté d'être. Aujourd'hui du moins.

Il faut que je vous quitte. J'entends Lauranne qui m'appelle :

— Tu viens? On t'attend! Qu'est-ce que tu fabriques?

Je me penche à la fenêtre avec les photos à la main.

— J'arrive! Je regardais le chemin parcouru.

Elle comprend qu'il s'agit aussi du mien. Du sien. Du nôtre. Elle sourit à nos anges, souffle un baiser vers moi, puis s'éloigne, ondulante et dorée dans des transparences blanches : apparemment une robe, en réalité une jupe-culotte.

Elle l'a mise exprès, ma mâtine. Ce matin, devant moi. Pendant que j'enfilais mes bottes de cow-boy! Vous savez ce qu'on a fait après? Non, justement, pas ça! On s'est regardés dans une glace. Mais attention, pas n'importe laquelle : la psyché qu'on avait vue en sortant du Lucernaire. Oui! Elle est à *L'Oublière* maintenant. Lauranne a voulu me l'offrir pour Noël. J'ai eu la même idée. Sans se donner le mot, on s'est retrouvés chez l'antiquaire. On se l'est offerte. Moitié-moitié.

Allez! Cette fois, je m'en vais pour de bon.

Ah non! J'oubliais encore un détail : le ciel est insolemment bleu... Mais peut-être que vous l'aviez deviné.

Littérature
extrait du catalogue *Dos blancs ou rouges*

ADLER Philippe

Bonjour la galère ! (1868★★)
Deux enfants « branchés » luttent pour sauver le ménage de leurs parents.

AKÉ LOBA

Kocoumbo, l'étudiant noir (1511★★★)
L'exil d'un jeune Africain au Quartier Latin.

ALLEY Robert

La mort aux enchères (1461★★)
Un psychiatre soupçonne de crime la cliente dont il est épris.

AMADOU Jean

Les yeux au fond de la France (1815★★★)
Ce bêtisier est une entreprise de salubrité publique.

ANDREWS Virginia C.

   Fleurs captives :
- **Fleurs captives** (1165★★★★)
Quatre enfants séquestrés par leur mère...
- **Pétales au vent** (1237★★★★)
Libres, ils doivent apprendre le monde...
- **Bouquet d'épines** (1350★★★★)
... mais les fantômes du passé menacent.
- **Les racines du passé** (1818★★★★)
La fin de la terrifiante saga commencée avec Fleurs captives.

Ma douce Audrina (1578★★★★)
Elle voulait ressembler à sa sœur morte.

APOLLINAIRE Guillaume

Les onze mille verges (704★)
Une œuvre scandaleuse et libertine écrite par un grand poète.

Les exploits d'un jeune don Juan (875★)
Aucune femme, aucune fille ne lui résiste.

ARCHER Jeffrey

Kane et Abel (1684★★★ et 1685★★★)
Le heurt de deux destins que rien ne devait rapprocher.

La fille prodigue (1857★★★ et 1858★★★)
Elle va aimer le fils de l'ennemi mortel de son père.

AUEL Jean M.

Ayla, l'enfant de la terre (1383★★★★)
A l'époque préhistorique, une petite fille douée d'intelligence est élevée au sein d'une tribu moins évoluée.

AVRIL Nicole

Monsieur de Lyon (1049★★★)
Ce séduisant « monstre à visage de femme » n'est-il qu'un être de mort ?

La disgrâce (1344★★★)
A treize ans, Isabelle découvre qu'elle est laide ; pour elle, le monde bascule.

Jeanne (1879★★★)
Que serait don Juan aujourd'hui, sinon une femme ?

BACH Richard

Jonathan Livingston le goéland (1562★)
Une leçon d'art de vivre. Illustré.

BARBER Noël
Tanamera (1804★★★★ et 1805★★★★)
Au début du siècle, l'amour interdit
d'un Anglais pour une beauté chi-
noise dans la fabuleuse Singapour.

BARNARD Christian
Les saisons de la nuit (1033★★★)
Un médecin doit-il révéler à une
femme qu'il a aimée qu'elle est
atteinte d'une maladie incurable ?

BAUM Frank L.
Le magicien d'Oz (The Wiz) (1652★★)
Dorothée et ses amis traversent un
pays enchanté. Illustré.

BESSON et THOMPSON
La boum (1504★★)
A treize ans, puis à quinze, l'éveil de
Vic à l'amour.

BINCHY Maeve
C'était pourtant l'été (1727★★★★★)
Deux jeunes femmes, tendres, pas-
sionnées, modernes.

BONTE Pierre
Histoires de mon village (1774★★)
Des histoires de clocher, mais des
histoires vraies, proches de nous.

BORGES J.L. et
BIOY CASARES A.
Nouveaux contes de Bustos Domecq
(1908★★★)
Un regard faussement innocent sur
la société de Buenos Aires.(déc. 85)

BORY Jean-Louis
Mon village à l'heure allemande
(81★★★)
Malgré l'Occupation, le rire garde
ses droits.

BRENNAN Peter
Razorback (1834★★★★)
En Australie, une bête démente le
poursuit.

BRISKIN Jacqueline
Paloverde (1259★★★★ et 1260★★★★)
En Californie, dans l'aventure du
pétrole et les débuts d'Hollywood,
deux femmes inoubliables.
Les sentiers de l'aube (1399 ★★★★ et
1400 ★★★★)
Où l'on retrouve les descendants des
héros de Paloverde.

BROCHIER Jean-Jacques
Odette Genonceau (1111★)
Elle déchiquette à coups de bec ceux
qui vivent autour d'elle.
Villa Marguerite (1556★★)
L'Occupation, la bouffe, les petits-
bourgeois : une satire impitoyable.

BURON Nicole de
Vas-y maman (1031★★)
Après quinze ans d'une vie transpa-
rente, elle décide de se mettre à vivre.
Dix-jours-de-rêve (1481★★★)
Les îles paradisiaques ne sont plus ce
qu'elles étaient.

CALDWELL Erski
Le bâtard (1757★★
Premier roman
bâtard annonce
tabac.

CARS Guy des

La brute (47★★★)
Aveugle, sourd, muet ... et meurtrier ?

Le château de la juive (97★★★★)
Une ambition implacable.

La tricheuse (125★★★)
Elle triche avec l'amour et avec la mort.

L'impure (173★★★★)
La tragédie de la lèpre.

La corruptrice (229★★★)
La hantise du cancer.

La demoiselle d'opéra (246★★★)
L'art et la luxure.

Les filles de joie (265★★★)
La rédemption par l'amour.

La dame du cirque (295★★)
La folie chez les gens du voyage.

Cette étrange tendresse (303★★★)
Celle qui hésite à dire son nom.

La cathédrale de haine (322★★★)
La création aux prises avec les appétits matériels.

L'officier sans nom (331★★)
L'humilité dans le devoir.

Les sept femmes (347★★★★)
Pour l'amour et la fortune, accepteriez-vous de perdre une année de votre jeunesse ?

La maudite (361★★★)
L'effroyable secret de la dualité sexuelle.

L'habitude d'amour (376★★)
La passion d'un Européen et d'une Orientale, amoureuse-née.

Sang d'Afrique (399★★ et 400★★)
Jacques, l'étudiant noir, ramène dans son pays natal la blonde Yolande.

Le Grand Monde (447★★★★ et ★★★★)
... secret français, Jacques ... à Saïgon l'amour de Maï, ...hinoise.

La révoltée (492★★★★)
Jeune et comblée, pourquoi a-t-elle abattu son père et tenté de tuer sa mère ?

Amour de ma vie (516★★★)
L'amour et la haine dans le monde du cinéma.

Le faussaire (548★★★★)
Le drame de ce grand peintre est d'être un faussaire de génie.

La vipère (615★★★★)
Il retrouve à Paris celle qui, en Indochine, a fait assassiner son meilleur ami.

L'entremetteuse (639★★★★)
Elle tient la première maison de rendez-vous de Paris, mais elle n'aime qu'un seul homme.

Une certaine dame (696★★★★)
Cette femme, belle, riche, adulée, est-elle une erreur de la nature ?

L'insolence de sa beauté (736★★★)
Une femme laide et intelligente a recours à la chirurgie esthétique. Conservera-t-elle sa séduction ?

L'amour s'en va-t-en guerre (765★★)
Trois femmes, trois générations, trois amours pleins de panache et d'élégance.

Le donneur (809★★)
Des milliers de femmes ont eu des enfants de lui, et pourtant il n'aime qu'Adrienne.

J'ose (858★★)
Un père parle à son fils, à cœur ouvert.

De cape et de plume (926★★★ et 927★★★)
Le roman d'une existence prodigieuse de vitalité, riche en rencontres étonnantes.

Le mage et le pendule (990★)
Grâce à son pendule, le mage sait voir à travers les âmes.

L'envoûteuse (1039★★★ et 1040★★★)
Elle change aussi facilement d'identité que de visage et possède le pouvoir d'envoûter, même à distance.

Le mage et les lignes de la main ... et la bonne aventure ... et la graphologie (1094★★★)
Les mystères du cœur féminin.

La justicière (1163★★)
Deux mères s'affrontent : celle d'un enfant assassiné et celle de l'assassin.

La vie secrète de Dorothée Gindt (1236★★)
Une femme caméléon à la vie prodigieuse.

La femme qui en savait trop (1293★★)
Nadia la voyante fera tout pour gagner celui qu'elle aime.

Le château du clown (1357★★★★)
Plouf, le clown, aime Carla, l'écuyère ; pour elle il veut acquérir le plus beau château du monde.

La femme sans frontières (1518★★★)
L'amour transforme une jeune bourgeoise en terroriste.

Le boulevard des illusions (1710★★★)
Des personnages fabuleux qui stupéfient les foules.

Les reines de cœur (1783★★★)
Le destin de quatre reines exceptionnelles de Roumanie. J'ai lu l'histoire.

La coupable (1880★★★)
Un escroc de génie exploite le sentiment de culpabilité.

CARS Jean des

Sleeping Story (832★★★★)
Orient-Express, Transsibérien, Train bleu : grande et petite histoire des wagons-lits.

Haussmann, la gloire du Second Empire (1055★★★★)
La prodigieuse aventure de l'homme qui a transformé Paris.

Louis II de Bavière (1633★★★)
Une biographie passionnante de ce prince fou, génial et pervers. J'ai lu l'histoire.

Elisabeth d'Autriche (1692★★★★)
Le destin extraordinaire de Sissi. J'ai lu l'histoire.

CESBRON Gilbert

Chiens perdus sans collier (6★★)
Le drame de l'enfance abandonnée.

C'est Mozart qu'on assassine (379★★★)
Le divorce de ses parents plonge Martin dans l'univers sordide des adultes. En sortira-t-il intact ?

La ville couronnée d'épines (979★★)
Amoureux de la banlieue, l'auteur recrée sa beauté passée.

Huit paroles pour l'éternité (1377★★★★)
Comment appliquer aujourd'hui les paroles du Christ.

CHOUCHON Lionel

Le papanoïaque (1540★★)
Sa fille de quinze ans le rend fou de jalousie.

CHOW CHING LIE

Le palanquin des larmes (859★★★)
La révolution chinoise vécue par une jeune fille de l'ancienne bourgeoisie.

Concerto du fleuve Jaune (1202★★★)
Un autoportrait où le pittoresque alterne avec le pathétique.

CLANCIER Georges-Emmanuel

Le pain noir :
1 - **Le pain noir** (651★★★)
2 - **La fabrique du roi** (652★★★)
3 - **Les drapeaux de la ville** (653★★★★)
4 - **La dernière saison** (654★★★)
De 1875 à la Seconde Guerre mondiale, la chronique d'une famille pauvre à l'heure des premiers grands conflits du travail.

CLAVEL Bernard

Le tonnerre de Dieu (290★)
Une fille perdue redécouvre la nature et la chaleur humaine.

Le voyage du père (300★)
Le chemin de croix d'un père à la recherche de sa fille.

L'Espagnol (309★★★★)
Brisé par la guerre, il renaît au contact de la terre.

Malataverne (324★)
Ce ne sont pas des voyous, seulement des gosses incompris.

L'hercule sur la place (333★★★)
L'aventure d'un adolescent parmi les gens du voyage.

Le tambour du bief (457★★)
Antoine, l'infirmier, a-t-il le droit d'abréger les souffrances d'une malade incurable ?

Le massacre des innocents (474★)
La découverte, à travers un homme admirable, des souffrances de la guerre.

L'espion aux yeux verts (499★★★)
Des nouvelles qui sont aussi les souvenirs les plus chers de Bernard Clavel.

La grande patience :
1 - **La maison des autres** (522★★★★)
2 - **Celui qui voulait voir la mer** (523★★★★)
3 - **Le cœur des vivants** (524★★★★)
4 - **Les fruits de l'hiver** (525★★★★)
Julien ou la difficile traversée d'une adolescence sous l'Occupation.

Le Seigneur du Fleuve (590★★★)
Le combat, sur le Rhône, de la batellerie à chevaux contre la machine à vapeur.

Victoire au Mans (611★★)
Un grand écrivain vit, de l'intérieur, la plus grande course du monde.

Pirates du Rhône (658★★)
Le Rhône d'autrefois, avec ses passeurs, ses braconniers, ses pirates.

Le silence des armes (742★★★)
Après la guerre, il regagne son Jura natal. Mais peut-on se défaire de la guerre ?

Ecrit sur la neige (916★★★)
Un grand écrivain se livre à ses lecteurs.

Tiennot (1099★★)
Tiennot vit seul sur son île lorsqu'une femme vient tout bouleverser.

La bourrelle – l'Iroquoise (1164★★)
Au Québec, une femme a le choix entre la pendaison et le mariage.

Les colonnes du ciel :
1 - **La saison des loups** (1235★★★)
Un hiver terrible où le vent du nord portait la peur, la mort et le hurlement des loups.

2 - **La lumière du lac** (1306★★★★)
L'histoire de ce « fou merveilleux » qui bouleverse les consciences, réveille les tièdes, entraîne les ardents.

3 - **La femme de guerre** (1356★★★)
Pour poursuivre l'œuvre du « fou merveilleux », Hortense découvre « l'effroyable devoir de tuer ».

4 - Marie Bon Pain (1422★★★)
Marqué par la guerre, Bisontin ne supporte plus la vie au foyer.

5 - Compagnons du Nouveau Monde (1503★★★)
Bisontin débarque à Québec où il tente de refaire sa vie.

L'homme du Labrador (1566★★)
Un inconnu bouleverse la vie d'une servante rousse.

Terres de mémoires (1729★★)
Bernard Clavel à cœur ouvert.

Réponses à mon public (1895★★)
Tout ce que le public a toujours voulu savoir sur Bernard Clavel.
(nov. 85)

COLETTE
Le blé en herbe (2★)
Phil partagé entre l'expérience de Léa et l'innocence de Vinca.

CORMAN Avery
Kramer contre Kramer (1044★★★)
Abandonné par sa femme, un homme reste seul avec son tout petit garçon.

COUSSE Raymond
Stratégie pour deux jambons (1840★★)
Les réflexions d'un porc qu'on mène à l'abattoir.

CURTIS Jean-Louis
   L'horizon dérobé :
1 - L'horizon dérobé (1217★★★★)
2 - La moitié du chemin (1253★★★★)
3 - Le battement de mon cœur (1299★★★)
Seule l'amitié résiste à l'usure des ans.

DAUDET Alphonse
Tartarin de Tarascon (34★)
Sa vantardise en a fait un héros immortel.

Lettres de mon moulin (844★)
Le curé de Cucugnan, la chèvre de M. Seguin... Des amis de toujours.

DÉCURÉ Danielle
Vous avez vu le pilote ? c'est une femme ! (1466★★★)
Un récit truculent par la première femme pilote de long courrier. Illustré.

DELAY Claude
Chanel solitaire (1342★★★★)
La vie passionnée de Coco Chanel.

DHÔTEL André
Le pays où l'on n'arrive jamais (61★★)
Deux enfants découvrent le pays où leurs rêves deviennent réalité.

DOCTOROW E.L.
Ragtime (825★★★)
Un tableau endiablé et féroce de la réalité américaine au début du siècle.

DORIN Françoise
Les lits à une place (1369★★★★)
... ceux où l'on ne dort pas forcément seul.

Les miroirs truqués (1519★★★★)
Peut-on échapper au réel et vivre dans l'illusion ?

Les jupes-culottes (1893★★★★)
Le roman des femmes qui travaillent et vivent à la manière des hommes.
(nov. 85)

DOS PASSOS John
Les trois femmes de Jed Morris (1867★★★★)
Des amours délicates avec tout le parfum de l'avant-guerre.

DUTOURD Jean

Mémoires de Mary Watson (1312★★★)
Venue pour consulter Sherlock Holmes, Mary Morstan épousera le Dr Watson. Elle raconte son histoire à sa manière.

Henri ou l'éducation nationale (1679★★★)
Un homme en révolte contre la bêtise.

DZAGOYAN René

Le système Aristote (1817★★★★)
La première guerre informatique où Etats-Unis et U.R.S.S., ensemble, se trouvent opposés à Aristote.

ESCARPIT Robert

Les voyages d'Hazembat (marin de Gascogne) (1881★★★★)
En 1793, Hazembat s'embarque pour les Antilles.

FERRIÈRE Jean-Pierre

Jamais plus comme avant (1241★★★)
En recherchant ses amis d'il y a vingt ans, Marina se trouvera-t-elle ?

Le diable ne fait pas crédit (1339★★)
Mathieu veut se venger d'un couple d'amants pervers.

FEUILLÈRE Edwige

Moi, la Clairon (1802★★)
En 1743 la Clairon jouait Phèdre. Edwige Feuillère met toute sa passion à la faire revivre.

FIELDING Joy

Dis au revoir à maman (1276★★★)
Il vient de lui « voler » ses enfants. Une femme lutte pour les reprendre.

La femme piégée (1750★★★)
Jill apprend qu'une jeune fille veut épouser son mari.

FLEISCHER Leonore

Annie (1397★★★)
Petite orpheline, elle fait la conquête d'un puissant magnat. Inédit, illustré.

A bout de souffle/made in USA (1478★★)
Une cavale romantique et désespérée.

Staying alive (1494★★★)
Quatre ans après, Tony Manero attend encore sa chance d'homme et de danseur.

FRANCOS Ania

Sauve-toi, Lola (1678★★★★)
Une femme lutte gaiement contre la maladie.

Il était des femmes dans la Résistance... (1836★★★★)
Le courage discret, modeste, obstiné de celles qui ont risqué leur vie pour en sauver d'autres.

FRISON-ROCHE

La peau de bison (715★★)
La passion des grands espaces pourra-t-elle sauver de la drogue cet adolescent ?

La vallée sans hommes (775★★★)
Dans le Grand Nord, il s'engage sur la Nahanni, la rivière dont on ne revient pas.

Carnets sahariens (866★★★)
Le chant du sable et du silence.

Premier de cordée (936★★★)
Cet appel envoûtant des cimes inviolées est devenu un classique.

La grande crevasse (951★★★)
La montagne apporte la paix du cœur à un homme déchiré.

Retour à la montagne (960★★★)
Pour son fils, Brigitte doit vaincre l'hostilité des hommes et des cimes.

La piste oubliée (1054★★★)
Dans les cimes bleues du Hoggar, Beaufort, l'officier, et Lignac, le savant, cherchent à retrouver une piste secrète.
La Montagne aux Écritures (1064★★★)
Où est la mission Beaufort-Lignac ? Le capitaine Verdier part à sa recherche.
Le rendez-vous d'Essendilène (1078★★★)
Perdue, seule au cœur du désert…
Le rapt (1181★★★★)
Perdue dans le Grand Nord, Kristina sera-t-elle sauvée ?
Djebel Amour (1225★★★★)
Devenue la princesse Tidjania, elle fut la première Française à régner au Sahara.
La dernière migration (1243★★★★)
La civilisation moderne va-t-elle faire disparaître les derniers Lapons ?
Peuples chasseurs de l'Arctique (1327★★★★)
La rude vie des Eskimos, chasseurs d'ours et de caribous, et pêcheurs de phoques. Illustré.
Les montagnards de la nuit (1442★★★★)
Une grande épopée de la Résistance.
Le versant du soleil (1451★★★★ et 1452★★★★)
La vie de l'auteur : une aventure passionnante.
Nahanni (1579★★★)
Une extraordinaire expédition dans le Grand Nord. Illustré.

GALLO Max
   La baie des Anges :
1 - **La baie des Anges** (860★★★★)
2 - **Le palais des Fêtes** (861★★★★)
3 - **La promenade des Anglais** (862★★★★)
De 1890 à nos jours, la grande saga de la famille Revelli.

GANN Ernest K.
Massada (1303★★★★)
L'héroïque résistance des Hébreux face aux légions romaines.

GEDGE Pauline
La dame du Nil (1223★★★ et 1224 ★★★)
Elle fut pharaon et partagea un impossible amour avec l'architecte qui construisait son tombeau.
Les seigneurs de la lande (1345★★★★ et 1346★★★★)
Chez les Celtes, au 1er siècle après J.-C., deux hommes et deux femmes aiment et se déchirent tout en essayant de repousser l'envahisseur romain.

GIRARDOT Annie
Paroles de femmes (1746★★★)
Le récit de vies à la fois quotidiennes et exceptionnelles.

GRAY Martin
Le livre de la vie (839★★)
Cet homme qui a connu le plus grand des malheurs ne parle que d'espoir.
Les forces de la vie (840★★)
Pour ceux qui cherchent comment exprimer leur besoin d'amour.
Le nouveau livre (1295★★★)
Chaque jour de l'année, une question, un espoir, une joie.

GRÉGOIRE Menie
Tournelune (1654★★★)
Une femme du XIXe siècle revit aujourd'hui.

GROSSBACH Robert
Georgia (1395★★★)
Une fille, trois garçons, ils s'aiment mais tout les sépare. Inédit.

Achevé d'imprimer sur les presses de l'imprimerie Brodard et Taupin
58, rue Jean Bleuzen, Vanves. Usine de La Flèche,
le 4 octobre 1985
6596-5 Dépôt légal octobre 1985. ISBN : 2 - 277 - 21893 - 6
Imprimé en France

Editions J'ai Lu
27, rue Cassette, 75006 Paris
diffusion France et étranger : Flammarion